内容简介

本书系统地介绍了马克思主义哲学的当代性质、基本命题、基本构架及其重要的范畴，力求吸收前沿研究成果，合理地把握马克思主义哲学的“源”与“流”的关系，拓掘传统教材所固定下来的论题，增加马克思主义哲学知识增量；力求在马克思主义哲学的体系结构和理论范式上做出继承和创新、选择和调整，致力在重构马克思主义哲学的理论基础和学术体系方面做出示范。

作者简介

张文喜　哲学博士。中国人民大学哲学院教授（二级）、博士生导师，教育部长江学者特聘教授（2017年度），中国人民大学首批杰出学者特聘教授，中国人民大学马克思主义哲学研究中心主任。在《中国社会科学》《哲学研究》等刊物发表学术论文270余篇，三大文摘转载100余篇；出版《历史唯物主义的政治哲学向度》等学术专著12部。

陈广思　哲学博士。中国人民大学哲学院讲师，中国人民大学“青年杰出学者”，中国辩证法唯物主义研究会理事。研究领域为马克思主义哲学、历史唯物主义，在《中国社会科学》《哲学研究》《世界哲学》等刊物发表学术论文多篇，出版学术专著一部。

中国人民大学"十三五"本科规划教材-哲学系列

新编21世纪哲学系列教材

马克思主义哲学导论

张文喜　陈广思　著

An Introduction to Marxist Philosophy

中国人民大学出版社
·北京·

目录

第六章 平等与正义

第七章 人民群众、精英和领袖的历史作用

第八章 科学及其社会功能

第九章 技术的出现及其本质

第十章 认识的本质和特征

第十一章 认识的辩证过程

绪　论

在 19 世纪，马克思对人类产生如此直接、透彻和深远的影响，以至于没有其他任何一个思想家可以与之相比拟。马克思主义哲学是以马克思这个名字命名的。马克思的名字规定了两个时代的划分，它具有与其他马克思主义哲学家的署名不同的特别地位。我们将马克思哲学在马克思身后的推进和阐释理解为马克思主义哲学的阐释历史，马克思就是那个站在这段阐释史开端的人，而不是站在阐释史终点的人。在这一意义上，马克思这个名字使我们的研究有了边界、范围。本书所要研究的是马克思主义哲学。在开始学习之前，有必要首先了解一百多年以来的当代马克思主义哲学的阐释历史，对已经产生的同类成果进行分析和评价，了解当代马克思主义哲学的分析框架有什么特点。这些问题是学习和研究马克思主义哲学首先需要弄清楚的问题。

第一节　国内外马克思主义哲学研究的学术史考察

诚然，对于今天的人们而言，马克思主义哲学体系的学术水平是完全内在的、有保证的。至于今天的学者们究竟是否具有对这种内在的、不由外在因素决定的学术品质做出正确判断的学术才能，学界对这一点迄今没有提出根本疑问。

本书尝试用一种非常清晰的方式提出一个主要问题，即马克思主义哲学为了成为一种严格的学术体系，需要具备哪些关键因素？在这一问题上，不同的学派与体系，当然还有不同的人物，对此的回答都大相径庭，在理解性方法层面上缺乏共识。正因如此，“构建”成为所有马克思主义哲学不同阐释的最基础、最经常使用但也是最难理解的方法之一。尽管如此，本书的马克思主义哲学学术体系构建仍屹立在一个原则性的基础之上，我们将它称为历史唯物主义中的“构建”。“构建”这个方法被引入马克思主义哲学体系研究之中，既能够使马克思主义哲学研究跨越各个学派、各个人物进行“圈地式”研究的局限，又能够使我们沿着马克思主义哲学创始人所开创的道路继续推进，直到使马克思主义哲学成为一种更深刻、更严格的学术体系。

回顾起来，构建中国马克思主义哲学体系的设想可以追溯到马克思主义哲学家李大钊。李大钊不同凡响之处在于，他最早理解并接受唯物史观，他的“民彝史观”成为嫁接唯物史观的通路。他与胡适展开的“问题与主义”论战中有一个富有深刻启发意义的地方，即让中国知识分子清楚地意识到自己的哲学思考具有狭隘的形式。这种狭隘的形式表现为：他们在进行哲学思考的时候，本来以为诸如宋明理学、现代新儒学等学问已经把握住了中国的历史走向和历史命运问题的边界，没有认识到唯物史观对于中国道路的意义。至于另外一些人，虽然他们没有能力通过自己的思考而把自己提升到接受唯物史观的层次，但参与这个论战本身至少能够给他们提供更为客观的评判标准，让他们在当时的时局中尝试理解如何用唯物史观来解答中国问题。

从学术史角度来看，诸如李大钊的“民彝史观”的主要内容、中国哲学传统何以影响李大钊走向唯物史观、李大钊如何从经济上解释中国近代化思想进程、李大钊怎样从现实中探索中国革命的特殊道路等等问题，就值得今日深入探讨。而陈独秀对唯物史观的阐释、蔡和森的社会进化论、李达用唯物史观考察中国的出路以及对“实践的唯物论”的义理把握、毛泽东的“实践论”，都与构建当代中国马克思主义建立了或紧密或松散的联系。当然，从表面上看，这些早期的马克思主义哲学构建都呈现出观念性差异，也逐渐呈现出学派纷呈的气象，但是，没有任何不同的观念可以阻止整体的马克思主义哲学中国化的发生。

自 1949 年中华人民共和国成立以来，构建当代中国马克思主义哲学学术体系的大部分内容主要是通过哲学原理教科书内容的整体性和系统性来体现的，它们形成了以“辩证唯物主义”和“历史唯物主义”为基本理念并以“唯物论”、“辩证法”、“认识论”和“历史观”为实质内容的学术体系。相互冲突又时常相互趋近的两翼，即学术中的所谓具有哲学性质的辩证唯物主义思想体系和具有科学性质的历史唯物主义思想体系，亦在明争暗斗。诚然，有一个已经成为老生常谈的反对意见，认为意识形态会危害到马克思主义哲学体系的学术水平。对此我们不能避而不谈，因为那种在政治和意识形态上诋毁马克思主义哲学学术水平的观点，绝大多数不能说出正当的、合理的理由。针对以政治和意识形态为名对马克思主义哲学学术标准的诋毁，最直接的反诘是：究竟是什么样的马克思主义哲学学术研究会遭到政治和意识形态的危害呢？

本书认为，如果马克思主义哲学这门学科的学术研究真的造成了对精神文明的危害，那么这必定是一种虚假的学术研究和一种毫无思想可言的、名不副实的学术研究的过错。这绝不是马克思主义哲学本身的错误。事实上，从学术研究的角度看，马克思主义哲学本身之所以为中国人所选择，完全是因为它遵循自己的内在学理根据。马克思主义哲学作为中国共产党的指导思想和它所具有的普遍精神（这是学术最重要的内涵）属于一个最为紧密的统一体，双方互为前提。

关于意识形态与马克思主义哲学的关系，我们一般提出这个问题：在学术的关联里，人们有什么理由宣称或者害怕某个东西会危害到马克思主义哲学学术性？循着这一问题，我们确实认为，学术研究里面有一个所谓“思想淡出，学术凸现”的倾向会危害到马克思主义哲学的真理性。在改革开放初期，随着“真理标准问题”和“人道主义和异化问题”的大讨论的展开，那种“思想淡出，学术突进”的主张显示出了思想贫乏的原形，与此同时，也导致了“实践唯物主义”在马克思主义哲学学术体系中的发生和崛起。这个过程告诉我们，一方面，马克思主义哲学不是通过各种特殊规范而博取人们的信奉的，它是普遍真理；但另一方面，它也不是人们随意“修正”的产物，马克思主义哲学的阐释者们经常虚构出一些理论“副作用”强加到马克思主义哲学的头上，以便在特定的时局或情形中否定或限制马克思主义哲学的功用。随着改革开放的进一步深化，当时那些被称为辩证唯物主义或实践唯物主义的观点实际上是与一些特殊的、片面的观点极其相似的，所以许多源自它们的内容在今天并不被提倡。

当然，还需进一步指出，所谓的马克思主义哲学学术体系构建，也指与大学里面学业、职业相关的一些研究方式，主要意指所谓构建马克思主义哲学体系意义上的高等学校学科建设以及教材建设。回顾起来，中华人民共和国成立初期的教材，主要借鉴了20世纪30年代初苏联马克思主义哲学家米丁主持编纂的《辩证唯物主义》和《历史唯物主义》，以及之后原本收入斯大林《联共（布）党史简明教程》一书中并以《论辩证唯物主义和历史唯物主义》为名的单行本教材。这些教材作为当时苏联政治的产物，都与教条主义化马克思主义哲学的理念运作相关。它们是将马克思主义哲学体系鲜明规范化的著作。作为哲学，它们归属于“有立场的哲学”。

在形成构建马克思主义哲学体系的理性力量的过程中，直到1961年，我国才第一次发布了由中国人自己主编的马克思主义哲学教科书，即艾思奇主编的《辩证唯物主义 历史唯物主义》①。它算得上是我国马克思主义哲学体系正式形成的标志。党的十一届三中全会以后，中国人最终有了可能从时代本身问题的渊源中创制马克思主义哲学学术体系的机会。例如，由肖前、李秀林和汪永祥主编的《辩证唯物主义原理》和《历史唯物主义原理》以及李秀林、王于、李淮春主编的《辩证唯物主义和历史唯物主义原理》②相继出版。这样，当代中国马克思主义哲学体系构建真正开始以学术化的方式进行起来。高清海主编的《马克思主义哲学基础》③，通过“主体、客体、主体与客体的统一”的“认识的基本矛盾”为纲，打破了自苏联以来把马克思主义哲学二分为“辩证唯物主义”与“历史唯物主义”的传统做法，引起了哲学教材改革的一系列讨论，为此后推动马克思主义哲学实践唯物主义体系的建设提供了宝贵经验。毫无疑问，这些成果本质上是由于要解决构建马克思主义哲学体系的困难而寻找出路的理论创造物。

20世纪90年代初，辛敬良主编了《马克思主义哲学导论》④。该著作尝试将实践的概念引入认识论范畴中讨论，强调了主体在活动中创造客体，构建了一种强调以实践为中介的自然过程、社会历史进程以及人类意识和认识过程的马克思主义哲学体系。肖前

---

① 艾思奇．辩证唯物主义 历史唯物主义．北京：人民出版社，1961.

② 肖前，李秀林，汪永祥．辩证唯物主义原理．北京：人民出版社，1981；肖前，李秀林，汪永祥．历史唯物主义原理．北京：人民出版社，1983；李秀林，王于，李淮春．辩证唯物主义和历史唯物主义原理．北京：中国人民大学出版社，1982.

③ 高清海．马克思主义哲学基础：上册．北京：人民出版社，1985；高清海．马克思主义哲学基础：下册．北京：人民出版社，1987.

④ 辛敬良．马克思主义哲学导论．上海：复旦大学出版社，1991.

主持编写的《马克思主义哲学原理》① 于1994年由中国人民大学出版社出版。这本教材将“马克思主义哲学体系改革”作为全国重点课题进行研究，以“实践”的观点作为中心线索贯穿全书，与时俱进，展现了时代的现实性，称得上是哲学体系改革的一部杰作。此后，马克思主义哲学学者陈晏清、王南湜、李淑梅合著的《现代唯物主义导引》② 和《马克思主义哲学高级教程》③ 由南开大学出版社出版。这两部著作均突出了“实践唯物主义”的观点，并补充了苏联版本马克思主义哲学教材中不曾彰显的“主体性维度”的内容，进一步丰富了中国马克思主义哲学学术体系。1998年，高校思政课改革方案推出，将原来开设的“马克思主义原理概论”课改为“马克思主义哲学原理”课。为适应该方案的要求，陈先达撰写了新的马克思主义哲学教材《马克思主义哲学原理》④，这部教材充分吸收了之前肖前、李秀林和高清海等主编教材的经验，将当代中国马克思主义哲学体系的重点进一步向“实践唯物主义”的观点靠拢，重新整理了内容安排和逻辑框架，加深了“辩证唯物主义”和“历史唯物主义”的融合，增加了面向当代的社会实践和科学发展成果。在高校思政课“2005年方案”实施之后，教育部将“马克思主义哲学原理”课调整为“马克思主义基本原理概论”课，教材也随之采用了陈先达主编的《马克思主义基本原理概论》⑤。这时的马克思主义哲学教学内容主要集中在教材的前三章，内容更加简洁，逻辑也更加清晰。但是由于人们继续区分辩证唯物主义和历史唯物主义并从前一个部分领域的源泉和界限中推断实践唯物主义，人们在此领域又继续分为无条件的和有条件的、绝对的和相对的规范。这两个（或三个）组成部分依然被二元化地分隔着构建。

有鉴于此，本书认为，率先进入中国马克思主义哲学学术体系并发挥效力的形态是马克思的哲学之“伟大发现”——历史唯物主义。这不仅得到马克思的战友恩格斯的认同，而且它已经通过各个学派、各个人物对马克思主义统一的哲学加工而为大多数人所接受。自从有重建历史唯物主义的呼声以来，原初用历史唯物主义取代马克思主义哲学其他命名的零星呼吁就越来越多。

显然，对于21世纪初的我们来说，马克思主义哲学学术研究是在缓慢进步的，但总体上也在慢慢形成学术圈氛围，其主导的研究精神应当是防止跟实践脱节。

再看国外。二战结束后，国外马克思主义哲学构建呈现出对“新马克思主义”探索的热情。20世纪60年代后，实用主义在美国的没落，使得马克思主义，尤其是马克思主义关于资本主义危机的理论又引起了人们的关注，特别是在美国大学里，马克思主义的学术研究迅速发展，形成了美国历史上前所未有的所谓“学院马克思主义”。学院马克思主义的研究范围甚广。值得注意的是，随着时间的推移，西方世界盛行的社会运动的各方力量消失了。性别、种族、职业和意识形态随之被视为阶级划分的依据。在美国，A. W. 古尔德纳、B. 奥尔曼等可以说是构建马克思主义哲学体系的较为重要的人物。

① 肖前. 马克思主义哲学原理. 北京：中国人民大学出版社，1994.
② 陈晏清，王南湜，李淑梅. 现代唯物主义导引. 天津：南开大学出版社，1996.
③ 陈晏清，王南湜，李淑梅. 马克思主义哲学高级教程. 天津：南开大学出版社，2001.
④ 陈先达. 马克思主义哲学原理. 北京：中国人民大学出版社，1999.
⑤ 陈先达. 马克思主义基本原理概论. 北京：高等教育出版社，2013.

在德国，参与马克思主义哲学构建的主要代表人物有梅林和后起的马尔库塞、哈贝马斯等。“他们以社会批判家自居，以他们特有的方式揭示了现代资本主义的特点与弊病，以黑格尔和马克思的批判传统批判了现代资本主义社会”①，在资本主义和社会主义之外寻找“真正的第三种选择”。哈贝马斯对马克思主义哲学的研究兴趣很广，他的《重建历史唯物主义》（或译《改造历史唯物主义》）显然具有构建马克思主义哲学体系的诉求。他以一种社会进化论的解读方式在德国宣扬了作为历史唯物主义的马克思主义哲学，并把《资本论》等经济学著作看作这种进化论的局部理论。随着世界性的革命失败，马克思主义哲学变革在民主德国转回至对苏联模式的重构；在改革的大潮中，马克思主义哲学在意大利、日本、波兰、苏联、南斯拉夫等国家获得了广泛的学术研究，不同国家的研究与应用虽都有自己各自的特点，但仅仅是在学术中蔓延的现代性危机或韦伯所谓的“诸神冲突”理论，就强有力地持续挑战着历史中的教条主义马克思主义。

值得指出的是，近年来，我国理论界重新提出了“马克思主义哲学当代性构建”这个课题。当思考这个课题时，我们不禁立刻想起，马克思主义哲学创始人并不曾以体系化的形式讲述过自己的世界观。对于本书来说，这个新世界观地平线的进一步开掘者似乎遗忘了这件事情似的。一方面，我国的大学里面，马克思主义哲学一直发挥着学术牵引和传承知识的重要作用。因而，系统化的著作往往就带有构建马克思主义哲学体系的构造形式。众多学者都付出了构建马克思主义哲学体系的努力。影响较大的专著有：陈先达《走向历史的深处》、孙正聿《马克思主义基础理论研究》、俞吾金《意识形态论》、吴晓明《形而上学的没落》、张一兵《回到马克思》、杨耕《“危机”中的重建——历史唯物主义的现代阐释》、段忠桥《重释历史唯物主义》、丰子义《走向现实的社会历史哲学——马克思社会历史理论的当代价值》、汪信砚《范式的追寻——作为范式的马克思主义哲学中国化研究》、贺来《现实生活世界——乌托邦精神的真实根基》、邹诗鹏《激进政治的兴起：马克思早期政治与法哲学批判手稿的当代解读》、唐正东《从斯密到马克思》、仰海峰《形而上学批判——马克思主义哲学的理论前提及当代效应》、王新生《市民社会论》、张文喜《重建历史唯物主义历史总体观》，等等。可以看到，这样一些著作一定意义上维护了马克思主义哲学这门科学的学术尊严。但另一方面，我国学界在大学这个范围里面，由于依赖于学科自身的某种结构，因而构建马克思主义哲学体系的努力依然支离破碎，各个理论相互之间产生了裂缝。譬如，有些人遗忘了马克思主义哲学也是人类文明构建中具有自在本身的价值存在。改变这个局面的首要的责任落在了马克思主义哲学学术机构的最为核心部分，即投身于马克思主义哲学教学与研究的大学师生身上。

一般说来，严格的学术研究只探究“是什么”这一问题，而非“应该是什么”。然而，仅仅停留在严格的学术研究范围里，活跃的思维极易被教条扼杀。因此，对马克思主义哲学应该是什么的探索便需要走在社会变革之先。仔细分析起来，一方面，我国哲学学术各领域的发展依然不平衡，学科之间仍有壁垒，严重地说，马克思主义哲学学术

① 李忠尚．“新马克思主义”论．北京：中国人民大学出版社，2011：1.

研究存在某种“内在的分裂”。另一方面，马克思主义哲学确实具有学术意义和科学价值。如今，人们已经清醒地认识到，要服务于国家意识形态阵地建设，就要以最恰当的方式来彰显马克思主义哲学的学术体系，说明马克思主义哲学的整体性、系统性、统一性，追求一种马克思主义哲学真理的普遍性。在此基础上，我们构建马克思主义哲学体系的目标就是，使马克思主义哲学学术体系成为学术的典范，它不是一般意义上的专业或系科概念，而应当被看作中国特色社会主义学术建设的理论奠基。

第二节 对已有相关代表性成果的分析评价

总体上看，学术界近些年来从不同的方向和角度所提出的问题，以及从多个层面进行的探索，为构建当代中国马克思主义哲学学术体系提供了丰富的经验和有益的建议，也为本书提供了由外向内的总结归纳方面的考量重点。当然，我们还必须将这个构建过程的视野投射到当今时代的背景和现实问题之中去，造就一种内部生成与外部升华相融合的研究方式。这是马克思主义哲学实事求是、理论联系实际的精神内核之必然要求。

不可否认，作为一个理论课题，当代中国马克思主义哲学体系的构建仍然处在一个不甚完备的初级阶段。以往的成就主要体现在教科书层面，而现在的重点则应当是探索和构建马克思主义哲学的学术体系。若要完成这样的任务，首要的目标则应当着眼于对历史上马克思主义哲学体系构建中所遗留的问题的反思。其中，坚持一种严格的、从马克思主义哲学最初的前提出发展开的构建，是一个最有力的方法，具体要做的工作则是构建起比较完整的当代中国马克思主义哲学学术体系的出发点、支撑点、学术标准等等。同样，不可否认，辩证唯物主义和实践唯物主义是以物质和实践（主体）为不同解释方向的哲学体系。马克思主义哲学对各种具体问题和崭新问题的回应，最终都要汇聚于整个哲学体系的基础更新。很明显，出发点不同，各自的发展路径和呈现方式也是不同的。比如说，若将马克思主义哲学体系的出发点放在物质世界，则强调诸如物质世界的客观性、必然性与可知性，在辩证法方面则强调斗争性。若将马克思主义哲学体系的出发点置于主体世界，则必然要将实践作为核心概念，侧重于将人的自由全面发展和社会发展的价值目标放到应有的地位上去。但是，这一主体从笛卡尔以来却成了“我”，以至于马克思主义哲学现在把主体视为唯心主义一翼，一如在理解“物质”上马克思主义哲学要求的解除“抽象物质”。迄今关于马克思主义哲学的出发点依然成为问题。

这里，人们拿来谈论的、构建的马克思主义哲学体系与本来意义上的马克思主义哲学体系的关系，恐怕是首先需要甄别的学术问题。马克思主义哲学是一个完整的、不可分割的整体。如果马克思主义哲学体系构建不是这样一个整体，那么完全可能出现如下一种情况，即一种马克思主义哲学构建可能仅仅从马克思主义哲学那里搬运来自己的本源，但在别的方面却完全远离了马克思主义哲学相应的对象。有的现代经济学家阅读马克思《资本论》，由于站在唯心主义立场，他们的阅读便完全不是指向马克思的对象，而是指向他们自己的对象。他们追求的哲学构建的目的当然就不同于马克思主义哲学体系构建所体现的目的。从这个角度看，关于构建当代中国马克思主义哲学体系的工作，在以往的探索中依然遗留了几个亟待解决的问题。

一、对传统马克思主义哲学体系结构的继承与超越

在以苏联为代表的马克思主义哲学教科书体系中，马克思主义哲学的本源奠基于物质世界。苏联教科书虽然也人为制造出各种观念差异，但是总体上它希望从一开始就使用这个著名的本源来呈现唯一的、不可分割的马克思主义哲学整体。在这个意义上，不可否认，它们为在世界上将马克思主义哲学构建为自成一派的体系做出了突出贡献。中华人民共和国成立以来，尤其是改革开放以来，我国在马克思主义哲学教科书的编纂上，发生了与“苏联模式”相比具有少量的变革的一些尝试，但其基本精神依然无法完全突破苏联哲学教材体系。这意味着马克思主义哲学与其他哲学一样，它的完善只能出现在全部潜在的能量阶次的总体性里面，任何一种马克思主义哲学体系构建仅仅是依据不同的观念性规定来呈现的马克思主义哲学整体。

确切地说，马克思主义哲学的本源只有一个，一切人为制造出的差别都是纯粹观念的差别。照此来看，我国最早在“辩证唯物主义”和“历史唯物主义”二分结构上尝试突破的著作是高清海主编的《马克思主义哲学基础》。该教材以实践为理论基础，但由于该书结构上的局限，“它的第二编结构与传统的辩证唯物主义基本相同，第三编结构大致相当于传统的历史唯物主义，以那种方式对客观世界和主观世界的实践解释就被误解了”①。高清海的这本著作虽然给学界吹来了体系改革的春风，但其自我意识觉醒的洪流涌入了先前将其拒之门外的地方（即主体主义的地方），依然无法真正实现马克思主义哲学学术体系构建的目标。

另一路径是主体性的退场。20世纪末，我国提倡构建当代中国马克思主义哲学学术体系的代表人物为黄楠森，在相继发表《关于马克思主义哲学科学体系的构想》《更完整严密构建马克思主义哲学体系的必要性与可行性》② 等一系列文章后，他还主持编纂了《马克思主义哲学体系的当代构建》③ 等著作。黄楠森在自己的著述中一方面指出了当代马克思主义哲学体系构建的必要性（受到实证主义、主体性哲学和人道主义的挑战）和可能性（从时代的研究中、从自然科学和社会科学的研究中、从外国哲学与中国哲学的发展中寻找）；另一方面，构建起了以世界观为主体，以历史观和人学为第二层次，以认识论、价值论和方法论三部分为第三层次的“一总五分三层次”式哲学体系结构。

黄楠森的著作发表之后，陆续引起了学界的许多反响，尤其是持实践唯物主义观点的学者纷纷发表了自己对于这个话题的批评意见和建议。比如，安启念在《马克思主义哲学体系构建中的三个重要问题——兼评黄楠森先生的马克思主义哲学体系构想》④ 一

① 安启念. 新编马克思主义哲学发展史. 2版. 北京：中国人民大学出版社，2010：378.

② 黄楠森. 关于马克思主义哲学科学体系的构想. 光明日报，2006-08-14. 黄楠森. 更完整严密构建马克思主义哲学体系的必要性与可行性. 北京大学学报，2007（6）.

③ 黄楠森. 马克思主义哲学体系的当代构建. 北京：人民出版社，2011.

④ 安启念. 马克思主义哲学体系构建中的三个重要问题——兼评黄楠森先生的马克思主义哲学体系构想. 北京行政学院学报，2007（2）.

文中肯定了黄楠森在体系构建中所做出的与旧体系结构有显著区别的工作，即增加了世界观、人学和价值论方面的内容，但指出，这三个新颖的部分依然需要回归到世界的本质和客观规律中才能做出学理的阐释，因而并没有脱离辩证唯物主义的视野。杨耕发表了《关于中国马克思主义哲学体系的历史沉思》①，其中谈到构建马克思主义哲学体系必须以无产阶级和人类解放为理论主题，以实践为逻辑起点和构建原则，应以实践唯物主义、辩证唯物主义、历史唯物主义的“一体化”作为基本框架，哲学批判、意识形态批判和资本批判高度关联、融合为一体，才是马克思主义哲学的独特的存在方式。孙正聿在《构建当代中国马克思主义哲学学术体系》② 中直接提出了要建设以“实践”为核心范畴和解释原则、以“改变世界”为鲜明特点、具有“主体性”和“原创性”的当代中国马克思主义哲学学术体系。马克思主义哲学学术体系的这些昔日的形态，都反映了卓有建树的学者在其中打造着的马克思主义哲学的广度和深度。

其实早在黄楠森《马克思主义哲学体系的当代构建》成书之前，学界就有许多学者勇敢地尝试冲破体系的束缚，但却不能迈出“最后一步”，比如孙伯鍨发表的《马克思主义哲学的体系与方法（笔谈） 再论马克思主义哲学的体系与方法》③。不难发现，关于此话题的成果，学者们或总结归纳，或针对旧有的体系进行分析概括，却鲜有深入到学术体系构建工作本身中去的。有学者因无法摆脱传统体系的“辩证唯物主义”和“历史唯物主义”二分框架而在它之外产生有效的创见，所以遭受实践唯物主义立场的质疑，致使现阶段关于当代中国马克思主义哲学学术体系的构建工作又陷入一种“循环”状态。这意味着马克思主义哲学返回传统，但同时意味着整个马克思主义哲学体系建构的基础已经无力承载传统的“创见”。

本书认为，在着手马克思主义哲学体系构建的时候，最为关键之处在于，务必要在每一个不同的观念性规定那里呈现出巩固的原则，表明每一个单独的观念的潜在能量阶次都能够同样归摄于马克思主义哲学学术体系整体。简言之，不管人为制造出来的各个马克思主义哲学体系的差别有多大，我们始终坚守在逻辑上只有一个马克思主义哲学体系的立场。

二、对马克思主义哲学体系理论范式的选择与调整

对马克思主义哲学体系理论范式的选择与调整是我国的学者们一直关注和努力的方向，并且每一种尝试都是各自研究领域的最新突破和与时俱进的成果。

改革开放之初，马克思主义哲学之“实践唯物主义”阐释路向获得复兴和发展，让一部分学者确立好各自的阵地，力图对“辩证唯物主义”和“历史唯物主义”二分的传统哲学体系进行改造。高清海《马克思主义哲学基础》的问世，标志着中国学者开启了重建马克思主义哲学体系的历史进程。之后夏甄陶、欧阳康发表《试论马克思主义哲学

---

① 杨耕．关于中国马克思主义哲学体系的历史沉思．马克思主义哲学，2016 (1)．

② 孙正聿．构建当代中国马克思主义哲学学术体系．哲学研究，2019 (4)．

③ 孙伯鍨．马克思主义哲学的体系与方法（笔谈） 再论马克思主义哲学的体系与方法．江海学刊，2001 (2)．

体系的构建原则——一个马克思主义哲学新体系的初步构想》[①]，提出了马克思主义哲学新体系的构建应该以实践唯物主义为理论基石，以现代社会实践为现实基础，以人与世界的总体性关系、人对属人世界的自觉能动掌握与改造为基本线索和基本内容，将本体论和认识论内在地统一起来，贯彻逻辑和历史统一的原则。这是一次深具认识论意味的马克思主义哲学新发展，而在先前哲学之有关统一体的马克思主义哲学理论中很少能够寻到其踪迹。

进入 90 年代，随着孙正聿《从"体系意识"到"问题意识"——九十年代中国的哲学主流》[②] 的发表和欧阳康《哲学研究方法论》[③] 的出版，学者的研究思路不再局限于对过往哲学体系的争论和调整，而是通过问题意识，投入到"个性化的哲学研究道路中去"，走出了几条回馈马克思主义哲学体系的新思路。比较典型的有两条：

一条为回归到马克思本人的思想和文本之中。张一兵出版的《回到马克思——经济学语境中的哲学话语》[④] 一书，成为突破苏联旧有体系束缚，完整地将经济学和马克思主义哲学结合在一起的力作。这之后，陆续出版了孙伯鍨、张一兵主编的《走进马克思》[⑤]，张一兵、蒙木桂的《神会马克思》[⑥] 等著作，在国内引起了对马克思主义思想文本解读的热潮。如韩立新的《新版〈德意志意识形态〉研究》[⑦]、何中华的《重读马克思——一种哲学观的当代诠释》[⑧]、聂锦芳的《批判与建构——〈德意志意识形态〉文本学研究》[⑨] 等著作的问世，这类著作在一定程度上还原了马克思主义理论内容的历史图像，为更精准地把握马克思主义哲学体系提供了文本学支持。但值得注意的是，基于如此"文本学"的立场，任一学者的解读现象都会受到关注，因为这并不排除可能的假象(譬如，文本主义方法的最大问题是忽视历史语境，并将文本视为作者信念的表达)。

另一条为马克思主义政治哲学的拓展和兴起。赵剑英和陈晏清主编的《马克思主义政治哲学：阐释与创新》[⑩]，可以称作继《马克思主义哲学基础》和《回到马克思》之后，我国马克思主义哲学发展史上的第三个"标志性"事件。本书汇集了国内近 40 位著名学者围绕第六届"马克思主义哲学论坛"的主题——"马克思主义政治哲学：阐释与创新"，从马克思主义政治哲学的学术传统、理论基础、理论源泉、理论性质、理论方法、当代意义以及历史唯物主义与政治哲学的关系等多维视角提出的问题和研究的成果，为构建当代马克思主义哲学体系提供了宝贵的探索经验和思想智慧。这是国内第一次以"马克思主义政治哲学"为主题的论坛。学者们自觉认识到，20 世纪后期特别是进入 21 世纪以来，无论是在中国还是在世界其他国家，社会和政治生活都在发生着根本性的变

---

① 夏甄陶，欧阳康. 试论马克思主义哲学体系的构建原则——一个马克思主义哲学新体系的初步构想. 天津社会科学，1988 (3).

② 孙正聿. 从"体系意识"到"问题意识"——九十年代中国的哲学主流. 长白学刊，1994 (1).

③ 欧阳康. 哲学研究方法论. 武汉：武汉大学出版社，1998.

④ 张一兵. 回到马克思——经济学语境中的哲学话语. 南京：江苏人民出版社，1999.

⑤ 孙伯鍨，张一兵. 走进马克思. 南京：江苏人民出版社，2001.

⑥ 张一兵，蒙木桂. 神会马克思——马克思哲学原生态的当代阐释. 北京：中国人民大学出版社，2004.

⑦ 韩立新. 新版《德意志意识形态》研究. 北京：中国人民大学出版社，2008.

⑧ 何中华. 重读马克思——一种哲学观的当代诠释. 济南：山东人民出版社，2009.

⑨ 聂锦芳. 批判与建构——《德意志意识形态》文本学研究. 北京：人民出版社，2012.

⑩ 赵剑英. 陈晏清. 马克思主义政治哲学：阐释与创新. 北京：社会科学文献出版社，2007.

化，马克思主义哲学应有一种系统而有说服力的话语，为此而构建一种适应现今社会和政治生活的马克思主义政治哲学，已是当代中国的迫切需要①。

随后，侯才牵头编选出版了《政治哲学经典：马克思主义卷》②。该文选按时间和问题的脉络，编选了从马克思的《黑格尔法哲学批判》到邓小平的“南方谈话”等与马克思主义政治哲学紧密相关的第一手经典文本，为国内马克思主义政治哲学的研究和构建提供了扎实的文献支撑。张文喜的《历史唯物主义的政治哲学向度》③，是国内第一部明确以“政治哲学”命名的马克思主义政治哲学的专著。该书核心解释和回答的是“政治哲学能不能成为重新理解马克思主义哲学的重要路径”问题。该书立足于马克思历史唯物主义，在历史唯物主义与政治哲学的关联中，既从政治哲学的视域重新解读了历史唯物主义，又从历史唯物主义视野回答和论证了政治哲学提出的诸如什么是好的生活、何为人类的完美、何为最佳的政治秩序等问题。该书的最终结论是：政治哲学内在地包含于马克思历史唯物主义对历史演变基本规律的阐释之中④。此外，段忠桥的《理性的反思与正义的追求》⑤、张盾的《黑格尔与马克思政治哲学六论》⑥、李佃来的《马克思的政治哲学：理论与现实》⑦ 等著作的陆续出版，进一步巩固了马克思主义政治哲学在当今马克思主义哲学体系中的重要地位，为构建马克思主义哲学体系提供了沃腴的土壤。

思考题

1. 中国马克思主义哲学阐释史有哪几个主要阶段？
2. 构建中国马克思主义哲学过程中的经验和教训有哪些？

---

① 白刚. 从“辩证唯物主义”到“政治哲学”——当代中国马克思主义哲学的形态演变及内在逻辑. 求是学刊，2018（5）.

② 侯才，等. 政治哲学经典：马克思主义卷. 北京：人民出版社，2008.

③ 张文喜. 历史唯物主义的政治哲学向度. 南京：江苏人民出版社，2008.

④ 同①.

⑤ 段忠桥. 理性的反思与正义的追求. 哈尔滨：黑龙江大学出版社，2007.

⑥ 张盾. 黑格尔与马克思政治哲学六论. 北京：学习出版社，2014.

⑦ 李佃来. 马克思的政治哲学：理论与现实. 北京：人民出版社，2015.

第一章

马克思主义哲学的性质

本书所要研究的是马克思主义哲学。我们将从马克思主义哲学的基本理论和基本方法出发，探讨马克思主义哲学的基本思想及其重大问题。所谓基本理论就是指马克思主义哲学的世界观和历史观，所谓基本方法就是指马克思主义哲学的思维方法和认识方法，贯穿于其中的最根本的原则就是历史唯物主义和辩证法。在阐述马克思主义哲学的过程中，我们有重点地浓缩了马克思、恩格斯等经典作家的主要作品的思想，并结合世界历史和中国的现实，揭示马克思主义哲学基本原理的“三性”，即“实践性”、“科学性”和“革命性”。

第一节　马克思主义哲学的当代境遇

一、马克思主义哲学的名称

马克思主义哲学有两个别名，即历史唯物主义①和辩证唯物主义。马克思主义哲学究竟应该叫什么名字？这是一个有争议的学术问题，因为马克思主义哲学经典作家也对此语焉不详。俄罗斯人不止一个也不止一次碰到这个问题。比如说，米海洛夫斯基就曾质疑：“马克思在哪一部著作中叙述了自己的唯物主义历史观呢？”其结论是，“马克思没有这样的著作”②。问题在于，凡熟悉马克思的人，都会反问他：马克思在哪一部著作中

① 从马克思主义传播史上看，“唯物史观”、“史的唯物论”、“唯物的历史观”和“历史唯物主义”等术语对应于“historical materialism”。20世纪20年代的中国，“唯物史观”的译名显得更流行。到20世纪30年代，受苏联人影响，“historical materialism”和“dialectical materialism”经常并列，用以称呼马克思主义哲学，这时“historical materialism”才更多地翻译为“历史唯物主义”。

② 列宁全集：第1卷. 北京：人民出版社，1984：103.

没有叙述过自己的唯物主义历史观呢？一般地说，我们把马克思主义哲学叫作历史唯物主义，辩证唯物主义是个“小名”。恩格斯在《在马克思墓前的讲话》中指出：“正像达尔文发现有机界的发展规律一样，马克思发现了人类历史的发展规律”①。也就是说，我们按照马克思主义哲学精神，应当从根本上把握历史唯物主义。如果历史唯物主义没有学好的话，我们学的马克思主义哲学就是空洞的，也是定义或界限不明确的；如果历史唯物主义精神不抓住的话，我们学马克思主义哲学更是没有抓挠的。

我们经常看到，有些人尽管学了唯物主义、辩证法这些很高深的理论，但他就是抓不到其中的要领。我们自己也有类似的经验，在我们十七八岁最初接触马克思主义哲学的时候，所能够学习到的一般都是“世界是物质的”“物质是运动的”“运动是绝对的”“静止是相对的”等教义。马克思主义哲学当然不能停留在“世界统一于物质”这样一些话上，它总需要表明它的具体道理。马克思主义哲学的主要理论基础都是历史唯物主义的。关于历史唯物主义，历代的马克思主义哲学的传承者都在“唯物主义”和“历史”这两个词上做文章。葛兰西曾经说，在“历史唯物主义”这个术语中必须强调第一个词“历史”，而不是第二个词，他认为第二个词“起源于形而上学”②。阿尔都塞为此不满地说：“强调唯物主义不仅涉及历史唯物主义，而且也涉及辩证唯物主义，但葛兰西却只谈历史唯物主义，而且他提示说，‘唯物主义’这个术语必然会使人们产生‘形而上学’的联想，甚至产生比联想更糟的东西。”③ 我们认为，究竟最终是否用历史唯物主义这个词来表示马克思主义哲学，要从学理上确定这一点还是有一定困难的。

在学理探讨中，我们听到过去人们对辩证唯物主义的说教的抗议。例如，葛兰西的历史主义是对第二国际马克思主义机械唯物主义的发难。这是在呼吁人们投入“实践”，投入“改变世界”的革命实践。但是，这种讨论却使我们看到了许多令人困惑的东西，有一定的含混不清的地方。因此，有人（例如法国哲学家阿兰·巴迪欧）主张，历史唯物主义是作为马克思主义的历史科学，辩证唯物主义是作为马克思主义的哲学，它们之间的区分在意识形态观念上是哲学范畴和科学概念之间的区分。究竟哪个术语能够把马克思主义哲学统一起来，想必这种争论还会继续下去。我们的主张依然是：历史唯物主义必然成为马克思主义哲学名号的主宰。这一点接下来我们还要讲，也要大家慢慢体会。

二、什么是马克思主义哲学

这个本来很简单的问题，无论是在马克思主义哲学经典作家那里，还是在别的学术领域里都已经成为人们反复讨论的对象。然而在学术界，对任何信仰式的马克思主义哲学的表达报以冷嘲热讽的现象也是常常发生的。甚至熟谙马克思主义哲学著作的学者在以下问题上也聚讼纷纭：例如哪些概念、观点、命题是与马克思主义哲学的本质相属的？哪些概念、观点、命题是可以批评，甚至抛弃也不致丧失马克思主义者身份的？还有这样一个问题：“劳动”、“异化”、“实践”、“自然”、“历史”和“社会”等概念不仅马克思

① 马克思恩格斯选集：第3卷. 北京：人民出版社，2012：1002.

② 阿尔都塞，巴里巴尔. 读《资本论》. 李其庆，冯文光，译. 北京：中央编译出版社，2001：147.

③ 同②147-148.

在用，近代哲学家们也在使用，但如果我们仅仅只是分析这些概念，那么凭什么说马克思使用了这些概念就能够修筑一条通往真理的道路？有人怀疑凭这些“大词”，修筑通往真理的道路会半途而废，起码会精疲力竭。

人们非常担心马克思在寻找真理的道路上修的是一条狭窄而又走不了多远的小路，换句话说，是在担心看不到马克思主义哲学同意识形态世界观的区别究竟在哪里。因此，人们笼统地认为，马克思主义哲学是“现实的哲学”，在形式上与一切超在的“彼岸性”哲学相区别，马克思主义哲学的“科学性”正是由此而得到说明的。人们并没有真正思考旧的宗教或意识形态与马克思主义哲学的区分。这里人们所担心的正表明，从规范着我们这些普通人的现实世界中拯救出有实践力量的马克思主义哲学，是很困难的；这也表明，马克思主义哲学也就是历史唯物主义，因为生产力与生产关系之间产生的矛盾在各个时代都导致了一些不可改变的经济关系秩序，由此决定了人们生活的社会与政治领域的特点和规律。在这个意义上，马克思主义哲学跟历史唯物主义是一个事情的两个方面。讲马克思主义哲学就是讲人类社会历史性生成的全部过程。从历史唯物主义的角度来说，什么是存在之为存在的问题归根到底就是为何存在的问题，这两个问题不过是同一个问题的两个方面。

那些研究马克思主义哲学教义的一般学者的结论是：历史唯物主义是作为马克思主义的唯一的一门科学，就是作为马克思主义的历史科学的历史唯物主义。我们现在可以这样说，马克思主义哲学对卢卡奇等人来说就是历史唯物主义，而且这样判断的人可能一直延续着当代马克思主义哲学的正统阐释。直到今天为止，哲学界大多数学者（包括恩格斯）仍然认为，历史唯物主义是马克思划时代的哲学创造。如果历史唯物主义在这里说的是作为关于历史的“科学理论”的话，那么显而易见，它所指的就是寻求历史科学方法上的那些对实践认识有引导和促进作用的规范与实践规律。从这个角度出发，我们的判断所意指的东西、我们的陈述所表达出来的东西，应当会在历史范式中展现其力量的兴起。简单的结论是，当代中国马克思主义哲学学术体系的命名是历史唯物主义。虽然马克思主义哲学体系里面确实有一些形态转变，但这只不过证明，马克思主义哲学在哲学思想史中尚未掌握自己的最终形式和绝对形态。这正是我们要说的双重意思：一是马克思主义哲学体系是历史唯物主义；二是不能抽象地提出历史唯物主义之外是否可以构建马克思主义政治哲学——这个如今的热点问题。

所以说，如果我们要做一个真正对马克思主义哲学有一定领会的人，那历史唯物主义是不能不学的。我们不能浮皮潦草，只念着“世界历史归根结底是有规律的”。当然，如果这句话能让你消除妄念，那是可以高枕无忧了。但如果你在念这句话时心还打妄念，感到这个道理没有搞清楚，不踏实，那你就要研究历史唯物主义，这样能够避免马克思所讽刺的“好汉的悲剧”：“有一个好汉忽然想到，人们之所以溺死，是因为他们被重力思想迷住了。如果他们从头脑中抛掉这个观念，比方说，宣称它是迷信观念，是宗教观念，他们就会避免任何溺死的危险。他一生都在同重力的幻想作斗争”①。

如果希望别人也相信马克思主义哲学的话，更要学好历史唯物主义。没有历史唯物

---

① 马克思恩格斯文集：第1卷. 北京：人民出版社，2009：510.

主义，马克思主义哲学就不能令人信服。有人说，历史唯物主义是夜行的人们寻找真理的灯塔。但为什么是灯塔？对这个问题我们内心需要有自己的答案，不能一问三不知。如果历史唯物主义学得好的话，可以睁大眼睛跟骗局做斗争，讲出很多具有真理性的道理来。如果把历史唯物主义学得非常深透，历史唯物主义就必然被赋予重要的地位。在这里，我们认为能不能讲出一大堆道理来是次要的，更深层的问题在于，我们需要从实践出发来理解现实。但是为什么要从实践出发？实践有什么重要性？这些问题的答案也是要从历史唯物主义这个马克思主义哲学的根本内容中得到的。所以学习历史唯物主义有助于我们实践地理解问题、观察问题。

三、为什么要学习马克思主义哲学

学习马克思主义哲学有什么好处？一般地说，哲学就是概念创造。马克思主义哲学就是马克思、恩格斯等经典作家亲口说的那些哲学概念。任何一门科学都包含着自身的概念，无论数学、医学还是工程学等学科都如此。如果我们不掌握它们，那么就无法掌握这些知识。同样，在马克思主义哲学中也有很多专门概念和名词，这是马克思主义哲学经典作家亲自创造的。如果我们不掌握它们，就不可能理解透彻马克思主义哲学。所以，要学习马克思主义哲学，就需要掌握它固有的概念和名词，这样才能明确地领会马克思主义哲学的内涵。

讲授马克思主义哲学，界限是很严格的。我们举一个例子，一般人说："只有对事实的认识才能成为对现实的认识。"这句话好像包含着真理。但是从马克思主义哲学的角度来看，这观点是错的，因为这个"事实"完全可以按照实证主义的精神来领会和"设想"，如此一来，它对于历史认识而言就是无数细微的和彼此外在的事实，而不是作为历史总体意义上的"事实"。实证主义作为形而上学就是如此理解"事实"的。我们举这个例子是想说明，马克思发现了历史"事实"，而一位实证主义者发现了单纯的"事实"，"这就如同哥伦布发现了新大陆，而一位无名旅游者只是发现了一条景色迷人的新峡谷一样"①。所以说"只有对事实的认识才能成为对现实的认识"这个命题从马克思主义哲学的角度来看根本是错误的。

那么什么才是正确的说法？"只有对奠基于总体性上的事实的认识才能变成对现实的认识。"这才是符合马克思主义哲学的说法。按照马克思的看法，在现代社会，你懂得资本的逻辑，才能懂得地租；"不懂地租却完全可以懂资本"②。他的意思是，你如果不明白现代社会是由资本总体支配的社会，你就会看不到农业也越来越成为一个完全由资本总体支配的工业部门，你就想象不到养鸡、养鸭之类的养殖农业也成为这个现代社会的一个由资本支配的现实总体，因为现代社会的一切经济事实都必然服从于资本的总体统治。说黑种人只是因为皮肤黑而受到种族歧视就错了，黑种人只有在一定的关系下，他才受到种族歧视，他才成为奴隶。"人的本质……在其现实性上，它是一切社会关系的总

① 吴晓明. 作为历史科学方法论的历史唯物主义. 中国社会科学，2008 (1).

② 马克思恩格斯文集：第8卷. 北京：人民出版社，2009：31.

和”[①]，这正是马克思把资本家称为资本的人格化的原因。学习马克思主义哲学，为什么需要严格坚持它的界限？因为不严格的话，很多意思就会理解错误。于是，就会像著名哲学家罗素那样断定：“马克思的体系是杂采各家的折中体系，关于这种体系的任何简单说法，几乎必错无疑。”[②] 对此，一个常见的例子是：人们说马克思哲学是一门科学，因为它讲“经济决定论”，它既讲生产力的客观性，也讲地理环境的重要性。一般人就是这样去谈论马克思哲学的“科学性”的，第二国际理论家也如此谈论马克思哲学的科学概念，连反对马克思哲学具有科学性的哲学家也这样去讨论马克思哲学的科学性。

这些观点对不对呢？不对！完全错误！关于马克思哲学的科学性，我们说，一个人只有对自己所谈论的科学概念及其哲学根据了解得不够，才会把哲学问题变成了科学问题，变成了用数理计算或大数据测量来解决的问题。毕竟这样的“科学性”太不够了。原因在于，这种看法使人们无法认识到马克思哲学或共产主义理论还有“批判方面”。如果参照着实证科学或知性科学来解释马克思主义哲学，“批判方面”就是依照“宗教因素”“理念目标”来解释的。但是，我们在这里讲科学或科学观念是讲它怎么样参与社会领域的组织，而其参与方式，尤其是它所引发的某种思想领域的社会分工，是马克思主义哲学之科学性的一部分。举例来说，一种以马克思主义哲学为指导的实践，或马克思主义哲学所主张的人民创造历史的观念，参与到社会领域的构成，引发某种特定的社会分工，普遍形成了尊重人民的社会风气，提高了劳动人民的社会声誉和工资薪酬。正是这些内容体现了马克思主义哲学的科学性。

因此，人们对实证科学、知性科学或基督教的救世理论的了解，遮蔽了他们对马克思哲学的科学性的理解。用佛教的讲法，这叫“所知障”。你把知见学错了，或者是学得很庞杂的，没有定解；或者是东学西学的，凝不成一个体系；或者是道听途说的。这些当然都会导致你不能实际地领悟马克思主义哲学。如果不把握马克思主义哲学概念，那么你在理解马克思主义哲学时就会犯很多错误，甚至误解了它你也不知道，还坚持认为自己是对的。要说明这一点很简单，举例来说，以前在书店里常常有“马克思主义哲学原理名词解释”之类的书出现，很多马克思主义哲学初学者会买来读，当然，由于当今打通“中”“西”“马”的做法很流行，所以研究中国哲学或其他哲学的学者也会买来读。有一次见到这样一个学者，我问他：“你是研究中国哲学的，你学马克思主义哲学做什么呢?”答曰：“这个跟我们中国哲学里的唯物主义很有关系，我们很需要这个书。”我问他：“你的见地和马克思主义哲学的见地是不是一样？马克思讲了很多，跟中国哲学关于‘气’的讲法是不是一个道理?”他说：“一模一样。”“一模一样”这个回答就表明，他都还没有跳出中国哲学，怎么能学好马克思主义哲学呢？

这样学马克思主义哲学，那就是望文生义，他糊里糊涂地看一看，好像跟他理解的是一样的。实际上他根本没有弄清楚马克思主义哲学，可以说，他根本就没有学，他自以为跟他理解的是一样的，实际上是完全不同的。

列宁和毛泽东是真正领会了马克思主义哲学精髓的人，他们从事社会主义的实践

---

① 马克思恩格斯文集：第1卷．北京：人民出版社，2009：501.

② 罗素．西方哲学史．北京：商务印书馆，1976；孙麾，吴晓明．唯物史观与历史评价：哲学与史学的对话．北京：中国社会科学出版社，2009：19.

活动，表明了他们具有马克思主义哲学修养。一个人说自己真正弄懂了马克思主义哲学，但又不像列宁和毛泽东那样去继承和发展它，反而坚持一套跟马克思主义哲学根本不相关的理论，那么他的话就根本不可信。他以自己的私心或偏见作解，以为马克思等思想大师的著作跟他所理解的一模一样，但实际根本就是天壤之别。所以，如果不掌握马克思主义哲学固有的概念和名词，就想学会马克思主义哲学，一般是不可能的。

我以自己的学习经验为例。我以前学习过中国的王阳明哲学、西方的黑格尔哲学，也学习过马克思的早期哲学，但总感觉学得不踏实，就像在水里抓鱼，虽然抓住了，但总是又滑走了。但是，学习了马克思主义哲学的概念和名词之后，我就明确有了踏实的感觉。我于是明白了，马克思哲学就是马克思哲学，海德格尔哲学就是海德格尔哲学，这里面界限分明，没有含糊的和可以犹豫的地方。我们还可以看一个老师在课堂上讲授辩证法的失败例子。这个老师说，辩证法就是讲对立统一，这一方面要看到，那一方面也要看到；既要抓住主要矛盾，又不能忽视次要矛盾。有同学就向他提出一个问题：老师你讲了半天，到底你认为现在哪一个是对的、哪一个是错的，你能不能讲出来？你讲的辩证法是在讲矛盾的调和。那个老师说：我讲不出来，辩证法不是讲哪一个是对的、哪一个是错的。这个老师这样的回答当然不能使学生满意。学生会说，那你讲这些有什么用呢？你为什么要给我们讲这些呢？在课堂上老师不就是要把真理告诉学生吗？你讲了半天没有真理，那我何必来听课呢？

可以看出来，这个例子体现了某种辩证法领会方面的焦虑。从语言分析哲学的角度来看，老师如果在课堂上讲出一个真理来，那是“天职”“应分”。只有在真理的指引下，学生才可以发表他所需要的符合真理的任何观点。

当然，学生期待老师在课堂上传授真理，这个想法有它的合理性，学生总希望老师可以把马克思主义哲学的整个体系放进辩证法的印刷机里，一张复印纸放进去，真理就出来了。有些学生天真地认为，马克思主义哲学真理体系的功效就体现在一个单词，比方说“实践”或“历史”之中。他很少想到，一个老师在课堂上指出一条寻找真理的道路比讲出一个真理更符合马克思主义哲学的运思方式。

但是，假如一个老师在课堂上讲出一个真理，结果后来历史情势发生了变化，证明了这个真理不是真理。真理如此脆弱，那还讲什么辩证法的真理呢？

马克思主义哲学为我们提供的究竟是一条寻找真理的道路，还是一个真理的体系呢？我想只要一个人能克制自己在表述和逻辑方面的恶意的巧舌善辩，答案就是分明的。马克思主义哲学所提供的分明是一条寻找真理的道路。这个判断是独特的，而且包含着充足的科学性，马克思主义哲学本来就是科学性的。马克思主义哲学主张决定论，决定论就是说，某些真理条件组合以后，所产生的历史效果是决定性的。这与自然科学的道理是一样的。例如在化学领域，一定条件下，两个氢原子跟一个氧原子结合之后，经过化学反应生成水，不会变成汽油。马克思主义哲学的决定论也一样，一定的生产力碰到一定的生产关系，为它们所能产生的结果提供了前提性的生成条件，使社会只能形成这个形态而非另一个形态。

用马克思简单的比喻来说，就是“磨的变化”：“手推磨产生的是封建主的社会，蒸汽磨产生的是工业资本家的社会。”[①] 所以马克思主义哲学的决定论就是说，一种社会形态如果缺乏一个生产力条件，它就不会出现。这是很科学的，不带有一点形而上学怪诞的味道。它并不是说马克思坚持的决定论是基于社会发展的某种“高铁列车时刻表”：奴隶社会之后是封建社会，封建社会之后是资本主义社会，资本主义社会之后是社会主义社会，一切都是预先决定的。所以说我们学马克思主义哲学一定要用科学的态度。从事马克思主义哲学的学习，不仅要解释世界，而且还要与它一道投入实践，与它共舞，最终改变世界，且往好的方向改变。

第二节　当代马克思主义哲学的处境

一、澄清若干流行的观点

进入 21 世纪，我们还需要认真研究马克思主义哲学。首先要对马克思主义哲学过去的研究做一个“清扫地基”的工作，澄清一些模糊错误的观点。这里，我们首先面临着一个所谓马克思主义哲学“有所失、有所蔽”的观点。有人曾经把中华人民共和国成立以来对待马克思主义态度的变化分为两个阶段，并做这样的描述：中华人民共和国成立之后进行的马克思主义启蒙，可以称之为体制化的马克思主义启蒙；随着改革开放开始的是后马克思主义启蒙[②]。如果说在前一个阶段我们对马克思主义的接受是教条主义的，那么在后一个阶段我们则是在理解的基础上接受马克思主义的，而我们中国人在回顾对待马克思主义的态度时，还面临着许多问题和矛盾。今天，坚持马克思主义的中国人也更能理解马克思主义。

然而，整个社会却对马克思主义不太满意。来自西方的批评和质疑甚嚣尘上。因为我们对 20 世纪的马克思主义的评判不是依据马克思本人的思想，而是依据后人对其著作的阐释和修正。举例来说，有人批评像古巴这样的社会主义国家仍然处于社会主义阶段，它们的阶级斗争仍然没有终止。而历史进入 20 世纪末，西方人对马克思主义的不解和疑惑也日益增多。

20 世纪的社会历史运动，特别是 1991 年苏联解体，使得马克思主义哲学的威信大大降低。就这方面的情况，苏联哲学家纳列托夫在《那些作为出发点的原则处境如何?》一文中指出：“对全部社会关系的改革已经进行了不短的时间，到决定下列问题的时候了：与新政治思维和现代社会科学研究相适应的世界观和方法论应该是什么样的？人道主义、民主、舆论多元化、全人类价值高于阶级价值，这些社会取向对哲学而言究竟意味着什么？要知道，只是在现在，20 世纪社会生活和精神生活最大的神秘剧之一才昭然于天下，这就是：在它的旗号下建设社会主义的那种哲学，最终而言既没有表现出它所宣扬的辩证法，也没有表现出它所宣扬的科学性。我们的许多灾难，现在已经不是秘密，

① 马克思恩格斯文集：第 1 卷．北京：人民出版社，2009：602.

② 黄燎宇，赫费．以启蒙的名义．北京：北京大学出版社，2010：34.

都肇源于马克思列宁主义的主观主义和教条性。”①

这番话不仅在20世纪90年代的俄罗斯哲学界具有很大的代表性，而且在20世纪的西方世界也具有代表性。英国哲学家和政治思想史家以赛亚·伯林在谈到“马克思和19世纪的社会主义运动”这个问题时，说过这样一番话，马克思是一个“不重视人，不重视精神状态的缺乏感情的人”，“到去世前，除了他夫人和女儿们，几乎没有谁跟他来往”②。当访谈者问伯林说：“您认为马克思主义还像20年前那样具有生命力吗?”伯林回答说：“我觉得事情非常奇怪。在西方，近两个世纪以来显然存在着可称之为左派思想这种运动，我看这种左派思想运动现在是第一次遭到失败。”③ 伯林为此提到了两件事情。第一，苏联不再相信马克思主义；第二，“到目前为止，社会主义的首先目标，且莫说实现社会正义，就连实现人人有饭吃、有衣穿这一目标，还没有哪个社会主义的政府是成功的。社会主义的经济学还没有出来”。伯林认为，“资本主义是邪恶的，它实行压迫，实行剥削，它使文化事业商业化和庸俗化，贬损了道德价值，可是资本主义有更多的自由、更大的多样化和更广泛的自我表现。我不相信今天苏联还有真正信奉马克思主义的人——几乎没有，有也极少极少”④。伯林在关于马克思的学术传记中则说，马克思的思想是“至今仍在永久改变人们思考与行为方式的学术力量中”“最强大的”⑤。纳列托夫和伯林对马克思主义的评论所形成的最简单的结论是：马克思主义有所失、有所蔽。这两位思想家的观点当然需要我们认真批判。

首先需要认真批判所谓马克思主义哲学“边缘化”、“隐性化”和“失语症”的观点。正如我们前面所讲的，在20世纪90年代的俄罗斯哲学界，有一个现象：公开打着马克思主义哲学旗号并能够在课堂上理直气壮地讲授马克思主义哲学几乎不太可能，相反，在哲学讲坛上充斥着的是西方哲学和俄罗斯传统哲学。即使有一些仍然相信马克思主义哲学具有现实性的人，在这样一种氛围中分析问题时，也不愿意声明自己是用马克思的方法。这种情景令人难过，因为它使学术界失去应有的诚实，按照现代社会的学术规范标准来衡量，这种做法属于欺诈。

这种现象在一定程度上也发生在我们身边。如果试图通过分析这种发生在我们身边的现象，用一句话来概括马克思主义哲学的“处境”时，人们会说，经过20世纪的社会历史运动，马克思主义哲学在原来以马克思主义为意识形态主导的国家的学术、政治舞台上已经被边缘化、隐性化了，甚至处于失语状态。如果我们回顾一下伯林的话，会发现，再也找不到像马克思那样的共产主义运动的领袖了，无论在法国，还是在英国都不再有了。他自问自答说，如果我们一定要找这样的领袖，到哪里去找他们呢？到环境保护的人士中找？到女权运动中找？到鼓吹核裁军的E. P. 汤普森或托尼·本恩先生那里找？可是，这些人只是极少数，而且全都是遗老遗少⑥。总之，他们都成不了气候。在

① 安启念．俄罗斯向何处去——苏联解体后的俄罗斯哲学．北京：中国人民大学出版社，2003：94.
② 贾汉贝格鲁．伯林谈话录．杨祯钦，译．南京：译林出版社，2002：114-115.
③ 同②117.
④ 同②119.
⑤ 伯林．卡尔·马克思．李寅，译．南京：译林出版社，2018：1.
⑥ 同②118.

某种程度上，伯林重复了弗朗西斯·福山的观点："社会主义的信念已经崩溃了。整个世界在向右转。"① 伯林认为，他真不希望这样，他是一个自由主义者。

不可否认，伯林等学者的思想向马克思主义哲学提出了挑战。毫无疑问，一眼就看得出他们对马克思主义命运的分析是基于世界政治舞台的格局变化。这些事情发生了，表现出了各种各样的不同的辩证因素，它们难于用一种根本的原因加以解释。我们看到，经过西方多年的反苏宣传，马克思主义哲学曾经竭力为之服务的苏联政治在今天让多数俄罗斯人心生反感。因此，在这一意义上，马克思主义哲学在世界范围里的某些地区被边缘化、隐性化是事出有因。分析起来，原因主要有以下两点：

其一，马克思主义哲学中原本具有的切中当代人类根本处境的启发性因素被现代性政治遮蔽了。这说明，板子不应该打在马克思哲学身上，而应该打在现代性政治身上。那么，现代性政治意味着什么？我们知道，现代性政治与现代技术具有密切关系。我们大致可以把现代问题叫作"技术问题"。没有人怀疑有这样一个问题存在并潜伏于我们的生活与思想之中。无论是对核战争的恐惧，还是对环境保护的呼吁，都通过技术进步把地球上自由的或不自由的社会制度捆绑在一起。这就是所谓的全球化。汉娜·阿伦特说过："被许多人尊为现代史学之父的维柯，如果在现代条件下可能不会专攻史学。他会转向技术，因为现代技术所起的作用正是维柯所设想的人们的行动在历史上所起的作用。"② 据称，20 世纪乃是"人类平等已经在技术上成为可能"的时代。马克思主义者列宁则在十月革命后强调科学与科学家的重要性，他更加信赖专家的权威，相信当社会主义跨越垄断资本主义的统治时，"政治家会隐入幕后，工程师和农学家将走向前台"③。列宁的理想迄今仍然落空。预言失败的原因不是出在列宁身上，而是出在"不正确"的科学技术观及其运用上。这种错误倾向的产生是由于全球化背景中的政治现在变成了文化消费的对象，无论是美国人还是俄罗斯人，都在拼经济。今天，人们比以往任何时候都更清楚地看到，可以引导我们走向未来的科学技术有丧失目的性价值的危险。在这样的语境、处境中，马克思唯物史观也被错误地理解为技术决定论。所以，就这样一种语境而言，人们要求马克思主义的社会主义不是在价值选择上，而是在发明机器上做得更为出色，就不足为怪了。所谓信念坚定的马克思主义者认为，他们自己已经找到了对历史的真正解释。"可是，与我们通常以为的相反，全球化不仅不是一个同一化的过程，而且恰恰是一个多元化的过程。这不仅是因为全球化使我们有可能认识和理解先前存在于这个地球上各个地方的各种不同的哲学和文化，而且还因为，在全球化过程中，这些先前相互对立、相互分离的哲学和文化能够相互影响。"④ 这使人们必须以更深刻、更全面的方式来理解马克思主义哲学。

其二，马克思哲学所具有的切中时代之根本的洞察力不见容于知性科学的理解。大家知道，马克思哲学是与主观思想坚决斗争的哲学。可是，主观思想在今天得到了"无批判的实证主义"强大的庇护。这里有这样几个意思：

---

① 贾汉贝格鲁．伯林谈话录．杨祯钦，译．南京：译林出版社，2002：119.
② 同①76.
③ 齐泽克．实在界的面庞．季广茂，译．北京：中央编译出版社，2004：305.
④ 黄勇．内向超越与多元文化．上海：上海交通大学出版社，2017：i.

我们需要注意，马克思的历史唯物主义要求具有实证科学的精确性。马克思、恩格斯曾说："在思辨终止的地方，在现实生活面前，正是描述人们实践活动和实际发展过程的真正的实证科学开始的地方。"① 这说明马克思主义哲学对哲学的替代，体现为一种具有非哲学的性质，甚至是反哲学的性质的过程。但是人们却错误地把历史唯物主义等同于实证主义，其中突出的表现就是将马克思的社会理论混同于环境决定论，把马克思的学说混同于经济决定论。因此，我们在这里弄清楚实证主义为何物，弄清楚为什么人们把马克思的学说判定为实证主义就应当是适当的。

首先，实证主义以及以实证主义为纲领的知性科学，往往被人们看成是主观思想的对立面。这是因为，实证主义强调经验事实的主张和主观性思想截然对立，而马克思的历史科学作为"一门科学"，同样要求尊重经验事实。从表面上看，实证主义的确具有消除主观性思想的可能。所谓实证，是实在、确实可靠、肯定的意思，其主要以标榜可靠的事实为根据。实证主义的影响也不可小看，意大利哲学家、历史学家克罗齐甚至说："幸亏有了实证主义，历史著作才变得不那么幼稚，著作中的事实才变得较丰富"②。但是，这一赞誉实际上也把实证主义的片面性暴露出来了，因为实证主义在把握确实可靠的知识中缺失总体性的观点。

其次，我们在马克思所接受的观点中看到他抛弃了历史书写中被称为实证主义的东西。这种东西，被认为在哲学上是不可接受的，在美学上则是灾难性的。按照实证主义纲领进行历史研究，历史学家们就陷入了困境，他们根本无法建立"事实"和"规律"之间的联系。如果按照实证主义的原则去建立"事实"和"规律"之间的联系，研究者的主观思维无论如何也无法一笔勾销。那种主张从"直接给予的东西"即感觉经验出发的实证主义原则则是完全抽象的、空洞的③。在关于历史学家应当如何对待事实和细节的问题上，柯林武德有一个很正确的看法。他指出，单纯为了事实而确定事实是无法令人满意的，细节的合理性证明只是在于某种历史的观念。他举了蒙森的例子：蒙森是当时最伟大的历史学家，他所做的工作结出了丰硕的成果，他以难以置信的精确性编纂出一部墓志铭大全或者罗马宪法手册。之所以说蒙森的才能是难以置信的，是因为蒙森只有处理细节的才能，对宏观问题的把握能力却显得薄弱。所以，柯林武德说，蒙森这个人毕生研究罗马史，他想写一部罗马史，却恰恰就在他自己对罗马史的贡献开始变得重要的那个时刻破灭了，因为，"他终生致力于罗马帝国的研究，他的《罗马史》却结束于"罗马帝国成立之前的阿克提姆之役。在这里，柯林武德并不是瞧不起蒙森的收集事实的能力，而是瞧不起他的历史编纂中具有的实证主义的哲学观念。所以，他说："实证主义在它那工作的这一方面所留给近代历史编纂学的遗产，就是空前的掌握小型问题和空前的无力处理大型问题这二者的一种结合。"④

柯林武德的看法是相对深刻的，实证主义的跛脚在他这里得到深刻呈现。为了进一步说明实证主义的跛脚，我们再举一个例子。有人说："如果你曾经朝窗外看，你准会看

---

① 马克思恩格斯选集：第1卷. 北京：人民出版社，2012：153.
② 克罗齐. 历史学的理论和实际. 傅任敢，译. 北京：商务印书馆，1982：244.
③ 李滨. 对"科学社会主义"概念的哲学反思. 学术交流，2011（3）.
④ 柯林武德. 历史的观念. 何兆武，等译. 北京：商务印书馆，1997：195.

见一个人。”对此，怎么证实呢？我那时确实不曾朝窗外看，所以怎么能说我准会看见什么东西呢？我只能说：“谁往外看谁就会看见一个人。”或者说：“在某一时刻每一个朝窗外看的人都能够看见一个人。”但是，“准会”和“能够”不是直接可证实的，因为那一举动本来是可以不发生的。因此，我们可以肯定，一个学说或一个命题是不是有意义，不取决于人们是不是有什么可以完全地证实它们的方法[①]。有人之所以把“科学社会主义”戏弄成为“可笑社会主义”，理由在于他们将“社会主义”当作一个实证主义意义上的认知问题。他们往往认为社会主义的目标是使生产力最大限度地得到发展，往往将那些热衷于定决议、立法律、建组织乃至不顾环境代价只是一味抓 GDP 的人看成实行社会主义的行动者，还题有诸如“更快地生产，更好地生活”之类的布道词。毫不奇怪，这种版本的马克思主义与不惜一切代价致力于快速工业化的生产体制最为一致。他们根本没有看到一个基本矛盾，即富足的物质与陈旧的政治和社会结构之间的矛盾。

最后，马克思对实证主义有最为犀利的批判。当孔德的实证主义的社会理论还仍然停留在法国启蒙思想家的环境决定论的看法上的时候，马克思已经提出了社会制度的革命。马克思当时对国民经济学的批判实质也就是对实证主义的批判。马克思认为，国民经济学不能理解私有财产的运动规律，它“从私有财产的事实出发”，却“没有给我们说明这个事实”[②]。产生这种错误的根本原因在于，国民经济学把工人当作牲口，把“工人的活动”当作“最抽象的机械运动”[③]。马克思强调新唯物主义须立足于“社会化的人类”。也就是说，马克思对国民经济学的批判，决定了他从实证主义向社会主义的转变首先须着眼于社会私有制结构的转变。

这在对待马克思主义哲学上意味着什么呢？这意味着，今天社会历史时代分析的基本任务仍然在于再次理解马克思的政治经济学批判。在今天，人们批判传统哲学时不再提出思辨或抽象的哲学问题，被有些人误认为要求消除抽象的原则，被误认为要求克服以往的历史主观性的图谋。这实在是一种错觉。这种错觉的要害体现在没有觉察历史观上就是对社会现实的掩盖。

二、阐扬马克思主义哲学是我们当代的任务

对于马克思主义哲学，我们应当是“辩护”还是“阐扬”？今天，恪守中道的中国人对马克思主义哲学的满意度自然与 40 多年前大不相同了。与此同时，马克思主义哲学在中国的“处境”比起 20 世纪来说也已经有了极大的不同。这一点我们跟纳列托夫和伯林等人的观点没有多少出入。但是，我们跟纳列托夫和伯林以及所有对马克思主义哲学不满意、所有不愿再去阅读马克思的人的观点不同，我们不认为今天在课堂上讲马克思主义哲学实际上是在做某种形式上的辩护，好像“马克思主义哲学的当代意义”这个话题本身就承带着辩护的任务和成分。不！我们在课堂里根本无须这样做。“实际上世界上所谓‘永恒的’、永远与自我保持一致的哲学并不存在。从辩证法的角度看，总会有转折，

① 贾汉贝格鲁．伯林谈话录．杨祯钦，译．南京：译林出版社，2002：142.

② 马克思．1844 年经济学哲学手稿．北京：人民出版社，2000：50.

③ 同②122.

总会有逆转的极限。所以，马克思主义哲学身上发生变化的东西，是哲学的语境、总的问题和目的的变迁。我们尽管可以接受也可以拒绝，但是它却因为与时俱进而具有足够生命力。”① 我们不能无视它的真理光明。我们的课堂，与其说是为马克思主义哲学做辩护，毋宁说是为马克思主义哲学做阐述与弘扬。为什么我们的课堂能够阐述与弘扬马克思主义哲学，而不是为马克思主义哲学做辩护呢？主要有这样几点考虑：

首先，对于当代人类的重大问题而言，对马克思主义哲学是做“辩护”还是做“阐扬”，具有迥然不同的性质。简单说来，“辩护”往往是就某个学说错失的东西来说的，若某个学说没有错失的东西也就谈不上“辩护”；当我们去理解马克思主义哲学在20世纪社会主义运动中的遭遇时，不仅不能抽象地否定我们曾经相信过的东西，而且我们还必须区分马克思主义哲学的“源”和“流”。无论是恩格斯主义、列宁主义、毛泽东思想还是邓小平理论，人们往往都将它们统称为马克思主义。每一个谈论马克思的人，不论是恩格斯、列宁、毛泽东，还是其他组织，或任何一个阅读马克思的人，实际上都是在“马克思”这同一身份之外重复或复述马克思。值得注意的是，这种假托同一位作者的思想，就好像是使用一个商标，但是商标经常是品质同一性的保证，而非来源于同一性的标识。比如说，可口可乐汽水是从很多不同的瓶装工厂生产出来的，它的商标总是保证该产品质量的同一性。在很大程度上，马克思身后提出思想的人，不把作者的身份赋予实际撰写人，而是把它赋予马克思，原因当然在于这样做可使作品和思想获得权威，造成了读者对他的信赖和预期。这在马克思主义哲学的学术圈是众所周知的事情。然而，这同样也属于名人代言。因此，在马克思主义哲学史上发生的对马克思思想的信赖，进而欺诈，进而剽窃，都与人们对马克思主义哲学的预期相关。因此，我们一定要当心！不要在思想的标签问题上被迷惑。我们的生活中存在着无数的智识上的欺骗行为，但都危害很小或者根本无害，因为它们很少或者完全没有引发受众的信赖。但是，假如真理有这样的面貌，只要你看到了它就会爱上它，那么我们一定需要有分辨真理和谬误的眼光。

其次，“阐扬”则总是就某个学说的所得的东西来说的，而我们在20世纪的历史变迁中，恰恰目睹或见证了马克思主义哲学的所得是如何用一种历史“揭蔽”的方式显现出来的。如果说，在这个“揭蔽”过程中毕竟也有“所失的东西”，那么我们在这里想讲的是：“所失的东西”，蔽也；蔽之失，本来就不值得特别惋惜。安启念在《俄罗斯向何处去——苏联解体后的俄罗斯哲学》中，特别注意到一个发生在俄罗斯哲学界的故事：20世纪30年代，斯大林主义盛行之时，某一天的深夜，靠批判德波林上台的哲学界大腕米丁被人从家中带走。当时，政治镇压使得人人自危，许多人在晚上被人从家中带走后便失踪了。米丁的妻子对斯大林主义的政治镇压早已诫慎恐惧，在家中如坐针毡。不料，天亮时有人敲门。开门一看是米丁。米丁笑容满面，对妻子说：“祝贺我吧，我当院士了！”原来，米丁被带到斯大林那里，同去的还有尤金及另外一个人。斯大林说：“我们应该有自己的院士。”米丁颞颥着说：“如果需要，那就当吧。”尤金说：“可我的高等教育还没有结束。”② 于是不学无术的米丁立即成了院士。这个故事是真有其事还是戏

---

① 埃蒂安·巴利巴尔. 马克思的哲学. 王吉会，译. 北京：中国人民大学出版社，2007：7.

② 安启念. 俄罗斯向何处去——苏联解体后的俄罗斯哲学. 北京：中国人民大学出版社，2003：95-96.

说，我们不做考证，但是它给我们留下深刻印象。因为在这个故事背后，我们明显感觉到一种苏联政治跟苏联马克思主义哲学滑稽和畸形的结盟。对于我们来说，像斯大林那样对马克思主义哲学的嘲弄可能是陌生的。但是，对于一个曾经经历过以马克思主义哲学之名来施行绝对主义之实的历史时期的人来说，这是记忆犹新的事情。在今天，人们之所以热衷于对形形色色的马克思主义哲学进行区分，是因为他们憎恨、惊恐于各种各样的意识形态对马克思主义哲学的遮蔽，试图让其对时代的本质与核心有规律性的揭示。在我们看来，我们国家从马克思主义那里获得的最大教益，是让中国人有了历史发展的概念以及理解马克思主义对资本主义的批判。

在这一点上想要提醒大家注意的一个事实是，本书同意学术界划分马克思哲学和马克思主义哲学。人们之所以这样区分，是因为他们批评斯大林主义，也不完全认同列宁主义。如果我们读马克思主义哲学的著作，就会看到，从马克思开始，经过普列汉诺夫、列宁、斯大林到毛泽东，其连续性和断裂是可以研究的。值得注意的是，由于思想并不如一张桌子那样是有形的东西，它不能固化为某种句式表达，因此，我们常常应当努力弄清楚，一个新思想是否与另一个旧思想相似，以至于可以认为它们之间存在着复制关系。

三、马克思主义哲学教科书与时代性

从现有的权威教科书看，马克思主义哲学的研究对象是整个世界，所以马克思主义哲学是一种世界观，而世界包括自然、社会和人类思维，所以这三者构成了马克思主义哲学的实际研究对象①；从研究内容上看，马克思主义哲学要从目标、动力、尺度、过程、代价诸方面论证社会进步。这些探索的最终目的是使现实世界更易于发生对于人类而言的有益的变化。“它在现实事态的问题系统中检视其潜在之域，以期把握潜在以不同方式现实化的潜能，以期将显见存在的固着岛屿重新没入生成的洋流中，从而让其他事物、不同的事物、更好的事物得以实现。”② 从特征上看，实践性、科学性与革命性是马克思主义哲学的主要特征，也有人把唯物性、辩证性、实践性作为马克思主义哲学的特征。

马克思主义哲学体系本身究竟应当是什么样子？凡是真正的研究者总会是踌躇不已的。我国出现的繁多的马克思主义哲学教材就是一个明证。由于历史的原因，教材的不断修改，也是理所当然的。我们讲马克思主义哲学，一般说都是应当把握它的思想基础（包括它的形式、前提、哲学语境、本体论），它的关键概念和长期使用的那些概念，它所涉及的主要哲学家和它与相互论战的理论对手之间的关系，等等。中国人讲马克思主义哲学，开始于“一声巨响”，也就是人类秩序的大变动。一般都说受苏联人影响。“中国人找到马克思主义，是经过俄国人介绍的。在十月革命以前，中国人不但不知道列宁、斯大林，也不知道马克思、恩格斯。十月革命一声炮响，给我们送来了马克思列宁主义。”③ 这段话是毛泽东在《论人民民主专政》里边说的。严格地讲，早在1899年，中国人就已经通过《大同学》译著知道了马克思、恩格斯，甚至知道了他们的某些主张。

---

① 单继刚. 中国知识分子的马克思哲学. 北京：中国社会科学出版社，2013：228.

② 霍兰德. 导读德勒兹与加塔利《千高原》. 周兮吟，译. 重庆：重庆大学出版社，2016：21.

③ 毛泽东选集：第4卷. 北京：人民出版社，1991：1470-1471.

而在1919年至1927年，中国人接受马克思主义，主要是通过日本这一交流渠道。这一时期传播马克思主义的，主要是一些曾经留学日本的知识分子。今天有学者提出了“日本马克思主义”的学术范畴，以此表明不同于“西方马克思主义”的东方色彩。当然，如果我们把毛泽东这段话里的“找到”理解为意识形态所必然暗含在实践和行为中的“接受”，说中国人找到马克思主义是经过俄国人介绍的，就确切多了。当年宣传唯物史观厥功至伟的三个人（李大钊、陈独秀、李达）都曾经留学日本。留俄知识分子中最早向中国人宣传马克思主义的是瞿秋白，他是在十月革命的炮响之后6年，即1923年回国的[①]。尽管如此，在实践和行为意义上，当时的中国人是视苏联人的马克思主义为马克思主义正统的。

这里我们就又碰到一个观点，又要讲起马克思主义哲学的传承问题来了。马克思主义哲学课程并不是马克思本人亲口讲的课程。马克思本人已作古，但不计其数的人都在讲马克思主义哲学，所以我们说马克思主义哲学有它的根本性质，而这种根本性质决定了它能够保持它的坚硬，可以相似相续。我们说马克思主义哲学源远流长，不是说它不变，而是说它前后相续。如同今天的河流跟昨天相似相续，既没有枯竭，也没有改道。任何人都可以阅读原始文献，但是，复原原始文献，这是艺术。除了用河流来比喻马克思主义哲学的传承之外，在特定意义上，我们可以用另一个比喻来讲传承问题。民间有个故事说：一个封建时代的钦差大臣到云南去做官，他是江浙一带的人，去了之后水土不服，总是生病。这令他很苦恼。一天有人告诉他，把你家乡的水弄上一瓶，背在马背上，每走几百里路，歇脚时把水倒进当地的水井里，第二天再把水取出来，背到前面一个歇脚的客栈，又倒进去，又取出来。为什么要倒进去呢？如果家乡的水背到云南的话，时间一长就臭了，倒入井水里面一混合，就不会臭，还是鲜活的，只有一天的时间。这样虽然换了很多井，原来的水几乎亿万分之一都不剩了，但就是这个水，因为它带着家乡的味道，那个钦差大臣一喝，病就好了。

这个故事讲的是对于传承的见解。按照这种见解，我们要传承某种哲学，可以通过讲授其他任何哲学的方式来进行。我们借用这个比喻来理解马克思主义哲学的传承。作为哲学大师的马克思有很多的老师，有主张唯物主义的费尔巴哈，也有主张唯心主义的黑格尔，但是曾经用他们的见解来讲的哲学，都成了马克思自己的唯物主义加辩证法。所以就哲学史而论，马克思对全部旧哲学的批判可以归结为对包括黑格尔和费尔巴哈哲学在内的所有形而上学的批判。我们得到这个见识，那就是得到了马克思主义哲学的传承。所以我们不能过于狭隘地理解传承马克思主义哲学这件事情的本质，不是说一定要学了谁的论述之后才能得到马克思的真传。

思考题

1. 马克思主义哲学的当代处境是什么？
2. 马克思主义哲学的前景如何？
3. 如何正确对待马克思主义哲学与马克思主义哲学教科书的关系？

---

① 单继刚. 中国知识分子的马克思哲学. 北京：中国社会科学出版社，2013：54.

第二章

重建历史唯物主义及其任务

我们已然看到，那些马克思的评论家由于或者具有实证主义的立场，或者具有知性科学的性质的判断，因而对马克思主义哲学的本质少有揭示。在这样一种情况下，所谓马克思主义哲学切中时代本质的历史论述究竟是否可能？我们的回答是：第一，这是可能的；第二，它只有在批判整个现代性的前提下并划定其界限的落脚点上才是可能的；第三，马克思的历史科学具有这样一种切中时代本质的历史论述的担当。这三个回答实际上已经把马克思主义哲学当作真正的当代哲学来加以领会和把握。我们在学术上提出的一个基本观点是：今天我们理解马克思主义哲学的本义，就是要把它当作当代哲学，而不是任何一种意义上的现代哲学①。这已经表明我们必须重新建立一种对历史唯物主义的根本解释。

第一节　马克思为切中社会现实取得与黑格尔的联系

众所周知，黑格尔哲学曾经在现代西方哲学中占有至高无上的地位，其中的原因挺复杂，但是往简单里说，无非因为黑格尔是一个思想巨人。他跟马克思的关系则在于他们都共同切中了客观社会现实的诉求。历史告诉我们：一个哲学家的最大声望以及他的思想最有生命力的时候，是当别的哲学家群起而反对这个哲学家的时候，这个哲学家的思想反而在这种反对声浪中获得新的生命。根本的原因在于，他们为了反对这个哲学家而建构了这个哲学家的哲学，好像拿它当起跳板。或者，他们甚至是为了反对这个哲学家而反对这个哲学家。人们对黑格尔也同样如此。结果，很讽刺，很多就表面看起来在

① 陈立新. 历史意义的生存论澄明：马克思历史观哲学境域研究. 合肥：安徽大学出版社，2003：2.

反对黑格尔的人，其实并没有跳出黑格尔的视界。马克思说："德国的批判，直至它最近所作的种种努力，都没有离开过哲学的基地。这个批判虽然没有研究过自己的一般哲学前提，但是它谈到的全部问题终究是在一定的哲学体系即黑格尔体系的基地上产生的。"① 在这个意义上，可以说，黑格尔的魅力或者魔力是由那些反对他的人创造的。这不是那种为了激励谁反对谁，或者谁拥护谁的学术圈中人格缺陷之类的现象解释得了的，而是直接从人们生活过程中发生的。值得注意的是，直到今天为止，西方的现代哲学的思想格局仍然在黑格尔规划的彀中。当然发现黑格尔哲学的魅力并不是治西方哲学的学者的特权。借助马克思和列宁的批判，我们马克思主义哲学学术界听黑格尔都听成熟人了，也沾了马克思和列宁对黑格尔批判的光。在中华人民共和国成立之后，黑格尔成为影响力仅仅次于马克思和列宁的西方大哲学家。

然而，黑格尔只是马克思获取思想养分意义上的父辈。我们首先要了解黑格尔与马克思主义经典作家的关系。我们知道，黑格尔有两个哲学体系。第一个是从《精神现象学》到《逻辑学》，这是一个从感性确定性一直上升到绝对理念的过程；第二个是从《小逻辑》到《自然哲学》和《精神哲学》，这是从逻辑学外化为自然哲学，再回到精神哲学的过程，是一个下降的过程。有一种观点认为："马克思最关注黑格尔的《精神现象学》和《法哲学原理》，把其颠倒过来就是历史唯物主义；恩格斯重视黑格尔的《逻辑学》与《自然哲学》，把其颠倒过来就是辩证唯物主义。""马克思重视社会历史的发展，而恩格斯重视自然辩证法。"② 黑格尔的哲学太有深度，而且是真正的深度，不是虚假的深度。正因如此，黑格尔自己显得很矛盾。一方面，他真的厌恶那种没有跳出自己的视界的思想矮人，因为黑格尔是第一位意识到哲学的时代性的人。应当把哲学理解为历史的东西。也就是说，黑格尔的哲学知道自己属于特殊的时刻。另一方面，黑格尔却又以普遍历史的说法对历史做出理解。譬如，他认为，密涅瓦的猫头鹰在黄昏来临的时候才开始起飞。历史的完成也就意味着人类原则上已经解决所有大的问题，历史接着便开始衰落。历史的完成是在欧洲，正是西方衰落的开始；又因为所有其他文化都已经吸收到西方文化之中，因此，西方的衰落也便是人类衰落的开始。人类没有未来了——这曾经是黑格尔的断言。黑格尔在这里又显现出他所声称的"伟大的哲学"。凡伟大的哲学是不可超越的。但是，事实上，历史环境是可以超越的。哲学也会因为历史环境被超越而变迁。因而，几乎所有的人都起来反对黑格尔的结论，其中最有力者是马克思。

第二节　马克思终结了全部形而上学

第一，在反叛黑格尔方面马克思最有成效。几乎人人都起来反叛黑格尔的时候，我们看到，在反叛黑格尔方面没有人比马克思更有成效。这是因为：

其一，黑格尔是马克思的哲学理论上的父辈。按照一般的道理，父辈总是得到应有

---

① 马克思恩格斯选集：第1卷．北京：人民出版社，2012：143．

② 石永泽．黑格尔哲学的盛宴——上海社会科学院哲学所举办首届"中德哲学暑期研讨班"．哲学分析，2010（2）．

的尊重。德国知识界把黑格尔当作一条“死狗”，甚至当成了一头猪的时候，马克思对此种做法进行抗议。马克思把黑格尔当作对话者，也把他当作传统哲学的主要代表。在《资本论》序言中，马克思把自己当作黑格尔的“学生”。更一般地说，黑格尔对客观社会现实的重视深刻地得到马克思的认同。我们既可以承认在青年马克思的思想发展进程中存在着一个“黑格尔派”的阶段，也可以同意在成熟期的马克思著作中，还处处可以见到黑格尔的论题。在这方面，只有马克思能够理解黑格尔哲学。

其二，在政治、历史方面，其他人只是引出和接受黑格尔思想的最终结论而已，而对马克思而言，结论还远远无法得出。譬如，在关于什么样的社会算是解决了所有大问题而成为终极社会的问题上，《法哲学原理》和《历史哲学》是这样看的：“如果一个社会是属于非封建的、提供了平等机会、提倡自由企业，但却在一个强有力的政府统治下的社会，便是终极社会。在这样的社会中政府之所以很强大，是因为政府不依赖于大多数人的意志，但却表达了普遍意志（因为普遍意志是每个人的理性意志）。”① 黑格尔设想拿破仑统治下的统一的欧洲就拥有这样的政府和这样的社会。对于马克思来讲，人类历史在黑格尔宣布终结的时刻远远没有完成，不仅如此，甚至还没有开始。黑格尔和我们现在所看见的历史最多只能算作人类的历史之前的历史。与此相应，马克思在黑格尔的后革命国家中看到了仅仅从理性的角度分析起来头头是道的东西，而它们从现实的角度分析起来却是微不足道的。黑格尔依靠一个君主制的国家元首，以及一大帮优秀的、具有高度献身精神的文官组成的国家来解决社会矛盾的方案是站不住脚的，因为他根本没有指出劳动阶级的生存问题以及它所隐含的后果。马克思主义哲学创始人具有清晰的阶级立场，但是马克思并没有以阶级立场为依据进行理论研究工作，客观性与科学性是马克思从事理论研究的基本态度。与此对比，我们可以把黑格尔的看法的立场归属于君主立宪制度，或者更确切地说，这是一种对自己的未来不那么肯定的君主立宪制度。黑格尔主义归属于欧洲的衰落。但是，无论什么人，包括斯宾格勒或福山都只是依赖黑格尔的结论，他们以各种各样的方式向黑格尔学习，循规蹈矩，不大勇敢。从里到外、从外到里，从上到下、从下到上，但就是没有黑格尔那样的深度。在这一点上只有马克思才能与之比肩而立。

其三，从思想史来看，伟大的思想家对人类的历史的看法不一。他们的不一致使我们思索他们之间的差异，揣度他们之中谁的看法最有可能正确。但是，当我们在这样做的时候，容易犯如下错误：首先，我们或许会认为，我们自己是在一个有利的地势上来考察以往伟大思想家之间的思想差异。从具有评价色彩的意义上，这是说，后来的人具有更有利的认识论方面的便利，会误认为以往伟大的思想家已经穷尽了所有的选择可能。这样一来，考察以往伟大思想家之间的思想差异就变成一件很容易的事情，我们或许会尝试着给他们的学说分类：这种是唯物主义，那种是唯心主义；这种是自由主义，那种是保守主义；这种是民主制，那种是集权制；如此等等。这就像植物学家给植物分类一样。其次，即使我们能够揣度他们之中谁的看法最有可能正确，我们仍然无法排除未来会产生其他的伟大思想家的可能性；我们也不会傻乎乎地相信，由于在这个地球上降生

① 贺照田. 西方现代性的曲折与展开. 长春：吉林人民出版社，2002：127.

了谁，譬如孔子或者马克思，人类思想的极限已经被发现，而最终的哲学已经在属于历史的顶峰时刻被创造出来，我们已经没有事情可以做了。正因为如此，在黑格尔的个案中，我们才为黑格尔的努力所折服，他极力想要在不确定的东西背后找到确定的东西，把历史过程看成一个合理的、理性的过程，一个进步的过程，它的顶峰就是合理的、不需要革命的国家。黑格尔哲学在这里才算真正达到了哲学形而上学。只要我们读一读《历史哲学》就可以明白，地球上的各个不同的空间或地域的差异都被黑格尔理解为绝对精神发展过程中的时间差异，理解为东方的落后和欧洲的进步之类的差异，最后绝对精神一定要占领全球。就这样，黑格尔根据逻辑过程发展的观点理解和阐释历史。

其四，黑格尔根据逻辑过程发展的观点理解和阐释历史，实质就是把近代西方理性主义绝对化，消除差异，让整个地球同此凉热。但是，我们可以看到，地球只有一个，世界却有多重。看不清楚这一点，就没有办法准确地理解黑格尔哲学的得失。实际上，拿破仑借着铁骑刀兵横扫欧洲的时候，他何曾不在梦想用一个地球的模式改造整个世界，黑格尔之所以成为拿破仑的“粉丝”，完全因为拿破仑就是绝对精神的扮演者。而今天，绝对精神的幽魂仍然飘荡在欧洲大地，那些欧洲的思想家和智库往往以全球气候变暖、经济一体化等理由继续坚持黑格尔的那个绝对精神的正当性。最终，只能把有各种各样差异的人的本质差异加以统一，加以均质化。但我们可以并且应该再次提出的问题是：如果马克思受过作为父辈的黑格尔哲学的影响，那么马克思长大能像父辈那样思考吗？所以，有人问：马克思究竟像他的生身父母，还是像他的同时代的人？我们应该看到，马克思更像他的同时代的人。如果回到马克思，我们就可以发现，马克思阅读过的大量著作深深地与他的理论发现的条件联系在一起。正如阿尔都塞说“马克思是一位令人惊叹的读者”，“马克思在我们面前大声朗读，不仅在《剩余价值理论》……中，而且在《资本论》中，他都在大声朗读。他阅读了魁奈、斯密、李嘉图等人的著作。他阅读这些人的著作的方法是极为明确的：正确的论述引以为据，错误的论述则加以批判。总之，这样做是为了把自己放在著名的政治经济学大师中间，同他们进行对照比较”①。实际上，阿尔都塞由此向我们指出的引起马克思目光转变的“场所变换”，或者，我们可以说，当黑格尔根据逻辑过程发展的观点理解和阐释历史时，马克思则是从经济过程发展的观点理解和阐释历史。

其五，谈到黑格尔与马克思的关系，就不得不谈论费尔巴哈与马克思的关系。当马克思和费尔巴哈明确地批判哲学时，他们的目标近乎总是针对黑格尔主义哲学或它的某种变体②。马克思《1844 年经济学哲学手稿》对费尔巴哈观点的阐释，就表明费尔巴哈属于旧哲学范畴。因此，费尔巴哈也是阐释马克思主义哲学绕不过去的哲学家。费尔巴哈总体上坚决反对思辨哲学，因为在费尔巴哈看来，神学和思辨哲学就是一根藤上结的瓜。“今天，无论谁读到费尔巴哈在近两个世纪前写下的话，都会感受到他字里行间的活力，都会因为这些话具有直接的现实意义而深受鼓舞。”③ 谁如果努力正视人类的未来，不让时代的泡沫迷住自己的眼睛，谁就会满怀对费尔巴哈的感激。我们当代人有充分的

---

① 阿尔都塞，巴里巴尔．读《资本论》．李其庆，冯文光，译．北京：中央编译出版社，2001：7-8.

② 丹尼尔·布鲁德尼．马克思告别哲学的尝试．陈浩，译．北京：中国人民大学出版社，2019：6.

③ 托马斯·曼．托马斯·曼散文．黄燎宇，等译．北京：人民文学出版社，2012：92.

理由对费尔巴哈的批判、对费尔巴哈批判的批判进行思考。下面本书主要讨论两个方面。一是，费尔巴哈对宗教的人本学本质的揭露。我们认为，这是一条说“神的话”到说“人的话”的路线。二是，费尔巴哈的形而上学终局。我们希望通过这样两个方面的讨论揭示费尔巴哈的内在精神历程。在理解马克思对费尔巴哈哲学的看法之前，我们得初步理解一种久已确立的知识分类，如“哲学”“神学”等等。作为一种佐证，人们大多会提到大学里的科系，有时也会提到图书馆的图书分类。然而，这种知识分类大概发生在16世纪早期。因为，诸如“哲学”“神学”此类概念划分，在16世纪之前，人们并不认为它们是相互排斥的，人们也不想在并不存在界限的地方人为地进行划界①。

费尔巴哈观点的第一个方面，就是宗教人本学本质的揭露。这是费尔巴哈观点的根本方面。费尔巴哈有一句很著名的话：上帝是我的第一个思想，理性是第二个，人是我第三个和最后一个思想②。这是费尔巴哈在1846年回顾自己哲学思想发展过程的时候说的。有一段时间人们把费尔巴哈这一鼎盛期的思想理解为费尔巴哈的幻灭感，理解为德国浪漫主义激情的消逝。其实，费尔巴哈说的是：匍匐在神的脚下的人类终于站起来了。

对于费尔巴哈来说，人类的进步和他的神学的人本学批判哲学思想是统一的。费尔巴哈伸张他的宗教批判的立足点就是现实的人及其本质。费尔巴哈说，人最能干的技巧就表现在把自己陌生化，自己不认识自己。人把自己最出色的力量挂靠在神的身上，就像有一种外部势力入侵一样，人被一种陌生的力量统治着。这是一个人说“神的话”的时代。从基督教神学到基督教哲学，为什么能够这样搞下来？就是因为当时很多人非常迷信，特别是对黑格尔哲学迷信。所以，在宗教和黑格尔哲学之间，存在着千丝万缕的联系。在一定意义上说，人们对黑格尔哲学也是很陌生的，大家并不能真的领会黑格尔哲学。对于当时的德国人来说，黑格尔是一个能够领会一切的人。黑格尔哲学的威望在某种运作下变成了另一个版本的神学。人们还没有办法一下子摆脱黑格尔，相反不得不把黑格尔当作神或半神。这是当时德意志意识形态支配下人们的普遍心理。

对黑格尔哲学的膜拜实际上就是这样一种情景：德国人并不能很好地理解黑格尔的思想，但是能够理解到，黑格尔是一个能够把握最高的、终极的、绝对的、永恒真理的人。伴随哲学研究的反思活动，其本身就是人的活动的最高形式。一句话，德国人接受了黑格尔的思想，但却没有批判性地面对。因此，费尔巴哈认为，这个心理程序对于德国人自己来说还是很隐蔽的，而他的任务就是要在思维中找到这种隐藏着的东西。问题在于，在人类创造的神的图像中，费尔巴哈要找什么，找到了什么。

他要找的是这种思维里隐藏的现代性，即造神运动。这种造神运动通过黑格尔辩证法在不同的层面发生。费尔巴哈认为，造神运动的重灾区，就是社会、肉身和第二人称的“你”。让神来管理社会、管理肉身、管理人际关系，这是比较隐蔽却有效的现世的统治方法。依照费尔巴哈的观点来说，西方国家之所以宗教盛行，不过就是人害怕自己的创造力，人也害怕自己的肉身及其需要，人也害怕他人。消除这些害怕只能靠神。

造神的目的就是贬低人。神的背后就是人。对于费尔巴哈来说，把上帝归结到理性，

---

① 伊安·汉普歇尔-蒙克. 比较视野中的概念史. 周保巍，译. 上海：华东师范大学出版社，2010：235.

② 费尔巴哈哲学著作选集：上卷. 荣震华，等译. 北京：商务印书馆，1984：247.

把理性归结到人，这是一条金光大道。也许费尔巴哈觉得从说“神的话”到说“人的话”、从天上到地上的那条路太迂回曲折了，我们应该领悟到的正是人类进步的非神秘化。这是对的。

可是，费尔巴哈想要走的那条路却是根本不可能的。所以，第二个方面就是费尔巴哈形而上学的终局。值得注意的是，从费尔巴哈的角度看，从上帝到理性再到具体的人的道路，是一条金光大道。但是这样一条金光大道帮助人们破除迷信的同时，我们却发现费尔巴哈夸大了它的作用。首先，在精神上站起来的第一个法宝，当然是肉身、感觉，用费尔巴哈的话来说，它是可以“用我们的鲜血盖图章担保的真理”①。这对于当时还在说“神的话”的德国哲学来说，的确是说了“人的话”。在说神的话与说人的话之间，费尔巴哈选择了说人的话，因此他是个善于理解人的、值得尊敬的人。但也仅此而已。

费尔巴哈想从“我们的鲜血盖图章”中得到什么呢？他想直接面对社会的忧患吗？他想给无产阶级安排一个哲学的角色吗？不，他没有这种想法，他自己是“富有的”，过着无忧无虑自然的生活。而且，最终鼓吹爱的宗教。例如，他说：“当我们拥抱一个心爱的人的时候，我们确信，我们拥抱的不是它的器官或现象，而是它的本质自身，从而我们确信手具有先验的意义，手在实践的领域中，比之我们把本质，自在之物只推到宗教信仰或形而上学的概念上去的理论和抽象的领域中，到达得更远。”② 在这个意义上，费尔巴哈是钟情于肉身，甚至把身体器官当作绝对的器官。这样一来，费尔巴哈还能够理直气壮地说“人的话”吗？不能。他把神还原为人，竭力把说神的话的德国哲学拉回到说人的话，这是一种人所具有的穿透力的精神表现，但还不是它的完成。因为，任何人包括费尔巴哈在内所讲的话，都不是绝对的。从这个意义上讲，费尔巴哈走过的路倒像是一条回头路，即从人又回到神。这跟我们今天的现代性处境如出一辙。

第二，马克思主义哲学本质上是当代哲学。一方面，马克思与黑格尔哲学之理性形而上学的存在论划清了界限，真正开启了生存论哲学境域。所谓马克思开启了生存论存在论哲学境域，就是从人的现实的感性活动出发，将“感性活动”（即实践）确立为自己哲学的主导原则。马克思对黑格尔和费尔巴哈哲学的批判，不是对某种特定的哲学立场的批判，而是对特定的存在模式的批判。更确切地说，是对某种把人的最好生活理解为精神生活和纯粹理智的生活的批判。马克思正是在这个基础上表述自己的历史观的：“从直接生活的物质生产出发阐述现实的生产过程，把同这种生产方式相联系的、它所产生的交往形式即各个不同阶段上的市民社会理解为整个历史的基础，从市民社会作为国家的活动描述市民社会，同时从市民社会出发阐明意识的所有各种不同理论的产物和形式，如宗教、哲学、道德等等，而且追溯它们产生的过程。”③ 这段话里的“直接生活的物质生产”指的就是人的感性活动（即实践），是人与物质世界日常互动的集合。这种感性活动正是被马克思当作自己哲学的主导原则，并由这个主导原则来体现马克思主义哲学的当代性。

另一方面，如果用一个短语来指示我们所说的马克思主义哲学之当代性，那么这个

---

① 费尔巴哈哲学著作选集：上卷. 荣震华，等译. 北京：商务印书馆，1984：68.

② 同①209.

③ 马克思恩格斯选集：第1卷. 北京：人民出版社，2012：171.

最为恰当的短语是“后黑格尔的”。具体讲，这里有几层意思：

其一，在这里，“黑格尔哲学”不是指种种形而上学之一种，而是指形而上学之一切[①]。“后黑格尔”这一短语的意思实际上指：超越“黑格尔哲学”，不是超越种种形而上学之一种，而是超越形而上学之一切。按照马克思自己的说法，批判黑格尔哲学也是对“一般哲学”或“整个哲学”的批判[②]。这里的“一般”，就是指黑格尔为蓝本的整个近代形而上学。简言之，超越黑格尔哲学也就是终结全部形而上学。

其二，“后黑格尔”，并不是指马克思出生在黑格尔之后，因而马克思具有后见之明的优势而超越了黑格尔哲学的形而上学。它的真正的意思是：随着作为哲学家黑格尔的死亡，黑格尔哲学并没有消失，相反，它通过黑格尔的言谈、书写而得以保存下来，并流传开去。形而上学的种种倒退仍然得到现代性的支持与庇护。在今天这个如汪洋大海般的现代性的包围下，受创最深的莫过于马克思主义哲学本身这意念。从马克思播种的“龙种”一变而为“跳蚤”，其原来的骨相则葬送在鄙陋的现代性本能冲动与愚蠢的一知半解中。“但是，如果我们要重新看见马克思主义哲学的高尚意念的内容，那么我们不必害怕把这个‘变相’也摆在面前来检查、审视，这可以使我们对于马克思主义哲学‘原像’的印象特别容易接受。”[③] 譬如，资本主义是不是像马克思认为的那样只是众多历史阶段中的一个？从某种程度上说，对这个问题的回答并不能令我们所理解的马克思主义哲学满意。可事实上，当人们认为看见了马克思所没有看见的资本主义的某些特征的时候，人们却不能不重蹈抽象形而上学的覆辙。比如说，曾经红极一时、今天却已经几乎被人遗忘的福山论断：全球资本主义是“历史的终结”。换用黑格尔的话来说，现实资本主义达到了“观念”的阶段。这些想法，的确能够被资本主义的证券市场、自由贸易等等运动所印证。那种钱生钱、小钱生大钱的自我生成的幻象不正迷惑着进出于这些场所的男男女女吗？一句话，今天当我们去理解已经发展到“后工业化”和数字化形态的全球资本主义的时候，往往产生一种资本主义可以不断超越自身的“正常”限制，不断获得生存和发展的幻象。

其三，马克思却从使用价值和交换价值这一资本主义的基本矛盾中，看到了资本主义的经济危机。对马克思来说，这种投机的疯狂不能无限制地继续下去，它只会引发更大的危机。“危机”是个模糊的概念。在不同的人那里具有不同的作用。譬如，这一概念在胡塞尔的《欧洲科学的危机与超越论的现象学》中用于认识论。在某种程度上是说欧洲人使用了现代科学精神而遗忘了人生意义，“而在尼采的《瞧！这个人》中则被表述为一次前所未有的、迫使人们对欧洲文化中已经被评价的事物进行重新评价的危机”[④]。应该说，对经济危机的分析也并不仅仅限于马克思，因为危机成了经济分析和经济预测的主要论题。“经济危机的根源就在于使用价值和交换价值之间那道难以跨越的鸿沟。换句话说，交换价值按照自身的逻辑，按照自己的疯狂舞步跳舞，全然不顾真实人的真实需

---

① 吴晓明．马克思的哲学革命与全部形而上学的终结．江苏社会科学，2000（6）．

② 同①．

③ 桑巴特．德意志社会主义．杨树人，译．上海：华东师范大学出版社，2007：99．

④ 梅尔文·里克特．政治和社会概念史研究．张智，译．上海：华东师范大学出版社，2009：77．

求"[1]，资本主义的经济危机是命中注定了的。当许多人怀疑，2008年以美国为首的西方资本主义国家的生产力怎么就增长到资本主义生产关系包容不了的程度，非要中国这样的国家拯救世界经济的时候，"马克思的这一分析就更具有真实性。因为，在今天，数字世界与真实世界之间的紧张关系已达到了前所未有的无法忍受的地步：一方面，我们进行炒房、并购、基因编辑等几近疯狂的、惟我独尊的投机；另一方面，现实以生态灾难、贫穷、病毒肆虐等花样翻新的形式不断地追迫上来"[2]。这意味着马克思看到资本主义也具有形而上学的特征。今天我们理解马克思主义哲学的当代意义将不可避免地要重新温习马克思对资本主义和它的形而上学病根的诊断。

第三节 马克思主义哲学的历史原像

马克思主义哲学以何种方式存在？是以社会运动的世界观形式存在？还是以一个名字为马克思的作者的学说或体系的形式存在？还是说马克思主义哲学不存在[3]？这些问题需要费心澄清。

首先，关于历史唯物主义的"原像"问题。我们发现，人们往往把那些特别表征现代社会主义的政治重要性的理论和追求，统统称为马克思主义，理由是马克思的天才的工作在它的形成和发展构状的过程中唱过主角。马克思主义哲学则自然成为"无产阶级"的精神武器，因为现代社会主义是围绕劳动者（即工人阶级）的利益而运动的。人们说，"无产阶级的"则是马克思主义哲学的阶级特征。这是社会主义意念与经济时代所造就的工业无产阶级在历史上的必然结合。但是，对于这种结合，人们有一个错误的看法，认为马克思主义哲学与工业无产阶级的联合，"实由于社会主义与工人运动并行发展若干年以后，于1830年间深入英国基督教运动范围以内，马克思社会主义即以此为基点。马克思社会主义在有了这种联络之后，它的出发点，它的目标，它的路径差不多是预定了"[4]。这当然是个错误的观点。

显然，这样一种理论把握已经把马克思哲学作为"宗教因素"来加以解释。我们应该怎样正确地来看待这样一种理解方式呢？其一，这样一种理解方式很少可以被归咎于某些个人主观理解能力的薄弱，同样也不能被归咎于某些人的故意歪曲。现在我们可以看到马克思对内化在所谓资产阶级社会政治自由里的解放与异化属性的洞见，在马克思早期思想当中依稀存在某些神学色彩。而后马克思主义者鲍德里亚就把马克思原本批判资本主义社会结构关系的拜物教理论看成是宗教性的理论，因此，他把它称为"覆盖在当代社会分析这块蛋糕上的奶油"[5]，仅仅是一种使廉价的观念抬高价值的学术标签而已。他的意思是说，马克思对资本主义的拜物教批判其实仍然是布尔乔亚意识形态的同

---

① 斯拉沃热·齐泽克.《帝国》：21世纪的《共产党宣言》?. 张兆一，译. 国外理论动态，2004（8）.
② 同①.
③ 埃蒂安·巴利巴尔. 马克思的哲学. 王吉会，译. 北京：中国人民大学出版社，2007：2.
④ 桑巴特. 德意志社会主义. 杨树人，译. 上海：华东师范大学出版社，2007：101.
⑤ 鲍德里亚. 符号政治经济学批判. 夏莹，译. 南京：南京大学出版社，2008：74.

谋。现在拜物教的批判逻辑被鲍德里亚用来展开经验现象的讨论：“物的拜物教、汽车拜物教、性拜物教、休假拜物教等等。所有这些拜物教都在分散的、喧闹的、充满偶像崇拜的消费领域中得到淋漓尽致的显现。”① 其二，这样一种理解方式倒可以被归咎于某种类似“命运”般的东西，即现代性的横行。比如，马克思主义的创始人曾经估计1845年的欧洲资本主义生产力将增长到资本主义生产关系包容不了的程度，无产阶级消灭的最后一个阶级社会即资本主义社会，从而在解放全人类的最后斗争中解放自身。这样一种判断其实是根据当时的历史形势做出的。比如，到19世纪40年代，巴黎到处是革命家，名字可以报上一大串：巴枯宁、马克思、路易·布朗、蒲鲁东、布朗基，还有圣西门主义者、傅立叶主义者、社会主义者、共产主义者和无政府主义者。1848年爆发革命，之后便是拿破仑三世称帝，镇压了激进运动。后来是巴黎公社。巴黎公社之后有各种社会主义党派、马克思主义等等。第一次世界大战后有第三国际，法国大多数社会主义者过渡为共产主义者。到第二次世界大战，共产主义者参加了抵抗运动，如此等等。最后是发生于1968年的“风暴”。历史经过了一百多年后，“风暴”突然沉静下来②。我们再看看今天这样一个时代。如果有一个革命者想帮助穷人反对富人，想追求社会正义和社会平等，要求废除剥削制度，那么他肯定应该考虑怎样发展社会主义生产力以解决吃饭（脱贫）问题，而不是倒过来靠上层建筑的革命。

其次，对资本主义实施批判的方式问题。在马克思对资本主义的分析的框架里，资本主义的危机不仅来源于使用价值和交换价值之间的矛盾，而且还存在于资本主义遏制生产力的自由配置上③。但是，历史发展到今天，马克思的这些看法是否还有真实性？这有一个判断的基本标准问题。这个标准是什么呢？如果从比较抽象的层面看，就是资本主义的发展是否表现得不再满足现实的人的真实需求。从比较具体的层面看，则是私有财产的变化状况。其一，从抽象层面看，资本主义发展到今天所谓的虚拟经济时代，并没有让比尔·盖茨真的能够梦想虚拟空间为他所称的“无摩擦的资本主义”提供出一个现实的框架。我们在这里仍然碰到“真实的现实”与“虚拟的现实”之间的差异和鸿沟④。正如电脑屏幕上那个迷人的“我”只是表象的“我”，与关掉电脑之后屏幕下那个肉体的“我”之间存在巨大差距。这种差距实际上可以翻译为资本的疯狂投机流动的现实与贫困大众悲惨的现实之间存在的巨大差距⑤。换句话说，资本主义的问题在于那种投机的疯狂舞步，表现得能够满足现实的人的真实需求仅仅是一种假象，这种投机的疯狂不可能无限制地继续下去。其二，关于私有财产的变化状况，人们有一个理论假设，即今天标准意义上的资本家已经不再是“真正占有”生产工具的公司和个人。譬如，写作《帝国》一书的哈特和奈格里认为，在信息革命和生产模式的不断改造的新的形势下，私人财产概念日益变得荒谬，私有化的基础一定程度上在后现

---

① 鲍德里亚．符号政治经济学批判．夏莹，译．南京：南京大学出版社，2008：74.

② 贾汉贝格鲁．伯林谈话录．杨祯钦，译．南京：译林出版社，2002：117-118.

③ 斯拉沃热·齐泽克．《帝国》：21世纪的《共产党宣言》?．张兆一，译．国外理论动态，2004（8）.

④ 同③.

⑤ 同③.

代的生产模式中被解体，劳动与公共财产趋于重叠①。这种观点实质上就是认为，比起资本主义的帝国主义时代来，虽然在帝国的资本主义时代的剥削更是变本加厉了，但是，这并不抹杀它相对于前者而言在统治形式上的优越性②。哈特和奈格里的这个观点应该也是站在历史唯物主义的立场上的。德勒兹则指出，私有财产原本是与个人相关的法律契约之类的东西，它是受与土地、物品或人的相关的法律所保护的。但是，私有财产的进化表明，私有财产已经不再是与土地、物品或人的相关的法律联系在一起的东西，而是一种“财富权利或头衔”，它是被简约为在性质上相同、在数量上可衡量的基金价值的生产方式。“私有财产不再是拥有土地，甚至不是拥有生产方式，而是拥有可转换的抽象权利。”③

最后，形而上学与资本主义的勾连。马克思认为，资本主义在生产过程中所发挥的作用与形而上学所发挥的作用是非常相似的。具体说来，资本主义的生产过程把人类生活与劳动吸纳进一种抽象的交换关系系统，在这样一种系统中，劳动者失去与劳动产品之间所存在的所有重要的人类学关联，而商品则通过变成交换的对象神奇地产生了变化与扭曲④。譬如，当作为劳动者的工人本身成为机器的组成部件的时候就产生了扭曲和奴役，资本主义本身就可以被看作一台机器，这台机器是劳动者在自身内部与其他物体——比如，动物和工具——在更高的耦合、统一的指引下和控制下一起构造的。今天，即使人不再像是动力机器时代那样是机器的一个部件，而是工人，是机器的使用者，表面看起来工人只是服从于机器，不再受机器的奴役，但是，这并不是说资本主义的“第二种专制”更具有人性意味，而是说资本主义的“第一种专制”似乎与古代的帝国构成有种特殊关系：人不是主体，而是给集体进行过度编码的一台机器的部件，这也可以叫作“普遍的奴役”⑤。刘易斯·芒福德就曾经把古代帝国看作巨大机器，而且正确地指出这绝不是隐喻，而是真实本身，因为机器无非就是每一个有着特殊功能的部件或者相互抵制的部件的结合，它在人的控制下运转和工作，人类机器才是真正的机器。今天，人虽然不被技术机器所奴役，却仍然屈从于技术机器，屈从于数码和信息机器。资本主义把人类带到了前所未有的服从程度，展示了独一无二的残酷，却又在人本主义的口号呼喊中肯定：人不是机器，我们没有把它们当作机器，我们当然没有把可变资本与不变资本混淆起来⑥。今天，在资本主义所创造的这样的社会条件下，我们岂能没有感受到马克思所谓资本主义的矛盾和形而上学的困扰？也可以说，今天人类所身处其中的奴役状态丝毫没有减少，反而是增加了。比如，“只要使用和消费电视，你就得服从它，陈述主体的特殊情况或多或少把自身当成了言说的主体（‘是你们，亲爱的电视观众，打造了电视……’）……但是，人受到作为人类机器的电视的奴役，因为电视观众已不再是消费者或使用者，甚至不是被认为是‘制造’了电视的主体，而是内在的构成零件，‘输入’或

---

① 陈学明. 评《帝国》一书对当代资本主义的最新批判. 当代国外马克思主义评论，2007 (1).

② Hardt M., Negri A. Empire. Cambridge, Mass.: Harvard University Press, 2000: 43.

③ 陈永国，等. 哲学的客体：德勒兹读本. 北京：北京大学出版社，2010：151-152.

④ 克里斯·桑希尔. 德国政治哲学：法的形而上学. 陈江进，译. 北京：人民出版社，2009：293.

⑤ 汪民安. 生产：第五辑：德勒兹机器. 桂林：广西师范大学出版社，2008：159.

⑥ 同③154-155.

'输出'，反馈或反复发生的事件，与生产或使用它的机器不再有什么关系了"[①]。

因此，马克思认为，由资本主义所引起的异化是一种物质性的客观事实，也是一种形而上学的事实。也就是说，异化尽管是由物质剥削的运动所导致的，但是资本主义通过在国家与社会层面中对压迫性的法律宣传和辩护，掩盖法律欺骗性的起源，并将它做抽象的解释，资本主义以物质化的形式复制了古代的形而上学秩序。因此，从这个意义上，马克思对资本主义赖以产生的物质条件的分析也必须承担颠覆形而上学的任务。马克思认为，异化尽管是一种形而上学的颠倒，但是要消灭异化只有依靠客观物质条件，超越形而上学的道路绝不能停留在把异化谴责为一种形而上学的状况而已，相反，它是一条超越形而上学的物质基础的道路。简言之，异化的形式以及形而上学的形式并不是宗教，而是资本主义本身[②]。充分地对形而上学展开批判，也是对资本主义进行批判。

思考题

1. 为什么说对资本主义批判必须结合对形而上学的批判？
2. 如何理解马克思主义哲学与黑格尔哲学的批判继承关系？

① 陈永国，等. 哲学的客体：德勒兹读本. 北京：北京大学出版社，2010：156.
② 克里斯·桑希尔. 德国政治哲学：法的形而上学. 陈江进，译. 北京：人民出版社，2009：293-294.

第三章
历史唯物主义的基本架构

第一节 关于“历史唯物主义”一词的用法问题

前面已经表述了这样的思想，即在马克思的著作中包含着关于历史的总的科学理论。从马克思主义哲学被命名为“历史唯物主义”起，“辩证唯物主义”也同时被确定为“恩格斯列宁主义”了。今天的某些研究活动的指向却是反方向的。阿尔都塞在1965年进行他关于《资本论》研究的讲课时所用的题目之一是：《从〈资本论〉到马克思的哲学》。在半个多世纪前阿尔都塞就已经在对苏联马克思主义哲学的批判中，把马克思的哲学认定为辩证唯物主义。所以名字之争至今依然难以偃旗息鼓。众所周知，漂亮的名字时常能让一个人充满独特的新鲜和刺激。一个人的名字是如此，一个学说的名字何尝不是如此。不过，为一个人起的名字和为一个学说起的名字有所区别：为一个孩子起的名字往往就伴随他（她）的一生，而且名字起好以后也不会争论；但是，一个学说该叫什么在很大程度上会在内在根据问题上存在争论。虽然就思想的历史而言可能没有争论，但在这里毫无疑问的事情是：学说本身的内在根据是最要紧的，而应该给学说起什么样的名字自然对不同的人而言有截然不同的感受。

我们注意到，假如用拟人的方式来说，那么概念的尺码有着相当大的差别。弗洛伊德就曾经说：“我感到马克思理论中有些论断很离奇……我完全不能肯定我正确理解了这些论断，在我看来它们似乎也不是‘唯物主义’的论断，倒更像是晦涩的黑格尔派哲学的结晶，而马克思正是从黑格尔学派中毕业的。”① 弗洛伊德的观点无疑有值得注意的地方。首先，我们不能按照通常的分类把马克思的思想归结为某种可以用公式来概括的东

---

① 洛克曼．马克思主义之后的马克思．杨学功，等译．北京：东方出版社，2008：1.

西，全盘不考虑它们在现实生活中的适用条件；其次，马克思本人也从未使用过“历史唯物主义”一词来说明自己的理论[①]，正像马克思本人没有使用过“资本主义”一词作为自己某一历史认识的视角[②]。“历史唯物主义”“资本主义”这些概念都是后人使用的。照理说，既然马克思没有使用过“历史唯物主义”，那么严格地说马克思的理论也不能叫作历史唯物主义。此外，从名称上讲，斯大林有一本书叫作《辩证唯物主义和历史唯物主义》，这里出现的“历史唯物主义”是斯大林固有的用法，与我们要讲的马克思的历史观本身没有关系。还有，历史唯物主义如果不做严格界定的话，有时也会被等同于“唯物史观”，这个概念实际上还包括恩格斯和列宁的历史观。对此也许人们会想，就算马克思没有使用过“历史唯物主义”一词，可后来在西方世界和马克思主义的世界中，“历史唯物主义”一词已经固定下来并成为马克思主义哲学的同义词了嘛！那么，对于这种情形，我们又应该怎么看？我们应该怎么称呼马克思的学说呢？

第一，根据本书的理解，如果还没有为本书确定上述名称——“历史唯物主义”的话，我们会建议使用马克思“历史科学”这个名称，因为这个名称是马克思自己使用过的。马克思是一个不同寻常的人，用赫斯的话说，“他既有深思熟虑、冷静、严肃的态度，又有最辛辣的机智；如果把卢梭、伏尔泰、霍尔巴赫、莱辛、海涅和黑格尔合为一人（我说的是结合，不是凑合），那么结果就是一个马克思博士”[③]。对于这样一个人的作品而言，其内容仍然是不可以总体化的。如果我们将马克思的著作当作哲学来解读就必须走近其学说的基本轮廓，并掌握各种概念，且把它们的构建、重建的运动上升到问题研究[④]。

第二，本书的任务不能仅仅表达马克思的语言文本性。人们经常会对文本在马克思主义哲学史上的历史价值和文本持久的哲学价值做区分。文本对于理解一系列观念的发展轨迹构成文本的历史价值，但对于理解哲学问题的持久价值显然不同于此[⑤]。道理很简单，即马克思自己当然也绝没有试图把世界改造成为一个图书馆的想法。在这里，这个观点有一个特殊的焦点，其语境指的是我们授课的局限性。假如一个人的工作、生命长期都沉浸在某种马克思主义哲学理论体系中，那么他会很自然地使用这种体系授课，最后就会把对体系和分类的不可抗拒的需要养成一种习惯。很有意思的是，因为这种习惯，我们甚至会把马克思还没有下出来的蛋（预言）进行分类。或者，更确切地说，它们还完全不存在，它们还没有被马克思下出来——整整一窝蛋（未完成的著述）还装在马克思的脑袋里。因此，举例来说，在资本主义领域中，有些东西已经发生了激烈的改变，有些东西马克思主义已不能够胜任分析，人们把这些归结为历史唯物主义观点的失败。显然，这是错误的。这意味着他们已经错误地暗示说，如果人们只要满足于马克思

① 洛克曼．马克思主义之后的马克思．杨学功，等译．北京：东方出版社，2008：24．俄罗斯科学院社会学研究所研究员亚历山大·韦贝尔也认为：“马克思几乎未提‘资本主义’．‘资本主义’一词是在20世纪初维尔纳·桑巴特的《现代资本主义》一书出现之后才开始流行的。”参见：罗伯特·L．海尔布隆纳．资本主义的本质与逻辑．马林海，译．北京：东方出版社，2013：1．

② 望月清司．马克思历史理论的研究．韩立新，译．北京：北京师范大学出版社，2009：5．

③ 洛克曼．马克思主义之后的马克思．杨学功，等译．北京：东方出版社，2008：1．

④ 埃蒂安·巴利巴尔．马克思的哲学．王吉会，译．北京：中国人民大学出版社，2007：166．

⑤ 丹尼尔·布鲁德尼．马克思告别哲学的尝试．陈浩，译．北京：中国人民大学出版社，2019：11．

的说法，那就没有必要研究不同历史发展中的社会形式的生产了。

大家知道，一个马克思主义哲学学者是由两半组成的：一半是教条主义者，一半是马克思主义哲学史学者。因此，本书将要表达的成果也是由这样两个主题构成的：一个是教义的，一个是马克思主义哲学史的。

第二节 历史唯物主义的四个基本命题

马克思主义哲学的核心是历史唯物主义。人们对历史唯物主义的“唯”字有很多不同的理解。假如人们把“唯”理解为“只有”，那就是决定论、一元论、因果论的传承。韦伯在1918年发表了演讲《对唯物史观的积极批判》，他的批判所针对的那种“唯物史观”，就字面意义而言，在韦伯自己那里，尤其在青年马克思那里（那时马克思尚未对他自己的“哲学的信仰”进行清算）都是找不到的。所谓“唯物史观”是从恩格斯那里引申出来的经济决定论的某种产物①。按照波普尔的分法，历史决定论分为两类，一类是亲自然主义的，另一类是反自然主义的。当年梁启超讽刺唯物史观说：“唯物史观的人们呵，机械人生观的人们呵，若使你们所说的真理，那么，我只好睡倒罢，请你也跟我一齐睡倒罢。‘遗传的八字’、‘环境的流年’早已安排好了，你和我跳来跳去干吗？”② 可见，梁启超最猛烈的攻击直指唯物史观的隐性宿命论。当然，这个唯物史观不是马克思主义哲学的。从改变的角度看，人的世界是一个不断延续而一直在改变的过程。世界的统一性不是既定的，而是过程中的统一性。这个是我们顺便说的。

维特根斯坦曾经说过，如果我们想理解我们的概念，就必须在它们“工作时”对其进行思考，而不是在它们“闲着”或者“休假”的时候。比如说，历史唯物主义并不是要获得“真理”这个概念的封号和意义、各种定义或用法，这些都是背景知识。历史唯物主义是要思考“历史唯物主义”作为“真理”这个概念在知识体系和观念体系中适合放在什么位置上，与之密切相关的有哪些观念，与其他观念应该建立什么样的互动关系，在什么样的位置上就可能会有什么样的思想效果，等等。如果我们没有弄错的话，这完全契合马克思对概念天国的否定，以及让概念返回现实的要求。因此，我们对历史唯物主义基本概念的理解必须与马克思使用它的语境联系在一起。

马克思在《〈政治经济学批判〉序言》中全面和集中地阐述了历史唯物主义的基本内容以及它包含的基本命题，他说：“我所得到的，并且一经得到就用于指导我的研究工作的总的结果，可以简要地表述如下：人们在自己生活的社会生产中发生一定的、必然的、不以他们的意志为转移的关系，即同他们的物质生产力的一定发展阶段相适合的生产关系。这些生产关系的总和构成社会的经济结构，即有法律的和政治的上层建筑竖立其上并有一定的社会意识形式与之相适应的现实基础。物质生活的生产方式制约着整个社会生活、政治生活和精神生活的过程。不是人们的意识决定人们的存在，相反，是人们的

---

① 维特．韦伯与马克思以及黑格尔与哲学的扬弃．刘心舟，译．南京：南京大学出版社，2019：90.

② 梁任公．非“唯”．教育人生，1924（20）.

社会存在决定人们的意识。社会的物质生产力发展到一定阶段，便同它们一直在其中运动的现存生产关系或财产关系（这只是生产关系的法律用语）发生矛盾。于是这些关系便由生产力的发展形式变成生产力的桎梏。那时社会革命的时代就到来了。随着经济基础的变更，全部庞大的上层建筑也或慢或快地发生变革。”①

这段重要的引文包含如下几个方面的命题：（1）生产力对人类历史的发展过程具有决定性的作用；（2）生产力与生产关系的矛盾运动是人类历史实现各个时代的变革的驱动力；（3）经济基础决定上层建筑；（4）社会存在决定人们的意识。这几个命题是历史唯物主义最为核心的命题，把握和理解它们就能够把握和理解历史唯物主义原理。人们对这几个命题耳熟能详，但又往往由于缺乏具体的了解而对它们产生某些误解，甚至由此导致对马克思主义哲学产生误解。为了尽量消除这种误解，下面我们对这四个命题逐个进行扼要的阐述。

一、生产力对历史过程具有决定性作用

社会生产力对历史过程具有决定性作用，这个命题可以说是马克思主义哲学的标志性命题之一，它旗帜鲜明地主张唯物史观，改变了以往人们对人类历史的运动和发展的认识，但与此同时，它也招致了人们很多的误解。恩格斯在 1890 年致友人的一封信上说：“根据唯物史观，历史过程中的决定性因素归根到底是现实生活的生产和再生产。无论马克思或我都从来没有肯定过比这更多的东西。如果有人在这里加以歪曲，说经济因素是唯一决定性的因素，那么他就是把这个命题变成毫无内容的、抽象的、荒诞无稽的空话。”② 将社会生产力对历史过程的决定性作用理解为生产力决定论或经济决定论，是常见的对这个命题的误解。那么对这个命题的正解包含着哪些内容呢？

对这个问题，我们需要首先强调社会生产在人类社会生活中的根本地位。无论在哪个历史过程中，社会物质资料的生产都是最基本的、贯穿始终的人类社会活动，虽然这并不意味着它在任何时代都是人们意识中最主要的社会活动。例如在政治或宗教占主导地位的时代，人们认为政治或宗教才是最主要的社会活动。但这并不影响物质生产活动的根本性地位，因为如下所说，政治或宗教等因素最终都是通过作用于人们的物质生产活动来作用于历史的。物质生产活动既是历史的个人——劳动者和非劳动者——得以直接地或间接地维持生存、获得自身的现实性的根本方式，同时，它也构成社会统治的基本维度，规定人们按特定的方式进行社会生产，是社会主要的统治和管理过程（当然其中往往会包含着阶级剥削的内容）。社会生产活动的这种根本性地位突出且保证了社会生产力在历史的存在和变迁过程中的根本地位。在这方面，马克思的观点很明确：特定的社会生产力的总和决定特定的社会状况，这种决定作用可以从生产关系的角度来阐述。

一方面，生产力的发展程度决定一个社会所能采取的生产关系和财产形式。在生产力落后的原始社会中，单个人生产能力低下，只有紧密地依赖一个共同体才能获得基本

① 马克思恩格斯文集：第 2 卷. 北京：人民出版社，2009：591-592.

② 马克思恩格斯文集：第 10 卷. 北京：人民出版社，2009：591.

的生存条件。由于经济关系和政治关系还没有发展起来，人与人之间的关系主要通过血缘因素形成，血缘因素所包含的个人对血亲共同体的依附关系因此就凸显出来，影响着原始社会的财产关系，个人对氏族财产不能宣称所有权。在这些因素的综合下，生产资料公有制几乎是一个必然的选择。生产力只有发展到社会上一部分人能够为另一部分人提供最初的生产工具、生产对象和生活资料的程度，奴隶制才可能发展起来。恩格斯在《反杜林论》中就说道："为了能使用奴隶，必须掌握两种东西：第一，奴隶劳动所需的工具和对象；第二，维持奴隶困苦生活所需的资料。因此，先要在生产上达到一定的阶段，并在分配的不平等上达到一定的程度，奴隶制才会成为可能。奴隶劳动要成为整个社会中占统治地位的生产方式，生产、贸易和财富积聚就要有大得多的增长。"① 进而，生产力只有发展到使单个家庭单耕独作成为可能，同时土地又未能转化为纯粹的资本的程度，也就是发展到对土地所有者而言"与其将所有的地块控制在自己手中，不如永远支配那些自食其力的依附者的劳动和资源为好"② 的程度，中世纪西欧社会以等级关系为特征的封建生产关系和财产形式才可能发展起来。最后，生产力只有发展到使社会生产资料成为纯粹的资本，同时又使它们作为劳动的客观条件与直接劳动者逐渐分离和对立的程度，资本主义生产关系和财产形式才可能发展起来。

另一方面，社会生产力在决定一个社会的生产关系和财产形式的同时，也决定了这样一层内容：是经济因素还是非经济因素发挥着支配直接劳动者和组织社会生产的作用。这一点表明了生产力对人类历史的决定性作用具有多种表现。生产力越是落后，单个人的劳动所能带来的剩余产品就越少，经济关系就越处于未发展起来的状态，社会统治者就越是需要利用各种非经济支配因素来强迫人们进行劳动，以此获得他们所需要的剩余产品。反之，生产力越发展，直接劳动者与生产资料相结合所带来的劳动生产率越高，社会统治者就越能够以经济的方式来支配直接劳动者，非经济支配因素虽然并不一定就会减少，甚至还可能以更全面和更深层次的形式发展起来，但却从属于经济的支配权力。简单来说，在人类历史的发展过程中，社会生产资料或社会资源（总的社会劳动量）在社会层面上的分配主要受到如下几个因素的制约：血缘因素（包括婚姻制度和通过血缘关系而建立起来的氏族制度）、政治因素（包括军事、战争乃至意识形态等作为政治关系的延伸的因素）和经济因素（包括分工、市场交换和货币等在内的因素），在中世纪的欧洲，宗教因素也发挥着重要的制约作用。一般而言，在各个历史阶段，这几个因素都会在或大或小的程度上同时发挥着配置社会资源、支配直接劳动者、规定和组织社会生产的作用，但是生产力的发展程度决定了这几个因素中哪些因素以何种方式起到主导性的作用，哪些因素处于次要的或从属性的地位，以此决定了人类社会历史的运动和发展过程。这是社会生产力对历史发展的决定性作用的具体表现。

对于这些内容，恩格斯在《家庭、私有制和国家的起源》中做过一定程度的阐述。他说："劳动越不发展，劳动产品的数量，从而社会的财富越受限制，社会制度就越在较大程度上受血族关系的支配。然而，在以血族关系为基础的这种社会结构中，劳动生产

① 马克思恩格斯选集：第3卷. 北京：人民出版社，2012：540.

② 布洛赫. 封建社会：上卷. 李增洪，等译. 北京：商务印书馆，2007：400.

率日益发展起来；与此同时，私有制和交换、财产差别、使用他人劳动力的可能性，从而阶级对立的基础等等新的社会成分，也日益发展起来；这些新的社会成分在几世代中竭力使旧的社会制度适应新的条件，直到两者的不相容性最后导致一个彻底的变革为止。以血族团体为基础的旧社会，由于新形成的各社会阶级的冲突而被炸毁；代之而起的是组成为国家的新社会，而国家的基层单位已经不是血族团体，而是地区团体了。"① 恩格斯这段话暗示了血缘因素在社会生产力低下的历史阶段中起到建构社会生产关系和社会制度的作用，他以一种模糊的方式表明，无论生产力发展与否，生产或劳动都是维系社会运动的基本力量。在生产力未发展阶段，血缘因素发挥着组织社会生产的作用，生产力逐步发展起来后，经济因素取代血缘因素成为组织社会生产的主导性力量。

对于社会生产力的决定性作用所具有的历史性原则，更有充分说服力的例子来自马克思。他在《资本论》第1卷的一个脚注中提到，有人认为经济基础决定上层建筑、生产方式制约社会生活、政治生活和精神生活这样一些历史唯物主义基础命题"固然适用于物质利益占统治地位的现今世界，但却不适用于天主教占统治地位的中世纪，也不适用于政治占统治地位的雅典和罗马"②。对于这个质疑，马克思回答道："首先，居然有人以为这些关于中世纪和古代世界的人所共知的老生常谈还会有人不知道，这真是令人惊奇。但有一点很清楚，中世纪不能靠天主教生活，古代世界不能靠政治生活。相反，这两个时代谋生的方式和方法表明，为什么在古代世界政治起着主要作用，而在中世纪天主教起着主要作用。此外，例如只要对罗马共和国的历史稍微有点了解，就会知道，地产的历史构成罗马共和国的秘史。而从另一方面说，唐·吉诃德误认为游侠生活可以同任何社会经济形式并存，结果遭到了惩罚。"③ 马克思这段话鲜明地强调了这样一种历史性原则：社会生产力的不同发展程度决定了在不同的历史阶段中，组织社会生产的主导因素不同。在古代社会（如古希腊和古罗马），政治起到这种主导作用，在中世纪，宗教起到这种主导作用。因此，政治和宗教是古代社会、中世纪欧洲重要的社会生活要素，但它们的重要性不在于能够直接为人们提供生活条件，而在于它们能够通过自身的原则主导着社会生产资料的分配、社会生产的组织和对直接劳动者的支配，以作用于社会生产的方式来作用于历史的运动发展。不同的历史阶段与不同的生产方式和财产形式相对应，不存在普遍适用的超历史的生产方式或生活方式。马克思这段话不仅能够充分解释生产力的决定性作用，而且还能够对整个历史唯物主义所强调的历史性原则做充分的解释。

从这些解释中，我们看到，社会生产力始终都对历史过程具有决定性作用，但这并不意味着一种抽象的超越性力量先验地、直接地决定着人类的历史过程，也不意味着单纯的经济因素超历史地在一切时代都发挥着它的决定性作用。诸如血缘、政治、宗教、军事等因素是通过配置社会资源、规定社会生产和支配直接劳动者等方式来作用于（推进或阻碍）历史的运动，而不是脱离这层关系来直接发挥这种作用。这一点保持了社会生产和生产力始终在场，从而坚持了历史唯物主义的基本原则。如果不认识到这一点，

---

① 马克思恩格斯选集：第4卷. 北京：人民出版社，2012：13.

② 马克思恩格斯文集：第5卷. 北京：人民出版社，2009：100.

③ 同②.

就很容易认为在前资本主义中血缘、政治、宗教、军事等因素发挥着直接的决定性作用，只是到了资本主义，生产力才具有决定性作用。这既是对历史的片面理解，也是对历史唯物主义的否定。对于这些内容，我们还需要通过下面的讨论做更进一步的了解。

二、生产力与生产关系的矛盾运动决定历史的运动

生产力与生产关系的矛盾运动决定历史的运动，这个命题是上述生产力的决定性原则的进一步表述。它是马克思在考察人类历史时提出的一个基本判断，指明了人类社会发展的基本规律。在马克思思想中，生产关系是直接劳动者的“物质的和个体的活动所借以实现的必然形式”①，是“各个人借以进行生产的社会关系”②。社会生产关系由生产力发展水平决定，但它的社会功能和性质并不完全由生产力发展水平来解释，因为它的主要目的是实现某种形式的社会生产，从而实现包含剥削剩余价值在内的社会统治和管理。这一点与科恩在论证“生产力的首要性原理”时，假定生产关系只具有适应和促进生产力发展这唯一一种功能的立场是有区别的③。人们常常质疑“生产力与生产关系的矛盾运动决定历史的运动”这个命题的普遍性，认为它只适用于资本主义社会，不适用于前资本主义社会，或者认为这是一个抽象的命题，本质上是在坚持抽象的生产力决定论。

对此，我们需要结合上一个命题的内容来做出基本的回应：生产力与生产关系的矛盾运动是从社会物质生产的角度来理解人类历史运动时所必然包含的动力机制。社会生产力根据自身的发展程度，既可能通过经济因素，也可能通过各种非经济因素（血缘、政治、军事和宗教等）来作用于人类社会的物质生产活动，从而作用于人类历史的运动。这种作用方式主要体现在，它规定社会资源的配置形式，以某种特定的方式组织社会生产和支配直接劳动者，这些内容包含着对特定的生产关系的建构。当生产力发生变化时，它与生产关系就不再相适应，要求用新的因素来重新建构生产关系，因此要求改革生产关系的旧的建构因素，无论这些旧因素是血缘、政治、宗教、法律、宗教还是经济。这种改革在变更一个社会在各个领域的再生产规律和系统时，也就变革了整个社会。这是生产力与生产关系的矛盾运动，它从物质生产活动的角度将人类大部分的社会要素包含进来，各种经济的和非经济的因素都被理解为通过社会生产的维度而作用于历史运动的因素。因此，生产力与生产关系的矛盾运动必然构成人类历史的动力机制。但是我们不能抽象地理解这一点。这种矛盾运动是综合着整个人类生活的各方面要素的，并且具有多种表现。

一方面，在生产关系主要由血缘、政治、军事和宗教等非经济因素建构起来的历史阶段中，生产关系与其说服从经济的逻辑，还不如说服从超经济的逻辑，社会生产的首要目的并不是创造经济财富，相反，它往往首先被当作实现特定的社会统治和榨取剩余

① 马克思恩格斯文集：第10卷. 北京：人民出版社，2009：43.

② 马克思恩格斯文集：第1卷. 北京：人民出版社，2009：724.

③ 关于科恩的“生产力的首要性原理”，参阅其著作《卡尔·马克思的历史理论——一种辩护》（段忠桥译，高等教育出版社，2008）第六章。

产品的手段。在这种情况下，生产关系对生产力的束缚很大，生产技术得不到重视，劳动生产率的提高缓慢，生产力难以长足发展（当然这并不否定它会有一定程度的发展）。即使生产力与生产关系已经陷入明显的矛盾对立状态，它也难以在短时间内积累足够的力量来摆脱这种非经济性建构的生产关系的束缚。由于非经济力量能够作为重要的因素来影响社会生产，所以生产关系的改变有时并不依赖于生产力的发展，例如日耳曼人入侵西罗马帝国就在不小程度上改变了当时社会的生产关系。生产力的发展有时也并不依赖某种有效的生产关系，在战争连绵不断的历史过程中，如果存在经济增长，那么它也是“建立在战时经济的‘超经济’逻辑上，建立在一种强制占有和掠夺的逻辑上”[①]。生产力与生产关系之间的关系在这里看上去比较“松散”，似乎这两者不存在矛盾和对抗的关系，特别是在欧洲中世纪，似乎战争和宗教已经取代了社会生产成为主导历史发展的主要力量。但实质上这是生产力发展到特定的程度时，社会生产将诸多非经济因素纳入社会生产结构、纳入生产力与生产关系之间的矛盾运动关系中而表现出的历史性特征，生产力与生产关系之间的矛盾对抗战线因此变“长”和变得隐晦，但并非不发挥它的历史性作用。

另一方面，在生产关系由经济因素主导建构而成的历史阶段中，生产力的快速发展使它与生产关系的矛盾运动变得频繁而鲜明，能够直接地和大幅度地作用于社会历史的运动。经济性建构的生产关系的主要特征是，劳动者与生产资料相分离，劳动力成为商品，生产资料的流通和分配服从市场原则、经济规律，科学和技术迅速发展起来并服务于社会的经济发展，政治领域也受到经济力量的支配；社会生产不再是直接劳动者通过某种简单而落后的生产方式来利用生产资料（土地），而是生产资料通过与特定的生产方式——例如协作、分工和机器的资本主义运用——相结合的方式来利用劳动力，由此带来的社会生产力是巨大的。社会生产的组织主要依赖于对生产资料的直接调配和借此对劳动者的直接支配，通过发展生产技术和提高劳动生产率来提高生产力的历史趋势变得明显。生产力的迅速发展使得它与生产关系在相互适应和相互矛盾的状态中频繁变换，生产关系更多表现出适合生产力发展的性质。生产力与生产关系之间的矛盾运动不断地变革社会的经济机制，促使社会发展成一个以经济的优越性（而非道德、伦理或其他维度的优越性）著称的社会。当然，这样一种生产方式或生产关系包含着自身的危机和矛盾，它阻止了生产力与生产关系的矛盾运动往无限地发展生产力的方向一直运动下去。

倘若在未来，正如哈贝马斯在《作为“意识形态”的技术与科学》中推测的那样，科学技术发展成为第一生产力，那么怎么理解生产力与生产关系的矛盾运动？当科学技术发展成为第一生产力，能够极有效地带动社会剩余价值的生产时，由于社会生产的进行不再那么紧密地依赖对社会生产资料的具有特定社会形式的分配以及由此而对直接劳动者的支配（但这种分配、支配始终还需要，而且还可能更具规模性，不过它们的基础性作用现在主要通过科技发挥出来），生产力与生产关系之间的矛盾运动虽然仍然是历史运动的根本动力机制，但可能变得不再像它在资本主义社会中那么频繁和明显。

总之，生产力与生产关系的矛盾运动作为人类历史的一种动力机制，并不主张经济

---

① 伍德. 民主反对资本主义——重建历史唯物主义. 吕薇洲，等译. 重庆：重庆出版社，2007：131.

因素无区别地在一切历史过程中都发挥着主导性作用，也不是时刻都表现为“矛盾—协调—再矛盾”这样一种紧凑的节奏，仿佛人类历史有目的地朝向一个更高的目标持续地向前发展。它作为一种动力机制，进一步表明社会生产力对人类历史过程的具体作用方式，它将经济的和各种非经济的因素都纳入社会生产的结构之中，为它们对历史运动的作用提供了适当的位置和根据；它并不预设历史进化论和目的论的图景，既能够为社会生产力的前进提供解释，也包容生产力停滞乃至倒退而产生的种种可能性。

三、经济基础决定上层建筑

在马克思的阐述中，“经济基础”包含几个方面的内容：它既指由生产关系的总和所构成的经济结构，同时还指从生产和交往中发展起来的社会组织、社会存在，以及由劳动产品所构成的社会的物质基础。这几个方面的内涵都与人的物质生产活动相关。“上层建筑”这个概念也同样包含几个方面的内容：它既包含一个社会的政治和法律设施，同时也包含与这些政治和法律相关的观念体系或意识形态内容。当国家与市民社会相分离并成为政治国家或一种政治工具（统治阶级用以实施统治和谋求自身利益的工具）时，那么国家在这个意义上也应当包含在上层建筑的范畴之中。

从“经济基础决定上层建筑”这个命题提出的角度来看，它在马克思思想中起源于市民社会与国家相分离的关系。近代欧洲的资产阶级的兴起和革命逐渐形成了市民社会。马克思和恩格斯说：“‘市民社会’这一用语是在 18 世纪产生的，当时财产关系已经摆脱了古典古代的和中世纪的共同体。真正的市民社会只是随同资产阶级发展起来的；但是市民社会这一名称始终标志着直接从生产和交往中发展起来的社会组织，这种社会组织在一切时代都构成国家的基础以及任何其他的观念的上层建筑的基础。”① 从这段话中，我们可以看出“市民社会”这样一个特征，即它是直接从生产和交往中发展起来的一种社会组织，在这种社会组织中，财产关系已经摆脱了人的依赖关系的共同体，而且也独立于国家、政治及与之相关的种种观念。换言之，市民社会是一个具有自身独立性的、直接从人们的物质生产活动和交往关系中形成的领域。但是，国家并非与市民社会漠不相关，马克思和恩格斯指出，在资本主义社会中“国家获得了和市民社会并列并且在市民社会之外的独立存在；实际上国家不外是资产者为了在国内外相互保障各自的财产和利益所必然要采取的一种组织形式”②。马克思的意思是，市民社会虽然从自身内在的结构或组织形式上不再掺杂着国家的因素，但是它使国家成为资产阶级维持自身利益的手段。换言之，市民社会是一种现实的物质基础，国家、政治以及与之相关的其他因素都成为由这种物质基础决定的上层建筑。经济基础与上层建筑具有相互作用的关系，但它们在根本上是决定与被决定的关系。马克思在后来对自己的政治经济学研究历程的总结中，把市民社会与国家之间的这种关系概括为经济基础与上层建筑的关系。

但是，如果说“经济基础决定上层建筑”这个命题产生于市民社会与国家相分离并

---

① 马克思恩格斯文集：第 1 卷. 北京：人民出版社，2009：582-583.

② 同①584.

决定国家这样一个只有到资本主义社会才出现的历史现象，那么这个命题是否就只适用于资本主义社会？当我们用这个命题来解释非资本主义社会的种种现象时，是否逾越了这个命题自身所蕴含的界限？这些问题构成了人们对“经济基础决定上层建筑”这个命题最大的质疑，回答这些问题也就构成了我们理解这个命题的重要素养。

我们的理解是，“经济基础决定上层建筑”这个命题的效用并非仅局限于资本主义社会，它的适用性根据不同的历史条件而不同。一方面，在前资本主义中，社会生产的组织、生产资料的分配和对直接劳动者的支配都主要依赖于各种非经济因素，例如血缘、婚姻和原始宗教等因素主导着建构氏族社会的生产关系，政治、军事和宗教等非经济因素主导着建构了古代世界和中世纪的生产关系。因此，在资本主义社会中被称为生产关系的总和的“经济结构”在这里并非单纯经济性质的结构，它虽然对特定的社会而言也处于基础性的地位，但却并不能被概括为“经济基础”。例如在西欧中世纪，采邑制和庄园制在诸多方面都发挥着基础性的作用，它们分别决定着贵族阶层和非贵族阶层的政治权力结构以及人与人之间的政治、法律关系，但它们却都是混合性的概念，同时结合着经济、政治、法律等因素于一身①。当然，我们不能认为，例如血缘关系、婚姻形式、政治、军事和宗教等因素就直接能够成为一个社会的“现实基础”，它们只有通过作用于社会生产这个维度——例如通过形成特定的社会制度或权力体系来配置社会资源、组织社会生产和支配直接劳动者——才能够发挥这种基础性的作用。在由这些非经济因素建构而成的社会生产关系中，“经济基础”由于混杂在各种因素之中，还没有形成一个独立的概念，与此相应的是哪些因素能够成为独立意义的“上层建筑”也是不确定的。双方之间因此不存在那种全面而显著的决定与被决定的关系。

但这种决定作用在个别场合存在着，例如前面所说的采邑制和庄园制虽然是混合性的概念，但它们的某些内容决定着封建社会的政治和法律的关系。再如，摩尔根在《古代社会》中阐述的核心内容之一就是，在原始的氏族社会中，虽然社会生产关系受到婚姻制度和血缘关系的制约，但是，随着社会生产的逐渐发展以及社会财富的增多，世系逐渐从按女性计算转变为按男性计算，母系制过渡到父权制，财产继承法也逐渐由同宗亲属继承转变为子女继承。可见，经济因素在这里同样具备着产生自身的法权关系和在一定程度上决定社会制度的能力。在这些个别场合，“经济基础决定上层建筑”这个命题即使没得到全面的适用，但也总能表现出特有的深刻洞察力。马克思的这个命题归根到底想要表达的是社会物质生产活动对于一个社会的运动发展而言的根本性作用和地位。社会物质生产的实现虽然在前资本主义社会中依赖于各种非经济性的社会条件，但无论在哪个历史阶段中，就它总包含着分工、市场交换、劳动力和劳动产品的配置而言，社会物质生产总具有经济的属性，因此它所形成的现实社会结构总在某种程度上包含着经济的结构。借助于社会生产所具有的根本性作用和地位，这种经济结构哪怕在它还无法获得独立的现实形式的情况下，也具备着产生或决定与自身相适应的政治和法律等方面的观念——所谓的“上层建筑”——的能力。这是在非资本主义社会中“经济基础决定

① 汤普逊．中世纪经济社会史：下册．耿淡如，译．北京：商务印书馆，1963：358；王亚平．试析中世纪早期西欧采邑制形成的社会基础．经济社会史评论，2015（1）.

上层建筑”这个命题具备有效性的根据。

另一方面，社会生产力的发展，促使分工和市场交换的发展，随之而来的是经济的力量在越来越大的程度上主导着社会生产的进行，社会生产资料的分配和流通越来越从属于经济的运行规律，社会生产关系也越来越摆脱非经济力量的影响，成为经济性建构的社会关系。在这种情况下，社会生产关系的总和就越来越表现为独立的、自主的经济结构，它与政治和法律等非经济因素相分离，并反过来支配这些非经济领域的力量，使之服从于经济的运行规律。近代欧洲的资产阶级革命所实现的就是这样一个历程。正是在这个历程中，市民社会作为一种独立的社会组织发展起来，经济基础获得了独立的概念形式；与此相应的是，政治和法律等领域从市民社会中分离出来，成为另一个独立的但以市民社会为现实基础的系统，上层建筑也由此获得独立的概念形式。经济基础与上层建筑之间决定与被决定的关系也因此成为一种明显和全面的关系。当然我们并不否认在资本主义以及在这个命题所适用的其他场合中，经济基础与上层建筑彼此之间还具有复杂的和重要的相互作用关系。这种相互作用关系在前资本主义中主要体现为经济基础与上层建筑的某些因素相互“建构”的关系上，在资本主义中，则主要体现为政治、法律或国家因素干预经济的关系上。

关于这方面内容，我们可以举一个简单的例子来说明。马克思在年轻的时候碰到过要对所谓物质利益发表意见的难事。这是一件什么样的事情呢？起因还要从早在 1821 年 6 月普鲁士出台一个法规说起。由于当时资本主义在普鲁士的发展加速了居民的贫困化，那些贫穷无靠、生活没有着落的农民就到树林里捡拾枯萎的树枝或搬运被自然力摧倒的树木，以此作为生活资料的补充来源。可是，政府当局的法律规定了擅自砍伐林木和盗窃林木的刑罚。这种法律竟把农民的这种行为当成“盗窃林木”论处。这个不合理的法律执行了快 20 年，不仅得不到改正，反而在 1841 年 7 月的议会会议中以更加苛刻的方式得到了“深化”。1842 年秋，新法律即将颁布的消息传到各地，引起了农民的严重不安，马克思就在这个时候写了《关于林木盗窃法的辩论》一文。在这篇文章中，马克思愤然谴责这种不道德的、残酷的法律，因为它剥夺了历史上长期形成的人民的习惯权利。按照这种法律，“获得胜利的是被奉为神明的林木，人却成为牺牲品遭到了失败”①，“如果法律把那种未必能叫作违反林木管理条例的行为称为盗窃林木，那么法律就是撒谎，而穷人就会成为合法谎言的牺牲品了”②。

马克思洞察到那些立法者完全站在地主资产阶级利益的一边，揭露他们的立场完全是自身的利益，而不是法律原则。他说，讲求实际的林木占有者是这样想的：某项法律规定对我有利，所以是件好事，因为我的利益就是好事。在这篇文章中，马克思已经透露出这样的思想：权力存在于经济力量之中，而不是在法律等上层建筑之中。换言之，在当时的资本主义社会中，法律作为上层建筑的因素已经受到经济基础的支配和影响，以至于立法的原则不是法律本身的公正，而是当时资产阶级的利益。资产阶级正在以这种方式，通过发展资本主义生产在越来越大范围内支配着国家法律乃至整个上层建筑，

---

① 马克思恩格斯全集：第 1 卷. 北京：人民出版社，1995：243.

② 同①244.

使之为自己的利益服务。马克思这一深刻的认识带给他的结论是，用“天上的批判”无法改变“地上的批判”，要通过改变经济基础的方式来改变这样的不合理现实。

总之，“经济基础”和“上层建筑”两个说法严格来说只是在资本主义中才获得概念的形式，如果不加以限制地将它们用于阐释其他社会形态，那么无论如何“都重现了资产阶级意识形态的神秘性”①。但是，经济基础决定上层建筑是包含在历史唯物主义中的基本内容，它在不同的历史阶段有不同的适用条件，只要我们把握这个命题在这些适用条件上的特殊性和历史性，那么它仍然是我们解释各种历史阶段的一条重要原则。

四、社会存在决定人们的意识

社会存在决定人们的意识这个命题也是历史唯物主义一个标志性的命题。它同样也包含着诸多丰富的内涵，但其中一些内涵并不为人们普遍了解，由此导致了不少人对它产生一些片面的理解，认为它同样宣称了一种抽象决定论，在这种决定性关系中人的意识活动消极地受到限制，乃至失去了本来应该拥有的自由。为了充分阐述这个命题的具体含义，消除这些误解，我们从这个命题最经典的表述说起。

马克思在《〈政治经济学批判〉序言》中说：“物质生活的生产方式制约着［bedingt］② 整个社会生活、政治生活和精神生活的过程。不是人们的意识决定［bestimmt］人们的存在，相反，是人们的社会存在［ihr gesellschaftliches Sein］决定［bestimmt］人们的意识。”③ 这段话是社会存在决定人们的意识这个命题的经典出处。首先，根据学者们的研究，这段话所出现的“社会存在”（gesellschaftliches Sein）是马克思所有著作文本中唯一出现的一次，在他的其他文本中，出现的都是“gesellschaftliches Dasein”（但是马克思恩格斯著作的中文版本往往同样将其翻译为“社会存在”）④。“Dasein”指的是在此-存在（Da-sein），“Da”表示特定的时间和空间条件。因此，如果说“Sein”只是指事物的单纯存在或一般存在，那么“Dasein”则进一步指事物在特定的时间和空间条件中的存在、特定的存在，它具体深入到人类社会的历史性之中，“gesellschaftliches Dasein”因而可以被理解为特定的社会存在。鉴于马克思只使用过一次“gesellschaftliches Sein”，而大量使用了“gesellschaftliches Dasein”一词，所以我们应该认为前者同样表达了特定的社会存在之义，“社会存在决定人们的意识”这个命题应适当地被理解为“特定的社会存在决定人们的意识”。之所以讨论这些内容，主要是想突出和强调马克思这个命题原来具有的历史性内涵。人类历史是以阶段性的方式运动发展的，每一个阶段的历史都具有自身的特殊性和独特的再生产逻辑，包容着特定的社会历史条件。因此，如果说人类历史能够“决定”人们的意识的话，那么不是抽象的或一般意义的历史在发挥着这种“决定”作用，而总是特定阶段的历史在发挥着这种“决定”作用。从历史唯物主义的角度来看，“社会存在”是一个抽象的表述，只有“特定的社会存在”才是一个具体的表述，

---

① 伍德. 民主反对资本主义——重建历史唯物主义. 吕薇洲，等译. 重庆：重庆出版社，2007：23.

② 外文单词为作者所加，下同。

③ 马克思恩格斯文集：第2卷. 北京：人民出版社，2009：591.

④ 张一兵. 马克思历史唯物主义中的社会定在概念. 哲学研究，2019（6）.

因为前者没有区分人类社会的阶段性和历史性特征，而后者则包含了这方面内容。

其次，在马克思的这段话中，“决定”一词的德文是“bestimmt”。这是德国哲学一个非常普遍的词汇，它通常被翻译为“规定”。严格来说，“规定”并不是那种充分或完全的因果关系意义上的“决定”，在这种“决定”关系中，作为原因的事物必然产生着作为它的结果的事物，以至于这种结果不得不以一种纯粹被动的方式存在。“规定”并不指示这种因果关系，而是表示某一事物为另一事物提供了某些前提性的生成条件，这些条件为这另一事物获得自身的现实性提供了可能，但不是作为充分的原因直接决定着它的现实性。雷蒙德·威廉斯曾经讨论到这一点。他认为，在马克思上述那段话中的“bestimmt”的英文翻译是“determine”，它的含义是“设定边界”、“设定限度”①。其实在《〈政治经济学批判〉序言》中，“不是人们的意识决定人们的存在，相反，是人们的社会存在决定人们的意识”这句话的前一句——“物质生活的生产方式制约着[bedingt]整个社会生活、政治生活和精神生活的过程”——已经说明了这一点。在这句话中，“bedingt”意指“构成……的条件”，包含着某事物以提供某种条件的方式来制约另一事物之义，特定时期人们的物质生产方式为这个历史时期的社会生活、政治生活和精神生活提供了前提性的条件，使它们在这些条件的范围内获得自身的内容。从行文逻辑来看，马克思的“人们的社会存在决定人们的意识”是对这前一句话的内容的概括，因此“人们的社会存在”也同样是以提供某种条件的方式来制约或规定着“人们的意识”，而不是作为原因以机械因果律的方式来充分地决定“人们的意识”。

综上所述，马克思的“社会存在决定人们的意识”这个命题应当被恰当地理解为：特定的社会存在为人们的意识活动提供特定的前提性生成条件，使它获得在这些条件的范围内实现自身的可能性。

虽然上面这些内容有点咬文嚼字，但是对于深入理解马克思的“社会存在决定人们的意识”命题有重要的作用。

第一，通过理解这些内容，“社会存在”这个词就不再显得玄乎。它指人们通过物质生产活动而发展起来的现实领域，由于人们物质生产活动在不同的阶段具有不同的特征，因此，人们的社会存在在不同的历史阶段中也包含着不同的内容。社会存在的如下两方面内容是合二为一的：一方面，它指现实个人的一种社会性的存在方式，这种社会性存在通过人与人之间的现实物质生产活动和交往关系而形成；另一方面，它指人类社会的某一部分现实内容，这是通过人类的物质生产活动产生的内容，由于物质生产是贯穿整个人类历史的活动，因此人类社会的这部分现实内容无论在哪个历史阶段都是存在的。但是由于物质生产活动本身具有它的历史性特征，在不同的阶段中它所依赖的条件、所形成的社会生产关系和社会关系以及所产生的现实内容相互之间具有重要甚至本质的区别，因此，作为它的产物的社会存在也具有鲜明的历史性特征。按照马克思的说法，在资本主义社会，由于市民社会与国家的分离，市民社会成为一种独立的社会组织。从这个角度来看，在资本主义社会中，市民社会作为资本主义的社会存在，纯粹表现为直接从生产和交往中发展起来的一个独立的领域。在前资本主义的诸多历史阶段中，人们的

① 威廉斯. 马克思主义与文学. 王尔勃，周莉，译. 郑州：河南大学出版社，2008：90.

物质生产活动与血缘、政治、军事和宗教等因素密不可分，因此不存在与这些因素相分离的独立的社会存在领域，但它毫无例外——以一种混合的形式——是存在的，因为人们的物质生产活动是始终存在的。在未来的共产主义社会中，人们社会生活中的政治性质和阶级对立关系被消除，社会的特殊利益与普遍利益、个人的个性与偶然性之间的对立关系也被消除，人、自然和社会达到了一种真正的统一。马克思称这样一种状态为真正的社会，这种意义的社会存在包含人们的现实生活的全面内容。

第二，特定的社会存在培育和发展人们的意识能力，并为它们提供基本的活动条件和对象，使之能够展开活动。马克思说："不仅五官感觉，而且连所谓精神感觉、实践感觉（意志、爱等等），一句话，人的感觉、感觉的人性，都是由于它的对象的存在，由于人化的自然界，才产生出来的。"① 人类的社会实践培育了人们的意识，并通过特定的社会存在不断完善人们的意识的功能。人们的意识一开始只是纯粹动物式的意识，是绵羊意识或部落意识，后来分工发展起来后，特别是物质劳动和精神劳动分离后，"从这时候起意识才能现实地想象：它是和现存实践的意识不同的某种东西；它不用想象某种现实的东西就能现实地想象某种东西。从这时候起，意识才能摆脱世界而去构造'纯粹的'理论、神学、哲学、道德等等"②。因此，意识之所以能够"脱离"现实去想象或构造某些没有现实根据的东西或形而上学，是因为它从特定的社会存在中获得了完善自身的条件，并以特定的社会存在作为它无论多么超越、多么玄乎都根本摆脱不了的现实基础。

人的意识活动的局限性在于，它既不像上帝的意识那样，能够自己创造出自己的活动条件和活动对象，也不会停留在"我是我"这样一种只有在理论上才存在的纯粹自我等同的意识状态之中，因为这意味着意识没有真正的对象。一种没有对象的意识就像一个没有作用对象的力一样，是自我取消的，因此即是无。人的意识活动的实现依赖于被给予的条件，而这些条件只能来自人们的特定的社会存在。特定的社会存在为人们的意识活动提供了可能性条件，使它能够在一定的范围内展开它的活动。虽然这些条件为人们的意识活动设置了具有社会历史特征的空间和界限，但如果没有这些条件，人们的意识活动就关闭了所有的可能性；而有了这些活动空间，意识就能够在此范围内尽自己所能地进行创造性的活动，它甚至可以——只要它能够——进行看上去完全"超越"这些限制性条件的"自由"活动，虽然这种"超越"必须借这些条件来进行，因而"超越"的结果必然包含着这些条件的烙印。因此这只是有限的而不是完全意义的超越。因此，我们不能肤浅地认为，"社会存在决定人们的意识"指的是人们的意识受到了一种外在力量完全消极的支配，被指定只能想象什么、不能想象什么，相反，这个命题表明了，正是因为有特定的社会存在提供特定的前提性条件，人们的意识活动才能够进行具体的想象乃至超越性的创造。超历史的意识活动是不可能的，因为人们的社会存在本身就是历史性的，它不能够为意识活动提供超历史的条件。不仅人们的意识活动所使用的语言和活动方式、所采用的"原料"、所涉及的对象都是由特定的社会存在提供的，而且——如下所说——在特定的社会中，人们的意识活动还会受到特定的政治关系和阶级关系的制

① 马克思恩格斯文集：第1卷. 北京：人民出版社，2009：191.

② 同①534.

约。不是某种一般性的、抹除了人类历史各个阶段的特殊性的社会存在为人们的意识提供活动条件，而是特定的、具体的、内在地包含着特定的政治和阶级关系的社会存在为人们的意识提供活动条件。

另外，我们也不能肤浅地根据“历史唯物主义”的立场而把“社会存在决定人们的意识”误解为“物”决定人们的意识。历史唯物主义之所以叫历史的“唯物主义”，就是因为它坚持了社会生活活动（即实践）构成了人们的意识的发源地的观点。实际上，社会存在与人们的意识的关系只能存在于人的现实活动之中。譬如，机器是一种“物”，但它不能决定人的意识。在马克思看来，决定人们意识的不是机器本身，而是机器的使用方式，即人们的生产实践活动。再譬如，货币的多少并不能决定人们的意识，不能认为钱多思想就一定坏，钱少思想就一定好。决定思想好或者坏的是财富的获取方式，而财富的获取方式是生产方式的重要内容。

第三，因此，借助特定的社会存在，人的意识并非失去了“原来”具有的“自由”，相反，它只有通过特定的社会存在才能获得自由。人的意识活动本来就不具有超历史的、超验的自由，所有的自由都是以特定的历史内容为条件的自由。人的意识的自由体现在，它并没有像动物那样完全束缚于自己的肉体，人能够把自己的生命活动变成自己的意识对象，进而把人的类存在、把整个自然界当作自己的意识对象。人的意识能够超越人自身的生命活动，将任何意识到的东西当作自己的对象，“意识在任何时候都只能是被意识到了的存在”①。人的类存在能够通过实践全面地生产出整个自然界，为人的意识提供全面的对象。这些对象是历史性的和社会性的存在。人的意识活动因此能够深入到具体每一个阶段的历史深处，获得全面、具体和丰富的对象。意识活动越是获得全面的对象，它就越能够以丰富的方式返回自身，获得越大的普遍性和越高程度的自由。因此，虽然特定的社会存在通过自身的历史性和社会性“限制”了人的意识的超历史或超对象的“自由”——一种根本不存在的自由，但是，如果没有特定的社会存在为人的意识提供特定的对象，人的意识就根本没有任何可以借以展开自身的活动的素材、条件和内容。这样一来，它将成为无对象的意识，也即成为无，根本无从谈起“自由”。这一点可以用康德笔下一个比喻来说明：一个鸽子在空中飞翔，它以为没有空气阻力自己会飞得更高②，但实际上如果没有阻力也就没有空气，它根本无法飞行。

特定的社会存在对人的意识的自由的真正影响在于：由于人类的历史实践活动还没有“结束”，人类的历史还只是在生成过程中，因此这种实践活动所能够提供的产品，无论是在数量上还是在内在的社会性质方面，总是有限的，相对一个可能的完美未来而言总是不够全面、丰富和完善的。这些产品作为人的意识活动的对象因此也总还是有限的。人的意识活动的范围和自由程度因此受到了历史性的限制。因此，如果说特定的社会存在限制了人们的意识活动的“自由”，那么这不是因为特定的社会存在限制了人们的意识活动某种本来就已经拥有的“自由”，而是因为它“赋予”人们的意识的自由还不够多，即特定的社会存在由于在人类活动的产品方面以及特定的内部政治关系和社会关系方面

① 马克思恩格斯文集：第1卷. 北京：人民出版社，2009：525.

② 康德. 纯粹理性批判//康德三大批判合集（上）. 邓晓芒，译. 北京：人民出版社，2009：导言6.

还无法给人的意识提供更全面的对象、更充分的活动条件，因此限制了人的意识在更大程度上的自由生成。

第四，上述内容为特定的社会存在与人们的意识之间的关系提供了新的阐释路向。显然，如果还认为这两者之间只是单纯的反映与被反映、作用与反作用的关系，那么人们还只是停留在机械地理解“社会存在决定人们的意识”这个命题的状态。人的意识活动包含着精神生产方面的内容。正如在特定的历史阶段，人们的物质生产不断地丰富这个历史阶段的社会存在一样，在这个阶段人们的意识活动也通过精神性的生产不断地丰富这个历史阶段的社会存在。特定的社会存在既为人们的物质生产也为人们的精神生产提供特定的条件，这两种生产类型共同构成这个社会的再生产力量，它们都不断地再生产出这个历史阶段特有的社会关系，在共同复制出这个特定的社会存在的同时，也不断地为这个特定的社会存在增加历史内容，推动它在自身的条件范围内不断地丰富自身。关于生产，马克思认为，生产的起点就是终点，即生产本身不断地将自己的前提当作结果生产出来，“生产本身的目的是在生产者的这些客观存在条件中并连同这些客观存在条件一起把生产者再生产出来”①。这一点既适用于物质生产，也适用于人们的意识活动和精神生产。特定的社会存在为人们的意识提供前提性的活动条件，这种意识活动通过自身的精神性生产不断地将这些前提条件当作自己的结果再生产出来，这个过程也就是在意识不断地活动的所有领域——政治的、宗教的、文学的、神话的等等——再生产出特定的社会存在，使之成为构成这个特定的社会存在不可或缺的一部分内容。人们的意识活动不能以自身为原则和条件生产出人们的社会存在，但是，它能够以特定的社会存在所提供的历史内容为条件，在自己的领域中再生产出这个特定的社会存在并推进它的发展。马克思说：“作为类意识，人确证自己的现实的社会生活，并且只是在思维中复现自己的现实存在；反之，类存在则在类意识中确证自己，并且在自己的普遍性中作为思维着的存在物自为地存在着。”② 人的类存在需要通过他的类意识来确证自己，获得自为存在，如果没有类意识，人的类存在就根本无从实现，因此也就根本无从谈及所谓的社会存在。人们的意识对社会存在的反作用，只是在浅层面看来的它与社会存在的关系，在深层次上，人们的意识活动与物质活动一起，通过被给予的历史条件共同生成着特定的社会存在。

第五，由于在历史上具体的社会存在总具有不可忽略的政治性内容，人们的意识活动也因此具有深刻的政治性基础。一种社会存在包含着复杂的内容，它可能分裂为不同的阶层、等级、阶级或各种利益集团，这些要素彼此之间相互对立和斗争，因此，它能够向人们的意识提供的活动条件同样也是复杂的。当我们从精神生产的角度来考虑人们的意识活动及其与特定的社会存在的关系时，就必须注意马克思和恩格斯这样一个深刻的判断：“支配着物质生产资料的阶级，同时也支配着精神生产资料，因此，那些没有精神生产资料的人的思想，一般地是隶属于这个阶级的。……构成统治阶级的各个个人……还作为思维着的人，作为思想的生产者进行统治，他们调节着自己时代的思想的

① 马克思恩格斯文集：第8卷. 北京：人民出版社，2009：146-147.

② 马克思恩格斯文集：第1卷. 北京：人民出版社，2009：188.

生产和分配；而这就意味着他们的思想是一个时代的占统治地位的思想。”① 这段话表明人们的意识活动具有深刻的政治性基础。正如物质生产资料的分配在现实中总是不均衡的一样，精神生产资料的分配由于受到政治权力的限制也总是不均衡的，以至于只有统治阶级或者统治阶级的部分成员才掌握精神生产资料。这些生产资料既应包括各种教育资源、书写条件（在古代，笔、墨、纸、书等是难得的精神生产资料），同时也还应包括各种言论出版发表的权利和媒体舆论资源，最后还应包括时间——在精神上受到统治的人们往往被剥夺了进行精神生产的时间条件。这意味着，在物质生产资料的分配方面处于劣势的人，在精神生产资料的分配方面也同样处于劣势，丧失精神生产资料的阶层丧失了合法地进行独立的精神创造的条件，他们必须在精神上隶属于统治阶级。精神生产不仅成为一种特权，成为社会上一个专业的生产部门，而且还成为一种政治的工具。劳心者为劳力者提供了精神的“粮食”，为他们的意识活动提供重要的资源和条件，但同时也限制了他们的意识活动的基本立场和方向，让他们在接受这些精神“粮食”的同时成为阶级统治的共谋者。

因此，不仅人类的物质生产活动会发生异化，精神生产活动也会发生异化，虽然这种异化看上去是相反的：在物质生产中，非劳动者剥削了劳动者的产品，并以此支配劳动者；但在精神生产中，非劳动者被强迫接受精神劳动者的产品，并以此受到支配。这些精神产品——无论是哲学、文学、宗教还是其他理论观念——作为一种意识形态成为社会的公共产品。统治阶级的精神生产产品获得了普遍性的外观，似乎成为特定的社会存在的理论形态或者社会普遍利益的理论反映，在精神上被统治者的思想如果不是被忽略、被湮没，就是被压制、被批判和被取消。在这种情况下，正如特定的“社会存在”已经不是一个统一的概念一样，“人们的意识”也已经不是一个统一的概念，因为“人们”已经分裂成相互对立的不同集团，意识活动的条件也因此具有阶级性质的差别。意识不能成为特定的社会存在的真实反映，它只能以一种扭曲和抽象的方式反映特定的社会存在中的某些内容，这部分内容是“真”是“假”我们不得而知，因为在政治对立关系中，真理的条件随着不同的权力关系可能会发生不同的隐蔽变化，真理因此成为一个权力范畴。马克思说：“在今天，普遍意识是现实生活的抽象，并且作为这样的抽象是与现实生活相敌对的。”② 这里的“今天”指的是资本主义社会，正是在这个社会里，体力劳动和脑力劳动、物质生产和精神生产、存在和意识等本来并没有内在分裂的诸范畴，都发生了极端的对立和分裂。

第六，我们注意到，在不同的社会存在中，人们的意识被培育出来的主要社会功能不同。举例说明就是，马克思在《1844年经济学哲学手稿》描绘未来共产主义社会的图景时，大量强调了人们的意识中的感性意识或感觉，而非传统哲学所强调的理性思维能力。同样是需要把具体的社会存在转化为一种具有普遍意义的理论形态，近现代人类社会特别是资本主义社会更强调人们的意识活动中的理性功能，而未来共产主义社会更强调人的意识活动中的感性功能。这种区别隐含着什么深刻的内容？这是我们在讨论特定

① 马克思恩格斯文集：第1卷. 北京：人民出版社，2009：550-551.
② 同①188.

的社会存在与人们的意识的关系时不得不解答的一个问题。我们知道，理性是按三段论这样一些“客观”“普遍”的逻辑准则来运作的，这使理性具备直接产生出具有普遍属性的“真理”的功能；但与理性相对立的感性则是与特殊性相对应的一种意识功能，感性的内容、感性的对象都是因人而异、因时而异的，因而总是特殊的，乃至黑格尔认为，感性确定性原初只是一种只可意会不可言传的东西。在这种情况下，为了获得“普遍”的理论或哲学，人们主要依赖于理性，轻视或贬低感性，感性所标志的特殊性需要被消除和否定。但是，感性与理性的这种相互对立以及这种对立关系所赋予感性与理性的独特规定，都是历史的产物，而不是人们的意识固有的本质内容。那种以压制特殊性为手段而产生的普遍性，并不是真正意义上的普遍性。真正意义上的普遍性尊重每一种特殊性，是从特殊性的普遍解放和生成中生成自身的。要实现这一点，现实社会的政治经济结构需要发生深刻的变革。只有到了共产主义社会，特殊性和普遍性的这种关系才能最终实现。

在共产主义社会，随着私有制被积极地扬弃，以及人类社会中政治对立关系的消除，社会存在创造出最完善、最丰富的意识对象，人们的意识发展出最完善的功能。它解放了人们的每一种个体性的感觉。每一个人的感觉器官都既是个体性的，同时也是社会性的，是“以社会的形式形成社会的器官”①。因此，人的意识不再需要依赖那种抽象的理性思维来创立“普遍”的哲学理论——这种“普遍”总是某种特殊性冒充而成的。每一个个人都不再需要接受任何一种异己的、作为他人的精神生产产品的理论来指导自己的生存，因为每一个人都能够在实践中通过自己的感觉真切地感受到自己的生命活动，为自己提供理论。这正是马克思所说的：“感觉在自己的实践中直接成为理论家。”② 马克思这句话向来难以理解，但在我们这个语境中，它不过意味着：在共产主义社会，每一个人都拥有充分的精神生产资料，他的感觉被充分全面地开发出来，因此都能够为自己提供精神“粮食”，不再需要接受别人的灌输；同时因为人与人之间不再存在政治对立关系或阶级关系，每一个人的物质生活和精神生活方面都不再具有对立的关系，每一个人的感官既是个体性的也是社会性的，因此，每一个人通过自己的感觉所生产出的理论既适用于自己，同时也普遍适用于每一个他人。每一个人在自己的意识中都充分反映着自己的和普遍的社会存在。“我的普遍意识不过是以现实共同体、社会存在物［gesellschaftliche Wesen］为生动形态的那个东西的理论形态……我的普遍意识的活动——作为一种活动——也是我作为社会存在物［gesellschaftliche Wesen］的理论存在。”③ 总之，在这些内容中，我们可以看到，共产主义社会中人们的意识内容与前共产主义社会中人们的意识内容具有本质的区别，社会存在与人们的意识之间的关系也因此具有本质的区别。

上述对历史唯物主义四个主要命题的简要阐述表明一个道理：对于历史唯物主义的理解本身也需要秉持历史唯物主义的原则。历史唯物主义作为马克思哲学思想的核心内容之一，它本身的产生和形成不仅在马克思的思想历程中具有历史性，而且它本身也是人类历史发展到特定的阶段的产物。只有到了物质生产劳动不仅成为一个社会最普遍的

---

① 马克思恩格斯文集：第1卷．北京：人民出版社，2009：190.

② 同①.

③ 同①188.

社会活动时，而且也成为人们的意识中主要的社会活动时，人们才有可能不是以政治和宗教而是以社会生产为视角来重新理解社会，建立一种新的历史观和存在论。在前资本主义社会中，原始的或发展起来后的各种宗教、政治、战争、军事等等活动占据了人们的意识，充斥人们的心灵，掩盖了社会生产的根本性作用和地位，因此人们无法创造出历史唯物主义。资本主义的兴起和发展，无产阶级与资产阶级的对立关系的普遍形成，促使社会生产成为每一个无产者每天被迫进行的维持生命的活动，也成为每一个资本家每天都用贪婪而焦虑的眼光紧密关注的生意活动。通过社会生产及与之相关的社会权力关系的角度来重新理解世界已经成为一种可能，在这种情况下，马克思的历史唯物主义应运而生。从这个角度来看，历史唯物主义作为一种历史的产物，它并不具备直接地或抽象地解释人类历史的各个阶段的能力。但是，就历史唯物主义“恢复”了社会生产在人类历史运动中的根本地位而言，就它本身作为一种方法论着重强调了人类社会的历史阶段性而言，历史唯物主义具备具体地解释人类历史各个不同阶段的资格和能力，其核心的要求就是我们在运用这种理论时注意甄别它的各个命题在解释人类不同的历史阶段时不同的适用条件和范围。当我们能够从对历史唯物主义的外部反思深入到对历史唯物主义本身的这种内部反思时，我们也就会在某种程度上更进一步接近历史唯物主义的核心精神。

当然，我们解释了上述关于历史唯物主义的基本观点后，我们并不真的以为已经把马克思历史观的基本内容解释清楚了，而且我们更不会认为马克思已经驱除了历史领域中一切晦暗不明的事物。如果马克思的文本使我们能够对所有社会历史问题给出清晰而明确的解答，历史唯物主义对我们来讲还有什么吸引力呢？如果不存在晦暗不明，比如，马克思的原始文献当中不存在模糊的地方，那么关于它们的讲述会怎么样呢？其实，如果马克思的观点以及我们对其理解被公式化了，以至于不再存在任何疑问，那么将会对马克思主义哲学的发展造成严重的损害，这样我们就无事可做了，这些观点的魅力也就不复存在了。

第三节　后马克思主义者为什么拒斥历史唯物主义

历史唯物主义基本原理之所以会被误解，还有另外一些深刻的原因。特别是怀疑论之主观主义本质的原因。正像刚才我们所指出的，如果光明取代了黑暗，一切就会消失。但是，人们又期待一种不会被任何晦暗和矛盾搅乱的真实的看法。也就是说，期待一种真正的、持久的和普遍的看法。可是，就今天的哲学时代状况来说，我们越来越明显地感觉到缺少这种真正的、持久的和普遍的看法，即缺失对真理的追求。这种情况在历史上就形成了绵延不绝的怀疑论。可以说，在这个意义上怀疑论是永远存在的。它在哲学历史上的标志就是“每一种新的哲学形态，总是有一种新的反哲学形态与之对立”①。既然马克思主义哲学是一种新的唯物主义，它当然也不例外。一般来说，“如果人们听哲学

① 胡塞尔．第一哲学．王炳文，译．北京：商务印书馆，2006：94.

家谈论现实，那么这经常和人们在一个旧货商的橱窗里看到一块牌子上写着‘此处轧衣’几个字一样将人引入歧途。如果有人拿着洗过的衣物来让轧平，那就上当受骗了。牌子上挂在那里只是为了出售”①。克尔凯郭尔的这段话恰如其分地可以转用到与马克思主义哲学形态相对立的后马克思主义哲学身上。后马克思主义哲学没有在马克思身上找到它想要的告别哲学的因素，于是它失望地回到瓦解形而上学的老路上。那些对历史唯物主义抱有怀疑的人，即后马克思主义者，总会顽强地用种种精心编造的论据来证明历史唯物主义的不可能性，即证明历史唯物主义最终证明自身为正当的科学的不可能性。我们在这里有必要了解一下后马克思主义者对历史唯物主义质疑的最深刻的根据的意义。

胡塞尔说：“一切怀疑论的本质都是主观主义。”② 对历史唯物主义的怀疑比较深刻的是来自法国的当代哲学家让·鲍德里亚。

我们的问题是，鲍德里亚何以成为马克思的对手？通常在人们眼里，他是“后现代主义”思想的一代宗师，也有人认为，他是西方的“新马克思主义者”③，我们更愿意认为，他是后马克思思潮的代表人物。他符合我心目中捡拾后马克思思潮逻辑残渣的形象：反对马克思的生产逻辑。这里关键性的步骤是在鲍德里亚那本《生产之镜》中完成的。在这本书里鲍德里亚使用拉康精神分析理论中的“镜像”概念，想借此说明马克思用生产作为批判分析资本主义社会的基础，也是一种幻象。什么叫“镜像”？那是儿童在镜子里看到了自己的身影，便信以为这个身影就是真实的自我。在儿童的世界里，现实世界仅仅是假象，仅仅是主体的幻想。而马克思的政治经济学批判也是这样一枚镜子，即“政治经济学之镜。这枚镜子更深地发生于符码的多元决定中：在这种通过镜像的认同中，人们只能将自己看作是进行生产、实现着物质变换，或者带来价值的人”④。马克思的历史唯物主义公理根源于“人是有需要的”的信仰。鲍德里亚问，人有需要吗？鲍德里亚站在黑暗的角落那儿，认出了马克思通过生产逻辑批判资本主义的做法错了，他批判资本主义批判的是资本主义的身影，那完全是平常的想象力。对鲍德里亚来说作为批判资本主义是完全不够用的。他需要完全特殊的想象力，这种想象力现在已经准备好了。鲍德里亚证明说，基于物质生产方式的历史唯物主义观点是资本主义意识形态的无意识的同谋，并且决定自搞一套，再也不和马克思谈论资本主义批判这个问题了。

我们注意到，鲍德里亚犯了概念混乱的错误。这是因为，概念有大有小。概念的尺码总是由它的重要性来决定的。那么，在历史唯物主义理论观点中，哪个概念最重要呢？我们自己一定能够回答这个问题，那就是生产概念。我们感觉到鲍德里亚已经明白生产概念属于历史唯物主义理论体系的一般概念。所以他反对历史唯物主义，他要打倒“生产主义”，那不是偶然的。如果我们把概念与概念之间按照重要性来区分的话，一般概念的重要性要大于特殊概念。概念与概念之间的关系，就好像人与人的关系一样，一般概念可以从特殊概念当中凸显出来。譬如，生产这个概念可以通过消费、分配、交换概念之间的“交谈”凸显出来。一般概念与特殊概念之间的“交谈”是不多见的，因为它们

① 洛维特. 从黑格尔到尼采. 李秋零，译. 北京：三联书店，2006：199.
② 胡塞尔. 第一哲学. 王炳文，译. 北京：商务印书馆，2006：96.
③ 张一兵. 反鲍德里亚：一个后现代学术神话的祛序. 北京：商务印书馆，2009：序 2.
④ 鲍德里亚. 生产之镜. 仰海峰，译. 北京：中央编译出版社，2005：序言 4.

的关系是确定的，很少有机会“争论”。甚至在特殊概念之间也很少会对论题产生不同意见。

马克思说：“生产、分配、交换、消费因此形成一个正规的三段论法：生产是一般，分配和交换是特殊，消费是个别，全体由此结合在一起。”① 马克思得出的结论“并不是说，生产、分配、交换、消费是同一的东西，而是说，它们构成一个总体的各个环节，一个统一体内部的差别。生产既支配着与其他要素相对而言的生产自身，也支配着其他要素。过程总是从生产重新开始。交换和消费不能是起支配作用的东西，这是不言而喻的。分配，作为产品的分配，也是这样。而作为生产要素的分配，它本身就是生产的一个要素。因此，一定的生产决定一定的消费、分配、交换和这些不同要素相互间的一定关系”②。

从马克思的以上分析可以看到，生产概念作为最重要的一般概念，没有什么是偶然的。值得注意的另一点是，一般概念的“争吵”是频繁的。我们可以看到，作为历史唯物主义的生产概念在马克思的著作中发生过多重语义和历史性变化，而鲍德里亚睁一只眼闭一只眼，竟然把一个从事学术理论工作近五十年的马克思在不同时期对生产概念的理解绝对同质化。其实，同一个概念因为使用的时期和理论发展的水平不同，它的内容也不尽相同，这是再正常不过的事情。简言之，鲍德里亚没有通过马克思主义哲学考试。鲍德里亚的这个失败个案也提醒我们一个基本道理：一般概念之间的“争吵”是非常多的。这种“争吵”之所以发生，原因在于：首先，概念要与现实世界接触。在马克思看来，传统哲学家让概念不与现实世界接触，是保证概念在逻辑上自己生产、自己销售的前提。否则，那些哲学家享受不到概念天国提供的快乐。有那种享受概念天国快乐的人，就像身处古希腊神话冥界中的忘川河，喝一口河水就足以让所有现实世界的观念残余消失在遗忘中，完全抛弃了尘世的记忆。譬如，那种责备马克思太重视生产，而没有把分配、交换、消费这些要素统一起来考察的人，实际上是僵化的教科书不能正确地理解现实所造就的。换句话讲，这里的问题不是出在现实中，而是出在教科书与现实的脱节。这里的问题在于教科书为了对概念做平衡而牺牲了对现实的解释。

再说，许多人都会有这样的感觉，生产概念在哲学教科书中是被强调得最多的概念，因而也往往是最熟视无睹的概念。人们往往就把它当作抽象无比的概念来看待。但实际上，在马克思那里，生产概念具有狭义和广义之分。它不仅指物质生产，也包括人本身的生产；它不仅指革命实践活动，也指商品生产；等等。其次，概念的“争吵”不是根源于“实践性的问题”。概念的“争吵”就其真正根源来讲，跟生活没有丝毫联系。正如斯宾诺莎说过的那样，狗的概念是不会叫的。比如说，生产，你从经验中就可以得知它对社会历史存在的重要性。你甚至不需要马克思的帮助就能够认识到这一点。我们比美国人幸运，我们知道生产在中国正在每日每时运行。鲍德里亚在今天欧洲为什么有如此显赫的地位，个中奥秘就在于喊出了马克思思想的整体逻辑的死亡，生产之镜碎了。鲍德里亚说：“生产的资本主义体系将被真正的、激进的生产力所颠覆。资本主义的价值规

① 马克思恩格斯选集：第2卷．北京：人民出版社，2012：689.

② 同①699.

律将被摆脱异化的超生产力、生产的超空间所废除。资本在发展生产力的同时也限制了生产力的发展：生产力必须被解放。所指的交换总是隐藏着能指的‘劳动’：让我们解放能指以及文本的意义生产！……生产主义的话语支配一切，不管这种生产力具有客观的目的还是为了自身而发展，它都构成了自身的价值形式。它既是资本主义体系的主导旋律，也是根本变革的主导旋律——但这种一致是可疑的。"① 我们可以看到，鲍德里亚是要"解放能指以及文本的意义生产"，试图革"根本变革的主导旋律"的命。总之，鲍德里亚与马克思的"争吵"之所以没完没了，就是因为他痴迷于话语、符号、概念的天国。鲍德里亚是这个方面的一个代表。

第四节 虚无主义及人的行动

历史唯物主义不仅涵摄对社会历史的理解，还关涉自然界和人本身的历史。一般地说，自然、社会、人是一个完整的、有机的、联系的整体。任何一方都不可能独立存在。自然、社会和人构成"新的三位一体"。对于这种"新的三位一体"，可以有很多种分析，但是就其本原、本体观之，只可能有所谓"自然之道"和"历史之轮"的分别。有一种观点认为，随着现代历史化、主体化过程的展开，一种关于人的普遍本质的学说已经不可能了。无论是克尔凯郭尔的存在主义，还是狄尔泰哲学上的历史主义，它们都否定人有一种普遍的"本质"（"自然"）。它们把人仅仅看成是历史环境和社会关系所造成的飘忽不定的存在。因此，在这些哲学学说中，根本的问题是，缺乏一种恒定的指涉系统。有的只是历史的生存的多样性，渐次"迷醉"的一种无法理解的混乱，直至虚无主义②。

从哲学上讲，虚无主义与近代孤立的主体性精神紧密相关。从笛卡尔开始，就有一个从自己的自我意识内在性中努力做大做强的主体存在。当然，仅仅做大做强主体并不一定导致虚无主义，关键在于，"理性"成为存在体验的最顽强的敌手，人被视为"一种精神有病的动物"来观察③。由此引发对"历史性"的绝对化。对"历史性"的绝对化同样意味着对"自然性"的排斥。

对我们来说，第一个问题是：唯物史观如何超越和克服虚无主义？

首先，我们认为，自然只是在一定程度上虚无化。现在很清楚的是，人是自然界长期进化的产物。但是现在同样清楚的是，"如果没有人，那么人的本质表现也不可能是人的，因此思维也不可能被看作是人的本质表现，即在社会、世界和自然界生活的有眼睛、耳朵等等的人的和自然的主体的本质表现"，所以"被抽象地理解的，自为的，被确定为与人分隔开来的自然界，对人来说也是无"④，"作为自然界的自然界，这是说，就它还在感性上不同于它自身所隐藏的神秘的意义而言，与这些抽象概念分隔开来并与这些抽

---

① 鲍德里亚. 生产之镜. 仰海峰，译. 北京：中央编译出版社，2005：2.

② 克里斯蒂安·格拉夫·冯·克罗科夫. 决定：论恩斯特·云格尔、卡尔·施米特、马丁·海德格尔. 卫茂平，译. 上海：上海人民出版社，2016：157.

③ 同②161.

④ 马克思. 1844 年经济学哲学手稿. 北京：人民出版社，2000：116.

象概念不同的自然界，就是无，是证明自己为无的无，是无意义的，或者只具有应被扬弃的外在性的意义”①。这里，马克思在一定程度上将自然虚无化。其中的主要的目的是，让人类学的大量提问成为可能。用黑格尔的方式来说，就是通过“虚无”扬弃外在性。

其次，马克思是在自然—人—社会这一系统内规范自然、规范社会的。也就是说，人是有能力超越自然史的进程的。他通过计划掌握自己的命运：这些计划超越直接的现实，并作为可能性对现实提出异议。例如，航天航空事业就是为了遥远的、根本无法立刻达到的目标或者计划而展开的，人类可以否定直接的、“自然的”欲望，并对此采取禁欲的态度。航天成就具有深远的形而上学意义，1965 年苏联人在太空行走，确认太空没有天堂。

所以，人从来不是仅仅处于“环境”之中，它也并非与环境保持直接的关系。日常生活语言显示，人是“遭遇”、“面对”、“伴随”和“接近”环境的，如马克思所说：“哲学家们只是用不同的方式解释世界，问题在于改变世界。”② 因此，像海德格尔所谓的“一种空虚性的存在关系”可能由此产生。

最后，由于通过生产、劳动这样一种积极的历史现象学考察，人不再满足于自然环境中直接发现的东西，相反，人类不断地尝试改变自身，进行塑造，创造不存在的事物。用有限的目的论的观点来看，“自然界是个有缺陷的存在物”③。这里，问题的关键在于，可能性高于现实性的途径是什么？马克思当年不仅看到了科学及其技术手段使人能够达到无法达到的境地，同时它也使得现代性达到高度异化的程度。一方面，人在通往抵抗现实、实现理想的道路上，有机会令某种确定的理想得以实现；另一方面，如果不将目标设定为前提，劳动和生产必定持留为无意义④。

接着我们必须思考第二个问题：社会存在超越自然，还是反自然？这个问题涉及人的行动问题。人在历史中行动，也在社会中行动。“行动的结构”在至今的我们对唯物史观的讨论中还没有来得及顾及。吉登斯曾经说，“马克思的著作仍然代表了试图阐释能动性与结构问题的最重要的思想来源”⑤。关于历史和结构，马克思说：“人和人之间的社会关系可以说是颠倒地表现出来的，就是说，表现为物和物之间的社会关系。只有在一个使用价值作为交换价值同别的使用价值发生关系时，不同个人的劳动才作为相同的一般的劳动相互发生关系。因此，如果交换价值是人和人之间的关系这种说法正确的话，那么必须补充说：它是隐蔽在物的外壳之下的关系。”⑥ 这个观点正好成为解决我们所提出的问题的立场。

其一，传统马克思主义哲学由于对人的行动的可理解性、能动性方面缺少关注，所

① 马克思. 1844 年经济学哲学手稿. 北京：人民出版社，2000：118.

② 马克思恩格斯文集：第 1 卷. 北京：人民出版社，2009：502.

③ 同①.

④ 克里斯蒂安·格拉夫·冯·克罗科夫. 决定：论恩斯特·云格尔、卡尔·施米特、马丁·海德格尔. 卫茂平，译. 上海：上海人民出版社，2016：158.

⑤ 安东尼·吉登斯. 社会理论的核心问题：社会分析中的行动、结构与矛盾. 郭忠华，译. 上海：上海译文出版社，2015：59.

⑥ 马克思恩格斯全集：第 31 卷. 北京：人民出版社，1998：426.

以必定把讨论引向更为抽象的程度，直至接近历史机械论或历史宿命论。所以，对以上关于决定的讨论需要通过马克思主义哲学的社会观进行补充和说明。在马克思的视野里，一方面，只要行动比如说交换具有社会的重大意义，行动就已经是并必须是超个人地被理解、被把握的。这是共同生活可能性的前提。也就是说，以某种方式显现为“有意义的”、“正当的”或“有理由的”行动，总是受到行动的可理解性约束。另一方面，重要的是必须理解，当行动者把自身的行动看作比自己的本能更有意义的时候，我们并没有认为行动者或许可以不用理解自身行动的意义。

其二，从逻辑上讲，行动总是在人的目的、意志、欲望的表象下展开的。或者说，行动和实践总是有目的的。这几乎是理所当然的。比如通常某些学者怨声载道的刊物分级，就刊物的影响因子来说是可以理解的，那是所希望的对刊物的学术性进行衡量，是有关尊重学术市场竞争的考量。但是问题在于，究竟为何提升影响因子？如何才是正确地提升了学术影响力？我们可以提出一系列诸如此类的问题。想必，最后也必定终止于数量帝国主义之下的虚无境况。假如把学术性作为统括一切目的理性的行动，我们并不能找到某种方式生活——比如说躲在象牙塔里生活——的根本理由。所以，我们的行动经常会被哪怕是些许的不合目的性所中断。所以，目的作为目的呈现，对于人类来说太重要了。

其三，人的动机会改变行动，但是其本身受制于生产力等条件。而人们自身的生理特性、生物特性或者人们所处的各种自然条件——“地质、水文等等的条件。人体。需要，劳动”① ——从属于这些条件。所以，对于实际上的行动或实践的理解，只能从人们业已被选择为生产力、分工和交往的发展程度出发。一方面，对人们的行动意义的理解当然可以根据业已创造出来的意识、宗教、政治、艺术、科学等思想来推导，但是，对于始终处于实践优先并可能在与自然的抵抗中失败的人类来说，根据意识、宗教或随便别的什么来作为意义筹划的根据，肯定行不通，或者毫无现实性。另一方面，倘若人们的行动完全能够从业已给定的物质生活条件本身出发来解释，那么这同样会因其内在逻辑而走向反面。马克思对人类社会历史发展似自然进程的解释，正是为了避免那种仅仅在实践行动前提的意义上看待人与社会、人与自然的朴素观点。

其四，马克思主义哲学是一种迫切需要改革现存关系的世界观。从社会学角度看，人们行动决定和历史制约性问题，实际上可以转化为短暂的、过渡的适应和深刻变革之间的关系问题。一方面人们单纯活在“当下”，而对一大堆矛盾视而不见；而另一方面仅仅社会适应的缓慢和似自然的历史进程不再令人们满意，就会出现政治变革的要求。真正地改变世界的问题无论如何没有因此解决。因为打开理想与现实、主观与客观的那道深渊总是因其间的劳动异化而不断加深。这也意味着对资本主义根本制度的改变是历史发展的必然。所以，马克思指出，这种分离是现代资本主义的基础。在日常生活中则表现为先事业还是先家庭、公共优先还是私人优先等等的二元对立结构。对这种结构性异化的扬弃正是马克思主义哲学的任务。

---

① 马克思恩格斯选集：第1卷. 北京：人民出版社，2012：158.

思考题

1. 什么是历史唯物主义?
2. 历史唯物主义的基本要点是什么?
3. 简述经济基础与上层建筑之间的关系。
4. 历史唯物主义如何克服虚无主义?

第四章

国家与市民社会

有一种批判说，马克思的学说是缺乏关于国家、意识形态、政党的学说。但是，我们在此书中所尝试做的并非帮马克思“补充”这些学说。马克思、恩格斯早已经指出：“由于私有制摆脱了共同体，国家获得了和市民社会并列并且在市民社会之外的独立存在；实际上国家不外是资产者为了在国内外相互保障各自的财产和利益所必然要采取的一种组织形式……法国、英国和美国的一些近代著作家都一致认为，国家只是为了私有制才存在的，可见，这种思想也渗入日常的意识了。”① 在这里，马克思主义哲学创始人强调国家与经济的结合。资本主义生产始于重商主义国家，依靠的是国家性的投资和保护。“落后资本主义国家中国家对经济的介入不必说了，即使在比较先进的国家中，经济也是在追求世界霸权的国家强有力支持下实现的。”② 马克思主义哲学事实上存在着对国家的批判。我们要阐述国家的起源、阐述国家与社会的区分可能没有足够的篇幅，所以，我们就直接进入马克思关于社会观和国家观的讨论。根据马克思主义哲学的观点，一个社会究竟是什么，它是怎样运动的，诸如此类的问题可以经由社会的矛盾关系而被界定。这通常是在宏观政治层面上的界定。

第一节　马克思与黑格尔的国家理论

从亚里士多德开始，人们认为，人一直是生活在“社会”之中的。自然状态中那种所谓孤立的人，或者生活在孤立的家庭之中的设想，完全是凭空杜撰的。比如，从人类学角度看，就拿孩子的保护和养育来讲，孩子必须留在父母身边，即使在孩子大大地越

① 马克思恩格斯选集：第1卷．北京：人民出版社，2012：212.

② 柄谷行人．跨越性批判——康德与马克思．赵京华，译．北京：中央编译出版社，2010：234.

过青年的界限时，这种和父母在一起的生活也不会中断，因为人单独抵御野兽的能力是很单薄的。这肯定会促使正在成长的新一代和年纪较大的家庭成员待在一起，正如一些弱小动物过着群体生活一样。所以至少是在很早很早的时代，人们就已经生活在很小的家庭联盟或家庭群体之中了①。无论是在霍布斯还是洛克那里，所谓自然状态都是指人的关系状态。此外，对于卢梭来说，没有哪位哲学家成功地追溯了自然状态的“根本”②。事实上，历史唯物主义将这种纯自然状态或彻底孤独的状态描绘成18世纪人们“缺乏想象力的虚构”③。人们也由此发现，某些早期的国家理论，特别是家长制国家观念认为国家是从家庭联盟（“家庭的复数”）中扩大并产生出来的④。

真正说来，马克思的社会观和国家观深受黑格尔影响。1836年，马克思在柏林取得了进大学的资格，攻读法学，就学于爱德华·甘斯和萨维尼，此外还学哲学、历史、数学、英语和意大利语。后来他由于劳累过度而病倒，养病期间钻研了黑格尔哲学。在此之前，他把黑格尔的哲学看成是“怪诞的山歌”而感到味同嚼蜡。此后，“黑格尔的东西”便永远缠住了他。他写了一篇关于黑格尔的论文，然而没有取得耶拿的博士学位，而关于德谟克利特和伊壁鸠鲁的自然哲学的论文（《德谟克利特的自然哲学和伊壁鸠鲁的自然哲学的差别》），使他取得了博士学位。他在《莱茵报》和《德法年鉴》上最初发表的文章已经表明，他的整个观点和方法都与对黑格尔的哲学批判有关⑤。马克思认为：“德国的国家哲学和法哲学在黑格尔的著作中得到了最系统、最丰富和最终的表述；对这种哲学的批判既是对现代国家以及同它相联系的现实所作的批判性分析，又是对迄今为止的德国政治意识和法意识的整个形式的坚决否定，而这种意识的最主要、最普遍、上升为科学的表现正是思辨的法哲学本身。如果思辨的法哲学，这种关于现代国家——它的现实仍然是彼岸世界，虽然这个彼岸世界也只在莱茵河彼岸——的抽象而不切实际的思维，只是在德国才可能产生，那么反过来说，德国人那种置现实的人于不顾的关于现代国家的思想形象之所以可能产生，也只是因为现代国家本身置现实的人于不顾，或者只凭虚构的方式满足整个的人。”⑥

可见，社会结构和国家是从一定的个人的生活过程中产生的，是从人们的物质生活过程中产生出来的。

一、黑格尔所理解的社会和国家

我们在前面已经阐述过，有一种观点认为，人有种原始的孤立状态，后来加以组合，就形成了社会概念和社会生活状况的理性根据。黑格尔反对这样一种社会契约论的杜撰。

---

① 亨利希·库诺．马克思的历史、社会和国家学说：马克思的社会学的基本要点．袁志英，译．上海：上海译文出版社，2014：80.

② 路易·阿尔都塞．政治与历史：从马基雅维利到马克思：1955—1972年高等师范学校讲义．吴子枫，译．西安：西北大学出版社，2018：372.

③ 马克思恩格斯文集：第8卷．北京：人民出版社，2009：5.

④ 同①81.

⑤ 同①233-234.

⑥ 马克思恩格斯选集：第1卷．北京：人民出版社，2012：9.

在这方面，他的主要观点有：

第一，他从家庭开始，根据当时的观点将家庭想象为一夫一妻制的家庭。一旦这样的家庭分出另外的家庭，出现了“家庭的复数”，社会也就应运而生了。每个人受到需要的驱使，追求特殊的目的，由此就产生出一种全面依赖的体系，这种体系使得个人的生活圈子和利益与他人的利益有着千丝万缕的联系。甚至在人们彼此相互对立，或者一个试图压制另一个的地方，人的行为也是相互依存的。社会成员的需要和满足这种需要的方式越多，他对社会的依赖也就越大。个体之间相互关系数量增加的同时也会使其性质发生变化：这样一种关系越来越被看成是共同生活的已有的必然性，被看成是社会关系①。

第二，满足人民的物质需要乃是社会生活的基础。社会满足需要的手段是劳动，就是借助劳动过程，按照所需要的目的对大自然直接提供的资料进行调制。起初，这种社会的调制过程是很简单的，可是需要越来越精细，满足需要的手段越来越多样化，那么规模越来越大的分工也就随之而起。与此同时也就产生了财富不均和能干程度不同的状况，又由此产生了等级差别②。

第三，因此，社会体现了一种需要和满足需要所使用的劳动活动的体系。黑格尔将满足需要和一般生活资料生产的过程理解为社会活动范围，由此，黑格尔也将市民社会称为“每个人都以自身为目的，其他一切在他看来都是虚无。但是，如果他不同别人发生关系，他就不能达到他的全部目的，因此，其他人便成为特殊的人达到目的的手段”③。在这种社会，人可以选择令他们高兴的任何生活，只要他们有能力。黑格尔认为市民社会显然无法将自由普及共享。

第四，国家，在黑格尔看来则完全是另外一回事。黑格尔称国家为“伦理性的整体，是自由的现实化”④。他认为，国家的目的是“促进普遍物的利益”，“现代国家的本质在于，普遍物是同特殊性的完全自由和私人福利相结合的，所以家庭和市民社会的利益必须集中于国家”⑤，也就是说在保持其特殊性的情况下将个人利益总汇为普遍的利益——国家的利益。这样，在黑格尔那里，“国家与社会分开”。“国家与社会分开”一语是什么意思？它是对政治职业化的诉求。我们知道，在古代城邦中，国家与社会没有分开，其主要表现是，统治者是因为其社会地位而成为统治者的。可以说，“前现代的所有统治形式都是业余的，封建社会里的统治尤其如此。封建领主既是老板，又是统治者。由此也造成了经济与社会角色无法与其政治角色分开。资产阶级社会才将国家与社会分开，国家对公民想过什么样的生活再也没有任何指导或限制。在黑格尔的《法哲学原理》出版前60年，亚当·斯密就说，在分工与事业效率逐渐增加的近代社会，统治也应该专业化。黑格尔也赞同这种立场，主张由一个在学识与社会上都客观的官僚体系，来为一个

---

① 亨利希·库诺. 马克思的历史、社会和国家学说：马克思的社会学的基本要点. 袁志英，译. 上海：上海译文出版社，2014：228-229.

② 同①229.

③ 黑格尔. 法哲学原理. 范扬，等译. 北京：商务印书馆，1961：19.

④ 同③258.

⑤ 同③260-261.

由全国各阶级担任咨议的立宪君主做事。这种官僚体系由于与社会分开，凡事能够放长眼光，国王则由于世袭而兼具宪法正当性，不必担心有人来竞争王位，因此也能够超越市民社会的自私竞争。黑格尔认为，近代国家是理性的，因为君主立宪要我们报以理解。近代国家不再因为它是世袭王朝或因传统而要求我们效忠，也不再要求我们出于温情而效忠它。黑格尔并不鄙视这几类效忠名分，而且认为大多数人可能只有能力以这些方式来看待自己对国家的忠诚。但是，理性的人，尤其哲学家则不一样。他们看待世界历史发展，要看得出世界这样是对的”①。

第五，在黑格尔那里，市民社会与国家相分离，但又通过特定的方式统一于国家之中。他在《法哲学原理》的“国家”一章中运用了逻辑学的“推理”关系来论述市民社会与国家之间的统一关系。这是黑格尔的国家学说中很重要的一部分内容。这种推理关系具体表现为：市民社会和国家通过种种中介因素而获得统一。按照黑格尔的说法，市民社会属于特殊领域，国家属于普遍物，因此这是“特殊性—中介—普遍性”式的推理。关键的地方就在于中介，它由从市民社会中形成的等级要素来担任。市民社会一共划分为三个领域，即三种等级：农民等级、产业等级和普遍等级；前两种又属于私人等级，普遍等级是以社会的普遍利益为职业的等级，军人和政府官僚都包含在其中②。从这三个等级中分别产生三种等级要素代表各自领域的利益，共同构成立法权的一个环节，成为这些领域与国家之间相联系的中介。从农民等级中产生的是土地贵族或世袭贵族，他们组织成贵族院或上院；产业等级中的同业公会和区乡组织通过选派议员的方式组织成众议院或下院；普遍等级在立法权中等同于在政府中供职的等级，即掌握着行政权的政府官僚等级。对于这些等级要素，黑格尔认为它们的真正意义在于国家通过它们进入人民的主观意识，人民借此参与国家管理。在《法哲学原理》第302节，他说：“各等级所处的这种地位和组织起来的行政权有共同的中介作用。由于这种中介作用，王权就不致成为孤立的极端，因而不致成为独断独行的赤裸裸的暴政；另一方面，自治团体、同业公会和个人的特殊利益也不致孤立起来，个人也不致结合起来成为群众和群氓，从而提出无机的见解和希求并成为一种反对有机国家的赤裸裸的群众力量。”③ 等级要素的中介作用在这里被表述得很清楚。等级要素在推理中摆脱自己的抽象地位，使自身与两个极端共同构成一个有机整体的方式，被黑格尔称为“最重要的逻辑真理之一”④。

在黑格尔那里，普遍等级要素和私人等级要素虽然同是中介，但前者的中介作用比后者要高。普遍等级要素的中介作用主要表现在行政权上，行政权是执行国家现行的法律和制度，使之贯穿到市民社会之中的权力，因此它所发挥的就是使特殊从属于普遍事务的中介作用⑤。政府官僚是国家与市民社会之间重要的中间等级，是和君王直接接触的最上层。国家通过官僚机构自上而下地管理市民社会。相比而言，私人等级要素的中

① 约翰·麦克里兰．西方政治思想史．彭淮栋，译．北京：人民出版社，2010：635-636.

② 黑格尔．法哲学原理．范扬，等译．北京：商务印书馆，1961：212-216.

③ 同②321.

④ 同②321.

⑤ 同②308.

介作用就很有限，例如同业公会和区乡组织等等级要素在发挥自己的中介功能时，“都需要行政权的全权代表、担任执行的国家官吏以及最高咨议机关……来照料”[①]。私人等级要素对自己领域的普遍福利和公众自由的保障，只在于“补充”高级官吏的见解或者对官僚机构进行自下而上的监督，高级官吏就算没有私人等级要素“同样能把事情办得很好”[②]。由此看来，私人等级要素的中介作用似乎是对行政权的中介作用的“补充”。而在黑格尔看来，立法权是政治国家的整体，它包含私人等级要素、行政权和王权三部分，私人等级要素是市民社会的代表。由此，这三者本身就存在一种推理关系（私人等级要素—行政权—王权），共同构成政治国家的抽象整体，其中行政权是私人等级要素和王权的中项。

总之，黑格尔的这些推理关系如马克思所说，“行政权是君王和等级要素的中项，而等级要素又是君王和市民社会的中项”[③]。据此，如果我们能够像黑格尔那样，把王权、君王、国家制度和政府等属于政治国家的东西统一归入国家这个普遍性范畴中，那么，黑格尔国家学说具体的推理形式就表述为：市民社会—私人等级要素—行政权—国家。这是黑格尔国家学说的“特殊性—中介—普遍性”推理的具体表现。当然，由于黑格尔在《法哲学原理》中单独讨论私人等级要素、行政权或它们的组成成分的中介作用，所以在不同场合这种推理形式会有不同的表现。

黑格尔非常看重国家和市民社会之间的中介因素的作用。他认为，如同业公会和官僚机构等，中介因素能够有效地组织群众，引导群众的利益诉求，以合法而有序的方式与国家保持统一关系。如果缺乏这些中介，那么群众就总是以破坏性的和粗暴的方式对国家起作用，没有中间等级的国家还只是停留在低级阶段。他尤其看重官僚机构这个中间等级，认为国家的意识和最高度的教养都表现在这个等级中[④]，这可以说是对当时在普鲁士表现得颇为出色的官僚阶层的理论反映。他试图通过各种等级要素来统一国家和市民社会，也可以说是当时普鲁士国家制度的一种反映。他的国家学说赋予了这些现实内容恰当的逻辑学形式，或者说，为他的逻辑学寻找到了恰到好处的现实内容，这使他关于市民社会和国家的推理似乎无懈可击。

二、马克思对黑格尔国家学说的批判

马克思在青年时期就开始不满黑格尔的国家学说，他在《黑格尔法哲学批判》中集中表达了这种不满。在这本青年时期的著作中，马克思对黑格尔国家学说的批判大部分都集中在黑格尔关于市民社会和国家相统一的推理关系上。他并没有被黑格尔上述关于市民社会和国家的推理关系的表面完美迷惑。他针对等级要素在国家和市民社会之间的中介作用指出：“各等级应该怎样着手把这两种互相矛盾的信念结合在自身中，黑格尔并

① 黑格尔．法哲学原理．范扬，等译．北京：商务印书馆，1961：309.

② 同①314，319-320.

③ 马克思恩格斯全集：第3卷．北京：人民出版社，2002：109.

④ 同①315.

没有说明。”[①] 马克思的质疑在这里是根本性的，这是因为他发现黑格尔实际上赋予了推理中的中介因素多重的，甚至相互冲突和矛盾的规定，导致推理根本进行不下去，但黑格尔似乎对之视若无睹。我们知道，在逻辑推理中，如果中项出现问题，那么整个推理就会崩塌。由于黑格尔的国家学说在很大程度上是对当时普鲁士社会现实的反映，它给出了现代政治社会的“准确图景”[②]，因此推理的崩塌不仅与逻辑学有关，而且更与现实有关。

马克思对黑格尔国家学说的批判是从两个方面展开的，一方面集中批判黑格尔关于市民社会和国家的推理中中介环节的失败，另一方面集中批判黑格尔学说中国家概念虚假的普遍性。

（一）被中介着的市民社会和国家

关于马克思对黑格尔国家学说的推理关系的批判，我们先来看他对黑格尔《法哲学原理》第302节和第304节内容的讨论。这两节强调了一个典型的推理：市民社会的各个集团和单个人的利益作为特殊性一端，通过私人等级要素和行政权共同发挥的中介作用，扬弃自身的极端性，与作为普遍性的王权、国家或政府融合在一起。中介因素最初的抽象地位在推理过程中成为一种“合乎理性的关系”[③]。这是“市民社会—私人等级要素—行政权—国家”的推理，但马克思否定了推理过程的成功，因为在这种推理中，私人等级要素和行政权作为两个相互独立的中介因素，都以自己的方式改变了各自代表的极端的真实面目，将一个虚假的极端呈现在另一个极端面前以寻求统一。

具体来说，在“市民社会—私人等级要素—行政权—国家”推理中，一方面，私人等级要素将市民社会转化为“缩小的人民”反映出来，它消除了市民社会的无机性，用少数政治家或一个有确定人数的委员会（即两院成员）代表市民社会。在马克思看来，黑格尔这样做似乎是出于“国家理由”：“因为立宪君主制只能同缩小的人民融洽相处。”[④]“缩小的人民”是对市民社会的神圣化，也是对它的抽象。这导致真正的市民社会在国家面前隐退不见，或者成为一种观念。另一方面，行政权将国家转化为“扩大了的政府”[⑤] 反映出来，单一的、不可触摸的君王被转换成“一批受限制的、可以捉摸的和身居要职的人”[⑥]，也就是国家高级官僚，他们是君王的世俗化或经验化。行政权对国家的这种转化，也导致了“真实”的国家在市民社会中隐退不见，成为人们心中的彼岸之物或纯粹的观念。这也是一种抽象。马克思说：“行政权是君王这一方的政治国家抽象，等级要素则完全是市民社会这一方的同样的政治国家抽象。这样一来，中介作用就好像充分实现了。两个极端都摆脱了各自的偏执性，它们各自的特殊本质的火焰相互交融……于是，合乎理性的关系，推理，就似乎完成了。”[⑦] 马克思在这里所用的虚拟语气

---

① 马克思恩格斯全集：第3卷．北京：人民出版社，2002：85.

② 奥马利．卡尔·马克思的方法论//金陵法律评论：春季卷．北京：法律出版社，2012：156.

③ 黑格尔．法哲学原理．范扬，等译．北京：商务印书馆，1961：323.

④ 同①105.

⑤ 同①87.

⑥ 同①107.

⑦ 同①105.

表明事情是适得其反的。中介环节没有发挥出它们的中介作用，它们直接代替了它们所代表的极端而参与到推理过程中。换言之，社会的中间等级并没有如实地向国家反映出市民社会的真实面貌，也没有如实地向市民社会反映出国家的真实情况，一切真实的内容都在中间等级中被“篡改”了，国家与市民社会即使能够达到统一，也是与一个虚假的对方达到的虚假的统一。

在这种情况下，市民社会和国家之间的矛盾并没有消除，而是被转移了。由于私人等级要素是市民社会的抽象，行政权是政治国家的抽象，市民社会与国家之间的冲突就通过推理而被转移到私人等级要素和行政权这两个中介因素之中。这两个因素都属于立法权内部环节，因此这种冲突就成为立法权的内部冲突。马克思说：“看来，这里还可能存在的惟一对立，就只是两种国家意志的两种代表之间、两种流射体之间、立法权的政府要素和等级要素之间的对立，因而也就是立法权本身内部的对立。在这里，‘共同的’中介作用似乎也非常适合于这两个要素一争上下。”① 可见，在这里黑格尔予以厚望的“特殊性—中介—普遍性”推理已经不再成为推理了。然而，更复杂的是，市民社会和国家之间的矛盾不仅被转移了，而且还以相反的形式表现了出来。由于市民社会—私人等级要素—行政权—国家的推理现在只剩下私人等级要素—行政权，私人等级要素与行政权成为两个相互对立的极端，它们需要寻找一个新的中介来消除相互之间的矛盾，达成统一。马克思经过分析，发现市民社会不适合做这个新的中介，因为它在立法权中没有自己的地位，只有君主制原则适合，因为它们既然代表了整个国家，也就代表了市民社会②。于是原来的推理形式就转变成了新的推理形式：私人等级要素—国家—行政权，原来的中介成为极端，原来的极端反而成为中介，这是马克思所说的“一个人想打自己的对手，同时又不得不保护自己的对手不致挨打”③ 的荒谬情况。

事已至此，马克思不得不考虑一个问题：黑格尔的国家学说到底有没有证据表明等级要素能够起到中介作用？1842年，普鲁士等级委员会第一次召开，有些人坚决反对等级制，认为等级代表只能实现特殊利益，但不能实现普遍利益，并质疑：现代社会是否还存在等级？按等级来划分社会的做法是否已经过时④？这些问题本身也是当时马克思在思考的问题，这一点可以从他的《克罗茨纳赫笔记》中看出来。从黑格尔国家学说的推理的角度来看，黑格尔一方面以市民社会和国家的对立为前提，但另一方面又试图通过一些外在的中介因素来协调它们，这样他就不得不赋予等级要素多重自相矛盾的规定：为了国家利益，它必须被规定为市民社会的对立物；为了市民社会的利益，它又必须被规定为国家的对立物。如此一来，等级要素作为中介，就成为像“木质的铁”⑤ 一样自相矛盾的东西。例如在黑格尔对议员等级的规定中，议员一方面必须代表区乡组织和同业公会的特殊利益，但另一方面又必须“在实质上”维护国家利益，不能为区乡组织或同业公会的特殊利益反对普遍利益。马克思说，议员这个例子很好地说明了黑格尔“怎

---

① 马克思恩格斯全集：第3卷. 北京：人民出版社，2002：107.
② 同①109.
③ 同①110.
④ 同①654.
⑤ 同①105.

样有意无意地抛弃事物的固有特征，怎样给具有局限形式的事物加上与这种局限性相反的意义”①。这些都说明了等级要素的中介作用更多是一种被虚构的功能。在形式逻辑的推理中，中项被赋予多重规定是一个大忌，因为它会导致“四概念错误”，黑格尔的国家学说赋予作为中介环节的等级要素多重的规定，是导致等级要素丧失中介作用的重要原因。

总之，在特殊性和普遍性之间，如果需要借助作为第三方的、独立的中介因素来使它们达成统一的话，那这本身说明它们彼此是相互分裂的。市民社会和国家处于分裂与对立状态，国家只是在符合自己的尺度的形式之下才能容忍市民社会的存在。这是欧洲近代社会的一种现实，同时也是黑格尔国家学说的重要前提。正因为特殊性和普遍性在推理中是相互对立的，它们甚至是这个推理被提出来的前提条件，所以，中介因素无论是发挥着积极作用，还是消极作用，都不能根本地消除这种对立，而只能使特殊性和普遍性的关系被不断地复杂化，认为等级要素能够统一市民社会和国家，这不过是“立宪国家批准的法定的谎言”②。

不过，上述的讨论都是在这样一个前提下进行的：国家是一种现实的普遍物，在“特殊性—中介—普遍性”的推理中，普遍性是作为普遍性而发生着作用的。但是现在，我们不得不继续追问：与特殊性相分裂和对立的普遍性，是否还是真正意义的普遍性？与市民社会处于相分离和对立的关系的国家，是否真正作为普遍物而起着作用？在马克思看来，答案是否定的。真正意义的普遍性必然与特殊性处于统一关系中，与特殊性相对立的普遍性必然不是真正意义的普遍性。但如此一来，普遍性就将在推理中缺失。那么，这会导致什么情况呢？

（二）被“盗窃”的或“不存在”的国家

《黑格尔法哲学批判》指出，“特殊性—中介—普遍性”推理中普遍性的缺失有几种情况，上述官僚机构用“扩大了的政府”来代替国家已经涉及其中一种。在普鲁士，官僚阶层是在君主专制主义与封建等级制度相斗争的过程中形成和发展起来的，它是统治者的统治工具，但在现实中慢慢形成自身独立而相对封闭的职业阶层，有自己特定的利益。在《黑格尔法哲学批判》中，马克思对官僚机构有很多的描述，例如认为它是“‘国家意识’、‘国家意志’、‘国家威力’”③。这些描述其实都为了说明，官僚机构是一种形式主义的国家，它掌握了国家并把国家当作它的私有财产，“国家已经只是作为由从属关系和消极服从联系起来的各种固定的官僚势力而存在”④。从官僚机构和同业公会的关系的角度来看，这导致的结果可以从这句话中反映出来：“‘普遍利益’只有在特殊东西作为某种‘普遍东西’同普遍东西保持对立时，才能作为某种‘特殊东西’同特殊东西保持对立。”⑤

---

① 马克思恩格斯全集：第3卷. 北京：人民出版社，2002：152-153.
② 同①82.
③ 同①59.
④ 同①61.
⑤ 同①59.

简言之，在普遍性缺失或者可以被特殊性据为己有的情况下，剩下的都是在特殊性与特殊性之间发生的“故事”。官僚机构和同业公会都在试图排斥对方以争夺国家这种普遍物而把自己确立为新的历史原则。这种争夺暴露了双方其实都只是一种特殊物，普遍性只是它们的一种装饰。这反映了在黑格尔国家学说的推理中，中介因素不再作为中介，而是转变为特殊物的现象。这是导致中介因素丧失其中介作用的另一个重要原因。马克思看到，黑格尔所描述的等级要素就是现代意义的等级要素，它们虽然从市民社会中产生，但已经与市民社会相分离，而且内部也分裂为几种拥有特殊利益的集团之间的对抗。官僚机构和同业公会的相互对抗就是这种表现，除此之外，土地贵族阶层与议员阶层也各自作为特殊集团相互对立。它们相互争夺着，都要把国家变成它们的私有财产。在这种情况下，加上市民社会作为特殊领域也奋发起来反抗已经成为一种外在物的各种等级要素的侵犯，一切都处于混战中。马克思在 1842 年已经深刻意识到：“特殊东西在其单独活动中总是整体的敌人，因为正是这个整体使特殊东西感到它自身的界限，因而也就使它感到自己是微不足道的。”① 现在，这些特殊物都决心摆脱这种微不足道，突破自身的界限，方式就是抢夺并不存在的普遍物。马克思和恩格斯后来在《德意志意识形态》中说：“普遍的东西一般说来是一种虚幻的共同体的形式——，在这些形式下进行着各个不同阶级间的真正的斗争。”② 在虚幻的因而“不存在”的普遍性“背后”，进行着的是特殊性与特殊性之间的真正斗争。这句话所说的正是现在这种情况。

除了官僚机构之外，私人等级要素也同样会窃取国家这种普遍物。针对黑格尔在《法哲学原理》第 305—307 节讨论的第一等级要素，即长子继承权享有者等级，马克思发现，这个等级在立法权中所具有的政治意义和效能，既不是从国家也不是从市民社会那里获得的，而是从这些等级成员所拥有的不可让渡的、无依赖性的私有财产（世袭领地）中获得的。既然这种私有财产能够赋予它们的拥有者政治规定或参与国家事务的能力，说明它们本身就作为国家制度在发挥着作用，甚至政治国家也成为以这种私有财产为主体的东西：“国家在自己的顶峰就表现为私有财产”③。在其他场合也可能出现类似的情况。例如马克思在《克罗茨纳赫笔记》中的摘抄反映了英国下院议员曾以自己是人民的真正代表的名义颁布法律，他们认为，这些法律“既不需要贵族的批准，也不需要国王的同意，就可以生效”④。这实质上也就是以人民的名义来替代国家法律，将自己当成了普遍物。

从更根本的角度来看，被黑格尔当作普遍物的国家作为与市民社会相对立的政治国家，在现实中本身就不是普遍物。在近代欧洲逐渐发展起来的资本主义的作用下，国家制度和国家内容从中世纪直接相统一的状态被分离开来，国家内容处在国家制度的界限以外，国家制度本身发展为政治国家；两者相互对立，因此对彼此来说都成为一种特殊物。或者说，在近代，国家制度和这些其他领域一起发展到了特殊现实性的程度。但是，虽然政治国家只是一种特殊物，不过在君主制下，它却具有规定和管辖一切其他特殊物

---

① 马克思恩格斯全集：第 1 卷. 北京：人民出版社，1995：344.

② 马克思恩格斯文集：第 1 卷. 北京：人民出版社，2009：536.

③ 马克思恩格斯全集：第 3 卷. 北京：人民出版社，2002：138.

④ 马克思. 克罗茨纳赫笔记//马列著作编译资料：第 11 辑. 北京：人民出版社，1980：52.

的普遍意义，在这里部分决定整体，整体从属于特定的政治制度①。就此而言，政治国家本身就是一种善于将自己冒充为普遍物的特殊物。马克思后来的政治经济学研究表明，在资本主义社会中，国家是资本权力的政治表现形式，是资本的或资产阶级的“国家”。这是对国家的特殊性更根本的确认。

由此可见，国家和法这些按其概念应当是普遍性的东西，在现实领域中总是被某些特殊物所掌握，从而成为现实的特殊物，真正的普遍物在现实领域中始终达不到自己的概念。在黑格尔国家学说的推理中，普遍性从来没有真实地存在过。马克思说，在黑格尔那里“普遍的东西到处都表现为某种确定的东西，特殊的东西，而单一的东西则在任何地方都达不到自己的真正的普遍性”②。“黑格尔把普遍的东西本身变成一种独立的东西后，就把它同经验的存在直接混淆起来，并立即非批判地把有限的东西当作观念的表现。”③ 当黑格尔出于思辨哲学的立场，试图把国家理念当作一种独立于现实事物的“主体”确立起来，它就会被特殊化为家庭、市民社会或者君王等经验物，普遍物就是以这种不是作为自己的方式“存在”着。在黑格尔的国家学说中，没有什么东西能够作为真正的普遍性发挥作用，反过来，也没有什么东西（包括单一性的君王）能够通过“特殊性—中介—普遍性”的推理而达到真正的普遍性。

到这里可看到，黑格尔的“市民社会—私人等级要素—行政权—国家”推理不仅几乎每个环节都出现问题，导致推理失败，而且根本就不是统一特殊性和普遍性的推理。这是各种意义的特殊性为了争夺“不存在”的普遍性而形成的斗争形式。黑格尔关于市民社会和国家的推理失败的根本原因在于，他试图在不触碰市民社会和国家的现代形态的前提下，通过一些现成意义的社会中间等级来统一本身就相互对立的双方。这是不可能实现的，所有的推理要么加深特殊性和普遍性的对立，要么就是复杂化这两者的对立关系。马克思后来很快就认识到，如果要解决市民社会和国家相对立的问题，那么不仅需要否定阻碍这两者实现统一的现成中间等级，而且还需要否定市民社会和国家的现代形态。要实现这一点，就需要一场彻底的社会结构转型。因此，真正的问题在于彻底的革命：通过革命的方式否定所有现成的虚假普遍物、特殊物和中介物，以新的原则在现实领域中重新确定特殊性和普遍性。这场彻底的革命正是后来马克思提出的无产阶级革命。

其实，关于黑格尔所说的国家，我们根本不用等着各种现实的特殊之物以“盗窃”的方式来否定它，它在黑格尔自己的理论设置中本身就不是指现实的国家。黑格尔认为，国家必须超越公民社会的自私追求。显然，黑格尔所说的并不是真正的国家，或者并不是像现存的和历史上所发展的国家，它是一种设想出来的不大注意历史性的国家④。黑格尔不关注特殊国家或特殊制度。他自己承认这一点，他在《法哲学原理》中曾经宣称：“神自身在地上的行进，这就是国家。国家的根据就是作为意志而实现自己的理性的力量。在谈到国家的理念时，不应注意到特殊国家或特殊制度，而应该考察理念，这种现

---

① 马克思恩格斯全集：第3卷. 北京：人民出版社，2002：39-43.

② 同①52.

③ 同①55.

④ 邱立波，编译. 黑格尔与普世秩序. 北京：华夏出版社，2009：148.

实的神本身。"[1] 总之，不能按照在研究古代、现代国家形象时国家所向我们显示的样子来评判国家，而是要从国家的观念来引申出国家的本质。当然，黑格尔很可能提醒我们不能将国家误认为是国家里的各种设施、各种制度之类的东西。按照他的意思，"国家是'我们大家'，但是这个'我们大家'和日常的我们不一样。黑格尔在'日常道德'与'礼拜日道德'之间作了一个很有用的区分。在礼拜日，我们穿上我们最好的道德服装，上教堂，敬拜一种比日常世界的道德高等而纯粹，但实质与日常世界的道德并无差异的道德。黑格尔要我们这样看国家、看我们大家。公民社会的日常世界是许多意志彼此冲突的世界，虽然无疑有法律控制，但仍然是彼此冲突的。国家，就是我们作我们最得体的礼拜日打扮，从我们的一般自我站开一步，认知我们的意志定于一"[2]。在黑格尔那里要我们这样观照国家。

另外，黑格尔的国家学说还会遭到一个异议，因为他认为国家是理性的，只要彰显国家是理性的，自由就可以普及了。显然，黑格尔在这一点上没有使我们信服。而且，黑格尔所理解的自由落脚在哪里呢[3]？黑格尔一方面说，就实现自由而言，国家是理性的；另一方面却说，终极而言，国家对个人拥有至高权利，当国家的成员是个人的至高义务。在黑格尔的说法里，我们感觉到，他的自由概念的意思很难捉摸。他一面说国家有理，一面说只有某种国家才有理。这些话无论什么意思，在自由主义者听起来根本不像自由。

三、马克思所理解的社会和国家

我们先根据施蒂纳在《唯一者及其所有物》中对社会一词的自然意义的分析来看看社会这一概念的含义。施蒂纳说："社会这个词的词源是大厅。如果说一个大厅容纳许多人，那么这个大厅就使这些人在社会之中。他们在社会之中，他们充其量也不过形成一个沙龙社会，而且他们以沙龙的传统谈话方式进行交谈。如果产生了真正的交往，那么要把这种交往看作是与社会无关：交往能够进行或不能进行，不会改变称之为社会的性质。在大厅里的人即构成了一个社会，而不管有沉默不言的人，或者他们仅仅在空洞的客套中互相应付。交往是双方相互的关系，是行动、个人之间的交易；社会只是大厅的共同性，而在社会中，已经存在着一个博物馆大厅的雕像，他们是'被组合起来的'。人们大概会习惯地说：'人们共同掌握这个大厅'，然而情况倒是这样：大厅掌握我们或在自身中拥有我们。"[4]

这就是社会一词的自然意义。它表明，社会并不是通过"我"和"你"创造出来的，而是一个把人们组合起来使其成为社会成员的第三个要素；同时还意味着，只有这第三个因素才是创造者。这样说来，社会提供了人们交往的条件，但却因此剥夺了人的个性。而"真正的交往"就是要把这种交往看作与社会"无关"的事情，即不受社会的影响和

---

① 黑格尔. 法哲学原理. 范扬，等译. 北京：商务印书馆，1961：259.

② 约翰·麦克里兰. 西方政治思想史. 彭淮栋，译. 北京：人民出版社，2010：639.

③ 同②636.

④ 施蒂纳. 唯一者及其所有物. 金海民，译. 北京：商务印书馆，1989：236.

牵制的事情；或者说，如果不改变通常称之为“社会”的异已性质，“真正的交往”就不可能进行①。

马克思接受了黑格尔的社会观，批判了施蒂纳的社会观。不过，马克思特别强调构成社会生活的基础服务于满足需要的协作。因为马克思还从来没有将他的社会观和国家观在一部专门的著作或一篇文章中加以系统地论述，所以他的这种思想的明确阐述必然是经过了我们的概括的理解。比如，在《资本论》第 1 卷，特别是第 3 篇的第 5 章“关于生产过程和流通过程”和第 4 篇的第 12 章“劳动分工和制造”中就可以概括出这些思想②。马克思所理解的社会，概括地说有以下几个要点：

第一，通常用语将任何一种个体联合或集合都说成是社会。比如，股份公司和村落，学者联谊会和宗族等等。但是，马克思则不然，他认为这些都不能随便称为社会学意义上的社会。马克思认为，在社会含义下包含的意思是，处于由某一生产方式所产生的互相作用和互相影响的交往圈子，其成员通过某些经济所决定的生活关系而彼此发生关系。总之，社会生活并不是任意的一种共同生活，而是为了满足一般的经济需要并在一定经济条件下的共同生活和协作③。

第二，在马克思看来，经济方式是社会生活的基础，并决定社会生活的性质。一个社会形式确切的标志，即使在说话的人对经济和社会之间的联系还不甚清楚的情况下，也是由经济方式来确定的。马克思经常使用这样的词：“商品生产者的社会”，“资本主义生产方式的社会”，“手工时期的社会”，等等。马克思认为，整个经济过程的意义是保存和更新社会。为此他干脆把生产过程称为“社会生活过程”。比如在《资本论》第 1 卷中他写道：“只有当社会生活过程即物质生产过程的形态，作为自由联合的人的产物，处于人的有意识有计划的控制之下的时候，它才会把自己的神秘的纱幕揭掉。但是，这需要有一定的社会物质基础或一系列物质生存条件，而这些条件本身又是长期的、痛苦的发展史的自然产物。”④“社会生活过程”和“物质生产过程”这两个词的意思在这里是完全相同的。无论在这里，还是在其他场合，马克思不仅仅把“物质生产过程”理解为简单的相应的生产活动，而且还理解为包括物质活动所有部门及永远不停息的整个劳动生产过程⑤。

第三，马克思认为，国家不是社会，社会也不是市民社会。马克思批判国民经济学时，直接指向其抽象的理论性质。“国民经济学从私有财产的事实出发。它没有给我们说明这个事实。它把私有财产在现实中所经历的物质过程，放进一般的、抽象的公式，然而把这些公式当作规律。它不理解这些规律，就是说，它没有指明这些规律是怎样从私有财产的本质中产生出来的。”⑥“在国民经济学家看来，社会是市民社会”⑦。马克思对国民经济学的批判，肯定了哲学人本学，进而向社会化的人及社会主义理念敞开。

---

① 聂锦芳. 什么样的社会能使人的“个性”得以彰显?. 哲学门，2010（20）：157.

② 亨利希·库诺. 马克思的历史、社会和国家学说：马克思的社会学的基本要点. 袁志英，译. 上海：上海译文出版社，2014：234.

③ 同②236－237.

④ 马克思恩格斯文集：第 5 卷. 北京：人民出版社，2009：97.

⑤ 同②237－238.

⑥ 马克思. 1844 年经济学哲学手稿. 北京：人民出版社，2000：50.

⑦ 同⑥134.

第二节 马克思对市民社会的认识的形成

一、市民社会概念的通俗理解

当我们去观察一个现代社会的时候，可以发现许多熟悉的组织和机构。譬如，某某联合会、地方团体、公司、行会等等，正是这些组织和机构使得居住在城市里的人们之间的社会经济联系和社会制度联系有了可能。设想一下，没有某某联合会、地方团体、公司、行会等等，人民不就是一盘散沙吗？个人不就成了一个孤立的原子吗？假如一个人不在某个联合会或某个地方团体工作，他（她）怎么可能成为国家的一个公民？个人要与国家发生关系，不就得通过市民社会中的众多团体吗？市民社会所代表的乃是各个重要领域，或各个利益集团，或各种职能单位。这样一种关于社会的看法，正是揭示了关于市民社会概念的重要方面。“市民社会指的是与国家有区别的、分离的社会经济的安排、制度和机构。与政治的制度机构不同，市民社会的制度机构是自由平等个人基于契约的自愿联合：你可以随意加入和离开。市民社会不仅不是一个强迫性的政治秩序，而且还包括制衡和限制国家权力的正面功能。”①

但是，这里就存在着一个问题：市民社会与国家究竟具有什么样的关系？

“市民社会在古代西方是指市民的共同体，是指政治社会。中国古代和欧洲中世纪，不存在建立在商品经济基础上的市民社会。中世纪末期，欧洲出现了从事商品经济的市民阶层，即第三等级。从19世纪开始，‘市民社会’被用来专指从中世纪封建社会的种种政治性支配下获得解放的近代市民阶层内部彼此之间的关系，被认为是一个‘脱国家脱政治的领域’。市民是平等自由的、具有独立人格的财产所有者。调整市民间关系的法被称作市民法，是由私人所有、合同、法的主体性三个基本要素构成的。”②

因此，如果要从对市民社会的多重规定中挑出重要的方面来给它下一个定义的话，所谓市民社会就是“人直接作为市民进行社会交往的形态，在本质上是使这一交往成为必然的社会分工的社会形态”③。

二、市民社会概念在马克思历史研究中的地位

传统马克思主义研究认为，市民社会概念只是在马克思思想的早期露过脸，它是属于马克思还处于黑格尔左派唯心主义影响下的不成熟观点。但是，这种带有常识性的观点其实有违马克思的基本想法。因为，马克思对市民社会的研究有多重视角。至少我们可以问：马克思脑海中的“市民社会”表象究竟是黑格尔意义上的市民社会、法国小市民式市民社会，还是英国的亚当·斯密式市民社会？这样一些不同的市民社会表象都曾

---

① 张汝伦. 政治世界的思想者. 上海：复旦大学出版社，2009：233.

② 许中缘，屈茂辉. 民法总则原理. 北京：中国人民大学出版社，2012：36.

③ 望月清司. 马克思历史理论的研究. 韩立新，译. 北京：北京师范大学出版社，2009：6.

经作为马克思的市民社会批判的对象。实际上，从语源的角度看，德、英、法语中的市民社会概念是否可以互译仍然是一个困难的问题。如果说从语言中可以发现各自国民和民族的风土、历史的话，那么“黑格尔的‘市民社会’(die bürgerliche Gesellschaft) 概念就与斯密的‘市民社会’(civil society) 概念大为不同。前者指的是字面意义上的市民(住在城市，尤其是自治城市里) 社会，与市场有关的人的社会。后者来自拉丁文‘societas civilis’。在罗马法中，这个词指与家庭相对的公域。英国古典思想家是在这个意义上使用这个术语的”①。

罗森茨维格首次提出：“市民社会这一用语虽非来自黑格尔，但由黑格尔明确了它的含义。……市民社会这一用语在 18 世纪末主要借由弗格森的著作之力广为传播。黑格尔所做的，就是通过充分的理解给出了界定严密的含义。”② 在《法哲学原理》中，黑格尔是以人和人相互需要、相互依赖的必然性认识为基础，“从‘一切人对一切人的战争’和‘原子论的体系’这一分工和无政府状态下的竞争体系出发研究市民社会的”③。黑格尔将市民社会看作私人利益的体系，认为个人的需要和利益是市民活动的基础，也重视在生产和交往中发展起来的社会组织的作用，认为市民社会依附于国家。马克思的“市民社会”概念是在与黑格尔搏斗中从黑格尔那里学来的。

在西方市民社会观念的演变中，马克思的市民社会理论具有重要的地位，无论站在什么立场上，当代西方思想家们对这一点都是公认的④。之所以得到公认，关键在于马克思建构了有别于黑格尔的市民社会理论。或者说，马克思正是在批判黑格尔的市民社会理论的过程中走向独立思考的。关于这一点，有必要提及《德意志意识形态》的影响。马克思、恩格斯认为：“市民社会包括各个人在生产力发展的一定阶段上的一切物质交往。它包括该阶段的整个商业生活和工业生活，因此它超出了国家和民族的范围，尽管另一方面它对外仍必须作为民族起作用，对内仍必须组成国家。‘市民社会’这一用语是在 18 世纪产生的，当时财产关系已经摆脱了古典古代的和中世纪的共同体。真正的市民社会只是随同资产阶级发展起来的；但是市民社会这一名称始终标志着直接从生产和交往中发展起来的社会组织，这种社会组织在一切时代都构成国家的基础以及任何其他的观念的上层建筑的基础。”⑤ 这是广义的市民社会概念。其中，“观念的”原义就是“唯心主义的”或“唯心的”。马克思一个最大的成就就是证明了“市民社会”是“政治国家”的基础。这个观点也可以翻译成经济力量对政治具有重要的决定作用。马克思为什么会得出这样的看法呢？马克思面向窗外的城市，从莱茵省议会的辩论那里得到的感受是，那些让捡拾一根树枝也算盗窃的法律，它的根据无非就是“私人所有在市民社会中成为拜物教”的体现，诉讼则是私人所有这一拜物教的典型表征，而国家则相当于私人占有的森林的保安，国家甚至连用什么工具切割或截断树木的细节和价格都做了仔细的测算。马克思因此认为林木盗窃法的失败在于它违背了事物的法理，违背了自然法。捡

① 张汝伦. 政治世界的思想者. 上海：复旦大学出版社，2009：224.

② 植村邦彦. 何谓“市民社会”——基本概念的变迁史. 赵平，等译. 南京：南京大学出版社，2014：66.

③ 望月清司. 马克思历史理论的研究. 韩立新，译. 北京：北京师范大学出版社，2009：16.

④ 陈晏清，王新生. 马克思的市民社会理论及其意义. 天津社会科学，2001 (4).

⑤ 马克思恩格斯选集：第 1 卷. 北京：人民出版社，2012：211.

拾枯树枝和盗窃林木有本质区别。在此，黑格尔对马克思的影响也可见一斑。黑格尔认为，只论述“国家应有形态”是不够的，重要的是根据现实去思考法的理念实现之可能性。到了《德意志意识形态》，马克思才认识到法律属于上层建筑现象，由经济基础所决定，经济基础是生产关系的总和构成的社会的经济结构。马克思的唯物主义法律观在《资本论》中得到进一步的论证和集中的体现。在《资本论》“第一版序言”中，他提出了一个常常为人们引用的观点：“一个社会即使探索到了本身运动的自然规律——本书的最终目的就是揭示现代社会的经济运动规律——，它还是既不能跳过也不能用法令取消自然的发展阶段。”①

再拿金钱或货币来讲，金钱或货币只是政治国家在市民社会中的另外一极。马克思从这里开始跨出将经验现实本身理念化的黑格尔窠臼，并已经具备了日后将市民社会观中提升为经济基础决定上层建筑的观点。也就是说，在国家和市民社会的关系上，马克思把市民社会提升为主体，超越了黑格尔的政治国家优先于市民社会的观点，同时，也超越了费尔巴哈的所谓“国家是人的本质得以实现、完成和显现的整体”的国家观。可见，马克思从经济关系上规定市民社会的本质，为他后来所有的市民社会理论的研究确立了基本的坐标。查尔斯·泰勒说：“马克思援用了黑格尔的概念，并把它几乎完全地化约为经济领域；而且，从某种角度讲，正是由于马克思这种化约观点的影响，‘市民社会’才一直被人们从纯粹经济的层面加以界定。”②

三、“人的社会”和“市民社会”

在《关于费尔巴哈的提纲》中，马克思明确指出“新唯物主义”和“旧唯物主义”的根本区别：“旧唯物主义的立脚点是‘市民’社会；新唯物主义的立脚点则是人类社会或社会化的人类。”③ 马克思在这一提纲中所使用的“人类社会”或“社会化的人类”是什么意思？

我们不妨引用马克思的一些观点说明之：“现代国家承认人权和古代国家承认奴隶制具有同样的意义。就是说，正如古代国家的自然基础是奴隶制一样，现代国家的自然基础是市民社会以及市民社会中的人，即仅仅通过私人利益和无意识的自然必然性这一纽带同别人发生联系的独立的人，即为挣钱而干活的奴隶，自己的利己需要和别人的利己需要的奴隶。”④ 这里，通过与古代奴隶制度相比，“马克思把近代市民社会理解为其本身同时还存在着无政府性竞争和追逐营利体系的奴隶制（市民社会的奴隶制）”⑤。在《论犹太人问题》中，马克思将市民社会看成与人的本质相分离的、利己的人的权利领域。每一个人相互成为他人的需要和这种需要的对象的中介者。马克思想要的是一种从这种异化的彼岸发现社会交往的“人的社会”。

什么又叫作人的社会呢？是不是存在着不是人的社会呢？马克思说：“正像社会本身

---

① 马克思恩格斯文集：第5卷. 北京：人民出版社，2009：9-10.
② 邓正来，等. 国家与市民社会——一种社会理论的研究路径. 北京：中央编译出版社，1999：19.
③ 马克思恩格斯选集：第1卷. 北京：人民出版社，2012：140.
④ 马克思恩格斯文集：第1卷. 北京：人民出版社，2009：312-313.
⑤ 望月清司. 马克思历史理论的研究. 韩立新，译. 北京：北京师范大学出版社，2009：208.

生产作为人的人一样，社会也是由人生产的。活动和享受，无论就其内容或就其存在方式来说，都是社会的活动和社会的享受。”① 可以这样来理解，一个人处于自然状态并不是“以人的形式”生活的，或者一个人如果为他人所有，或者成为单方面被剥夺的对象，那么两者之间当然不会出现什么“社会”。马克思反对以原子式个人为基础的社会契约论，回到社会有机体的立场。其实，“社会”这个词在马克思那里包含着个体的交往的意思。比如说，几个同学轻松聚会也是“社会”应该有的意思。换句话说，社会是指人们有目的、有意识地集合起来，去享受一定精神和物质利益的场所。在对日常用语的这种理解基础上，我们看到，这样的社会并不是人类历史一开始就有的。换句话说，独立的个人与自己之间并不存在统治与服从关系，自己与其他个人可以自由地交往；为了共同目标，每次能够携手共同活动；而且，要按照能力、贡献对联合行动的成果予以分配和享受。这样的组织，既不是一开始就先天地存在于人类历史之中，也不是由于先验的规则从而可以为我们所知晓的。

尽管如此，“市民社会”这一社会本身却是历史的产物，它是在原始共同体瓦解后，立足于私人所有的社会结构中产生的。透过异化了的市民社会，我们才能隐隐约约窥见非异化的“人类”社会。在现代，在短暂的、欲望的强调之下，国家被看作“抽象的”、非个人的东西。总的来说，现代人则试图通过人与人的分离来服从自然本性。“国家的消亡”就是这种企图的例子。它的目标是使我们从国家的制度性的干预中解脱出来，在那里没有国王、没有牧师、没有阶级，以此保证一条满足我们欲望的平稳大道。这里，国家的制度实际上是指“人为的秩序”或者是严格的、概念化的东西，国家的制度之所以被认为应该消亡，首先，由于它是强加于自主的个人身上的，而个人是利用自己欲望的自发性和能动性来体现自己的天性的。其次，“由于国家制度使其成员仅仅成了另一组概念的抽象‘人为’角色的表达”②，服从制度的权威就是服从等级制度，就是不自由。这种哲学观点实际上是以对人类心灵的自然事实的拒斥为指向的。“据此，权威和等级制度都显现于作为整体的自然的某些事实中：比如说，人与人之间的不平等便指向遍布于自然整体的不平等。”③ 自由主义或社会主义恰恰是对人类心灵自然的拒斥。这种拒斥意味着为了某种崇高的目的使理性和自然分离。换句话说，“联合起来的生产者从‘市民社会’中发现，只有组成社会才能将大工业变成独立个人的力量，未来的共同体就是由联合起来的生产者所组成的自觉的共同体”④。因此，在《关于费尔巴哈的提纲》中提出的“人类社会”，实质上也是马克思的社会理想。

第三节　解构市民社会的神话

通过以上对市民社会概念的梳理，我们对市民社会形成了如下印象：

---

① 马克思恩格斯全集：第3卷. 北京：人民出版社，2002：301.

② 科耶夫，等. 驯服欲望——施特劳斯笔下的色诺芬撰述. 贺志刚，程志敏，等译. 北京：华夏出版社，2002：130.

③ 刘小枫. 施特劳斯与古典政治哲学. 上海：上海三联书店，2002：502.

④ 望月清司. 马克思历史理论的研究. 韩立新，译. 北京：北京师范大学出版社，2009：215-216.

第一，市民社会与空洞的自由。市民社会中的人是很自由的人，可以拥有财产，一切对财产和经济活动的限制都取消了。没有政治权威的压迫，大家只是出于某种自愿并通过合伙人的协议而走到一起。换言之，市民社会中的每个人在一定程度上都是商人。但是，随着每一个在市民社会中享有充分完全的自由而来的是一连串的问题：首先，当市民社会把人规定为自由的时候，就是说我的自由不受限制和阻碍，这实际上也是说我的自由并未与任何特殊的内容相联系。这不是说我的自由没有内容，只有形式，而是说，我的自由的内容太多了，欲望、需要、任意的冲动、突发的奇想、理想、信仰这些由自然或社会所提供的东西我都要。我既想资本积累，又想扩大市场；我既想做学问，又想当大官。如此等等，我面临着无数的选择！怎么办？我当然只有两条路可走。要么接受最强大的冲动动机，要么找到某个选择的标准。可是，后面这条路显然走不通。因为，市民社会是一个极度自由的社会，它只告诉你，要按照自己的意愿、冲动做事情，要尊重别人，做事情要有效率，你的选择要适应你的需要，要把自己当作商品获取市场的最大价值。人际关系成为一张纸的合同问题。总之，一句话，市民社会就是商业社会，在那里，只告诉你许多关于手段方面的事情，至于目的方面的事情连一星半点都没有提及，必然引致自由的丧失。

第二，市民社会鼓吹欲望无节制的满足。可是，我们会发现人与动物有一个区别，就是，人的欲望满足不仅需要社会的标准，而且也需要自我的标准。且不说社会的标准，自己认同自己是人行为选择的首要的标准，选择什么是次要的。换句话说，作为人其实往往会有甚至我的需要和欲望也不是自己完全认同的东西的情况。譬如，我们有时虽然自己的欲望得到了满足，却往往深深陷入空虚荒诞的境地。实际上，人之所以为人，就在于他的自由，在于他可以选择不满足自己的欲望，或者在需要和欲望中间进行选择，用做人的标准来使混乱的欲望井然有序。即使在市民社会里面，每一个人可以根据契约追求自己的私人利益，好像也要讲道理，更何况那些大道理，譬如真理是跟单个人的利益不太搭界的。

第三，市民社会导致社会的“自然联系”的败坏。众所周知，自亚当·斯密后，经济学家开始把市场法则当作物理定律那样的自然规律，经济学的目的即是为揭示该自然规律。博兰尼曾经以1820年代汤生的《济贫法研究》一书为参考，讨论19世纪初市场法则作为自然规律是如何成为当时普遍接受的观念的问题。该书讲了一个山羊与狗的故事。“西班牙人偶然在大西洋的一个小岛上留下了一只公山羊和一只母山羊。由于在岛上没有天敌，羊开始无限繁殖。这些羊成为海盗的口粮，从而海盗猖獗。为了打击海盗，西班牙人便在岛上放了一只公狗和一只母狗，狗以羊为食物，狗的繁殖遏制了山羊数量，从而控制了海盗的数目。这个故事把本属经济社会法则的事物归于自然法则，即‘商业的法则实际上就是自然的法则，因而也是上帝的法则’。根据这种逻辑，一个市民社会就可以视为由两种不同的人组成：有产者和劳动者。后者的数目受到食物供应之多寡的限制。现代社会只要保证私有财产，饥饿就会驱使劳动者去工作，并不需要什么保安官。这使得经济社会独立于政治国家之外。”① 马克思则看到，表面上基于个人自愿的市场交

① 博兰尼．巨变：当代政治、经济的起源．黄树民，译．台北：远流出版公司，1989：205.

换，却存在着剩余价值证明了的不正当性。“为什么基于个人权利的自愿交换会是不公正的呢？唯一的解释是一切权利都是阶级的权利，也就是说，个人权利再也不是普世价值，当然也不是现代社会制度正当性最终标准了。”① 所以，马克思在《〈政治经济学批判〉导言》中指出市民社会只是18世纪自由竞争社会里单个人摆脱社会的“自然联系”后的一种缺乏想象力的虚构的产物②，在这种虚构当中各种形式的社会联系对于单个人来说成为达到他私人目的的纯粹手段。在马克思看来，这种局限性首先在于市民社会强调私有财产的重要性。但是私有财产并不是自然的，它始终是人类许多罪恶之根源。譬如，它造成了不平等，造成了法律的不正义。而由于金钱对权力有不可避免的腐蚀作用，所以只要私有制存在，社会总是更保护富人而不是穷人。马克思主张消灭私有制，从政治哲学角度讲，也就是要寻求平等政治的物质基础。

第四节　市民社会决定国家

19世纪20年代普鲁士的实际情况证明黑格尔对国家的描述是错误的。马克思从多方面对黑格尔进行了批判。

第一，近代国家不可能是黑格尔描绘的那种君主制国家，近代国家一定是民主共和国③。马克思看到，黑格尔对19世纪的君主立宪制的颂扬，实质上是试图弥合市民社会与国家的对立。在一定程度上，黑格尔几乎把市民社会等同于国家。但是，马克思对“国家”的同义词“市民社会”的传统用法从未提及，更不赞同。由于代表会议是自相矛盾的，推选出来的代表实际上并不服务于社会的普遍利益，而是变成他们的特殊利益的代言人。于是，物质生活条件与政治领域处于一种矛盾关系之中。“黑格尔的理论表明物质生活条件是外在于政治结构的，而马克思认为，它们实际上渗透于政治领域的每一个毛孔之中。”④ 民主共和国因其社会基础的缘故，无法满足近代国家自治的要求。可见，君主制也好，共和制也罢，它们之间的差别掩盖不了它们的共同根据。也就是说，两种政府形式都无法克服普遍东西与特殊东西的异化，“君主制与共和制之间的争论始终是抽象的国家范围内的争论”⑤。

第二，国家的实质是民主，但是民主的精髓要求废除国家。马克思认为，近代世界致力于实现法律和政治权利上的人人平等，使人民成为公民，而不仅仅是统治者，现实证明这是个虚幻的理想。实质上，只有同等的财富才能得到平等的对待。政治地位由人所拥有的财富来决定⑥。因此，马克思指出：“历史的发展使政治等级变成社会等级，以致正如基督徒在天国是平等的，而在尘世则不平等一样，人民的单个成员在他们的政治

① 博兰尼．巨变：当代政治、经济的起源．黄树民，译．台北：远流出版公司，1989：205-206；金观涛．探索现代社会起源．北京：社会科学文献出版社，2010：95-96.

② 马克思恩格斯文集：第8卷．北京：人民出版社，2009：5.

③ 阿兰·瑞安．论政治：下卷．林华，译．北京：中信出版社，2015：440-441.

④ 阿维纳瑞．马克思的社会与政治思想．张东辉，译．北京：知识产权出版社，2016：20.

⑤ 马克思恩格斯全集：第3卷．北京：人民出版社，2002：41.

⑥ 同③441.

世界的天国是平等的，而在社会的尘世存在中却不平等。从政治等级到市民等级的真正转变过程是在君主专制政体中发生的。官僚政治实现了反对一个国家中有许多不同国家的统一思想。但是，即使有绝对行政权的官僚机构并存，各等级的社会差别仍然是政治差别，仍然是在有绝对行政权的官僚机构内部并且与它并存的政治差别。只有在法国大革命才完成了从政治等级到社会等级的转变过程，或者说，使市民社会的等级差别完全变成了社会差别，即在政治生活中没有意义的私人生活的差别。这样就完成了政治生活同市民社会的分离。"①

第三，马克思证明了"市民社会"是"政治国家"的基础。在《〈黑格尔法哲学批判〉导言》中，马克思认识到市民社会是某特定阶级从某特殊立场出发而取得普遍统治的阶级社会。对此他构想了普遍的人的解放。这个解放以"并非市民社会阶级的市民社会阶级"的、"表明人的完全丧失，并因而只有通过人的完全回复才能回复自己本身"②的人，即无产者，作为变革的主体。因此，马克思从经济关系上规定了市民社会的本质，为他之后所有的市民社会理论的研究奠定了历史唯物主义的地平线。其基本逻辑走向是：从早期马克思的"市民社会"和"国家"的分离，从"市民社会"到"资本主义社会"，再从"资本主义社会"走向"个人的自由联合体"。总的来说，马克思把市民社会的本质归结为资产阶级社会，这就为他对资本主义批判准备了跳板。换句话说，在马克思那里，自此可以以对资本主义的批判取代对市民社会的批判。"这在一定意义上说明了《资本论》缺少对国家的考察的原因。有人认为，马克思主义轻视国家问题，或者相反使他们回归到《资本论》之前的马克思的国家论"③，就是由马克思的视野转变造成的。

事实上，这样的理解是很不全面的，而且很容易引起思想和理论上的混乱。例如，马克思、恩格斯曾经对国家道路和形态各不相同的根源展开探讨。"经济基础决定上层建筑"和"上层建筑反作用于经济基础"这样的规律在不同时代和不同民族中都得到体现。恩格斯指出，作为上层建筑的"国家权力对于经济发展的反作用可以有三种：它可以沿着同一方向起作用，在这种情况下就会发展得比较快；它可以沿着相反方向起作用，在这种情况下，像现在每个大民族的情况那样，它经过一定的时期都要崩溃；或者是它可以阻止经济发展沿着某些的方向走，而给它规定另外的方向——这种情况归根到底还是归结为前两种情况中的一种。但是很明显，在第二和第三种情况下，政治权力会给经济发展带来巨大的损害，并造成大量人力和物力的浪费"④。

为什么阻碍经济发展的政治权力或迟或早必然要崩溃呢？这是因为，统治者与被统治者的对立有着深刻的经济根源。或者说，变革社会必然会提出推翻统治阶级的政治权力的要求，通过各种不同途径促进上层建筑的变革⑤。

---

① 马克思恩格斯全集：第3卷. 北京：人民出版社，2002：100.

② 马克思恩格斯选集：第1卷. 北京：人民出版社，2012：15.

③ 柄谷行人. 跨越性批判——康德与马克思. 赵京华，译. 北京：中央编译出版社，2010：234-235.

④ 马克思恩格斯选集：第4卷. 北京：人民出版社，2012：610.

⑤ 孙麾，吴晓明. 唯物史观与历史评价：哲学与史学的对话. 北京：中国社会科学出版社，2009：54-55.

《 思考题 》

1. 马克思如何批判黑格尔的国家学说？

2. 自由主义强调民间组织的独立性、突出市民社会与国家之间的对立关系，它具有这样的理论后果的原因是什么？

3. 到底是先有个人，还是先有社会？

第五章

阶级斗争的历史地位

众所周知，从一种经验的社会学的方式去理解社会整体时，往往就是将个人之间的关联、关系、互动、互相适应和交换效应与等价的现实性领域或因素联系在一起。某种现实性之整体的个人主义视野由此得以展现。马克思不是抽象的经验主义者，但是，马克思也不是抽象的哲学的“唯物主义者”，这种唯物主义者总是从单纯的经济学视野中“还原”出来。马克思以人的自我异化为红线，分析了现代人类世界之阶级斗争图景。也就是说，历史唯物主义具有鲜明的阶级立场。虽然马克思和恩格斯并没有以阶级立场为根据进行理论研究工作，客观性和科学性是他们从事政治经济学批判的最基本态度，但是社会阶级对于理解社会历史现象的重要性也是马克思主义者应当强调的。如果说国家和民族概念在自由主义的社会学说中占有一个突出的地位的话，那么阶级概念则基本上为马克思的社会哲学学说所突出。因此，马克思也被人们视为杰出的“社会哲学家”或“社会学家”。马克思和恩格斯说：“至今一切社会的历史都是阶级斗争的历史。自由民和奴隶、贵族和平民、领主和农奴、行会师傅和帮工，一句话，压迫者和被压迫者，始终处于相互对立的地位，进行不断的、有时隐蔽有时公开的斗争”①。这不是说只有马克思发现了阶级的存在和阶级之间的斗争，而且也不是说在阶级斗争掩盖下，历史唯物主义忽视了社会现象的多样性，而是说阶级是理解社会历史的有效单位。因此，要讲述阶级的历史作用、起源和社会阶级结构的演变理论，就需要对其进行历史考察。

第一节　为什么阶级是社会历史的有效单位

一、黑格尔的迷途和马克思与他的区别

黑格尔把意识存在的方式理解为积极的经验。他的有关民族精神的历史作用的定位

① 马克思恩格斯选集：第1卷. 北京：人民出版社，2012：400.

是不恰当的。黑格尔在他的《历史哲学》中有一个著名的观点，即“民族精神乃是世界精神在其历史发展某一特定阶段的体现。每一特定民族精神只应该被看作世界历史进程中的一个个体。这一个体的价值要按照它对人类进步的贡献加以评定；并不是所有的民族精神都能够在世界历史的民族精神中有它的地位”①。假如促进某个民族活动的只不过是欲望，那么，它所产生的事业就将烟消云散。相反，如果民族精神成为世界历史的普遍原则，这样的民族精神就会永存，这样的民族文化也就能够成为社会历史的有效单位②。显然，黑格尔把那种在各种历史文化中不断体现出来的自我发展的精神看作历史的动力。“黑格尔自负地认为，包括德国人、瑞典人、挪威人、丹麦人、荷兰人和英国人在内的日耳曼民族的兴起，促使人类历史达到了顶峰。”③ 由于当时德国处于一盘散沙的状态，黑格尔尽力替德国的民族扩张和海上称霸鼓吹打气。他以这样的口吻说：“河流不是天然的疆界，这是近代人对河流的看法；其实应该说，河流和湖海是联系人群的。”“奋发有为的一切大民族，他们都是向海洋进取的。”④ 黑格尔把国家定义为一个以集体的方式保护其财产的团体，这个团体所拥有的唯一的根本的权力就是建立足以达到这个目的的军事和非军事的机构或制度。一句话，国家是民族意志和民族自治愿望在国内外得到有效实施的权力⑤。这样一种思想，从一般意义上讲，早已被黑格尔的同时代人讲滥了，是一种熟悉的德国思想。早在黑格尔之前，赫尔德就曾经指出，日耳曼始终具有而且也将永远具有“一种确定的民族精神”；施莱尔马赫也曾经说过，上帝“给每个民族都分派了其在地球上的明确任务”⑥；费希特则有一句漂亮的话：“‘具有性格’和‘是德意志的’，无疑是意义相同的”⑦。

当然，这些观点绝不只限于爱国主义的热烈的号召，其中也表现了民族主义思想，那最本质的核心在于探索民族的历史使命，具有保守民族主义的强权政治的底色。应该说该核心和底色有些陈腐。19 世纪末，斯宾格勒在《西方的没落——世界历史的透视》这本书中就开始对西方文化进行全面反思和批判。到了 21 世纪，由于恐怖活动，由于帝国霸权对世界的威胁，西方知识分子对于西方文化的反思更加深入了。比如，美国哲学家罗蒂严厉地批评了美国人的霸权。“他曾经在南开大学作过一个演讲，认为未来的希望在中国。他说他到上海、天津看了中国的发展，觉得非常感动，他过去就相信中国能够对世界的和平作出贡献，今天更证实了自己的看法。有人曾经作过一个分析，说如果全部中国人都像美国人的平均水平那么生活，我们就要有七个地球才能满足需求。资源不足怎么办？对于西方而言，只有靠战争和掠夺。”⑧ 因此，马克思决不会建议任何一个当代的哲学家推销像黑格尔的“民族精神”这样的想法。

马克思从黑格尔的客观精神中走出来，否弃了黑格尔的作为历史有效单位的民族文

---

① 乔治·萨拜因. 政治学说史：民族国家（上）. 邓正来，译. 上海：上海人民出版社，2015：405.

② 黑格尔. 历史哲学. 王造时，译. 上海：上海书店出版社，1999：79.

③ 乔治·萨拜因. 政治学说史：民族国家（下）. 邓正来，译. 上海：上海人民出版社，2015：571.

④ 黑格尔. 法哲学原理. 范扬，等译. 北京：商务印书馆，1961：246.

⑤ 萨拜因. 政治学说史. 邓正来，译. 上海：上海人民出版社，2010：321.

⑥ 同⑤318.

⑦ 梅林. 保卫马克思主义. 吉洪，译. 北京：人民出版社，1982：233.

⑧ 胡显章，曹莉，主编. 文明的对话与梦想. 北京：清华大学出版社，2009：14-15.

化概念。马克思认为，黑格尔历史哲学中以民族文化作为历史的有效单位是一个迷途迭起的错误：它具有民族主义、保守主义和反革命的品质。在努力把黑格尔思想中的建设性方面与它那些思辨的方面分离开来的过程中，马克思批判性地接受了黑格尔社会哲学中的两个基本假设："第一，社会是各种力量之间的一种不断平衡，而这些对立力量经由它们之间的紧张和斗争从而引发了社会变革；第二，社会历史是这些力量本身的一种内在演化或准逻辑的演化。"① 在马克思那里，斗争不是指民族之间的斗争，而是指社会阶级之间的斗争。因此，马克思和黑格尔关于历史发展动力问题的观点有以下区别。

这个区别主要通过他们对法国大革命的不同态度表现出来。我们发现，历史研究面对着一个难题：如何接受一种发生过的事情，同时把它变成一个问题。事实上，人们接受法国大革命这件事情，即承认它是对发生过事情的识别，但是对法国大革命的历史意义评价却大不一样。"那些反对法国大革命的人，比如柏克，得出了这样一种看法，即法国大革命的过激行为乃是其革命哲学的应有结果。于是，人们又赋予了革命党人所嘲弄的民族传统和习俗尊崇一种新的价值。再者，拿破仑战争也摧毁了欧洲大陆所有国家的政治体系。政体的重建成了当时的一大问题，而这个问题的解决已为当时的事实所证明，不能再求助于像人权这样的抽象观念，因为人权这样的抽象观念已被证明具有极大的破坏性。法国大革命越来越被人们认为是破坏性的和虚无主义的，而且它的哲学也越来越被人们认为是一种试图按照突发奇想重构社会和人性的教条式努力。这实质上也是黑格尔对法国大革命及其政治哲学的个人主义所做的评价。"② 德国哲学家利特尔（Ritter）在其名著《黑格尔和法国大革命》中指出，黑格尔洞察到，法国的革命和整个时代的历史本质，就是现代劳动的工业市民社会的出现③。马克思和黑格尔都认为，法国大革命标志着封建社会的解体，但是，黑格尔的保守性在于，他认为，"法国大革命在产生了民族国家之后便大功告成了，而马克思却认为，法国大革命虽然重要，意义却是很肤浅的。这场革命只是一场更激烈和更彻底的革命的序幕。马克思认为，法国大革命基本上属于一场政治革命。它把贵族和僧侣手中的社会统治权力转移到工商业中产阶级手中；它把国家创建成了中产阶级进行压迫和剥削的机构"④。马克思也是在这种意义上认为，政治革命只是"已经有些家当，已经惬意地过着优裕生活的人"⑤ 才有兴趣的事情。政治革命不会来自解决社会贫困的需求，相反，政治必然是用来争取经济利益或者用来扩大并巩固经济利益的。所以，所有政治改革都是肤浅的，因为它并没有触及经济不平等的根源。马克思认为，迄今为止，社会贫困肯定与国家的私有制本质有关，因此，"政治革命的下一步显然是更为深刻的社会革命。因此，这就必然把新兴的无产阶级推上历史舞台"⑥。

如何理解社会变革的担纲者？在这个问题上，"马克思和黑格尔都认为社会变革的驱

---

① 萨拜因．政治学说史．邓正来，译．上海：上海人民出版社，2010：440.
② 同①314.
③ 张汝伦．德国哲学十论．上海：复旦大学出版社，2004：20-21.
④ 乔治·萨拜因．政治学说史：民族国家（下）．邓正来，译．上海：上海人民出版社，2015：570-571.
⑤ 马克思恩格斯全集：第3卷．北京：人民出版社，2002：392.
⑥ 同④571.

动力是斗争，而最终的决定性因素则是权力。在马克思那里，权力所指的是经济权力而不是政治权力，如果说中产阶级在政治上倾心于法国大革命的公民自由和政治自由，那么工业无产阶级更关注的却是经济保障而不是政治自由。由于无产者处于社会结构的最底层，下面不存在任何能够被剥削的阶级，所以无产阶级的目的绝不是把剥削权力从一部分人的手上转移到另一部分人的手上，而是要废除剥削"①。无产阶级的社会既是社会发展的最终目标，也是继中产阶级革命业已实现中产阶级自由的合乎逻辑的下一个步骤。

"马克思的社会哲学所诉诸的是工人对自己工人兄弟的忠诚，而黑格尔诉诸的是民族爱国主义。在这两种主张中，其诉求都不同于各种各样的自由主义政治哲学所诉诸的个人主义。"② 显而易见，他们的主张都不是政治冷淡主义，相反，他们均要求人们进行积极合作。乔治·萨拜因认为："历史不仅为马克思主义革命者提供了使命，为他们提供了他们能够取得最终胜利的信念，也许还为他们提供了赦免他们以历史名义犯下的罪行的理由。因此，历史必然性不仅意指因果性、可欲性或道德义务，而且还同时意指这三者——亦即一种能够引发和引导人之旨趣和人之计算并使它们屈从于它的普世性命令。但是，加尔文教派把这称之为神学，而黑格尔派的学者和马克思主义者却称它为科学。"③

二、阶级的起源和社会阶级结构的演变

第一，阶级的经济本质问题。在《共产党宣言》中有这样一段话："在过去的各个历史时代，我们几乎到处都可以看到社会完全划分为各个不同的等级，看到社会地位分成多种多样的层次。"④ 说到什么叫阶级，可以举很多例子。我们先从大家最熟悉的"自然成双"的道理说起，比如，"主人与奴隶、夫与妻、父亲与子女、统治者与被统治者，都是自然成双的关系。这种关系的建立理由是直截了当的，就是缺乏一半，就不成另一半。也就是在其中的一半统治另一半。这不只是定义问题而已。也就是说，没有子女则父亲不成其为父亲，无父亲则子女不成其为子女。对这样一个社会现象的理解还不止于此，人们还往往看到其中的复杂的统治（与）被统治的关系，也就是没有一半，另一半无法自足，也无法实现其功能"⑤。换句话说，这种自然成双的道理关系到国家内部如何规定各个阶层的权力关系问题，或者说，是关系到不同的阶层在国家统治中所应占的份额的问题。这样一个问题构成了自古希腊起的西方政治哲学和道德哲学的主要论题。

但是，到马克思为止还没有一个古代哲学家认识到阶级以及人的统治和被统治是由经济发展所决定的，即使像亚里士多德这样博学的人也不例外。人统治动物，就合乎自然。人与野兽之间的战争是自然的，就像人与野人处于自然的战争状态。亚里士多德举了一个明显的例子：心智统治肉体。心智对肉体的统治是绝对的或专制的，只有这样对

① 乔治·萨拜因. 政治学说史：民族国家（下）. 邓正来，译. 上海：上海人民出版社，2015：568-569.
② 萨拜因. 政治学说史. 邓正来，译. 上海：上海人民出版社，2010：444.
③ 同②.
④ 马克思恩格斯选集：第1卷. 北京：人民出版社，2012：400-401.
⑤ 约翰·麦克里兰. 西方政治思想史（上）. 彭淮栋，译. 海口：海南出版社，2003：77.

两者都有好处。才智统治欲望，则就像依照宪法办事，或者就像君臣之间的关系那样。亚里士多德的意思是，心智并不跟身体商量。我对我的双腿说“怎么怎么走”，而我的双腿开始争辩，日子就难过了。我在遇到危险时候告诉双腿快跑，这时假使我的双腿还想商量，则更有生命危险。基于这个原因，心智要求身体当下服从，没有二话。欲望的情况稍有不同。欲望是自然生产的，例如吃喝住穿，人不吃喝住穿就难以活命。但是，欲望在数目和强弱方面并不是固定的。新欲望会出现，旧欲望会复苏且变本加厉。“按照亚里士多德的说法，君主立宪是透过法律而行使王权的意思，明智的君主会将那些太过的欲望打成非法，并且建立某种井然有序的办法来满足那些合理的欲望。”①

总之，亚里士多德把阶级的形成说成是自然秩序，并把这种自然秩序归结为自然的原因，即个人有不同的才能的结果，而不是由经济形态所引起的社会分化的结果。以托马斯的学说为基础的中世纪的经院哲学同样把阶级的划分说成是自然的秩序，不过与亚里士多德不同，托马斯认为这种自然秩序并非直接来自个人不同的自然才能和天赋，而是来自需求的增长和满足这种需求的分工。“托马斯的观点较古典时代的观点前进的地方表现在：阶级或等级的划分不再被看成是纯粹个人品质的结果，而是社会生产和经济方式历史演变的结果。”②

“随着人们对原始社会结构的了解越来越多，在 18 世纪的哲学家中越来越多的人认为等级或等第的划分自然而然产生于劳动分工的说法也是不对的。这种划分比较多的是建立在社会发展过程中由部族首领和头人开始攫取财产和权力活动的基础之上。在原始社会中，起先既没有值得一提的占有的差别，也没有特权等级；随着财富的增加，首领、族长和强者或者有心计的人便从社会财富中取得越来越大的份额，并利用由此所达到的优越地位以取得新的特权，特别是进行掠夺、征服和奴役的部族的战争往往导致特权和统治阶级的产生。”③ 恩格斯在《反杜林论》中说，是分工，分工的结果形成了社会劳动活动的一些特定领域，但是这并不妨碍阶级划分的这一事实曾经通过暴力、掠夺、狡诈和欺骗来实现和巩固，而这种过程是怎么样发生的，我们却不得而知。恩格斯在他的《家庭、私有制和国家的起源》一文中只是讲到，早在国家形成之前阶级分化就已经出现了④。所以，如果说到阶级的划分，也大都指的是财产和财富的层次，很少是指经营和职业的划分。

第二，经济活动的方式和由它所决定的社会成员在社会经济机构中所处的地位问题。我们前面说，马克思是从经济过程看阶级差别和阶级斗争的。“这在一定程度上受黑格尔的社会生活研究的影响。黑格尔认为，社会生活是需要和满足需要所必需的劳动活动体系，从这种社会劳动活动中必然会产生一定的社会生产关系，在社会的整个活动中，处于同样关系的个体和团体，亦即属于同一经济活动的范畴，都构成了一个阶级。”⑤ 由

---

① 约翰·麦克里兰. 西方政治思想史（上）. 彭淮栋，译. 海口：海南出版社，2003：78.

② 亨利希·库诺. 马克思的历史、社会和国家学说：马克思的社会学的基本要点. 袁志英，译. 上海：上海译文出版社，2014：389-390.

③ 同②390.

④ 同②396.

⑤ 同②391-392.

此，马克思在自己的研究里引入许多黑格尔的体系，但是用“经济学”取代了“形而上学”，用“阶级”取代了“国家”，历史不再是“意识的”或“精神的”，而是“阶级斗争”的。马克思认为，“经济已经变成了人的决定性的东西，起决定作用的不是财产的多寡，收入的多少，或是职业的种类，而是经济活动的方式和由它所决定的社会成员在社会经济机构中所处的地位”①。

第三，社会阶级和社会阶层。“如果说地球的地质构造是分层次的，那么人类社会构造也是分层次的。早在社会文明诞生之初，人类社会就按照性别、年龄、血缘关系、劳动分工等标准将社会分为不同的结构。柏拉图的《理想国》以及亚里士多德的《政治学》都将社会区分为不同的阶层和群体。中国传统社会也根据等级将社会结构区分为士、农、工、商等阶层。”② 那么，在阶级和阶层概念之间有没有差别？

我们知道，马克思按照生产资料的占有程度，将社会分为两大阶级结构——无产阶级和资产阶级。马克思在《哲学的贫困》中把“阶级”和“等级”区分开来使用，它们都有特定的社会含义。在马克思看来，从普遍性上讲，社会阶级是一种社会关系，而不是国家关系。然而，国家将社会阶级的组成当作国家制度用法律固定下来，并赋予某些阶级特殊的政治权利和义务，这样就建立了国家的“等级制度”，这样就从阶级之中产生出了等级。这里也体现出，所谓“人权”并不是“人一权”，而是市民的特权。马克思关注到市民社会中的人之根本性的私人特征。因此，市民社会中的等级，作为私人的等级，根本就不是政治上的阶级。

马克思关于社会阶级和社会等级之间的关系主要有以下论述：

其一，不能把工人阶级叫作“等级”。马克思在《哲学的贫困》中说：“工人阶级解放的条件就是要消灭一切阶级；正如第三等级即资产阶级解放的条件就是消灭一切等级一样。”恩格斯补充说：“这里所谓等级是指历史意义上的封建国家的等级，这些等级有一定严格限定的特权。资产阶级革命消灭了等级及其特权。资产阶级社会只有阶级，因此，谁把无产阶级称为‘第四等级’，他就完全违背了历史。”③ 值得注意的是，“无论马克思还是恩格斯，在他们的著作中并不总是对‘工人阶级’和‘无产阶级’的概念进行严格的区分。在对他们那个时代的革命的法国文学的模仿中，他们往往使用‘无产阶级’的称谓代替工人阶级。为了和工人阶级相区分，他们又把那些潦倒的不再是雇佣工人的工人阶级的前成员以及其他阶级中完全破产了的渣滓称之为‘流氓无产阶级’”④。

其二，阶级成熟的标志主要在于是否形成自觉的阶级意识。评价一个阶级是否成熟看什么条件？这要看阶级群体内部的结合程度和思想认识的认同程度。在《哲学的贫困》中，马克思说：“经济条件首先把大批的居民变成工人。资本的统治为这批人创造了同等的地位和共同的利害关系。所以，这批人对资本说来已经形成一个阶级，但还不是自为

① 亨利希·库诺．马克思的历史、社会和国家学说：马克思的社会学的基本要点．袁志英，译．上海：上海译文出版社，2014：392.

② 李振．社会宽容论．北京：社会科学文献出版社，2009：88-89.

③ 马克思恩格斯全集：第4卷．北京：人民出版社，1958：197.

④ 同①403.

的阶级。在斗争（我们仅仅谈到它的某些阶段）中，这批人逐渐团结起来，形成一个自为的阶级。他们所维护的利益变成阶级的利益。”① “马克思的这段话是很容易理解的，只是结尾的那句话有些费解：‘所以，这批人对资本说来已经形成一个阶级，但还不是自为的阶级。’马克思这里运用的是黑格尔的词句，正如他青年时代所常常有的那样。黑格尔谈到纯存在时说，它通过自身的否定而成为异在，再经过对这种否定的否定而成为自在。剥除黑格尔的措辞，这句话的意思是：工人虽然已经相当程度地发展了他们的阶级性，并且也被‘资本’，即‘资本家阶级’认识到是一个新兴的性质不同的阶级，然而，他们自己却还没有意识到自己的特殊的阶级性，亦即还没有意识到自己的特殊的地位和特殊的利益，所以还没有组成自己的政治党派。”②

三、关于“无产阶级专政”概念

关于“无产阶级专政”的概念，在今天的马克思主义者心目中似乎已经模糊了，他们只是保持沉默。但是，19 世纪德国社会民主党在国会里获得了权力的时候，伯恩斯坦眼中的无产阶级专政很可能成为一种交谈者和文人俱乐部的专政。“恩格斯放弃了实现这一‘无产阶级专政’的念头。后来，列宁又把它作为一个策略目标使它复活，而且列宁的共产主义导致了一党专政，在斯大林时期成为一个官僚专政体系。因此，马克思主义的这个概念逐渐沉寂。现在应该是重新思考这个概念的时候了。”③

第一，“专政”概念的历史演变。“专政”（the dictatorship）一词，据说是与古罗马帝国政制的发明联系在一起的，它意指某执政官在政治出现危急状态时，受法律委托采取暂时性的专政措施，终止日常状态中通行的一些法律制度的做法。暂时性（有时间限制）是这种专政的重要特征④。魏玛时代德国主要的法理哲学家施米特的《论专政：从现代主权思想的肇兴到无产者的阶级斗争》一书，对“专政”的研究正是从考察古罗马帝国时期的专政的“委托”、“受命”和时间限制等性质开始的，然后，将话锋转到马基雅弗利这个思想家，马基雅弗利视“专政”为“例外措施”，被施米特视为现代意义上之作为一个法学或国家学说的“专政”概念的创始者。在施米特看来，“专政”概念变得流行起来，真正说来，缘起于法国大革命后的“雅各宾专政”以及马克思提出的无产阶级专政。马克思的无产阶级专政也具有过渡性、暂时性的特征，是为国家消亡（尽管这不是巴枯宁所要求的那种立即消亡）而采取的必要措施。鉴于历史上没有哪个国家是真正为了实现每个人的生存和发展的权利（生命、财富和自由权利）而把自己的政治价值奠基于人民民主之上，所以马克思认为，在政治上只有通过无产阶级的专政才能替换掉传统的政治价值观，这就体现为革命的要求。“无产阶级专政”是马克思政治思想中的一个

① 马克思恩格斯全集：第 4 卷. 北京：人民出版社，1958：196.

② 亨利希·库诺. 马克思的历史、社会和国家学说：马克思的社会学的基本要点. 袁志英，译. 上海：上海译文出版社，2014：406.

③ 酒井直树，花轮由纪子，主编. 西方的幽灵与翻译的政治——印迹（1）. 南京：江苏教育出版社，2002：242.

④ 格罗索. 罗马法史. 黄风，译. 北京：中国政法大学出版社，1994：160-161.

重要概念，然而，马克思似乎没有准确地说明这个概念。在涉及这个概念的《1848年至1850年的法兰西阶级斗争》、《哥达纲领批判》和《法兰西内战》等文本中，马克思提及无产阶级专政的地方，都没有详细的解释①。所以人们根据这种情况，再加上恩格斯晚年运用无产阶级专政这个概念时同德国社会民主党内的拉萨尔分子和改良主义者进行斗争的历史背景，强调无产阶级专政概念只是派别联合或斗争的产物，并认为无产阶级专政将结束于1793年。西方有些“马克思学”学者主张用无产阶级统治取代无产阶级专政作为马克思主义国家学说的实质，以便消解无产阶级专政带有的暴力味道。

第二，“无产阶级专政”与“资产阶级专政”概念。“无产阶级专政”是“资产阶级专政”的相对概念，“资产阶级专政”概念所指称的是代议制民主或议会民主：民主的议会是在推翻专制主义统治的过程中形成的，它正相当于资产阶级专政。这样一来，马克思主义意义上的无产阶级专政就不应该倒退到资产阶级专政之前的形态，比如说，不能倒退到封建制度或者专制统治。

马克思本人是从巴黎公社中看出无产阶级专政这个具体意念的。在这个意义上，无产阶级专政是一种参与性民主，它不仅是在政治选举的层面上，而且也是在生产关系的实际基础上产生的。它既是立法机构也是行政机构。它实行一种不但可以选举，而且也可以罢免立法官员和行政官员的制度。但是，真正的困难在于怎么样维持这样一种制度。有一种设想是依靠秘密投票来选举和罢免官员。我们知道，“在雅典的国民会议中，秘密投票被发明出来只是作为罢免有独裁者倾向的领袖的一种手段。但是，即使在直接民主的情况下，独裁者的出现也是不能够完全防止的，秘密投票常常不能在紧要关头发挥作用。最终人们发现完全依靠这种方式不可能防止官僚化，亦即加强代表们的权力。正如韦伯在《作为职业的政治》一书中所说，官僚制度在那些劳动分工已经充分发展了的社会里不仅是不可避免的，而且是必要的，不像头脑简单的人认为的那样是可以抛弃的。而根据马克思的学说，在共产主义社会里劳动分工应该趋向于消灭，在这之前的过渡时期，官僚制度作为一种劳动分工又是必不可少的。比如，俄国革命中的苏维埃就与巴黎公社相近而变成了一个巨大的社会实验，而最终苏维埃变成了一党（即布尔什维克）的统治，变成了官僚制度。为什么？单单指出这是布尔什维克领导人的失败或者背叛是远远不够的，在战争失败后的动乱中这恰恰不可避免”②。更深层的原因需要历史唯物主义的分析。

第二节　对马克思阶级斗争理论的评论

马克思认为，阶级在本质上是一个经济关系的范畴，是一定社会经济关系的人格化。在无产者中，经济最为明显地表现为他们的命运。在资本家经济中，资本家不过

① 博托莫尔. 马克思主义思想辞典. 陈叔平，等译. 郑州：河南人民出版社，1994：156-157.

② 酒井直树，花轮由纪子，主编. 西方的幽灵与翻译的政治——印迹（1）. 南京：江苏教育出版社，2002：242-243.

是资本的人格化。因此，各阶级之间的利益关系是同社会经济结构的性质和状况相互联系的，社会经济结构的改造同时也就是社会阶级关系的改变。因此，阶级斗争便是推动社会经济结构的改造并由此而推动整个社会发展的直接动力。所以，马克思主义重视阶级斗争。

一、对马克思阶级斗争理论的非难

不过，马克思的阶级斗争理论一直遭到某些非难和误解，其中有这样一些具有重要性的观点：

第一种观点："阶级斗争熄灭论"和"阶级斗争永恒论"。一种观点认为，"阶级的差别是建立在个人天赋和才能的先天的区别之上的，因而社会内部总是不可避免地一再出现产生阶级的条件；另外一种观点则认为，根本就没有什么阶级和阶级利益，因为社会内部这种利益的差别总是有的，事实上任何一个社会成员都有其特殊的利益，利益完全相同的人甚至找不出一打来"①。

其实，这些观点对马克思的阶级概念的特殊性做了完全的误解。首先，"马克思在驳斥蒲鲁东的文章中曾经谈到，阶级斗争是历史发展的普遍动力。这绝不是说，社会内的利益斗争都简化为阶级斗争，然而他要求我们不要完全忽视这种斗争对历史形成的意义，不要把一切斗争都不加分析地简单地归之于'利益斗争'或'社会斗争'，如果我们要了解社会生活的历史的形成，那就一定要在不同种类的斗争中研究其起源、内容以及动机。其次，马克思认为，阶级斗争根本不是社会生活唯一的因素，因为利益是'无限'分裂的，所以也有着'无限的'利益对立和斗争。个人利益、阶级利益还有多种多样的共同利益，如国家利益、民族利益、行业利益、地区利益、部落利益、宗教利益等等，所有这些利益是以极其复杂的方式联系着的"②。

理解这一点，需要理解"政治的敌人不一定非要在道德方面是邪恶的，或者在审美方面是丑陋的；他也不一定非要以经济竞争者的面貌出现，甚至与政治敌人做做生意会更加有利"③。然而，就像美国总统布什在"9·11"事件的演讲中所表明的，政治敌人毕竟是外人，非我族类。因此，"从情感上讲，敌人容易被当作邪恶和丑陋的一方来对待。所以，反过来讲，在道德上邪恶、审美上丑陋或者经济上有害的，不一定必然成为敌人；而从政治上讲，在道德上善良、审美上靓丽而且经济上有利可图的，不一定成为朋友"④。所以有人说，你的友爱常常让我心酸，为友爱之故，请做我的敌人。比如说，中国搞社会主义与美国搞资本主义，这是两相对抗的关系，在毛泽东时代，我们最熟悉的毛主席语录是"谁是我们的敌人，谁是我们的朋友，这个问题是革命的首要问题"⑤。

---

① 亨利希·库诺. 马克思的历史、社会和国家学说：马克思的社会学的基本要点. 袁志英，译. 上海：上海译文出版社，2014：414-415.

② 同①416-417.

③ 施米特. 政治的概念. 刘宗坤，等译. 上海：上海人民出版社，2004：107.

④ 同③.

⑤ 毛泽东选集：第1卷. 北京：人民出版社，1991：3.

在这种思维方式的支配下，双方都曾经把对方妖魔化，“双方都要把对方置于死地而后快，用施米特的话说，敌对双方都没有把敌人当人看，而是当作必须消灭的恶魔”①。有一位并非不同情马克思主义的批评家曾经说过，“有的马克思主义者看到一个年轻女子抹口红也会情不自禁地根据生产过程和阶级斗争来解释她的行为”②。随之而来的就是，马克思对市民的经济社会的批判性分析的最基本和最完整的内容也就被抛弃了。而邓小平时代的改革开放，就是要以一种政治上全新的方式理解敌人和朋友。从这个意义上讲，邓小平不愧为马克思主义者。因为，马克思更是马克思主义者，那当然没有问题。“今天，即使是在纽约的华尔街，马克思也是招人喜爱的人物，因为马克思的分析够得上是‘商品的诗人’这个称号。马克思对资本主义的动力提供了完美的描述，而且也描述了今天日常生活中的异化和物化现象。”③

第二种观点：“社会共同意志论”。传统社会理论有一个基本的特点，只讲个人和社会的对立，所以把社会斗争仅仅看成是个人与社会的搏斗、个人意志对社会意志，或所谓共同意志的反抗。而马克思的阶级斗争理论的意义也就在于收起上述三种先行观点，并把阶级斗争作为最重要的因素插进社会发展之中。马克思的社会理论认为，那种被先行的社会理论说得天花乱坠的共同意志是根本没有的，因为社会并不是一个有着完全一致利益的统一体，而是分裂为阶级的；共同的社会利益也是没有的，因为没有一定的秩序，共同的社会生活和协作是不可能的。所以所有的社会成员（只要不根本否定社会存在）都愿意维护这种秩序，然而在这种社会制度之内大家又因各自的地位不同而有不同的理想制度，因此他们对各个制度规定又有着不同的利益。人们都是以本阶级角度从不同的立场出发来观察这些规定的。换句话说，共同的社会利益是有的，然而对不同的阶级来说这种利益又是悬殊的，并且具有不同的意义。这些说法甚至适用于最简单的社会秩序规定。比如，任何社会秩序都不允许随意杀人，否则社会协作肯定无法进行，因而所有的社会成员都愿意阻止和防止杀人的行径。然而尽管如此，各种杀人的行为乃至防止杀人的措施在各个阶级中却有不同的反响，比如对于以决斗的方式来杀人，工人和小资产阶级就与骑士的看法不同。

第三种观点：“社会对抗的自然本能论”。对马克思的阶级斗争学说最为古怪的解释可以见诸马克斯·阿德勒的观点。阿德勒认为，“作为社会成员的人受到相互对抗的自然本能的分化后，即一方面有社会倾向，另一方面又有分散的反社会的倾向，从中便产生出合群和不合群的品格，这些品格相互斗争，同时给人以‘名利权位’的刺激，促使人在发展的轨道上前进”。“阿德勒把这种‘不合群性’看成是阶级斗争的根源，显然违背了马克思把经济相互关系的差异性和由此而产生的利益的对立看成阶级斗争的根源这个观点”④。从阿德勒的观点可以推论出阶级斗争是人的自然本能，而不是由历史经济过程

① 刘小枫．施米特论政治的正当性——从《政治的概念》到《政治的神学》//舒炜，编．施米特：政治的剩余价值．上海：上海人民出版社，2002：65.

② 萨拜因．政治学说史．邓正来，译．上海：上海人民出版社，2010：473.

③ 斯拉沃热·齐泽克．为列宁主义的不宽容辩护．周嘉昕，译．马克思主义与现实，2010（2）.

④ 亨利希·库诺．马克思的历史、社会和国家学说：马克思的社会学的基本要点．袁志英，译．上海：上海译文出版社，2014：418，419.

所产生的利益对立。

二、对马克思主义阶级理论总体评价

今天，对于应该如何看待马克思主义哲学的阶级斗争这个问题，我们赞同从多元性角度来思考。如果我们同意哲学是时代精神的精华的话，那么，马克思、恩格斯也产生了关于他们所处的时代的观念，他们将什么是适合他们的时代的精神进行了概念的把握，他们架构了一种当代性，可以让我们理解19世纪和20世纪。反过来，马克思主义哲学的当代性可以充当一个尺度，我们可以以此为参照来架构21世纪马克思主义哲学的当代性。具体说来：

第一，马克思主义哲学最重要的概念无疑就是“实践”。这个概念是通过《1844年经济学哲学手稿》、《关于费尔巴哈的提纲》、《德意志意识形态》与《共产党宣言》等文本发展起来的，它是马克思主义哲学“新世界观”的标志。《资本论》通过“劳动”的概念再次强调了这个概念的重要性。这并不是说，从早期著作到《资本论》之后的所有著作中，马克思并没有持之以恒的兴趣，而且持之以恒的兴趣并不必然是他的思想连贯性的证据。马克思的著作《1844年经济学哲学手稿》与《资本论》之间的断裂或许可以看成是同样一个概念不得不包含的内在规定之间的区别。这并不是简单地划分科学与意识形态之间的断裂关系。

第二，马克思主义哲学往往首先只是在服务于无产阶级的哲学样态上被规定的，或者仅仅是在消灭剥削的经济活动或政治活动意义上的哲学样态上被规定的。因此，它“根据一个不可置疑的但经常被人遗忘的原则来接近哲学中的阶级斗争问题：剥削者完全意识到他们的利益何在，他们依此行动，并以他们的名义来说话。而每一个世纪的被剥削者准确地知道是谁剥削他们，以及如何剥削他们”①。

第三，马克思主义哲学总是建立在前提之上的，这是什么意思呢？为了避免过多地涉及理论上的细节，我们在这里主要通过比较人们关于实践概念的不同理解来进行说明。实践，对于德国青年黑格尔派来说就是要消除对统治阶级意识形态幻觉的意识，对于法国哲学家阿尔都塞、利奥塔和德勒兹来说就是要消除对统治阶级意识形态幻觉的无意识，对于毛泽东思想来说就是在特殊斗争中（打土豪、分田地）形成的革命实践。根据巴迪欧的观点，在一切意识形态理论中，重要的是站在决定性的阶级斗争中的一边。没有选边站会导致马克思主义哲学“服务于错误的实践，即服务于剥削的实践”②。

第四，倘若有人认为，必须叩问造反的合理性知识的准则，其实这已经表现为错误看法的标志：不是所有人类情势都必然包含某些前提。这就是马克思主义重视阶级斗争的原因。在这个意义上，可以说作为理论的阶级斗争哲学观念只能滥觞于历史事件，而这些历史事件是极其稀少的（人们并不是每天都会如节日般狂欢的）。

---

① 巴特雷，等. 巴迪欧：关键概念. 蓝江，译. 重庆：重庆大学出版社，2016：21.

② 同①22.

第三节 中国当代社会冲突及其解决

当下中国这个现代社会是一种非常复杂的组合。今天中国的社会冲突主要是由社会转型过程中对社会、经济、政治、文化等资源的占有、享有、分配的权利和机会的差异而引发的社会群体结构的冲突。其中，对经济资源及经济利益的占有、享受程度的冲突往往成为社会转型的主要冲突形式和内容①。

第一，精英群体与弱势群体。1978 年中国开始发生翻天覆地的变化，它是从利益格局的大变革开始的。20 世纪 80 年代以后，中国社会生产资料的占有、享用、分配程度等方面出现了新的状态，由于收入、地位、身份的变化形成了不同的利益群体，而且随着市场经济的逐步深入，由市场决定的不平等具有越来越扩大的趋势，社会贫富之间的分化愈来愈大，“一部分群体成为社会的富裕阶层，甚至富翁阶层，而另一部分则转变为低收入阶层，甚至贫困阶层。同时，体制内群体的利益分化却很缓慢”②。这是中国 20 世纪末社会资源配置和利益格局变化的最基本的表现形式。到了 21 世纪初，利益分化和利益冲突的格局愈加明显，“市场化能力”成为决定社会利益分化的最主要的因素，决定着人们“生活的机遇”。也就是说，“市场化能力越强的人，越有可能在生活机遇上处于优势地位”③，这样依据市场化能力以及市场本身对于政治、文化领域的集聚扩张，就形成了社会利益的三大板块：一方面“形成了一个掌握文化资本、政治资本和经济资本的总体性资本精英集团”④，这个集团的资本主要是自己和父辈的各种“资本”转化而来的。另一方面，大量市场能力极差的群体，如广大的农民及农民工群体、失业群体、刚刚毕业还找不到工作的学生群体等，构成了社会利益的最底层，该群体与精英群体之间的差距越来越大。处于这两个阶层之间则存在着各类中间利益群体⑤。

第二，解决利益冲突的思路。目前解决利益冲突的一种主要思路是努力增加中间阶层的利益分量，使其发挥平衡两极冲突的功能，增强社会对两极不平衡的宽容程度。与此同时，针对两极冲突的现实，一方面增加精英阶层的各种慈善活动的力度，增强企业家的社会责任感，大力打击政治精英与经济精英之间的“共谋”私利行为；另一方面加大对弱势群体利益的保护力度，对拖欠农民工工资的行为进行严厉惩处，倡导“反刍农业”的政策，努力营造尊重农民、宽容农民工的社会环境，让整个社会意识到维护“弱势群体”利益对于构建和谐社会的重要性⑥。

在中国目前的实际社会状况中，高度乃至过度集中的资本是产生社会极端不平等的重要来源，“高度的私有”必然带来高度的两极分化，这是市场竞争的客观现象；而“过

① 李振．社会宽容论．北京：社会科学文献出版社，2009：273.
② 郑杭生，等．转型中的中国社会和中国社会的转型．北京：首都师范大学出版社，1996：2.
③ 刘欣．当前中国社会阶层分化的多元动力基础：一种权力衍生论的解释．中国社会科学，2005（4）.
④ 孙立平．总体性资本与转型期精英形成．浙江学刊，2002（3）.
⑤ 同①275-276.
⑥ 同①276.

度的公有"则会引发经济运行的低效率，不利于激发经济主体的积极性和创造性[①]。

英国经济学家哈耶克认为，"只有绝对的、反抗一切公共权力干预的市场经济，才是社会'自由秩序'诞生的源泉，对社会正义的建立起到极其关键的作用；而任何与此相对的控制都是一条'通向奴役之路'。我们认为，市场竞争具有巨大的创造力和公平性，对于激发个体的欲望和能力具有直接的作用，这是必须承认的"[②]。而且，"我们也不能把社会设想为医生照管的对象，在医生的照管下，社会好像就是一个由围嘴儿、奶嘴、奶粉等所构成的毫无生气的世界。绝对失去竞争力和活力的社会必然带来更多的社会冲突和社会问题"[③]。但是，任何"力量巨大"的东西本身都带有巨大的破坏力，这也是必然的。市场经济一旦与私有制紧密结合起来，必然会冲破传统确定的各种界限，把"共同体"撕裂为碎片[④]。

第三，悬而未决的"遗产继承"问题。不同的利益群体在许多具体问题上会发生直接的冲突。比如说，"遗产继承权"在社会转型期间依然是一个悬而未决的问题。这个问题的实质仍然是"强者和弱者"的利益分配问题。由于自己的成功，"强者"拥有了庇护子孙的巨大资本和权力，而"弱者"几乎没有什么遗产可以继承和分配。为了安抚"弱者"应该取消继承权，实际上就是"杀富济贫"的做法，但一定会遭到"强者"的反对。从社会公平的角度看，承认继承权就必然产生竞争的不公问题。在"公平"的竞赛中，每一个人都应该步行，但是有人利用长辈的车马代替步行首先到达目的地，被击败的人必然觉得不公，由此产生"弱者"要把财富公有化的诉求。按照这样的逻辑，只有每一个人都是作为"相同的个体"，竞争才可能公平。但是，强势的人的反对也是有理由的，他们认为利用已经积累的成本参与竞争也是完全公平的。目前经过利益的不断冲突和斗争，现代西方发达国家采取了一种更为灵活的处理方法，即在承认继承权的情况下，对于资本雄厚的人的继承征收严格的遗产税，而贫困人口的遗产税则十分低，这样在一定程度上缓解了因遗产产生的利益冲突问题[⑤]。

《 思考题 》

1. 马克思主义哲学阶级理论的基础是什么？

2. 无产阶级专政理论有效的可解释性在哪里？

3. 在阶级分析中，否认阶级存在，或通过阶级简化论以及更加强调阶级的作用会造成怎样的理论后果？

---

① 李振．社会宽容论．北京：社会科学文献出版社，2009：276.

② 同①277.

③ 同①274-275.

④ 同①277.

⑤ 同①277-278.

第六章
平等与正义

1968 年 5 月，法国爆发了学生运动，他们当时提出的口号是“更多的自由，更多的共同生活”。这种口号看来是矛盾的两重向往，而这种向往在 19 世纪社会主义兴起的时候就已经提出来了，比这更早的则是在资产阶级革命中提出的更响亮的口号：自由—平等—博爱。今天，看起来，“自由—平等—博爱”的箴言典型表现出了社会历史发展的复杂性。因为，这三个词汇放到一块既是互相补充的，又是互相对立的①。在人们的印象当中，对平等的追求是社会主义的题中应有之义。具有社会主义倾向的思想家认为，一切促进社会平等的运动都是好事情，而且几乎所有福利国家社会改革的诉求都着力于以集体的举措推进一种平等的形式。但人们一般认为，平等的形式不可能在私人交易所之类的地方实现，私人交易所只能实现自由。人们也因此认为，自由主义者并不关注平等问题②。自由可以被法律制度所保障，平等多多少少也能够被法律制度所规定，但是博爱是不能被法律制度规定的。甚至在具体的爱情和博爱之间存在某种对立——具体的爱情只能在具体的个人范围内实现，而博爱必然是普遍而抽象的。但是，只要是稍具辩证法头脑的人都不会一般地否认自由、平等和博爱之间的相互作用，因而也不会一般地否认自由、平等和博爱。考虑到前面已经讨论了（后面还会讨论）马克思关于自由的一些看法，我们下面主要来讨论平等问题。不过，我们清楚，平等原则本身却因为它含义的模糊而一直颇具争议。

第一节　平等原则

一、平等原则的焦点和概念

首先，关于平等原则的焦点，我们已经看到，资产阶级革命以后，人与人的关系发

① 莫兰. 人本政治导言. 陈一壮，译. 北京：商务印书馆，2010：169-170.

② 顾肃. 论分配正义的平等观. 吉林大学社会科学学报，2012（5）.

生了革命性的变化，人们从观念上已经否弃了中世纪的等级身份社会，不再接受在身份、资格认定和性别等方面的歧视，而在人与人的关系上，同等对待的平等的发展标志就是市民社会的出现。但是，在现实层面上，人与人关系方面的不平等仍然还是一个严重的问题。

那么，如何改变这种不平等呢？资产阶级的思想家首先是从财产问题来考虑的。近代自由主义者譬如洛克等人更强调财产权，他认为通过劳动获得财富的权利必须得到承认。因而，他就势所必然地承认了市场竞争所造成的经济结果，即承认人们实际收入、社会地位的差别。换句话说，在他们的脑子里，建立起相同的游戏规则后，人们之间竞争起点的平等是最重要的。至于结果的平等就没有办法考虑了。因此，在资产阶级自由主义视野中，关于平等应该具有什么样的原则问题的争论首先是围绕着结果平等还是起点平等而展开的。

平等是一个争议概念。我们今天社会的发展已经达到了前所未有的复杂程度。“社会如果增长了复杂性，也可能包含着增长着的自由和增长着的主动性，同时还有着既起创造作用又起破坏作用的无序性增长的可能性。极端的复杂状态也会恶化平等的社会环境的营造。”① 就拿社会的分配原则来讲，要实现按照平等的原则分配，人类共同体目前似乎还无能为力。

我们先来设想分配晚餐的事情。有两个人，一个叫张三，一个叫李四，张三已经吃过午饭而李四没有吃过，如果要在张三和李四之间分配晚餐，那么，如果李四得到多些，人们就会说这个分配是正义的。依此类推，给孩子的面包比给成人的那个大，我们也会说这是正义的。体弱的人比体壮的人少扛一点东西也是正义的，障碍赛的做法也来自一种正义的理想。在所有这些情形的基础上，人们只需要往前走一步就可以得出这样的结论，即把某件物品给最需要的那个人是正义的。并且，人们平常所说的按需分配，就是把东西给最需要的那个人，这是正义的；或者，人们平常所说的按劳分配，就是把东西给那个为了得到它而付出最多努力的人，这是正义的，诸如此类②。但是，我们也发现，在现实中无论是按劳动分配还是按需要分配都只能是一种理想的社会设计。恩格斯说：“无产阶级抓住了资产阶级所说的话，指出：平等应当不仅仅是表面的，不仅仅在国家的领域中实行，它还应当是实际的，还应当在社会的、经济的领域中实行。”③

可以看到，正义和平等是复杂的。譬如，对于上述情况，就可能存在以下这样一些复杂的情况。比如，“一个人很贫穷，但却很高傲，那么，他就会掩饰他饿肚子这个事实。而一个人身体很虚弱，但可能出于高傲或者自尊而负担跟体壮者同样重量的东西”④。碰到这些情况我们怎么能够实施好平等原则？再比如，“如果等价正义的原则要求一些人被设置障碍，另外有些选手会选择放弃比赛”⑤。当然，我们还没有考虑比这更

① 莫兰．人本政治导言．陈一壮，译．北京：商务印书馆，2010：170.

② 霍斯，弗洛斯特．普遍均质国家的合理性//邱立波，编/译．科耶夫的新拉丁帝国．北京：华夏出版社，2008：413-414.

③ 马克思恩格斯选集：第3卷．北京：人民出版社，2012：484.

④ 同②414.

⑤ 同②414.

复杂的情况。"一句话，平等原则要求在所有有权利得到晚餐的人之间进行平等分配，除此之外的任何东西都不再考虑。"①

可见，平等性原则仍然是有其局限的。就拿两性平等问题来说，男人和女人在生物学意义上的区别所导致的一个社会后果是，女人往往要更多地承担照料孩子的任务。因为这个原因，所以男人和女人尽管在形式上是平等的，但是在职场上他们却不一定有平等的机会。也就是说，在通过劳动获得平等承认这方面，女性要面临许多限制而男性则不必。因此，就需要采取一些手段来使男女两性在面对职场的"起跑线"的时候，彼此负担可以平等。但是，我们发现，即使这个"起跑线"的问题解决之后，女性的收入还是比男性低。这种情况是如何造成的呢？如果问题是说女性没有平等的权利可以进入跟男性相同的职业或者行业，那么人们可以通过反歧视法解决；但是，人们仍然可以发现，可能因为一些历史性的、认为女性当然没有平等权利的成见，所以，尽管女性所从事的劳动就表面看来在价值上跟男性是平等的，但是她们所获得的报酬却还是不及男性②。

可见，单纯的平等性政策是没有办法解决实际的平等问题的。在历史唯物主义范围内，上述复杂情况下，"无产阶级平等要求的实际内容都是消灭阶级的要求。任何超出这个范围的平等要求，都必然要流于荒谬"③。

二、不平等的根源

第一，马克思是否批判资本主义为不正义？在讨论不平等的根源的时候，我们需要考虑一个问题：马克思是反对正义，还是赞成正义？这是一个既容易又困难的问题。这里至少存在马克思的两幅肖像：马克思反对资本主义，当然也就是反对资本主义的不正义。但是，问题在于，马克思不是不清楚，如果资本主义生产能力足够旺盛，"身体"足够强健，"相貌"足够英俊的话，你反对它也没有用。马克思清楚他那个时代很多人喊的就是"正义的空话"。从这个意义上讲，马克思就像不太愿意轻言"正义的可能性"问题。利奥塔为此在《力比多经济学》中把赞成正义的马克思叫作"男性马克思"，把反对正义的马克思叫作"女性马克思"。另外一个更为棘手的问题是：马克思被人们认为"并不认为资本主义是非正义的"。关于这个看法大家可以去看美国著名苏联问题专家罗伯特·塔克尔的《马克思主义革命思想》等著作。值得指出的是，"艾伦·伍德认为，人们在对马克思的《资本论》进行阅读时，必然会认为马克思所描述的社会是一个不公正的社会：贫富分化严重，资本家偷盗原本属于工人的财富。所以马克思对资本主义的谴责本质上就是对这种不公正的谴责"④。但是他也同时认为，无论如何，马克思不会相信资本主义是非正义的，也不能相信资本主义是非正义的，也不应该相信资本主义是非正义

---

① 霍斯，弗洛斯特．普遍均质国家的合理性//邱立波，编/译．科耶夫的新拉丁帝国．北京：华夏出版社，2008：414.

② 同①415.

③ 马克思恩格斯选集：第3卷．北京：人民出版社，2012：484.

④ 艾伦·伍德．马克思对正义的批判．林进平，译//李惠斌，李义天．马克思主义与正义．北京：中国人民大学出版社，2010：3.

的，不能给“马克思相信资本主义是非正义的”这一命题留下任何空间、任何余地，甚至不能给它留下任何逃逸的暗道①。

伍德关注的焦点在于马克思和恩格斯具有哪一种“正义”概念。首先，我们看到，“马克思拒绝法权正义概念，因为传统西方的正义概念是与社会和个体联系在一起的”②。“马克思不会将社会关系中的生产关系抽离出来，并将其作为一个决定性的因素。”③“所以看待正义只能在特定的生产方式中进行才有意义。”④ 其次，“使用正义一词具有时间维度。比方说，在资本主义社会，奴役行为是不正义的，但是取利行为确实是完全正当的。评判的基准是当时的特定的生产方式”⑤。

第二，财富分配正义非马克思关注的焦点。马克思在《哥达纲领批判》中提出：“什么是‘公平的’分配呢？难道资产者不是断言今天的分配是‘公平’的吗？难道它事实上不是在现今的生产方式基础上唯一‘公平的’分配吗？……难道各种社会主义宗派分子关于‘公平的’分配不是也有各种极不相同的观念吗？”⑥ 恩格斯则在《反杜林论》中说：“如果我们确信现代劳动产品分配方式以及它造成的赤贫和豪富、饥饿和穷奢极欲尖锐对立的状况一定会发生变革，只是基于一种意识，即认为这种分配方式是非正义的，而且正义总有一天一定要胜利，那就糟了，我们就得长久等待下去。”⑦ 马克思在《资本论》中说：“在这里，同吉尔巴特一起（见注）说什么天然正义，这是毫无意义的，生产当事人之间进行的交易的正义性在于：这种交易是从生产关系中作为自然结果产生出来的。这种经济交易作为当事人的意志行为，作为他们的共同意志的表示，作为可以由国家强加给立约双方的契约，表现在法律形式上，这些法律形式作为单纯的形式，是不能决定这个内容本身的。这些形式只是表示这个内容。这个内容，只要与生产方式相适应，相一致，就是正义的；只要与生产方式相矛盾，就是非正义的。在资本主义生产方式的基础上，奴隶制是非正义的；在商品质量上弄虚作假也是非正义的。”⑧

对于以上引述的观点，我们比较好理解：设想你们的父母若没有辛勤劳动，怎么可能在你们兄弟姐妹之间进行正义分配呢？马克思研究的主要对象是生产和财富的创造，而不是分配规律和财富分配问题。只有生产方式才是“硬实力”，才是决定性力量。“在历史唯物主义视野中，上层建筑依赖于生产方式与阶级利益，每一种生产方式都有属于自身的利益分配模型。同时，社会中的各阶级也会发展出自己的意识形态。”⑨ 马克思使用无产阶级的评判标准来对资本主义正义状况进行评判。但是，马克思不重视分配正义，并不意味着我们不能重视。相反，我们现阶段必须十分重视分配正义问题。理由是，马克思是从宏大的历史哲学的意义上看待正义问题的，而我们则必须着眼于当前的政治、

① 周凡. 历史漩涡中的正义能指——关于“塔克尔—伍德命题”的若干断想. 马克思主义与现实，2011 (3).

② 艾伦·伍德. 马克思对正义的批判. 林进平，译//李惠斌，李义天. 马克思主义与正义. 北京：中国人民大学出版社，2010：5.

③ 同②9.

④ 同②14.

⑤ 邱绍继，等. 马克思主义与西方法理学. 北京：中国人民大学出版社，2018：218-219.

⑥ 马克思恩格斯选集：第3卷. 北京：人民出版社，2012：361.

⑦ 同⑥536.

⑧ 马克思恩格斯文集：第7卷. 北京：人民出版社，2009：379.

⑨ 同⑤223.

经济的具体运动来考虑现实需要。今天，我们国家“分配的正义”似乎已是燃眉之急。

第三，马克思认为，社会不平等的根源乃是经济的。相比较之下，所有政治改革都是肤浅的，因为它并未触及不平等的根源。在过去，革命把权力从一个阶级转移到了另一个阶级的手中，但是却未触及它的根本弊端，即统治和剥削的权力。与基督教一样，政治革命也给人们留下了双重生命：想象的自由与现实的奴役。只有废除私有制，才能实现任何性质的变革。而且通过这种变革，整个不平等的社会结构也将立即得到变革①。

三、与平等和自由相关的正义和公正

我们看到，市场经济行为的前提是交换关系中的自由、平等和互利，如果没有交换关系中的自由、平等和互利，经济交换行为就不会发生。这里包含着经济行为主体地位的权利平等。在自由主义者看来，这样包含着的自由的平等就是正义的。但是，在马克思看来，仅仅有这样一种权利平等却没有物质基础的话，权利平等总归是抽象的平等，抽象平等下的交换不可能是一种真正自由的交换。如果工人拥有的只是自己的劳动力，而资本家拥有资本，那么他们之间的交换就不是真正自由的交换，这种交换也就是不公正的。

自由主义和马克思主义的分歧实际上涉及这样几个问题：

（1）原始积累与占有程序是否正义？马克思认为，资本家通过占有生产手段而占有劳动者的劳动，这是不公正的。马克思在《资本论》中指出：“在真正的历史上，征服、奴役、劫掠、杀戮，总之，暴力起着巨大的作用。”② 可见，“马克思从剥削手段占有的程序上判定了资本主义生产关系的不公正。而非马克思主义经济学却为资本主义生产关系的公正性进行辩护，因而他们必然认为资本主义生产手段的占有程序是公正的”③。所以，在非马克思主义的政治经济学中，“从来就是田园诗占统治地位。正义和‘劳动’自古以来就是唯一的致富手段”④。

（2）正义原则本身是否存在分歧？无论是马克思认为通过暴力手段来积累财富是非正义的判断，还是资本主义生产关系的辩护者认为的用温和的田园诗般的方法来积累财富是正义的判断，他们对正义原则几乎没有分歧。换句话说，他们都共同认可，“在一个正义的社会里，一个人不应该占有他人的劳动；而且，一个人能够拥有自己的劳动产品。因此，马克思与非马克思主义者对正义原则的认识本身并不存在分歧”⑤。

（3）现状是否正义？我们说原则总是抽象的，一遇到现实也就往往走向反面。在马克思看来，资本家占有了工人的劳动，工人不能够拥有自己全部的劳动产品。积累的程序即使是正义的，但是借助雇佣并占有他人的劳动也仍然是非正义的。马克思得出的结

① 萨拜因．政治学说史．邓正来，译．上海：上海人民出版社，2010：449-450.

② 马克思恩格斯文集：第5卷．北京：人民出版社，2009：821.

③ 魏小萍．追寻马克思——时代境遇下马克思人类解放理论逻辑的分析和探讨．北京：人民出版社，2005：201-202.

④ 同②.

⑤ 同③203.

论是，私有制和阶级的存在必然使得正义原则在现实社会关系中走向自己的反面。

我们知道，马克思作为工人运动的领袖，他一生的工作目的就是要改变被资本主义扭曲了的劳动关系。在马克思看来，劳动是反映人的本质的东西，但是资本主义生产关系却使得人的这种本质发生了异化，这就是，它使得劳动者与他创造的价值发生对立，成为剥削和压迫他的手段。因此，只有实现社会直接占有生产资料，才能最终解决异化问题，哪怕是国有化也不能解决异化问题①。在这方面，马克思主义创始人明确地告诉我们国有化也“没有消除生产力的资本属性”②。所以，国有化并不等于社会主义。

第二节 正义原则

一、从古典正义到现代正义

正义这个词不仅今天很时髦，就是在马克思的时代也是一个很时髦的词。说得更远一些，正义一直被看作法律、道德和政治的核心原则。但是，好像正义这个词总是说不清楚的。“像柏拉图那样的大哲学家，在《理想国》中一上来就谈正义，一直谈了整整四章，一会儿是城邦正义，一会儿是灵魂正义，一会儿说正义是强者的利益，一会儿又说正义是弱者的恐惧。他说清楚了吗？似乎没有。”③ 似乎我们更容易接受正义的某个直观上的定义。它的原初的意义是让人“各得其应得”。“传统意义上的正义表现为对称性关系。至少存在两种情况：一是一个人的行为与另一个人的行为的对称性，用俗话讲就是‘投之以桃，报之以李’或‘以牙还牙’的关系；二是一个人行为与其结果的对称性，即俗话说的‘善有善报，恶有恶报’或‘种瓜得瓜，种豆得豆’的关系。简单地说，正义原则就是对如何对待他人或如何获得利益问题的唯一理性回答。正义只考虑某种关系是否正当，而不考虑偏好、目标、立场或理想是否正当。”④ 在这个意义上，“‘正义’指与法律和政治——在福利分配的公共政策的意义上理解这里的政治——联系在一起的道德概念集。正义是道德的子集”⑤。可见，正义总是无偏私的。

但是，这样一种无偏私的正义属于古典正义的范畴。“古典正义在原则上是无懈可击，但是，实践上却无法保证效果。因为，人们在实际选择上往往以自己的特殊利益为先，除非正义原则碰巧对己有利。人们大都想象古代人精神高尚，虽然出于猜测，但是古代人比现代人更讲原则恐怕是事实。”⑥ 马克思说：“古代的自由和平等恰恰不是以发

---

① 李惠斌. 全球化与中国的社会主义道路//李惠斌，主编. 全球化：中国道路. 北京：社会科学文献出版社，2003：119.

② 马克思恩格斯选集：第3卷. 北京：人民出版社，2012：810.

③ 周凡. 历史漩涡中的正义能指——关于“塔克尔—伍德命题”的若干断想. 马克思主义与现实，2011（3）.

④ 赵汀阳. 坏世界研究：作为第一哲学的政治哲学. 北京：中国人民大学出版社，2009：296.

⑤ 比克斯. 法理学：理论与语境. 邱昭继，译. 北京：法律出版社，2008：103.

⑥ 同④297.

展了的交换价值为基础，相反地是由于交换价值的发展而毁灭。”① 现代人按照利益而非原则做事情是现代性的特点。这一现代事实改变了正义问题的语境。正义问题不再仅仅追问什么样的正义在理论上是无懈可击的，也不再追问什么样的正义是最好的，而是不得不去追问人们最有可能想要什么样的正义，换句话说，决定什么是正义不再是个原则的问题，而是个可能选择的问题。譬如，罗尔斯就不再从理论原则去界定正义，而是从公共选择去理解正义。他相信，如果有一个足够公平的公共选择程序，就能够产生人们实际想要的正义，这等于说，公平必定产生正义，罗尔斯自己说是“作为公平的正义”。于是，寻找正义变成了寻找“真正公平的环境”，使正义变得不太正义、正义所以成为正义的对称原则消失了，仅仅剩下保证程序公正的公平原则。实质上，正义缩水成为公平，而公平只是正义的一部分而已②。

二、正义和事实与价值的关系

首先，正义究竟应该理解为价值判断，还是事实判断？这本身就是一个问题。在讨论这个问题时，如果按照康德的思路，那么正义就属于价值判断，理想和现实之间的对立构成基本问题；而按照黑格尔的思路，则基本上不能按照理想与现实的对立来讨论。总体上，马克思会站在黑格尔哲学之后的立场上。“当人们在争论正义是事实判断还是价值判断时，这就跟一个父亲跟一个孩子吃完晚饭跟他讲‘你去做功课还是弹钢琴’是一样的。你想，孩子会怎么说？孩子说，我既不做功课，也不弹钢琴，我打一下电玩好不好？就像一个人在法哲学选择当中，你问他站在抽象的普遍立场上还是在主观立场上，他说：‘不，我站在伦理法立场上。’因为伦理法已经超越了抽象普遍的外部法和主观法。”③

其次，我们要特别注意马克思思考问题的根本方法。马克思在 1837 年给他父亲的信中说“最初我搞的是我概然称之为法的形而上学的东西，也就是脱离了任何实际的法和法的任何实际形式的原则、思维、定义，这一切都是按费希特的那一套，只不过我的东西比他的更现代，内容更空洞而已”④，“这里首先出现的严重障碍同样是现有之物和应有之物的对立”⑤。也就是在我们这个主题上讲的脱离实际去思考、定义正义。马克思早就指出，把法学原理细分为事实判断还是价值判断就会捉襟见肘地扩张问题的提法。正义论的危机的根源就在于常人用法来破坏历史原则和特定社会生活制度，使得正义似乎可以离开特定的历史阶段和特定的社会生活，导致哲学家在定义正义时普遍发生错误，致使思想领域出现普遍混乱。

比如说，人们常常说，“给每一个人以其应得”，这样就可以把今天出现的不公正

---

① 马克思恩格斯全集：第 30 卷．北京：人民出版社，1995：199-200.

② 赵汀阳．坏世界研究：作为第一哲学的政治哲学．北京：中国人民大学出版社，2009：296-307.

③ 吴晓明．在“马克思思想资源中的社会公正”专题研讨会上的发言//孙麾，陈振明，等编．马克思思想资源中的社会公正．北京：中国社会科学出版社，2014：245.

④ 马克思恩格斯全集：第 47 卷．北京：人民出版社，2004：7-8.

⑤ 同④7.

问题归结为价值判断问题。“在阶级社会中不同的阶级对分配制度是不是正义就会有不同的看法。剥削阶级认为剥削是正义的，被剥削阶级认为剥削是不正义的。”① 穷人认为全民医疗保障是正义的，富人认为全民医疗保障是不正义的。中产阶级认为的所得税的多少与穷人或大资本家也是不同的。也许有人认为“抢劫富人的财富救济穷人”是实现正义的好办法，也许有人认为先让一部分人富起来才是实现正义的出路。恩格斯说：“在希腊人和罗马人那里，人们的不平等的作用比任何平等要大得多。如果认为希腊人和野蛮人、自由民和奴隶、公民和被保护民、罗马的公民和罗马的臣民（该词是在广义上使用的），都可以要求平等的政治地位，那么这在古代人看来必定是发了疯。”② 恩格斯还说：“希腊人和罗马人的公平认为奴隶制度是公平的；1789 年资产者的公平要求废除封建制度，因为据说它不公平。在普鲁士的容克看来，甚至可怜的专区法也是对永恒公平的破坏。所以，关于永恒公平的观念不仅因时因地而变，甚至也因人而异，这种东西正如米尔柏格正确说过的那样，‘一个人有一个人的理解’。在日常生活中，需要加以判断的各种情况很简单，公正、不公正、公平、法理感这一类说法甚至应用于社会事物也不致引起什么误会，可是在经济关系方面的科学研究中，如我们所看到的，这些说法却会造成一种不可救药的混乱，就好像在现代化学中试图保留燃素说的术语会引起混乱一样。”③

恩格斯的这些话的意思是，希腊人和罗马人的公平观认为奴隶制度是公平的。“但是，恩格斯没有说，希腊和罗马的奴隶公平观认为奴隶制度是公平的；1789 年资产者的公平观要求废除被宣布为不公平的封建制度，但恩格斯没有讲 1789 年资产者的公平观，要求废除封建制度，而无产阶级不要求废除，恩格斯这里讲述的是历史”④，而不是公平观的相对性。从另一个角度看，忽视一般的公平正义，或者说在理论体系中排除正义概念的功能性规定，也正是相对主义正义论的理论谬误的根源。

三、作为一种社会制度的资本主义与公正的关系

我们对这个问题很难回答。原因之一在于“正义”“公平”这些词汇过于模糊。在日常生活当中，“大家坚信一个人不应该遭受他人的欺凌，坚信所有人都必须相互尊重彼此的利益。于是，我们会觉得得到了一种共同体的生活的基本指导原则。但是，它只是一种理念，从来没有在经验中出现，也绝不会在经验中出现”⑤。所以，我们也常常会觉得这是正义的，那是公平的，它们似乎都有些名不副实。难道我们仅仅讨论了正义论或公平论的“影子”?

尤其让人们争论不休的是马克思提出的剥削理论。“有些马克思主义者认为，需要推

① 吴晓明. 在“马克思思想资源中的社会公正”专题研讨会上的发言//孙麾，陈振明，等编. 马克思思想资源中的社会公正. 北京：中国社会科学出版社，2014：246.

② 马克思恩格斯选集：第 3 卷. 北京：人民出版社，2012：481.

③ 同②261-262.

④ 同①.

⑤ 施塔姆勒. 现代法学之根本趋势. 姚远，译. 北京：商务印书馆，2016：120.

翻资本主义的一个原因是它是一种剥削制度，而剥削是非正义的。他们对于这种看法又细致地分为两类。第一类否定这个观点。他们认为，马克思主义的剥削概念是一个科学概念，并不具有道德方面谴责的内涵"[①]，例如说苹果公司剥削工人，并不含有对苹果公司做出这种工厂制度安排进行批判和谴责的意思。对他们来说，推翻资本主义是不正确的，假如有人想推翻资本主义，他们不认为有任何理由。他们还认为，财富和剥削之间的关系很复杂，那种单一的关系是不存在的。在一个现实的模型中，多劳少得与少劳多得总是存在的。如果对此种剥削现象进行道德批判，就会发现，这种剥削的根源是多种多样的。剥削可能来源于"富二代"继承财产的不平等和不公平，而这涉及根源于此的社会制度安排是否有正当性；剥削也可能来源于资格的差别，来源于生命周期中积累和节俭的差别，这样的不公平就显得不明显了。更为重要的是，"在一个一体化的生产体系下，要确定'谁生产了产品的哪些部分'并不容易"[②]。相应地，对某一产品进行"贡献大小分解"也很困难。从这个角度看，有人想推翻资本主义体系只是因为他们想这么做而已。有人想这么做，也是由于他们的道德立场使然[③]。

可见，要对生产的收入"应得"做规范分析，分清每个人对产品的贡献大小就十分重要。但是，这会涉及用什么方法计算的问题。森认为，从一个人对另一个人的产品占有的角度去理解马克思的剥削理论，就有很多问题无法得到解决。其实，马克思不会把剥削理论当作他的价值体系的中心问题。我们应当把马克思的剥削理论放置在人类劳动的角度来看待，也就是说，马克思科学地揭示了生产过程[④]。放置于生产过程来看，即使消除了资本主义所有制，仍然还存在着生产能力、个人需要及其他个体参数上的差异。所以，剥削理论对于马克思正义论来说并不相宜。相应地，我们提出的问题是，能够放弃"人对人的剥削"吗？以正义论为基础能建立剥削概念吗？

"第二类马克思主义者相信推翻资本主义有很好的理由。但是，并不是因为资本主义的非正义性。或者说，非正义性不是理由之一。因为他们认为正义并不是马克思主义的价值观。资本主义的问题不在于它的非正义性，而是它压制人的潜力。破坏博爱，鼓励人对人的非人待遇，以及其他总的与非正义性相区别的悲惨结果。"[⑤] 在这里，如果认为"正义并不是马克思主义的价值观"，那么就可以认为马克思的资本主义批判不是以正义论这样的价值理论样式呈现的。但是毫无疑问，马克思主张了一种事实与价值、现有与应有统一的正义观。只有这样才能消除人们对马克思思想的矛盾解释。"只要与生产方式相适应，相一致，就是正义的；只要与生产方式相矛盾，就是非正义的。在资本主义生产方式的基础上，奴隶制是非正义的；在商品质量上弄虚作假也是非正义的。"[⑥] 因此，这段话可以说是马克思关于资本主义正义或非正义的基本根据。

---

① 斯蒂德曼，等. 价值问题的论战. 陈东威，译. 北京：商务印书馆，2016：222.
② 森. 再论不平等. 王利文，等译. 北京：中国人民大学出版社，2016：137.
③ 同①222-223.
④ 同②135-141.
⑤ 同①223.
⑥ 马克思恩格斯文集：第7卷. 北京：人民出版社，2009：379.

思考题

1. 有观点认为，马克思主张资本主义剥削是资本家对工人的盗窃，而盗窃是不正当地拿属于他人的东西，是做不正义的事情，而资本主义成为盗窃的体系则是极度不正义的。你认为这个解释对于马克思的思想来说适宜吗？

2. 有观点认为，如果在资本主义私有制下，资本家对工人的盗窃是难以避免的，那么在扬弃私有制的共产主义社会，就根本无所谓盗窃了，所以，你认为盗窃不盗窃究竟是一个历史性问题，还是一个实体性的基础问题？

3. 一个关心人类共同利益和幸福生活的公共领域如何可能？

第七章
人民群众、精英和领袖的历史作用

在唯物史观领域里面我们看到许多问题。其中，人民群众、精英和领袖的历史作用及其关系是一个重大的问题。人们通常认为，对这种关系的观察有两种方式，一种是英雄史观，它把群众当作政治棋局里面的棋子；另一种是群众史观，它为不得民心的英雄而悲哀。从哲学上讲，这样两种历史观都有偏颇。它们显得粗略、机械。

第一节　人民群众、个人和领袖概念

一、孤立个人是现代社会最重要的产物

马克思在《〈政治经济学批判〉导言》中指出，孤立个人的观点恰恰产生于迄今为止具有最发达的社会关系的时代。“我们越往前追溯历史，个人，从而也进行生产的个人，就越表现为不独立，从属于一个较大的整体：……人是最名副其实的政治动物，不仅是一种合群的动物，而且是只有在社会中才能独立的动物。”① 马克思的意思是，个人是现代社会的产物。

一般认为，现代社会是以个人为第一特征的社会。现代社会至今只有三百多年，但是现代性的因素的形成却要早一些。现代性最重要的表现就是：每个人在精神上不再依赖别人，每个人都有了不依赖任何人的独立性。比如，以前中国人认为，人是一个独立的身体存在，这只是一个自然事实。而作为一种文化和社会政治意义上的身体则是属于共同体的。所以，大处着眼，要为国家捐躯，而小处着眼，结婚则要告诉父母，如果一个人没有告诉他的父母就结婚了，按照平常的规矩是不行的，严格讲是不合自然法的。

---

① 马克思恩格斯选集：第 2 卷. 北京：人民出版社，2012：684.

但是，现代人对于这类人生大事就是要自己做决断，这种决断就是萨特讲的“存在的决断”，要做这种“存在的决断”参考许多书、请教许多人是没有用的。那么，这种个人的独立性是谁给的呢？马克思认为，是生产关系的变化，特别是商品经济造成的。马克思的意思是，表面上独立的个人实际上也是由背后的社会关系的变化造成的。譬如，在发达的现代社会，任何个人要想实现对物质财富的占有，必须首先占有物化的社会关系，比如占有货币。再比如，人的语言本身也是社会关系的外壳，语言、思想、行为等等都是处于关系当中的。而有的人则认为，每个人的独立性与基督教精神是分不开的。大家知道，基督教在社会生活方面带来的变革首先在于它打破了包括家庭在内的各种各样的传统共同体，并赋予任何人一种通用的身份，即基督徒。当人成为基督徒之后，四海之内皆兄弟。每个人在精神上就不再依赖于某个特定的共同体，而只依赖于上帝。为什么一个人可以脱离家庭或者任何世俗的小社会，而不必害怕孤独，因为耶稣给出一个十分诱人的说法：“凡是为了我和福音的缘故而撇下房屋、父母、兄弟和财富的人，必得到百倍的回报”①，并且“若不恨自己的父母、妻子、儿女、兄弟姐妹和自己生命的，就不能作我的门徒”②。“克尔凯郭尔引用《卢加传》的一节中这样写道：‘来到我身边，对自己父亲、母亲、妻子、孩子、兄弟姐妹甚至连自己的生命都不憎恨的人不能成为我的弟子。’为了变成基督徒，如果仅仅憎恨应该憎恨的东西是不充分的”③。就像亚伯拉罕的行为，“背弃所属家庭、社会关系和共同体而获得一种人人相同、人人平等的基督徒的身份。人人平等，因为人人独立”④。上帝给了每个人独立性。对宗教具有满腔热情的克尔凯郭尔曾经说，要是为自己镌刻墓志铭的话，没有别的，他选定一个简单的词：个人。

当然，基督教并没有完成对个人的创造，个人独立性的鼓吹及完成是与文艺复兴和启蒙运动以来的思想分不开的。我们知道，文艺复兴的一个重要任务便是提高人的尊严。“1487 年皮科在罗马的哲学辩论会上以‘论人的尊严’为题做了一个讲演。他说，任何动物都受到它的本性的限制，狗只能像狗那样生活，狮子只能像狮子那样生活等等，只有人没有自身限制的本质，人能够选择和创造各种生活，人是自己的主人，所以人能够是并且应该是自由的。皮科这些话在今天听起来并没有什么了不起，但是，在当时却是一个对个人的独立自由充满浪漫主义想象的观点。可以讲，文艺复兴时期的个人已经多多少少预示了现代臭名昭著的‘原子式个人’。”⑤

个人即群众，现代社会的身份认同具有双面性。当现代社会破坏了传统的特定社会关系而把关注的焦点全部落在“个人”身上时就制造了群众。群众代表着现代社会的一种典型通用人格。从唯心主义者看来，群众的特点就是：“所见略同”。群众就有点像海德格尔在《存在与时间》中曾经提到过的一个重要概念——“常人”（das Man）。在他看来，“常人”无处不在，但我们却到处找都找不到。海德格尔的“常人”并不是指某些具体的人，而是指人的一种类型。“常人”就像各个领域中的权威或专家，领导着我们的生

① 《新约圣经·马可福音》10：29.

② 《新约圣经·路加福音》14：26.

③ 高桥哲哉. 德里达：解构. 王欣，译. 石家庄：河北教育出版社，2001：205.

④ 赵汀阳. 坏世界研究：作为第一哲学的政治哲学. 北京：中国人民大学出版社，2009：218.

⑤ 同④222-223.

活。“常人”通过广告告诉我们哪些商品是优质的，于是我们就去购买那些商品；“常人”告诉我们哪些影片是优秀的，于是我们就去看那些电影；“常人”告诉我们哪些书是有意义的，于是我们就去读那些书。总之，在“常人”领导下，现代社会的普通人蜕变成没有任何主见的“单向度的人”。“但是，‘常人’或者群众恰恰是现代工业、现代市场和大众文化所以可能的必要条件。假如没有差别不大、趣味差不多的群众，就不能形成批量的商品生产，也不可能有畅销全球的品牌。反过来，趣味标准化的产品又进一步强化了人们的群众性。”①

二、历史唯物主义语境中的群众

“‘群众’(die Masse)一词在德语中有几个含义，既表示物质的数量又表示民众。在法国大革命期间，实际的群众被理解为‘人民’，资产阶级等级和工人都属于这一范畴，但是随着资本主义的发展，分化越来越明显，直到雇佣劳动者与资产所有者形成尖锐对立。”② 综合马克思哲学中的群众概念，我们可以概括出几个要点。

“群众”不是抽象不变的。因为它是一个集合（体）概念，是一个现实的但却不是经验的实体概念，或者说任何一个具体的人都不过是它的暂时承载者。有人把它叫作“生育的黑暗子宫”，也就是说这个词的含义基本上是无法言传的。群众中的个人乃是从这个生育的黑暗子宫中诞生的③。群众具有无定形的特性。马克思认为，不同时代的群众是具有时代差别的。群众不是一个静止不变的概念，这个思想在《马克思恩格斯全集》中多有表述。比如，在《神圣家族》一书中，马克思和恩格斯就批判那种所谓16世纪群众和19世纪群众是一样的、很少有什么差别的观点。马克思指出，法国大革命期间的群众和几个世纪以前的群众就有许多不同之处，要建立一个正确的群众观点，就需要建立正确的历史观。

历史活动是群众的事业。鲍威尔及其伙伴曾经认为：群众是自私的，“到现在为止，历史上的一切伟大的活动之所以一开始就是不合时宜的和没有取得富有影响的成效，正是因为群众对这些活动表示关注和怀有激情”④。马克思针对这个观点，指出：“如果说这场能够代表一切伟大的历史‘活动’的革命是不合时宜的，那么，它之所以不合时宜，是因为它在本质上仍然停留在那样一种群众生活条件的范围内，而那种群众是仅仅由少数人组成的、不是把全体居民包括在内的、有限的群众。如果说这场革命是不合时宜的，那么，并不是因为群众对革命‘怀有热情’和表示‘关注’，而是因为人数众多的、与资产阶级不同的那部分群众认为，在革命的原则中并没有体现他们的现实利益，并没有体现他们自己的革命原则，而仅仅包含一种‘思想’，也就是仅仅包含一个激起暂时热情和

① 赵汀阳. 坏世界研究：作为第一哲学的政治哲学. 北京：中国人民大学出版社，2009：217.

② 罗森. 布鲁诺·鲍威尔和卡尔·马克思——鲍威尔对马克思思想的影响. 王谨，译. 北京：中国人民大学出版社，1984：283-284.

③ 萨拜因. 政治学说史. 邓正来，译. 上海：上海人民出版社，2010：606.

④ 马克思恩格斯文集：第1卷. 北京：人民出版社，2009：286.

掀起表面风潮的对象罢了。”① 在这些观点中，可以看到历史唯物主义的政治理论是一种人民群众的哲学，也是一种适合于群众创造历史的哲学。

在群众和精神的关系上，鲍威尔等人的历史观认为，群众是精神的对立面，他们“精神的空虚”“懒惰”“肤浅”“自满”②。反过来讲，精神仅仅是少数个人的表现。“鲍威尔认为：‘群众除了感到自身的肉体存在以外并不懂得什么重要价值，如果允许他们就业和生存，他们向资本及其统治屈服难道还会有什么犹豫吗?’鲍威尔的这一观点比马尔库塞的关于单向度人的理论更早。马尔库塞认为这种人由于适应资本主义社会的条件而不得不受固定职业的支配。鲍威尔则认为，群众不能理解自己在世界中的地位，能够博得群众欢心的不是思想家而是头脑简单的人。鲍威尔不只是从精神层面看不到群众，而且认为群众是围绕‘知识分子’那样一些阶层转的，因为群众对世界的本质不了解，或者说群众还没有达到鲍威尔所希望的那样一种程度：能够认识到基督教文明世界违反人的本质。同时，在鲍威尔看来，无产阶级是群众的主要代表，因为它构成了无论在物质还是在精神方面来说都处于贫困地位的人的大多数。鉴于这些原因，故无产阶级不可信任。”③ 从历史上看，那些唯心主义哲学家从不曾掩饰他们对人民群众的轻蔑。

马克思认为，黑格尔学派鼓吹精神，但是精神这一概念不再为人们所把握，因为它是一种抽象的东西，因为时代精神已经变了。无产阶级是一个进步阶级，该阶级的客观状况在其发展过程中由于自身的解放必然导致整个社会的解放。马克思的目的是要突出群众在历史前进过程中的进步作用，强调建立一个比现行状况更好的政治社会制度。马克思的思想无疑具有一种赞成民主的色彩，进步作用是巨大的。但是这种巨大的进步作用根本不同于那种民族主义和法西斯主义所理解的作用。

第二节　历史规律和人的自觉活动

“在历史学家中间总是存在着关于历史上伟大人物的历史作用的热烈的争论。一些人倾向于认为伟人的政治活动是历史发展的主要动力，而且几乎是唯一的动力；另一些人则断言，这种观点是片面的，历史科学应当注意的并不仅仅是伟大人物的活动，也不仅仅是政治史，而是整个说来全部历史生活的总和。”④ 不管这些争论会引出什么样的最后结论，它们都涉及人的活动与历史发展的规律之间的关系问题。

第一，个人不过是任意性的代名词。黑格尔认为，无论是建设性方面还是摧毁性方面，个人的意志都不能起重大作用，因为社会本身隐含着的各种非人格性力量决定着它们自己的命运。所以，“个人以及有意识的目的活动在社会演进的总结局方面确实作用甚微。黑格尔甚至认为，个人在很大程度上只是塑造他自身文化的一个具有偶然性质的变

---

① 马克思恩格斯文集：第1卷. 北京：人民出版社，2009：287.

② 同①291.

③ 罗森. 布鲁诺·鲍威尔和卡尔·马克思——鲍威尔对马克思思想的影响. 王瑾，译. 北京：中国人民大学出版社，1984：269-270.

④ 普列汉诺夫. 论个人在历史上的作用问题. 王荫庭，译. 北京：商务印书馆，2010：19.

数，而且就一个人与他人不同这一点而言，个人所具有的这种个别特殊性的意义也是不重要的，甚至应该说更多地带有任意性。再者，在黑格尔那里，个人之所以不具有很大的作用，还因为在一般意义上讲，个人属于手段的范畴。综观黑格尔关于个人的社会历史作用的认识，主要有两个根据。第一，他是一个逻辑现实主义者。他认为历史中各种有效的现实情况和原因乃是非人格的一般性力量，而不是单个的人或事。单个的人或事至多只是各种社会力量不完备的和部分的具体体现。第二，他的伦理观认为，人的价值取决于他在社会舞台上的所作所为和扮演的角色"①。

所以，黑格尔的哲学部分基于一种宗教感，相信献身于那种高于个人自身的事业的道德价值，部分也出于对人的带有虚荣的一种嘲讽的幽默感。事实上，从行动者的角度看，历史是讽刺与悲剧的组合；而从整体的角度看，历史则是一种循环式或螺旋式的发展。黑格尔在《历史哲学》中，把它叫作"理性的诡诈"，它激发起人们的热情为它奋斗，而与此同时，经由这种冲动而发展其自身存在的理性却又承受报应、遭受损失。特殊与普遍相比至多只具有非常微不足道的价值：个人被牺牲并被抛弃了。按照黑格尔的看法，历史对于它自己的问题有着自己的解决办法，即使是最有智慧的人对它也知之甚少。譬如，政治天才与其说因为他太有能力做成许多事情，不如说是因为他把自己跟某项"原则"勾连在了一起，也就是说把自己同当时奔腾的潮流或力量结合在了一起②。这里所谓的原则实际上就是黑格尔所说的不断展现的宇宙力量，虽然他也像启蒙时代的哲学家一样把它叫作理性，但是这种理性表现在社会群体和民族方面，也表现在民族文化和制度方面，而不表现在个人身上。有人认为，如果用马克思的生产力来代替黑格尔的世界精神，那么从原则上讲结果也是相似的③。伟大人物乃是各种隐藏于历史表层之下的非人格社会力量的工具。他们不是拜倒在石榴裙下，而是拜倒在各种事件的内在逻辑的面前。黑格尔的这些想法既充满启发又不失为一种狂想④。

第二，人的活动与历史发展的规律之间有什么样的关系？马克思认为，人是历史的剧作者，又是历史的剧中人。这是历史唯物主义的基本观点。这个观点可以分两层意思来理解。一方面，人们的自觉活动受历史规律的制约，特定历史条件下的某个个人或者某个群体不能随心所欲地创造历史，而是在既定的、从过去承继下来的条件下创造历史。马克思、海德格尔和伽达默尔等许多思想家都告诉我们，历史、传统先行于我和我的反思，我一出生就在传统之中，在我属于我之前，我已先属于历史、属于传统，这是不以我的意志为转移的。历史、传统就像人们演出历史的活剧的舞台、布景和道具。或者像马克思说的，传统像梦魇一般纠缠人的生存。另一方面，历史是人的活动，人的活动是有目的的，但是历史本身没有目的。在理解这个问题时，我们要反对某种目的论思维，即反对把人当作历史的工具的思维。马克思在《神圣家族》中批判了把人当作历史的工具的目的论观点⑤。

---

① 萨拜因．政治学说史．邓正来，译．上海：上海人民出版社，2010：326-327.
② 同①327.
③ 同①354.
④ 同①327.
⑤ 马克思恩格斯文集：第1卷．北京：人民出版社，2009：284.

第三，反对目的论的历史思维：什么是目的论呢？目的论的观点认为，天地之下存在的任何东西都有一个目的，比如，植物所以存在，是为了给动物充饥；动物所以存在，是为了给人类充饥；人类所以存在，是为了证明上帝的智慧。同样，历史所以存在，是为了给理论充饥，即证明真理的存在。总之，人为了历史而存在，而历史为了证明真理而存在①。按照这种目的论思维来推理，迄今为止，多数人为少数人的享受与幸福承受大量的痛苦、劳累以及奴隶制永远是不可改变的事实。早在19世纪，法国资产阶级历史学家基佐就说："弱肉强食，理所当然。"尼采也是这么看的，他说，任何时期都存在"奴隶制"，而且现代"奴隶"与"奴隶主"之间的贫富差距只会比古希腊时更大，不会更小。

那么为什么会造成这种目的论思维呢？尼采等人的说法不能说找不到事实根据，从现代社会历史发展的事实来看，现代社会的进步存在着极端不公正的现象。美国社会学研究方面的重要人物丹尼尔·贝尔在一次谈话中说道，20世纪50年代，美国最富的阶层与最贫困的阶层的收入差距是三十比一；而今天，21世纪初，这个差距已经到了一千比一。进一步看，这里至少存在着这样几对矛盾，"东方"与"西方"、"南方"与"北方"、"人类种族"与"人类个体"之间的矛盾，而且越来越尖锐。比如，当前世界居民中贫穷的35亿人，其收入只占世界总收入的5.6%。贫富差距越来越大。用美国哲学家罗蒂的话来说，同样是用自己双手劳动的人，却具有悬殊的收入。"我们这些坐在桌子旁敲敲键盘的人的收入，要比在打扫洗手间时弄脏双手的人的收入高出10倍，比在第三世界装配我们的键盘的人的收入高出100倍。"②

罗蒂在这个方面与尼采不同，他为这样的事实而担忧。他说，我们的孩子必须尽早通过学习弄明白：他们自己的运气和其他孩子的运气之间的不平等既不是上帝的意志，也不是经济效率的必要代价，而是一个可以避免的悲剧。他认为，要避免这种悲剧就要到《共产党宣言》中寻找灵感。我们看到，罗蒂的担忧绝不是一种主观的情感。在今天，世界朝现代化的方向越发展，发展速度越快，这些矛盾就越突出。人类历史中出现这样的一种现代性结构，也像在动物和植物界一样，是以牺牲多数的个人，甚至以牺牲整个阶级为代价的。按照目的论的观点，既然自然的规律就是弱者从属于强者，那么人类社会既然要让生产力发展，那么就总是需要牺牲多数而成就少数。

马克思也看到了这样的事实，但是，马克思的观点实际上是很鲜明的，他认为，人类虽然在开始发展时要靠牺牲多数个人甚至整个阶级，但是随着生产力的发展，人类最终会克服这种对抗，而同每个个人的发展相一致——这就是实现共产主义。我们相信，既然人是历史的创造者，那么共产主义绝不是马克思为穷人和受压迫者虚构出来的一颗酸葡萄，一颗穷人和受压迫者长期不能甚至永远不能吃到的酸葡萄。值得注意的是，不能从心理主义或动机角度去看待共产主义的实现问题。因为，有动机即有距离，因为所有动机都是以实现或得到某种自己所没有的东西为特征的。但是，"真正的快乐却沉醉于'内在性'之中。就是说，只有在我们不知道自己已经得到的情况下，才是真正地得到，

---

① 马克思恩格斯文集：第1卷．北京：人民出版社，2009：284.

② 罗蒂．后形而上学希望——新实用主义社会、政治和法律哲学．张国清，译．上海：上海译文出版社，2003：348.

而当我们处于‘想要’的心理状态下时，就远离了‘内在性’。‘内在性’在面对未来的同时也解构了‘未来’，因为在人们的心理习惯上，‘未来’总与‘想要’连接在一起，但是由于内在性的‘未来’绝对不会知道要来的是什么，所以没有办法‘想要’”①。

思考题

1. 在海德格尔或尼采式的认识论中，存在的秘密将只能在少数英雄面前展露。所谓“真不是对每个人皆然，而是只对强有力者才真”。这样一种认识造成今天人们还热心于古希腊城邦式民主。根据历史唯物主义原理，等级、统治的首要性和海德格尔的领袖原则的理论基础错在哪里？

2. 历史唯物主义群众观是如何打开历史观的新视野的？

① 尚杰. 歇斯底里与精神的创造性. 清华大学学报（哲学社会科学版），2010（2）.

第八章

科学及其社会功能

毫无疑问，马克思主义哲学具有科学的品格。历史唯物主义诞生于科学昌盛的现代，因而它十分重视科学技术的革命力量。因此，本章和后面一章希望通过阐释科学、技术方面的本质内容帮助我们理解历史唯物主义的科学性。我们并不是真正地阐述马克思主义哲学，而是借助其他思想家的科学思想来对马克思主义哲学特别是马克思主义哲学认识论的内涵有所了解。毫无疑问，马克思和恩格斯对任一科学革命都会产生兴趣。也是在这一意义上，本章及下一章可以理解为马克思主义哲学认识论的预备知识。

第一节　科学的一般特征

一、什么是科学

什么是科学？这是一个我们似乎很清楚其实并不清楚的问题。造成这种情况的原因主要有两个方面：一方面，“科学”这个词是舶来品，而在西方文化中，“科学”究竟是什么，并不是一个简单的问题；另一方面，“科学”引进中国之后，在中国的特有的语境里面理解，它的形象更加模糊了。因此，我们不妨从词源的角度来考察什么是科学，至少能够达到正本清源的功效。

（一）词源的考察

语别	词源	解说
拉丁文	scientia	指“知识”
希腊文	episteme	指“知识”“学问”

续表

语别	词源	解说
英文	science	指物理等自然科学
德文	Wissenschaft	并不特指自然科学，也包括人文科学；德文比较好地保留了希腊文“episteme”、拉丁文“scientia”的原始意涵
法文	science	法文和德文与拉丁文词义的偏离少一些

从我们绘制的这一表格中，可以总结：广义的科学指“知识”“学问”，可以用德文“Wissenschaft”表示；狭义的科学指“自然科学”，可以用英文“science”表示。另外，结合表格，还有两点值得说明：其一，“科学”的概念原本与“哲学”的概念同时出现，因为哲学要求与以神话为取向的生活方式做区别，所以从一开始就自称为科学。自然科学与人文科学的分野只是近代以来的事情，也正是在这种分野的过程中，“科学”被狭隘地理解为“自然科学”。狭义的科学与广义的科学虽然有区别，自然科学与人文科学虽然有区别，但是它们有着共同的历史来源，亦即都源于希腊的知识传统，也就是广义的科学传统。其二，由于西方具有的共同的知识传统，所以西方广义的“科学”，与非西方的（比如中国的）知识、学术、学问传统相区别。德文“Wissenschaft”显然跟英文“science”（即自然科学）不一样，有些人把它们全往自然科学那边靠，这不准确。所以胡塞尔眼里尽管有所谓严格的科学，但是那跟自然科学还是不一样的，关键在于哲学的崇高意义及其活跃的因素非自然科学可以比拟。

因此，在西方语境下讨论“什么是科学”，至少需要弄清楚两方面问题：第一，近代以来分化开来的自然科学与人文科学之间的根本区别是什么？近代的自然科学与希腊科学的根本区别是什么？第二，它们共同具有的希腊知识传统与非西方的知识传统之间的根本区别是什么？关于这些问题的讨论我们将在后面展开①。

（二）关于科学的定义

现在，我们具体地来讨论“什么是科学”的问题。这个问题有以下几个要点：

（1）构架难以定义之物。对科学，我们似乎很熟悉，对它的种种典型特征都很清楚。换句话讲，我们碰到科学，就像我们碰到一张桌子、一棵树或者一条马路一样，一眼就能够把它认出来，而不必求助于具体的公式。事实上，用一个公式来表达科学是行不通的。因为，假如能够用这样的一个公式来表达科学，那么这个公式就必须足够精致，能够刻画科学的众多不同方面，如建制方面、心智方面、器物方面等等；而且这个公式还必须足够宽泛，能够涵盖科学活动的诸多不同情况：从对甲虫的分类到建立黑洞理论，从记录民间传说到绘制人类基因组图，从古老的中医到现代日本药理学，从解释地震到无法解释通货膨胀等等。

所有这些方面都要把握显然非常难。这表明科学极其多样、变化多端，以致难以通过一个定义来把握它的全部。

---

① 吴国盛．什么是科学．博览群书，2007（10）．

“科学”的范围可谓广袤无际。从时间跨度上讲，它包括远古时代，甚至史前时代的事例。我们可以认为，对种子发芽的观察促进了农业的发展；也可以认为，世世代代口耳相传的冶炼方法接近于“科学”理论。古代欧亚文明所取得的成就，时到今日仍然让我们惊叹不已。但是，古代的对种子发芽的观察毕竟与今天的基因农业有着巨大差距。同样，古代的冶炼技术与今天的核反应技术根本不是能够用同一模型联系起来的。再从广度上讲，“科学”已经广泛渗透到我们的日常生活之中。农民在喂猪的饲料里面添加生长激素，从某种意义上讲，是“科学”；同样，法医采集血样，渔民留意天气预报，企业家依据经济学观点裁减工人，这些都是“科学”。而且，大家都会同意，比起在日常生活中运用这些精致的技艺和理论论证，科学远远不止于此。因此，对如此宽阔的难以界定的东西，我们首先要做的就是构架（frame）它①。

（2）一种特殊的社会建制。搞清楚“什么是科学”这个问题，从有形的方面来看，我们跑到科学院，或者跑到大学等研究机构，“可以看到无数的研究人员在按部就班地实施着某些具体的行为，做化学分析、做电子对撞实验等等，而这些行为又被有组织地协调到更大的框架之中。所以，与有组织的宗教、法律等一样，科学是有些与其类似的大量建制中的一种。它们都在干一件事情，即生产大量的知识。科学的特殊性在于，知识本身被认为是其主要产品和目的。当然，这并不是说，科学生活中没有荒唐愚蠢、自私自利、道德近视、官僚作风的成分”②。如果没有了这些，它就不是人的生活。

（3）一种知识体系。科学生产知识。构成知识的有实际观察、数据、概念、图表、理论等等，它们通过文字、地图、计算机文件等形式展示出来。其中的一些知识建立得非常严密，在实践中用起来就像温暖的太阳、脚下的大地那样拥有无可置疑的坚实性。但是，知识的形式是多种多样的，因此，哪种特定形式的知识才是科学的③？这其实是一个哲学问题。坦率地说，它也是一个很难的问题。就以“知识”这个词为例，说我们“知”某件事情，究竟意味着什么呢？它是不是就指我们“对这件事情熟悉”或者“已经对它有很好的了解”？这听起来具有循环定义的味道。但是，试图比较精确地定义“知识”又会好到哪儿去呢④？

奇怪的是，受过高等教育或者经济发达国家的公民都知道有一种“叫科学的东西”，并且能够头头是道地讲上一大堆。在回答关于“科学的定义”的详细的提问时，他们也许会说，它是“一种知识体”，或者是“一种有组织的社会活动”，或者是“某些人的一种生活方式”。这些回答多种多样，甚至常常互相矛盾，但是它们都是基于某种简单的真理的共享理解⑤，具有不言而喻的意味。这些定义具有把科学知识作为一个整体来把握的有利的一面。

（4）“一种占统治地位的意识形态”。“在现代性语境中，‘科学’常常不是科学，而是一种占统治地位的意识形态。哈贝马斯在他的著名论文《作为意识形态的技术与科学》

① 齐曼．真科学——它是什么，它指什么．曾国屏，等译．上海：上海科技教育出版社，2008：15-17.
② 同①5-6.
③ 同①6.
④ 同①13.
⑤ 同①11.

中深刻地指出过这个现代的事实。这在当前中国尤其明显，‘科学’往往成为足以致论敌于死命的利器。问题在于，将科学意识形态化的人，实际上并不真正懂得科学为何物，他们只是教条地把近代西方的科学形态当作科学本身，并且常常混淆科学与技术，然后以之为衡量一切事物科学与否的标准。这些人大都不是科学家或科学哲学家，而是一些热衷于用科学及其引发的价值观和假设来诘难直至最后取代传统价值主体的知识分子。他们的兴趣其实不在科学”①，而在“与科学本身无关的某些方面利用科学威望”②。

二、科学的形成和本质

迄今为止的事实证明，在地球上的所有生命当中，“科学”只属于人类。科学是人在其最初的文化形态及观念的与境下塑造出来的。从最一般的意义上讲，科学注重的是如何将个别的事实理解为表现普遍原则的实例。原则被抽象地理解，而事实则被理解为对原则的体现。比如，猴子似乎都熟悉物体下落的现象。它们对一个果子从树上掉下、一块石头从山上滚落一点也不感到惊讶，而且它们自己也常常撞倒东西。但是，我们发现，这些现象并没有让动物总结出什么定律，而只有人类才总结出了这些现象中的定律。这就是物体有向地球中心下落的定律。在欧洲科学历史的早期，亚里士多德便总结了这条定律。几乎可以明确地说，这条定律不是亚里士多德发现的，而是古希腊思想中盛行的常识。亚里士多德只是把这条定律在其著作中明确提出来了。

我们还是首先来考察一下亚里士多德的这条定律。西方科学的历史要从米利都的泰勒斯算起，他生活在公元前 6 世纪。这条定律便是西方科学史上较早的学说之一。大致说来，它有大约两千五百年的历史。当然，在埃及、在美索不达米亚、在印度、在中国，人们对这个定律预先也有所察觉。但是，从现代科学所具有的基本精神——好奇心、批判精神、摆脱传统迷信——来看，科学确实是从古希腊人那里发端的。在那些古希腊人中，泰勒斯是我们所知道的最早的一位典型人物。有人认为，中国哲学家只把他们的闲暇时间用于审美活动，把他们的所思所想诉诸“书法”，而不像胡塞尔那样用速记法“实际”地写，也不愿花费一点时间以理论的态度去反思它。

以这样的方式来规定科学的形成过程，意味着科学和哲学之间是没有区分的。要想做出这种区分，就需要对科学和哲学的形成进行更深入的刻画。

首先，要理解那种作为理性的冲动的好奇心。我们这里所谓的“好奇心”并不是通常意义上的好奇心。如果用我们通常意义上的“好奇心”，就有些分量不够，也不足以表达推动人类向前的那种内在动机。我们在这里所使用的“好奇心”一词，是在更广泛的意义上使用的，也就是指那种理性的冲动。这种冲动具有这样的特点：第一，它希望去理解从经验中分离出来的事实，也就是不满足于杂乱无章的事实，而是希望对事实条分缕析。第二，不满足于单纯的常规习惯。当古代人懂得了每一个常规都是说明某一原则的实际例子的时候，懂得了每一原则都可以从它的众多具体实际例子中被抽象地表述出

---

① 张汝伦．国学与当代世界．文汇报，2008-06-23.

② 郭颖颐．中国现代思想中的唯科学主义．雷颐，译．南京：江苏人民出版社，1995：1.

来的时候，科学就算迈出了第一步。第三，这种“好奇心”是推动文明前进，使人类文明不停滞于旧日安稳的牛虻，它也就是渴求抽象地表达这些原则的那种欲望。在这种“好奇心”中有一种无情的成分，说它无情，是因为它最终是使人不安分的东西。例如，我们或者是中国人，或者是德国人，或者是法国人、美国人；我们喜爱我们的生活方式，喜爱它们美好的地方，也喜爱它们的弱点。但是，有了那样一种好奇心之后，我们内心就不断地推动我们去为文明下定义，于是在这种追求一般性结论的工作中，我们很快就失去了我们所热爱的中国或者德国等等。我们在感情上对中国或者德国、法国、美国等具体对象表现出某种眷恋的时候，一般原则却保持着冷冰冰的公正态度。

其次，分类观点是所有科学的源头。我们在考察亚里士多德地心引力定律时，就会发现这条定律涉及我们对周围事物的一种分类。亚里士多德把具有重量的事物分成四类。第一类是往下掉的重物体。第二类事物则往上升腾，比如火焰，虽然它们是地球表面的组成成分，这些上升的事物升向它们自己的地方，那便是天空。恒星和行星形成了第三类事物，根据它们自身的特性，它们是居于天上的，既不可生又不可灭。根据这种分类法，地球是第四类事物。它是宇宙的中心，根据亚里士多德的看法，宇宙中的事物都要根据它来定义。

我们可以看到，亚里士多德的分类法完全是根据作用来进行的，这种方法使从前不可解释的东西，经过亚里士多德提出的协调的系统而变得明白易懂，而且，亚里士多德的分类法是建立在我们经验中常常见到的事实的基础上的。从一定意义上看，亚里士多德的普遍物质宇宙观至今仍然是无人超越的。因为，亚里士多德主张，凡是在他的物质宇宙观念中所描述的特征，都要诉诸观察；凡是它所诉诸的观察，都要求有尽可能的无限期的重复。总之，亚里士多德使得科学进入幼年期。

分类当然也存在着困难。比如，有一种分类主张根据鼻子的长短来区分“大象”和“马”，这就面临着如何先把马的“鼻子”与它的鼻口部分（即鼻子与嘴接合的部分）区分开来的问题，甚至还可能再问，你是如何知道有些生物有这样一种“不自然”的器官的？再比如，海洋馆里的海豚和鲨鱼对有些人来说往往不太容易分清楚，因为，它们在形状和灵活性上都相似。生物学家是根据它们在代谢和生殖特性上的差异来区分的。很容易看出，如果不扩大分析的范围，直到最后把整个生态系统——或许宇宙中的每一个对象——都包括进去，就无法自动做出这样的区分决定。不论我们人类如何看待海豚和鲨鱼，作为它们的猎物的可怜的其他鱼类都必定要把它们归入同一类①。分类简化了大量的“事实”。

再次，科学与哲学之间具有重要的联系。在柏拉图和亚里士多德两人的共同努力下，古希腊建立了科学与哲学之间的重要联系。科学强调对具体情况的观察，强调归纳概括，根据具体事物的作用方式也就是它们演示的自然规律进行分类。哲学则强调一般性命题。一般性命题由于应用的范围太广，所以几乎不能分类。举例来说，所有的事物都包括在宇宙的创造进展之中，这就表明宇宙之中的任何事物普遍都是暂时的，没有一个事物能够例外（顺便提及，马克思主义哲学的唯物主义否定物质本体论。但恩格斯认为，世界

① 齐曼. 真科学——它是什么，它指什么. 曾国屏，等译. 上海：上海科技教育出版社，2008：148-149.

上“所是”的东西都是物质存在。恩格斯的物质观具有费尔巴哈哲学的特征①，与马克思哲学殊为不同）。因此，当人们考虑时间时，就不会像亚里士多德那样把重物分成四类那样，用直接的方式来对时间进行分类了。

柏拉图其实早就强调过亚里士多德式的分类观点的重要性，这种观点就包含在他用“分有”一词表达的实在观中。在他的对话中我们可以发现他对逻辑学的首次明确阐述。但是与当时自然科学的进步比较起来，他应用这种方法的能力却是相当弱的。亚里士多德在他一生的工作中利用了分类这一普遍观念，柏拉图则把实在看成是具有层次的——有的存在物“含实量”高一些，有些低一些，有的全然是虚空的。同时，柏拉图也把他的理论学说应用于动物学、物理学、社会学等领域所观察和收集到的大量材料之中。可以说，几乎所有的科学，无论是自然科学，还是那些与人类精神活动有关的科学，都应该把他的理论视为源头。怀特海说，人们努力准确分析每一具体情况，这最终造就了现代欧洲科学，这种努力的精神源头也是柏拉图②。

三、中国科学和西方科学

我们往往认为，科学是不分国界的，怎么还有中国科学和西方科学的说法呢？这个问题已经在前面的讨论中有所涉略。这里，我们就来具体说一说。

我们知道，在西方世界影响深远的希腊知识传统与中国知识传统具有根本区别。我们用“科学”指称希腊知识传统，是因为这个传统不是一般意义上的全人类共同具有的知识传统。一方面，从学问的目标上讲，希腊学术追求变动不居的世界“背后”的确定性知识，而中国学术追求生生不息的动态生活之中的实践智慧。希腊学术有很强的知识论传统，而中国学问是知情意合一的。希腊科学对于确定性知识的追求是通过发掘“观念”的“内在性”来实现的，这种观念的内在性也就是我们经常说的“理性”。所以，希腊科学也被叫作理性科学。“理性”是西方广义科学传统的关键词。另一方面，从做学问的方法上讲，希腊学术强调学者独自展开追求真理的历程，并且在这种追求过程之中相互批判、相互质疑，而中国学术则强调面向经典、强调不同经典诠释者之间的“和而不同”③。我们可以用一个表格来具体表现中国科学和西方科学之间的这些区别：

中国科学	西方科学
在学问目标上，追求生活智慧	在学问目标上，追求确定性知识
是知情意合一的	有很强的知识论传统
中国学术强调面向经典、强调不同经典诠释者之间的“和而不同”	希腊学术强调学者独自展开追求真理的历程，并且在这种追求过程之中相互批判、相互质疑

因此，我们可以用比喻来回答中国科学和西方科学究竟有什么不同这个问题。假如

① 马克思恩格斯选集：第3卷. 北京：人民出版社，2012：419；赵敦华. 马克思哲学要义. 南京：江苏人民出版社，2018：256-258.

② 这部分内容来自：怀特海. 观念的冒险. 周邦宪，译. 贵阳：贵州人民出版社，2007：124-127。

③ 吴国盛. 什么是科学. 博览群书，2007（10）.

我们把人分成肉体形躯和精神生命的话，人的身躯直立起来才有宇宙的开显。如果把科学比作人这样的生命体，那么两者之间有相似的一面。正像中国人有中国人的相貌特征那样，科学也具有因不同文化而带有的特殊性。“科学的先天气质在很大程度上对科学的生成、变化的方向给予了预先定位。”① “如同哲学分成西方哲学和中国哲学，科学也因中西风格相异而分成中国科学与西方科学。”②

今天，几乎没有哪本不带偏见的百科全书不包括亚洲和非洲的思想家及智性传统。“20 世纪，两个最杰出的德国哲学家胡塞尔和海德格尔仍然教导说，欧洲哲学之外存在着深邃的智慧，但是没有可以被称为哲学的思想。”③ 这当然还是一种偏见。

（一）西方科学的“先天气质”

西方科学的先天气质受惠于两希文明，即古希腊文化与希伯来宗教（基督教）。

一是古希腊文化中的自然神性及理性化。我们知道，古代希腊人的自然哲学探究的是世界的本原，比如，泰勒斯认为万物的根本是水，赫拉克利特认为世界的根本为火等等。在他们这些说法的背后还有一种人格化或神化的方式。比如，泰勒斯认为，万物充满灵魂；赫拉克利特认为，火是“活”的，他在迎接客人时总站在炉火旁边说：“请进，众神也在这儿。”柏拉图笔下的蒂迈欧斯是一位被人格化的造物主，这位造物主在塑造可以看见的世界的同时，也塑造了诸神。被造之神塑造了人的肉体，而最高的神则亲自赋予人灵魂。亚里士多德笔下的最高神是“第一推动者”，但不是动力因，而是目的因。这一最高神的不变性为比较低级层次的诸形式所分有，一种自然事物的本质就是该事物个体发展的目的，诸形式越接近最高神就越具有神性。因此，在古希腊文化中，最高神之下拥有无数自然事物所对应的神灵个体（“小自然”），如日月星辰，及由这些神灵个体共同构成的普遍世界灵魂（“大自然”），这就是古希腊文化中的神性自然。

自然具有神性，而与人隔离。那么，人是否可以理解自然呢？古希腊人认为，自然虽然具有神性，但是仍然可以被理解，而且理解具有神性的自然并没有亵渎神灵。当古希腊人试图去理解神性自然时，实际上这是古希腊人所特有的理性素质的体现。或者说，体现了古希腊文化中的自然理性成分。自然理性也就是自然运行的必然性、规则性或秩序。

二是《圣经》中自然的非神性异隔性。一种流行的观点认为，科学与宗教是水火不容的。宗教给科学带来的不仅是抑制，甚至是灾难。对于这个观点，甚至连神学家也为宗教的过去深感惋惜。但是，事实并非完全如此，《圣经》文化在西方科学的先天气质的形成过程中起了促进作用。在希伯来宗教中，上帝以自己的自由意志，用言语从虚无中创造了世界，并且维持世界。与古希腊文化中的自然观念不同，《圣经》中的自然仅仅是上帝的一件作品。与古希腊文化中的人不同，《圣经》中的人被看作上帝按照自身形象创造出来的，这种创造是上帝这位创世主创造行为的最高峰。人类具有珍惜、研究、管理自然的自由与权利。对人来说，《圣经》中的自然同样是被异隔化的。这种异隔化的进一

---

① 罗嘉昌，等. 场与有——中外哲学的比较与融通（五）. 北京：中国社会科学出版社，1998：62.

② 同①61.

③ 埃尔马·霍伦斯坦. “墨攻”——东方哲学的全球化. 21 世纪经济报道，2006-12-04.

步发展便是自然成为人类的研究对象。在这一点上，《圣经》和古希腊文化具有相似性。

随着时间的流逝，古希腊文化与《圣经》文化相遇而发生交合，《圣经》文化中的自然的非神性观念逐渐取代古希腊文化中的自然神性，结果，由两希文化共同塑造的西方科学的先天气质包括以下几个方面：(a) 对人而言，自然的异隔化；(b) 自然理性或自然之法；(c) 自然非神化。其中 (a) 为古希腊文化与《圣经》文化所共同具有，即在古希腊文化中自然被实体化，在《圣经》文化中自然是人类研究和管理的对象。(b) 是古希腊文化成果。(c) 则是来自《圣经》文化。

（二）西方科学的呈现与发展

一般来说，构成科学的知识体系具有多种成分，它们包括技艺、科学的理论和方法等。但是，这样几种成分并非同时产生，而是经历了一个长期过程，因此，西方的科学根身的呈现可分为如下两个阶段和层次：

一是科学的理论和方法在古希腊时期的形成。科学的理论主要包括亚里士多德的力学体系，欧几里得几何，阿基米德的杠杆定律和浮力定律，托勒密的地心说，盖仑的医学理论，等等。科学的方法包括亚里士多德的观察与一般原理间的归纳—演绎程序，欧几里得的公理方法，阿基米德的数学对物理定律的表达，亚里士多德的观察与剖析在生物学中的运用，等等。其中亚里士多德的力学体系以及他的归纳—演绎方法在西方科学根身的演变中居于核心地位。

二是西方科学根身的技艺成分在中世纪的呈现。《圣经》文化在中世纪把古希腊文化中的自然神性观念及其所带来的种种障碍一扫而光，并且对人类用技艺去管理自然给予了宗教上的认可。在公元 5 世纪至 10 世纪，一些根本性工艺和手工业的变革在欧洲发生了。比如，用马耕田取代用牛耕田，出现了雪橇、木桶、木盘以及水轮与水磨坊的建造等等。这些在同时代的中国人或者现代人看起来似乎不足为奇，但是对当时的欧洲人来说则是巨大的进步。从 11 世纪至 15 世纪，中世纪后期的欧洲又继续发生了一场技艺的根本性变革，即由上述的工艺和手工业劳作转变为技术的发明、研究和实验操作，并且规模从个体走向群体，技术日趋精密。更为重要的是，随着技术规模化与密集化程度的不断增加，发生了工程师与工匠、建筑师与瓦匠、实验科学家与巫术家之间的分化，而大学在中世纪的兴建则保证和维持了这种分化。但遗憾的是，这种分化以及大学的建立在 20 世纪之前的中国是根本没有的。

如果我们再仔细地分析西方中世纪科学成分的状态，可以用一个词来形容，就是"潜伏"。换句话说，西方科学的根身，主要是科学的理论和方法，在中世纪是以一种潜伏状态存在的。而这种潜伏状态又可以分成两个阶段：

一是科学成分虽然存在，但是却以基督教文化和自然哲学为自己的归宿。在这个阶段，科学仅仅是为基督教文化、自然哲学辩护和提供证据。比如，亚里士多德的自然哲学中，物体在自然界中的"自然位置"是被人格化的，含土的比重越多，物体便越重，下落就越快，其自然位置就越低。中世纪亚里士多德派则把物体的自然位置解释为该物体的"家"，物体下落速度的加快就是该物体在更欢快地接近自己的"家"。

二是中世纪后期，科学成分与基督教文化、自然哲学之间逐渐产生分歧，并对它提出批评，因此成为近代科学的直接生长点。它在科学的理论成分上主要表现为“原动力说”对亚里士多德的自然运动观念提出的挑战：其一，原动力说批判了亚里士多德体系中自然厌恶真空的观念，坚持自然中存在真空的可能性，并且开创了思想实验的先河。而这种对物体在真空中运动的理想情形的设想，正是近代科学革命中所有重要思想或者定律的发现者应该具备的最基本思维素质。其二，原动力说的“惯性定律”是一种运动惯性，这是对亚里士多德的静止惯性的超越，在此原动力说表现出与近代力学中惯性定律的一致性。其三，原动力说侧重运动物体内在“动力”的倾向以及运用数学来描述物体运动曲线的方法，直接促进了近代动力学的建立。其四，原动力说的倡导者们都赞同宇宙无限观念、赞同天地平等。这些观念是对亚里士多德的上帝不创造无限宇宙观念的激烈批判，也是对他的天贵地贱观念的激烈批判。它们是近代宇宙观念的重要组成部分，也是近代科学巨子们努力向人类证明的世界图景。

近代科学革命首先产生于近代力学，这是公认的历史事实。还有一个历史事实是，力学在近代实现变革的第一把火炬是由中世纪的原动力说提供的，伽利略、笛卡尔、牛顿等科学家共同点燃了这把火炬。在科学的方法成分上则是罗吉尔·培根对实验方法的确立。实验方法的确立究竟具有什么样的意义呢？著名英国科学史家丹皮尔说，罗吉尔·培根高出整个中世纪欧洲哲学家或者整个时代的地方就在于，“他清晰了解只有实验方法才能给科学以确实性”。丹皮尔认为，这是“心理态度的一次革命性的改变”①。简单地讲，培根的实验方法直接成为近代科学革命中的一种重要方法，而实验中包含的实证精神及分析精神则是近代科学精神的重要组成部分。

（三）中国科学的无根身性

将中国科学的先天气质以及它的发展呈现的情况与西方科学进行比较，我们可以得出两点看法。首先，中国科学缺乏先天气质；其次，中国科学属于厚生②型技艺并且无根身性。先讲第一点。中国科学缺乏先天气质与以下几个原因是分不开的：在中国传统文化中自然的蕴意是十分模糊、十分不严格的。倘若我们要找到一位像西方文化中那样以自然作为独立研究的实体而从事深入研究的研究者，则只能是徒劳的。因为，在中国古人那里，自然要么是与人间相对的“天”，要么就是处世方法中与人为相对的“无为”。《庄子·秋水》曰：“天在内，人在外。……牛马四足，是谓天。落马首，穿牛鼻，是谓人。”这里的“天”指自然。自然的第二层次的意思就是顺德而行，不做人为的努力，即无为。这种自然的无为的处世原则成为中国古人的重要论题。可以说，在中国传统文化中自然与神性、天以及处世中的无为交织在一起，合为一体，难解难分。尤其神性可能无时不有，无处不在，无物不存，以至于自然与迷信合而为一。再讲第二点。与西方科学相比，中国科学完全不具有科学的理论和方法这两种重要成分，只具有技艺的成分。并且，中国科学只具有人类技艺中的一种类型，而非技艺成分的全部。也就是说，中国科学只属于厚生型技艺。因此，中国科学的根身不可能呈现出来，它是无根的。中国科

---

① 丹皮尔．科学史．任鸿隽，译．北京：商务印书馆，1975：146.

② “厚生”一词来自《尚书·大禹谟》：“正德，利用，厚生，惟和。”孔颖达在《尚书正义》中的解释是：“厚生，谓薄征徭，轻赋税，不夺农时，令民生计温厚，衣食丰足，故所以养民也。”

学的无根身性从古到今延续着，它极大地抑制了科学理论、科学方法和科学精神的形成与发展。这一方面是因为中国科学缺少应有的“先天气质”，另一方面是中国特有的厚生型社会与境造成的。古代中国人在享受生活方面的机能水平大大超出古代的西方人，厚生型社会与境对中国的科学技术发展同样具有厚生型定向，即在中国社会的这种与境中技术发明与创造的目的在于厚生。比如，中国古代的“四大发明”，并不是在某种专门科研人员的理论知识的指导下完成的，相反，它只是日常生活经验积累的结果。而且，这种发明一般只是发明者个体完成的，它是发明者把自己的经验进行组合而创作的结果。从某种意义上讲，古代的技术发明是一种随机现象，在特定的时间，地点，某发明出现的概率就取决于发明者个体的数目、取决于相关的个体经验之间的融合。从数学角度看，古代社会的技术发明的质量遵从一种正态分布。因为，古代中国人口众多导致具有个体经验的技术创作者数目增多，中国的技术发明呈现出较西方高得多的概率，相应中国技术发明量增加。任何技术发明都是一种“碰巧”，包括“四大发明”在内。“四大发明”之所以在中国出现，是因为中国人口多，有更多的技术“碰巧”①。

四、科学与常识

早在人类文明开始之前，人类就已经获得了关于环境的大量信息。比如，他们懂得哪种物质对自己身体有营养。他们发现了火的用途，逐渐掌握了把泥土、木头等原材料变成住房，把纤维植物变成衣物和用具的技能，也掌握了耕种土地、进行交流和自我管理的技能。有些人还发现：把物体放在有轮的手推车上更容易搬运；采用标准测量方案可以更可靠地比较土地的大小；一年四季许多天文现象呈现一定规律的相继更替；等等。可以看到，人类关于世界许多方面的可靠知识，并非只是等到近代科学出现之后才获得的。实际上，每一代人中的许多人在他们的生活中重复着种族的历史：他们的许多生存技能既不是来自科学训练，也不是通过特意采纳科学的方式和方法获得的。

因此，人类在基本生存方面似乎并不需要科学的帮助。换句话讲，人类通过对天赋才能的精确运用，利用常识就可以获得基本生存方面的丰富知识。那么，人类为什么还需要科学？人类为什么还要有科学的信仰？为什么并非任何知识都是科学？人类为什么还要以自己生活在一个“科学的时代”而自豪？为什么在许多广告词中还有许多人愿意使用“科学的”这个形容词？例如“科学理发器”、“科学清洁剂”乃至“科学算命术”之类的术语。显然，要回答这些问题，就需要考察“前科学”知识或“常识知识”与现代科学知识之间的一些不同特征。

我们知道，几何学发源于土地测量和勘定问题，力学产生于建筑和军事技术提出的问题，生物学起因于人的健康和家畜饲养问题，化学肇始于冶金和印染工业提出的问题，经济学发端于家政和政治管理问题，等等。所以，许多现在存在的专门学科是从对日常生活的实际关注中发展出来的。实际的技艺对科学的发展提供了巨大的刺激因素。而且，实际技艺必将继续在科学研究的历史上起到重要的作用。有人认为，从这个意义上讲，

---

① 罗嘉昌，等. 场与有——中外哲学的比较与融通（五）. 北京：中国社会科学出版社，1998：60-73.

科学不过是“整理过的”或“条理化的”常识。

科学与常识的特有的差异首先表现在：科学是组织化的知识体系，分门别类地划分和组织材料是一切科学的一项必不可少的任务。当然，仅仅把材料组织起来并不必然能把科学与常识的差异区别开来。比如，一位去非洲旅行的游客把旅行的所见所闻组织起来形成旅行日志，我们并不会把他的见闻说成是科学。再比如，图书馆的目录卡片作为一种分类是极其有价值的，但是我们并不会把目录说成是一门科学。

“知其然，不知其所以然”是日常经验的特点。我们知道，在日常经验中，我们会获得大量的信息，而这些信息在一定的程度上具有足够的精确性，但是，这些信息并没有告诉我们它们是如何被断定说明的。比如，在古代社会人们虽然已经开始大规模地使用车轮来运载货物，但是，他们并没有对摩擦力有一些基本的知识；对于放在有轮子的交通工具上的货物为什么比直接放在地面上的货物更容易搬运也一无所知。再比如，在农业社会许多人已经理解了对农田进行施肥的好处，但是很少有人关心这样做的道理。

常识对事实的说明是非批判性的。举例来说，人类对作为兴奋剂的一种草本植物毛地黄的药用性价值的认识已经有好几个世纪了，但是通常却说不出它的有益功效的根据是什么。在中国医学里面实际上存在着大量这样的情况。不仅如此，当人们试图用常识去说明毛地黄的有益的兴奋剂功效时，是按照它的花的形状像人的心脏那样比附性地来说明的，因此，人们经常不加批判地，也不检验它与事实的相关性就接受了这种说明。这种情况下，我们就像一个只具备常识却并不熟悉法律的法官，在判决案子的时候往往需要听听某种忠告：在判决一起案子的时候，也许并不存在困难，因为只要你耐心地听取原告和被告双方的意见，你就可能大致正义地判决案子；但是，如果要你考虑怎样做才算正义，接着根据正义的理由做出判决，也许你就会犯难，因为你根据常识的判决可能是正确的，但是你的理由一定是错误的。换句话讲，你以常识为依据判决案子虽然可能会是正义的，但那也是瞎猫碰着死耗子——蒙的。也就是说，那些凭借常识判决的大法官可能是盲目地遵守正义的规则，他并没有理解其正确判决的理由。从这个意义上讲，科学区别于常识的根本点在于科学具有理性的、批判的精神。

进一步说，说明和确立表面上无关的命题之间的相依性关系，系统地揭示错综复杂的各项资料之间的关系是科学研究的独特标志。比如，人们试图知道为什么13个美洲殖民地都反叛英国而唯独加拿大没有，为什么古希腊能够打败波斯人但是却屈服于罗马军队，为什么中欧的城市和商业活动恰好是在10世纪而不是在此之前发展起来，等等。常识没有太大的兴趣系统地说明它所注意到的事实。常识知识往往只适合于某些因素实际保持不变的情形。但是，由于人们认识不到这种适合取决于诸因素的恒定不变，所以常识就带有很大的不完备性。系统性的科学把去粗存精、去伪存真的思想引入常识，其目的正是要消除这种不完备性，即使这个目的经常只是部分得到实现。

常识往往与先入之见相联系。我们可以发现，在现实生活中，无论是在学者还是平民百姓身上，都存在着许多相互矛盾的观点，而且，我们对这些相互矛盾的观点都如此心安理得。比如，人们既希望轻松读书，又希望取得比较好的成绩；人们有时希望法律更人性化，有时又认为法律应该更严苛；人们一方面希望改变现状，另一方面在现状没有改变之前又希望维持现状。如此等等。人们之所以产生这些相互矛盾的判断，根源在于人们对观察到的事件的直接后果和性质抱有先入之见的结果。当然，这些相互矛盾的判断也刺激了科学的发展。一方面，通过引入对事实的系统说明，通过确定事件的前因后果，通过揭示命题之间的逻辑联系，科学就在这些矛盾冲突中扎下根来；另一方面，相互矛盾的假定有时能够充当同一科学的不同分支的研究基础。当然，已经取得重大进展的科学中一般不太会出现像常识信念那样明显的矛盾。所以，有时人们把科学作为正确的、可靠的认识（理论）。

科学必须克服日常语言所显示出来的不确定性。比如，我们常常会说，水在天气足够冷时凝固。但是，这里的“足够”这个词并没有与温度变化的精确性相联系。在炎炎夏日的最高温度降到0摄氏度与数九寒天的最低温度之间的差别当然很大。因此，物理学就不会使用“水在足够冷时会凝固”这样不严格的表述，因为物理学这门学科的目的就是要说明，为什么饮料和牛奶在一定温度下会结冰，但是在同样温度下海洋并未凝固。为了达到这一目的，物理学必须在各种液体和它们的凝固点之间做清晰的区分。

那么，包括物理学在内的科学通过什么方法来实现语言上的严格表述呢？可以有很多种方法，其中通过计算和测量是最有效的，也是最为人们所熟知的。当诗人用诗意来讴歌那点缀于深邃夜空中的点点繁星时，天文学家则用数目来列举它们；铁匠可能只满足于知道铁比铝硬，而物理学家却通过精细测量来说明铁与铝的硬度级别。引入精密度的一个重要后果便是那些陈述能够经受检验的更彻底的批判性经验。当然，科学陈述与严格指定的观察资料之间的一致，也使科学陈述面临被更严格的资料所否决的可能。所以，我们看到，科学语言的较大的确定性有助于阐明常识为什么比科学理论具有更大的稳定性的道理。另一方面，虽然科学陈述有较大的精确性，因此，与表述不那么精确的常识信念相比，冒着被发现出错的更大危险，但是与常识信念相比科学陈述有无比重要的优越性。这就是，科学陈述有更强的能力结合成为那种得到清晰表述的综合性的说明体系。

常识关心事件对人们特有的价值问题的冲击，理论科学一般来说并不这样褊狭。举例来说，占星术关心天体运行对人的命运的决定意义，出于此，古代人才去关心行星和恒星在天空中的相对位置；相比之下，天文学研究天体的相对位置和运动变化时并不考虑人的命运。再比如，饲养动物的人已经获得大量的饲养的技能和知识，而这些技能和知识是与实现人的一定目的（比如培养良种等）相联系的，但是，理论生物学家只是偶尔关心这类问题，他们的兴趣在于分析遗传机制，获得遗传发展规律①。

因此，科学与常识之间的关系成为竞争者与盟友。维特根斯坦曾经把常识与科学之间的关系比喻为旧的杂乱的城市与新建的有序的郊区之间的关系，但是结果又表明它们之间存在着错综复杂的混乱②。

---

① 以上内容来自：内格尔．科学的结构．徐向东，译．上海：上海译文出版社，2002：1-12。

② 齐曼．真科学——它是什么，它指什么．曾国屏，等译．上海：上海科技教育出版社，2008：378-379.

第二节　科学的发展

一、近代科学的本质特征

近代科学具有什么样的特征？这是我们在理解科学的一般特征和社会作用时需要首先搞清楚的问题。从常识的角度来看，人们往往用三种特性来描述现代科学，即事实科学、实验科学和测量科学。但是，根据海德格尔的看法，与物打交道的方式以及对物之物性的形而上学筹划必定支配和规定着科学的基本运动。因此，事实科学、实验科学、测量科学这三种特性不是近代科学独有的，在古代科学中已经蕴涵着了；或者说，近代科学的事实科学、实验科学、测量科学这三种特性在古代科学中尚未具备自立性。

以实验为例①，“实验或者通过对事物和事件的特定排列而获得关于事物状态的信息的试验，在古代和中世纪已经是家常便饭了”②。但是，近代的实验与古代的实验作为人与世界打交道的方式而言，已经具有质的不同了。而导致这个不同的根本前提则在于近代科学的本质特征，这就是数学化。所谓近代科学的数学化特征是指，数学因素作为对物的规定，并不是以经验的方式从物那里抽取出来的，相反，它是对物的一切规定的基础③。因而，数学因素构成了近代科学对待世界的一种先行筹划。可以说，近代科学正是根据数学筹划才成为实验科学的。

进一步来看，对自然的数学化追求构成了近代科学区别于古代科学的至关重要的本质特征。我们看到，数学在古希腊时代已经占有重要的地位。毕达哥拉斯把数作为世界万物的第一原理，而柏拉图更是把几何学作为哲学思考的入门。在柏拉图学院的入口的地方就写着“不晓数学因素者不得入内!”，柏拉图把几何学的知识看成是永恒的，不是有生灭的，学习几何能够把灵魂引向真理，能够使哲学家的心灵提升，而不是像现在这样错误地堕落④。可以想象，在古代，数学已经得到极大的重视。但是，就数学发挥的作用来说，近代则发生了根本性的变化。在柏拉图那里，几何只是把灵魂引向真理，它起的是一种准备性的作用；而在近代，数学已经成为近代科学的方法进而成为近代科学的根基。另外，古代与近代对数学的作用的看法转变还体现在从有限到无限的转变上。胡塞尔指出：“欧几里得几何学以及一般古代数学只知道有限的任务，只知道一种有限的封闭的先验性。”⑤ 而随着库萨的尼古拉勇敢地教导说，“宇宙中根本没有什么不动的东西——宇宙在一切方向上都是无限的，并不具有什么中心——地球与其他星球一样地按轨迹运转”⑥，近代的人们开始有意识地力图以数学征服整个世界，最后形成了一种全新的理念。

---

① 这部分以下内容来自：许恒兵，王南湜．依托复杂性科学解决历史规律与人的能动性关系的困境——兼答白利鹏博士．学术月刊，2008（11）。

② 海德格尔．海德格尔选集：下卷．孙周兴，选编．上海：上海三联书店，1996：848.

③ 同②868.

④ 柏拉图．柏拉图全集：第2卷．王晓朝，译．北京：人民出版社，2003：527.

⑤ 胡塞尔．欧洲科学的危机与超越论的现象学．王炳文，译．北京：商务印书馆，2001：32.

⑥ 伯特．近代物理科学的形而上学基础．张卜天，译．成都：四川教育出版社，1994：28.

将世界“数学化”是近代科学家从事科学研究的重要驱动力。举例来说，哥白尼之所以能够提出新的体系来取代托勒密的体系，就在于他相信“整个宇宙是由数构成的，因此范式在数学上为真的东西也在实际上或者天文学上为真”①。伽利略把数学化的对象从天上转移到地上，开辟了全新的地面物体的动力学，根本上也是把“严格的数学方法自然而简单地应用于一个比较困难的力学关系领域的结果”②。

我们说，将世界数学化构成了近代科学探索的重要动力。那么，如何才能实现整个自然的数学化呢？简单地说，就是通过还原论。首先，数学化的首要前提在于必须把宇宙的质的特性转换为量的大小。而量对应的只能是构成宇宙的最为简单的要素，正因为如此，近代科学理性的首要方法必然是解析性的。卡西尔曾经说：“理性的最重要的功用，是它有结合和分解的能力。它分解一切简单的事实，分解所有简单的经验材料，分解人们根据启示、传统和权威所相信的一切；不把所有这一切分解为最简单的成分，不把关于这些事物的信念和见解分解为最终因素，它是决不罢休的。”③ 而“根据这些要素，可以最容易、最完备地把此现象翻译成为数学形式”④。这样，通过不断地把复杂现象还原为基本的组成要素，还原为数学公式，整个自然都数学化了。

近代世界观依赖于数学化。整个自然的数学化的一个重大后果是机械论的胜利。“世界被具体地描绘为物质的而不是精神的，机械论的而不是目的论的。这一步在玻义耳、洛克和莱布尼茨那儿也被提出，他们把世界比作一台由创世者上紧发条的大钟，自此之后它就只被那‘总和流’保持在有秩序的运动之中。”⑤ 与机械论的胜利相伴随的是机械因果关系的普泛化。它表现为对待世界的绝对决定论观点的流行。在近代科学的机械决定论视野中，没有偶然性、无序性、非线性、随机性的地位。斯宾诺莎说，“自然中没有任何偶然的东西，一切事物都受神的本性的必然性的决定而以一定的方式存在和动作”⑥。

二、科学发展的动力问题

恩格斯曾经说过：“社会一旦有技术上的需要，这种需要就会比十所大学更能把科学推向前进。”⑦ 在这种观点看来，科学发展的动力无疑来自应用和实践的需要。但是，以为这个观点是说，科学家研究自然科学的动机在于自然科学的应用，就是十分错误的。从当代科学发展史考察，普朗克、爱因斯坦、卢瑟福和玻尔都没有想到可能应用原子理论。相反，直到1939年，他们还认为这种应用是不可能的，并把这种想法归入科学幻想小说的领域。这些科学家几乎都是为了研究而研究，或者说为真理本身而寻求真理。与其说他们是物理学家，不如说他们是受歌德的《浮士德》所表达的愿望启发的宇宙学家。

① 伯特. 近代物理科学的形而上学基础. 张卜天，译. 成都：四川教育出版社，1994：42.
② 同①60.
③ 卡西尔. 启蒙哲学. 顾伟铭，等译. 济南：山东人民出版社，1988：11.
④ 同③.
⑤ 同①99.
⑥ 北京大学哲学系，等编译. 十六—十八世纪西欧各国哲学. 北京：商务印书馆，1975：9.
⑦ 马克思恩格斯文集：第10卷. 北京：人民出版社，2009：668.

浮士德说，要了解可能是什么力量使这个世界成为一个整体。

这是诗人和思想家的一个梦想，也是人类的一个古老梦想。在所有的古代文明中都可以发现对宇宙的推测，如荷马的《伊利亚特》和赫西奥德的《神谱》等。还有一些科学家认为，自然科学仅仅是收集事实，也许是为了在工业中利用这些事实。这种观点同样是错误的。我们可以看到，科学的起源可以在诗歌和宗教神话中找到，可以在人类试图解释我们自身和我们的世界的幻想中找到。在理性批判的推动下，科学从神话中脱颖而出。理性批判的基本问题是：这能够是真的吗？这是真的吗？因此，我们可以得到第一个观点：诗歌和科学是同源的，它们都来源于神话。

我们的第二个观点是：我们可以区分两类批判，一类具有美学和文学的意义，另一类具有理性的意义。第一类批判使神话变成诗歌，第二类批判使神话变成科学——更确切地说——变成自然科学。美学和文学意义的批判性评价语言的美、韵律的力量、形象的光辉和生动、戏剧性的冲突及其说服力。这类批判性评价导致了诗歌、抒情歌曲和古典音乐的产生。

与美学和文学意义的批判相对照，理性批判的任务是要弄清神话传说是否真实，世界是否真的以肯定的方式进化，世界是否可能像赫西奥德告诉我们的那样，或者像《创世记》所说的那样被创造出来。在这些问题的压力下，神话变成了宇宙学，即关于我们的世界和我们的环境的科学，宇宙学又变成自然科学。

我们的第三个观点是：诗歌、音乐以及宇宙学和科学的共同起源还留下了许多痕迹。我们并不是说所有的诗歌都有神话的性质，或者所有的科学都是宇宙学。但是我们要说的是，在诗歌和科学中，神话的创造仍然起着意想不到的作用。神话是人类自身的一种解释，虽幼稚，却充满想象的启发。不仅大部分诗歌仍然可以说是一种幼稚的尝试，而且大部分科学也是如此。受想象的启发，要向我们自己解释我们的世界。

因此，诗歌、科学和音乐是有亲缘关系的。它们都产生于打算推断我们以及我们的世界的起源和命运的尝试①。

三、科学的分类及其类别特征

根据前面的论述，我们可以看出西方广义科学的一些特征：对严格的确定性知识的追求，对内在固有的理路亦即对理性世界的开掘，对批判、质疑、论证的推崇等等。这些特征也为狭义科学所继承，或者说，西方狭义的科学最突出地展示了这些特征。可以说，西方科学传统的统一形象和总的规定性是：推理、论证、证明、演绎，这也是西方科学以及学术的突出的方法论特征。康德曾经说："任何一种学说，如果它可以成为一个系统，即成为一个按照原则而整理好的知识整体的话，就叫做科学……只有那些其确定性是无可置辩的科学才能成为本义上的科学；仅仅只是具有经验的确定性的知识只能在非本义上称之为学问。"②

① 这部分内容主要来自：卡尔·波佩尔，新蔚. 科学和艺术中的创造性自我批评. 第欧根尼，1990（1）。

② 吴国盛. 科学二十讲. 天津：天津人民出版社，2008：79.

康德所表达的就是广义的科学概念。德国许多哲学家也正是从这种意义上，反而认为自然科学不够“科学”，而他们自己所倡导的哲学比如康德的先验哲学、胡塞尔的现象学才是真正严格意义上的“科学”。

再来考虑科学的分类问题。近代以来日益分化开来的自然科学与人文科学，原本是从广义科学母体中分化开来的。自然科学与人文科学的区别和联系问题，应该结合与希腊科学的关系来理解。从联系方面来看，自然科学与人文科学都挖掘研究对象的内在理路，研究者之间相互质疑、相互批判。它们与希腊古典科学基本分野在于：它们不再是博通之学，而是专题化的“研究”。它们的研究对象不同：人文科学面对人的精神世界，自然科学面对物质世界。它们的研究方法也有所不同：人文科学主要面对经典进行“文本诠释”，而自然科学走上了“数学＋实验”的实证道路；人文科学追求历史性解释，而自然科学探索因果性说明①。

我们理解科学分类问题时，需要注意两点：其一，根据某种习俗的看法，人文科学是人们不再满足于自然科学和社会科学两大门类划分的结果。从一般意义上说，“自然科学和社会科学的相互关系正在发生变化。自然科学和社会科学相互渗透、相互交叉”②。而现在研究人的科学变得越来越重要，人文科学越来越重要。“所谓‘人文科学’是由人性理想（人）和教化形式（文）共同组成的科学。西方人文理念是‘自由’，教化形式是‘科学’。这一点恰与中国以儒家为代表的人性理想构成对比，儒家的人性理想是‘仁’，教化形式是‘礼’。正是西方的‘自由-科学’和‘仁-礼’的不同导致了学术传统的不同。”③ 其二，“有一门特殊的科学，亦即数学，它既不属于自然科学，也不属于社会科学，但各门自然科学都离不开数学，运用数学工具研究社会生活和进行社会管理也正在取得进展。自然科学和社会科学的相互关系正在发生变化。以往这两门科学的联系很少，随着人类认识和改造世界活动的深入，它们之间的联系越来越密切”④。

四、现代科学的起源

假如我们从绵延几万年的大尺度时间来看人类历史，现代作为一个新的时代，它的出现是相当突然的。现代的出现还得从公元 16 世纪说起。那时，西方基督教发生了分裂，同时，现代科学也欣欣向荣地发展起来。16 世纪是一个翻腾酝酿的时代，当时各种新范畴和新观点的出现固然不少，但是很少被确定下来。在科学上，哥白尼作为代表人物，典型地表现了当时的新宇宙观。布鲁诺受到宗教迫害的原因虽然不是为了科学而是为了自由构想的玄思，但是他却是当时的殉道者。怀特海说，严格意义上讲，现代科学的第一个世纪是由布鲁诺在 1600 年的死而开启先河的，但是因为后来的世纪的科学思想风尚不信任布鲁诺那种空泛的玄想，所以布鲁诺受宗教迫害这件事情中存在着一种没有被人察觉的象征意义。宗教改革虽然很重要，但是只能被认为是欧洲内部的事情，东方

① 以上内容来自：吴国盛. 什么是科学. 博览群书，2007（10）。
② 肖前，等主编. 历史唯物主义原理. 北京：人民出版社，1991：317.
③ 同①.
④ 同②.

的基督徒也用一种完全漠不关心的态度来看待它。

至于现代科学的兴起，情况就迥然不同了。它在各个方面都和当代的宗教改革运动形成了对比。宗教改革是一种群众性骚动，它曾使整个欧洲在一个半世纪中沐浴在血泊里。而科学运动在刚开始时，只限于少数知识界的精华。16、17世纪，使科学远远凌驾于欧洲各种潮流之上的原因之一就是当时的大学的兴起。现代科学诞生于欧洲，但是科学的家却是整个世界。在最近两个世纪中，西方文化曾长期影响亚洲文化。但是由于东方的思想家对自己文化遗产过分珍视，因而达尔文的进化论思想的传播并没有过分破坏他们自己的文化遗产。怀特海指出，西方给予东方影响最大的是它的科学和科学观点。只要社会是一个理智的社会，科学就能够从一个国家传播到另一个国家，从一个民族流传到另一个民族。

如果从因果观点来看，现代观察自然界的方法的形成具有这样一些原因：

其一，现代科学的前提之一就是相信事物是有序的。我们如果没有一种信念，相信事物之中存在着一定的秩序，尤其是相信自然界中存在着秩序，那么，现代科学就不可能存在。而这样一种信念几乎是本能的。这里之所以用本能这个词来描述这种信念，是因为它能表达出信念的坚定性。因为，一个人的行为如果是受着固定本能的控制，那么，他的行为就总是难以改变的，不管他口头上怎么说，都不足以改变这种本能。我们从科学思想史来看，自从休谟时代以来，不断流行着否认科学的合理性的有关科学的哲学思想，但是科学的发展仍然遵循着科学合理性的道路在前进。大家知道，休谟哲学否定了因果之间的必然联系，而一旦在科学领域让“因果联系的观念完全是武断的”这一看法成为科学家的信念，那么，科学就不可能存在下去。可是，事实上，科学的信念及时地兴起了，而且也移开了休谟哲学所造成的这座阻挡科学合理性的大山。这也说明科学的发展几乎就是一种现代人类的本能，哲学家口头上的一些摧毁科学的说法也许最后能够摧毁这种本能，但是在没有达到这一点之前，它是不起决定性作用的①。“从这里，我们可以看到哲学与自然科学的一种关系。就这种关系来看，首先不是哲学指导科学，而是科学推动着哲学的前进。”② 恩格斯说过：“在从笛卡儿到黑格尔和从霍布斯到费尔巴哈这一长时期内，推动哲学家前进的，决不像他们所想象的那样，只是纯粹思想的力量。恰恰相反，真正推动他们前进的，主要是自然科学和工业的强大而日益迅猛的进步。”③

其二，自然秩序的观念具有深刻的实践根源。显然，在生活中，主要的事物总是不断反复出现的。比如，日落日出、春夏秋冬等等自然秩序就极为恒定，哪怕是最没有理智的人也不能不注意到。而且，甚至在人类理性还没有出现之前，它们就已经存在于动物的本能之中了。从大体上说，某些自然现象是不断重复产生的，而我们的人类的本性也适应了这些重复现象。我们每天早上起床、晚上睡觉，这已经成为我们的本能，假如我们晚上工作、白天睡觉，那么，身体就很不舒适，这一点无须多加讨论。但是，值得注意的一个事实，也是同样显而易见的，那就是：没有任何东西会把一切细节完全重现出来。任何两天或两个冬季都不会完全相同。已成过去的事物是永远消逝了。因此，人

① 这部分以上内容来自：怀特海. 科学与近代世界. 何钦，译. 北京：商务印书馆，1989：1-4。
② 肖前，等主编. 历史唯物主义原理. 北京：人民出版社，1991：323.
③ 马克思恩格斯选集：第4卷. 北京：人民出版社，2012：233.

类的实用哲学只是预见大体上的重复现象，而把那些细节看成是超越了理性的范围、从神秘莫测的事物深处出来的。人们可以预见太阳东升，但风却可以随心所欲地刮。

其三，所有现象无不体现自然秩序。自从古希腊文明诞生以来，就有许多人不接受把自然现象的细节看成超越人类理性范围的非理性现象。他们力图把所有的现象都解释成无微不至的自然秩序所产生的结果。亚里士多德、阿基米德和罗吉尔·培根等人，都具有完全科学的头脑。他们都本能地认为，事物无大小，统统可以看作自然秩序的普遍原则的体现。但是，直到中世纪结束以前，一般知识分子要么因为没有时间，要么没有能力对这种观念进行研究，所以，那时的人们可能是怀疑这种普遍原则的存在，也可能怀疑人们不能找到它们。要么是没有兴趣来思索这些问题，要么是在找这些普遍原则之后又看不到它们的实际意义。不管是哪种原因，中世纪结束以前的研究是很消沉的。

但是，到了16、17世纪时，为什么科学研究的步伐又突然加快了呢？这是因为，中古时代结束时涌现了一种新思潮。发明刺激了新思维，新思维又加速了对自然界观察的进展，同时，希腊的手稿也显示了古人的发现。虽然直到16世纪，欧洲方面所知道的东西还没有公元前212年去世的阿基米德所知道的东西那么多，但是到17世纪的时候，牛顿完成了巨著《自然哲学的数学原理》，整个世界也就因此进入了崭新的现代[①]。

思考题

1. 科学发展的动力是什么？
2. 在何种意义上，科学可以划分为中国科学和西方科学？
3. 为什么说现代自然科学的诞生与人们试图解释自然世界的可理解性相联系？

① 以上三段文字来自：怀特海．科学与近代世界．何钦，译．北京：商务印书馆，1989：5-6。

第九章

技术的出现及其本质

哲学从古到今把技术遗忘在思维对象之外，而由于技术在今天几乎延伸到一切与人相关的领域，被理解为代表着一切未来可能性之前景，因此，它必然是马克思主义哲学研究的对象。马克思认为，资本主义在推动生产力革命方面是史无前例的，而其他生产方式倾向于维持现有生产力。资本主义的特殊性也表明了它推动发展生产力、竞争、扩张力和生产能力的特殊性，就是以这样或那样的方式将人变成机器、将机器推至极限。历史唯物主义与技术决定论的最大的区别在于，前者要求实际地说明历史和技术预测的形式，后者则采取回顾历史或技术预测的形式，用先验普遍性的方式奠定确定性的基础。

第一节　对技术进行思考的背景和观点

首先列表如下：

事件	年份
美国成功试爆炸了世界上第一颗原子弹，随后用其轰炸了日本的广岛和长崎	1945
第一台计算机诞生，引发人工智能大讨论	1946
作为生物技术、生物工程研究基础的脱氧核糖核酸被发现	1953
《部分禁止核试验公约》出台	1963
罗马教皇六世发表《人类生命》通谕，反对人工避孕的应用	1968
尼尔·奥尔登·阿姆斯特朗成为第一个登月的人	1969
庆祝第一个地球日	1970
乔治敦大学成立肯尼迪伦理研究所，致力于公共政策的道德辩护，并关注生物伦理学、人工授精、流产、安乐死、基因工程、器官移植、生命维持技术以及卫生保健机构的资源分布等相关问题	1971

续表

事件	年份
美国数个十多岁的电脑黑客相继发动电脑入侵	1983
“挑战者”号宇宙飞船发生爆炸，七名宇航员（包括一名高中教师）罹难	1986
伊拉克军队在科威特的油井放火	1991
在里约热内卢举行“地球峰会”，发布《保护生物多样性公约》等一系列文件	1992

资料来源：卡尔·米切姆．通过技术思考：工程与哲学之间的道路．陈凡，等译．沈阳：辽宁人民出版社，2008：2-5.

从这个略微简略的年表中我们可以隐约看到两点：一是如今的世界已经成为一个事故频发并且把事故看作正常现象的高风险、高技术社会；二是那些抨击技术的人开始认可技术带来的便利，那些坚持捍卫现代技术的人也开始考虑自然环境的脆弱性问题，审视技术批评的道德依据。所以，今天的技术哲学领域已经出现了环境伦理学、生物伦理学、核技术伦理学、计算机和信息技术伦理学等①。

我们在接下来当然不是从伦理学的角度来探讨与技术有关的问题，而是从哲学的角度，尤其是马克思主义哲学的角度来探讨它。

一、“技术”术语的两种用法

我们可以发现，属于不同专业群体的人，由于立场不同，因而对技术所做的哲学思考也是不同的。总体上来讲，工程师与人文社会科学家使用技术的方式就有明显的区别。我们不妨把工程师眼中的技术看作狭义的技术概念，而把人文社会科学家眼中的技术看作广义的技术概念。认清这种区分是很重要的，否则会导致分析上的困难。

（一）工程学上的“技术”概念

我们知道，在哲学上，柏拉图是第一个工程师，在他的《理想国》中有一个庞大的社会工程，而这个社会工程是由各个不同层级的“工匠”完成的。“士兵是城邦自由的‘工匠’；哲学家是公共美德的‘工匠’；还有专门负责敬神事务的工匠，甚至神也是工匠——永恒理念的工匠。”② 在这样一个“理想国”中，事情自然被安排得很巧妙，没有人会失业，即使是铁匠或鞋匠也一个不多，一个不少。而苏格拉底对每个职业提出了要求，比如，要求军队组成人员必须具有武士的技能。在他那里已经有了后来的白领工程师与蓝领技工之间的区分。似乎武士或卫士的技能远远优越于其他技能，我们被告知，武士一定具有类似于哲学动物——狗的品格。因为狗肯定是生气勃勃的，一方面它生性勇猛、严厉，另一方面又温顺有礼，对主人有礼貌而对敌人则很凶猛。所以，技能之间是具有不同等级的。这种等级是金字塔形的，最具普遍性的技能是最高的技能，指导所

① 卡尔·米切姆．通过技术思考：工程与哲学之间的道路．陈凡，等译．沈阳：辽宁人民出版社，2008：9-10.

② 施特劳斯．政治哲学史（上）．李洪润，等译．北京：法律出版社，2009：31.

有其他技能，除了最高级的人以外谁也无法掌握这种技能①。

这些说法里面就包含了苏格拉底把知识分为两类的想法：一类是有关教育的知识，一类是有关生产和制作的知识。这两类知识的区别在于，前者属于“哲学的算术”，它不涉及数量，而仅仅涉及数本身；后一类知识属于“木匠的算术”，木匠显然要与带有数量的事物打交道。古希腊人认识到，虽然所有的学科都可能会用到算术，但是政治统治并不能找数学家来干。简单地讲，统治是一门艺术，而不是技术。这里已经显示出哲学与技术的冲突。这种冲突到后来，例如19世纪，情况变得更加复杂。其实，古希腊的这种思想已经预示了以人为本的政治理念和逐步展开的劳动异化。

柏拉图的《理想国》其实反映了生活中的真实性，他是一位社会工程师。确切地说，他是一位人文社会工程师。他的许多涉及分工的观点沿用到今天。唯物史观也有一个以分工为基础的历史叙述。而一个权威的工程教育家拉尔夫·J. 史密斯就把工程师、科学家、技师及工匠做了区分，这种区分当然是以他们在工程中的地位和作用为前提的，我们把他对这些人所做的等级区分列表如下：

工程师	科学家	技师	工匠
开发智力上的技能，鲜有机会开发手工技能；在关注科学的应用过程中，只能获得关于科学本身很有限的知识；他的主要责任是设计和规划、研究方案、发展项目，如工厂、产品流程、建筑方法、销售方案、操作与维护程序和结构、机器、线路、过程等等	主要目标是“去知道”，发现新事实，发展新理论，了解关于自然界的新真理，而无须关心新知识的实际应用	专攻工程的某一方面，因而变成了起草人、成本评估员、设备销售员、工业控制中的检修人员、技术装置的检验员或者复杂试验设备的操作者等等，技师的位置介于工程师和熟练的工匠之间	如电工、机械工、制模工、仪表制造者、模型制造者，他们用双手而不是用大脑，用工具而不是用仪器来工作，并且几乎不涉及使用数学和科学

资料来源：卡尔·米切姆. 通过技术思考：工程与哲学之间的道路. 陈凡，等译. 沈阳：辽宁人民出版社，2008：195.

从这张表格中，可以看到，到你们家去修理煤气或者安装电线的人并不是一个工程师，最多可以算作一个机修工或者电工②。如果要给他授予学位的话，不能授给他工程中的科学学士学位，而应该授予应用或工业技艺中的技术学士学位。当然，作为工程教育家，史密斯对这四种人的划分并不怎么有趣，相比之下，诗人眼中的工程师就不一样了。例如，“写作《失乐园》的弥尔顿则把工程师描写为：‘敌人/前进，整体且巨大，在中空的管子中/操练他那邪恶的工程（大炮）。’可以说，工程师最早都不是‘民用工程师’，从历史的角度看，授予工程学位的第一批学校都与军队有关，著名的例子就是美国西点军校（1802年建立），工程师部队仍然是美国军队以及所有现代军队的一个重要的分支”③。马克思在1857年9月25日给恩格斯的信中说：“你的《军队》一文写得非

① 施特劳斯. 政治哲学史（上）. 李洪润，等译. 北京：法律出版社，2009：36-37.

② 卡尔·米切姆. 通过技术思考：工程与哲学之间的道路. 陈凡，等译. 沈阳：辽宁人民出版社，2008：191.

③ 同②189.

常好……一般说来，军队在经济的发展中起着重要的作用。例如，薪金最初就完全是在古代的军队中发展起来的。……大规模运用机器也是在军队里首先开始的。……此外，市民社会的全部历史非常明显地概括在军队之中。如果今后有时间，你应当从这个观点去探讨这一问题。"① 从这段话中我们感受到马克思主义思考人类历史的唯物主义特征。我们对工程师的历史进行了了解以后，或许更能够理解工程的技术用法的含义，这个含义就是：工程的技术用法着眼于技术的合理性，它包含了最高程度的量的准确性，或者着重分析技术本身的特性，或者把视线集中在自然的真实结构上。

（二）人文主义的"技术"一词的用法

对于人文社会科学家来说，"技术"一词有着更为宽泛的含义。首先，它包含了工程师称为技术的所有事物，同时也包括工程本身。这种用法跟工程中的技术这个术语的用法是一致的。比如，北京的一座工程院校近几年改了校名，叫北京技术学院。这种关于"技术"一词的用法是有很大局限性的，学者们用技术的术语来解释非人的世界的同时，还努力以技术的术语来解释人的世界。"比如，有人把文化看作一种形式的科学技术（卡普）；有人认为根据技术原则来组织政权和经济（恩格迈尔和凡勃伦）；有人甚至主张把宗教体验与技术创造结合在一起（德绍尔和加查巴克卡）。在工程技术哲学的眼中，技术是主体、是动因。"② 我们经常听说，文化搭台、经济唱戏。显然，在诸如此类的说法中，没有人关注技术的意义，更没有想一想技术如何与艺术、文学、伦理和政治相互一致的问题。因此，人们寄希望于人文社会科学去扩大它的用法的含义。总体上讲，对于人文主义者而言，"'技术哲学'短语中的'技术'是一个宾格——被研究的客体。人文主义的技术哲学把人类当作一个问题，而这个问题的特殊性也许在于，它是人们永远无法确定回答的一个问题"③。所以，在人文社会科学家那里，技术被相互矛盾地使用着：

人文社会科学家	对技术的理解
海德格尔	作为一种引起、造成自然的显现
德绍尔	作为发明和超越形式的物质实现
布雷克曼	作为自我发起的拯救
罗森伯格	技艺的知识
加尔布雷恩	将科学知识或其他系统的知识应用于实践任务
芒福德	作为权力的追求
贾维	作为实现社会设定的各种目的的手段
斯宾格勒	作为生存的各种战术
雅斯贝斯	影响环境的手段
邦格	作为应用的科学
费伯曼	作为感觉运动的技能

资料来源：卡尔·米切姆．通过技术思考：工程与哲学之间的道路．陈凡，等译．沈阳：辽宁人民出版社，2008：203-204.

① 马克思恩格斯选集：第4卷．北京：人民出版社，2012：428-429.

② 卡尔·米切姆．通过技术思考：工程与哲学之间的道路．陈凡，等译．沈阳：辽宁人民出版社，2008：80.

③ 同②81-82.

显然，这些关于技术的想法仅仅在字面上有所区别，虽然它们都从某一方面反映了技术的真实的一面。如果我们不是局限于某一定义，而是相反地用开放的观点来看，那么，技术就可以被描述为人工物的制作和使用①。或者换句话说，技术是偶然的，但是这偶然性是必要的，因为偶然的技术和技术的偶然性定义了人类，而不是说先有了人类本质，然后再有技术。所以，在人文学者那里，文学评论的作品甚至哲学文本就是技术，并且与技术在工程中对于大桥和摩天大楼的建造作用相比，具有同等的重要性。

二、对“技术”这一术语的两种用法的评论

在这里，我们可以设想一场不同学科的对话会，参加这场对话会的是工程师和艺术家两类人。可以想象他们之间是很难对话的。工程师反对艺术家至少有首要的理由，简单地说就是，没有技术就不可能有人文科学。而艺术家则说，我们的技术观念具有更高的哲学高度，况且，哲学本来就是人文科学的一种，而工程学则不是。工程师则反对说，“显得更哲学”和“更重要”这是未加以证实的论据，以未加证实的论据做前提无疑是诡辩。不过，值得注意的是，柏拉图的《普罗塔哥拉篇》中讲述，普罗米修斯从赫菲斯托斯神那里偷取了火，又得到雅典娜的帮助，将火和艺术智慧赐予人类。艺术智慧只有在火的协助下才能被有效使用。技术起源的神话实际上与器官的解放或人化的理解过程并行。这样一场关于技术的不同用法的会议是很难进行下去的。如果这个会让马克思参加并在最后总结发言的话，他可能会这样说。

把科学技术看作“第一生产力”，当然也意味着我们人类的生活不能如人文主义者那样排斥人类生活的技术层面，或者如艺术家那样将自己封闭在浪漫主义的主观性当中。“由于电话、电脑、原子弹以及空间探测等技术导致政治和经济结构发生了变化，所以，现在环视一下你的四周，还有哪些东西不是工程师生产和传播的呢？还有什么比去理解社会生活的变化更重要的呢？”② 艺术家其实应该多了解工程师的想法，千万不要以为只有自己了解莎士比亚、了解贝多芬，说不定工程师了解莎士比亚比音乐家了解动力学要多得多。我们现在的教育课程安排就表明：“工程学的课程设计要求工科学生必须学习人文学科的课程，但是有多少工科的课程是人文学科的学生必须学习的呢？”③ 因此，有时候，人文学者对工程师的批评，不见得真正了解他们作为工程师所谈论的内容。虽然我们可以自由地谈论技术，但是从哲学层面来说，我们对技术是什么、什么东西正在降临到我们头上这样的问题，甚至不见得有哪怕最为模糊的概念。这里的困难在于：并不是只有当技术被恶意地运用时，技术才出现危险，即使是技术被善意运用于合法的目标时，它也仍然存在危险。从广义的角度来看，技术的功能和制造本身并不是一种目的，也无法自我合理化。

马克思不仅质疑了技术决定论的普遍原则，而且认为他的整个历史观证实了这样一

---

① 卡尔·米切姆. 通过技术思考：工程与哲学之间的道路. 陈凡，等译. 沈阳：辽宁人民出版社，2008：204.

② 同①182.

③ 同①83.

个观点，即把古代到资本主义的整个发展过程置于普遍的并且本质上是单向性、线性的运动规律之下的历史理论，将会是没有意义的。马克思主义哲学不需要单线的历史发展理论。我们坚持一种基本观点，即历史唯物主义不是一种技术决定论，它的巨大解释力不在于任何线性发展的历史观，而在于对历史特殊性规律富有敏感性。因此，坚持马克思主义者，应该倡导人文主义与工程技术的和解、共荣。可以看到，在马克思、恩格斯这些马克思主义哲学经典作家的思想中，"关于工程师的责任"、"技术时代下的人类与工作"和"让技术与人性和谐发展"等等议题应当能够在历史唯物主义中获得深刻的讨论。

三、技术推进科学

从理性主义的观点来看，许多科学的基本范畴或抽象范畴——如原因、力、空间、时间、原子、分子等等——的产生依赖于科学实验的传媒性质。"人工条件下的实验技术（传媒）不仅仅是工具性、功利性的，它还促使科学范畴的发生和发展，并且促使我们在本体论层面上建立起必然性的、由因果关系支配的科学世界观。例如解剖技术促成了医学的科学世界观；显微镜技术影响了医学以及微观物理学；真空技术的实验对流体力学以及整个运动学、力学和空间学说都意义重大。"[①] 哈特穆特·波恩说，在科学实验中"我们处在实验的边缘上，在其中我们不仅展示了科学，而且还演示了形而上学的要素"[②]。

第二节　技术是怎样开始出现的？

笼统地讲，"技术"概念表示人造工具的使用，重复的制作、偶尔的改善等等都可以算作技术。所以，技术似乎是在数百万年前就出现了。技术跟人类历史是同龄的，也就是说，工具、语言、仪式、书写等是区分人类与其他动物的外化形式。最早的技术是从人类使用锋利的卵石开始的。锋利的卵石有什么用？原来最早的人类使用卵石切开动物的尸体，用卵石敲碎动物的骨头来得到骨髓并吸食它。所以，当人类不满意自己找到的卵石而将它们相互敲击以得到更为锋利的石器时，卵石的使用就成为一项"技术"。但是，有些动物似乎也有技术。"比如，有些鸟儿用细的树枝来寻觅藏在洞穴深处的小虫，黑猩猩用树枝来摘取果实等等，动物好像都能够利用工具，而使用工具正是技术的起源。不过，动物使用工具并不能称之为技术。为什么？因为它们使用工具是即兴式的。例如，黑猩猩似乎无法考虑到那根树枝可能对自己以后还有用，它取到那个果实以后，就把弯树枝扔掉了，忘记刚才使用过的树枝，而事实上，它的确不能想到将来。"[③] 关键的问题是外置化的记忆。外置化记忆与细胞分化和器官形成之后生记忆（细胞分化和器官形成）

---

① 刘路. 风险社会的政府话语：问题与对策. 北京：中国国际广播出版社，2017：24.

② 孙和平. "风险社会"的传媒哲学阐释. 哲学研究，2009（4）.

③ 雅卡贝，普拉内斯. 献给非哲学家的小哲学. 周冉，译. 桂林：广西师范大学出版社，2001：152.

和中枢神经系统记忆加以区别。“像工具一样，人类记忆是外置化的产物，它存储在族群中。这是它与动物记忆的区别。”这是人类学家安德烈·勒华-古尔汉（André Leroi-Gourhan）所说的人化，即记忆外置化和器官的解放齐头并进的技术发展史①。

所以，在使用工具方面，本杰明·富兰克林说，“人是制造工具的动物”。工具的发明是人类这一物种生存所必不可少的条件。我们的祖先没有皮毛和羽毛，没有甲壳和鳞片，在大自然面前赤身裸体；没有狼狗和大象的长牙，也没有速度来躲避其他动物的侵袭②。总之，人类发展的技术和存储在族群中的外置记忆为我们提供了生存的环境，它是用来弥补人类自己的缺陷的，好像我们一生下来就欠了债一般。同时，我们应该注意到，人类掌握工具的能力、发展技术的能力是与他们考虑将来的能力直接联系在一起的。人是一个知道有将来的动物，“人类使用技术的活动就是一种要对未来进行预计的活动。就是在第一块卵石被打造出来的时候，人类开始变成了‘工程师’。再过了很长时间以后，大概在四五十万年前，人类驯服了火，火这个东西原来是所有动物都害怕的，当把它驯服之后，人类也就在走上工业发展的道路方面迈出了关键的一步”③。

一、技术的本质

任何技术的目标都很清楚，就是具有效能，为人类提供自然界所没有提供的有用的生活资料。比如，火的使用不仅给人类提供热量和保护，而且还可能使矿石变成金属。无疑，“技术解放了人类。但是，反过来讲也对，技术奴役了人类。如果一位工人被迫用重复的动作来使用强制规定了工作节奏的机器，那么他确实感受到了技术的奴役。因此，那种把技术当作某种中性的东西来对待的做法显然对技术的本质茫然无知”④。这种观点确实在某些试图复活技术决定论的马克思主义者那里得到体现。比如，根据技术决定论的观点，马克思主义需要一种被看作生产力系统的、永恒增长的普遍模式的历史观，否则社会主义事业就会半途而废。看起来，系统的、可持续扩张的生产力的确是马克思主义理论的价值所在。当前对发展主题的辩护都仰赖于企业革新技术、开创新方法。这当然非常重要。但是历史唯物主义绝不主张以一种单一生产方式，比如市场资本主义的方式来为发展主题辩护。实质上一种生产方式被另一种生产方式所替代的根据本身就否定了单线技术决定论。

关于技术的本质有如下几个看法：一种是工具的和人类学的技术观。当提到“技术”一词时，最容易让人想到诸如工具、机器以及消费品等物质性的物体。这种观点是古老的观点。按照古老的学说，技术有两个规定：“技术是合目的的工具；技术是人的行为。这两个对技术的规定是一体的。因为设定目的，创造和利用合目的的工具就是人的行

---

① 斯蒂格勒. 意外地哲学思考：与埃利·杜灵访谈. 许煜，译. 上海：上海社会科学院出版社，2018：10-11.

② 卡尔·米切姆. 通过技术思考：工程与哲学之间的道路. 陈凡，等译. 沈阳：辽宁人民出版社，2008：180.

③ 雅卡贝，普拉内斯. 献给非哲学家的小哲学. 周冉，译. 桂林：广西师范大学出版社，2001：153.

④ 同③154.

为。"① 总体来看，这种古老的学说对技术的工具性规定是非常正确的，它对于现代技术也仍然适用。比如，今天我们可能会说，"现代技术与古代的手工技术相比较，是某种完全不同的东西。一个宇宙飞船怎么可以跟一个风筝相比？一个雷达站怎么能够跟一个风向标相比？但是，即便是拥有涡轮机和发电机的发电厂，也是人所制作的一件工具，合乎人所设定的某个目的。即便是火箭飞机，也还是合目的的工具。所以，现代人提出要'在精神上操纵'技术。人类要控制技术。技术愈是有脱离人类统治的危险，人类对于技术控制的意愿就愈加迫切"②。

对于技术的又一种看法是，技术不是纯粹的工具，技术不仅仅是手段。以雅克·埃吕尔和马丁·海德格尔为代表，他们提出了另外一种技术观，叫作关于技术的实体理论。他们认为，技术构成了一种新的文化体系，这种新的文化体系将整个社会重新构造成一种控制对象。这个体系具有一种扩张性的活力，它将最终侵入每一块没有被技术控制的飞地。它将塑造整个社会生活。因此，总体的工具化或废人化就成为人类的天命，我们除了退却以外没有别的出路。只有回归传统，或者回归简朴的生活，我们才能获得一种对进步的盲目崇拜的替代形式。埃吕尔断定，"技术已经变成自主的了"。海德格尔则认为，我们正在将包括我们自己在内的整个世界转化为技术过程中的原材料③。海德格尔关于现代科技的讨论很多，在他看来科技是一种机器，即无思。在庞大的机器运转过程中，人成了"自动生产流水线的附属物"，人成了"机器的奴隶"，他总是渴求更多更强的力量去控制自然，这样一个过程是无穷无尽的。比如，就拿飞机的制造来讲，从1903年第一架飞机的诞生到今天才一百多年的历史，在这一百年多一点的时间里，飞机的变化发展非常快。起步阶段的飞机非常简单，就像纸糊的蜻蜓一样，原始落后，如同一个大玩具。飞行距离也就是几百米，这在当时已经是了不起了。可是现在的飞机太厉害了。比如说先进的客机，如协和式飞机，速度已经达到2马赫，飞越大西洋仅需要两三个小时。这种发展速度是过去的人们无法想象的。技术革命带来了"人"的深刻变化，既有生理的变化，也有行为的变化。"比如，'快餐'代替传统家庭的晚餐可以看作是技术的无意识的文化后果的一种简单例子。"④ 每天晚上从仪式上一再得到证实的家庭和睦、天伦之乐不再拥有表达的类似场合。现在我们吃饭好像只是为了吸收卡路里，而对这一生物过程来说，所有消费食物时的社会因素和仪式都是次要的。奇怪的是，我们好像并没有认为快餐的兴起实际上导致了传统家庭的崩塌。但是，至少我们仍然感受到传统家庭的衰落与以新技术为基础的生活方式的出现紧密相关。因此，从这种意义上讲，技术革命成为划分人类历史的不同阶段的标准。

我们前面讲，对于技术的工具性规定是正确的。这是相对于我们眼前讨论的事情来说的。但是，要使这种对技术的工具性规定正确地进行，并不需要揭示眼前的东西的本质⑤。就像我们要讨论某某同学的优秀素质，固然要看他在同学和老师面前以及其他公

---

① 海德格尔. 海德格尔选集：下卷. 孙周兴，选编. 上海：上海三联书店，1996：925.
② 同①925-926.
③ 芬伯格. 技术批判理论. 韩连庆，等译. 北京：北京大学出版社，2005：6.
④ 同③6-7.
⑤ 同①925-926.

开的场合的所言、所行，但是这种单纯在大家面前的表现还不是最真实的东西；同样，“技术的正确的工具性规定并没有向我们显示技术的本质。为了获得技术的本质，我们必须通过正确的东西来寻找真实的东西。于是，我们应该提出这样一些问题：工具性的东西本身是什么？工具和目的之类的东西归属于什么？当我们去讨论这样一些问题的时候，就会与原因和结果这样一对范畴联系起来思考了。比如，工具是人们用来作用于某物从而获得该物的那个东西”①。在马克思那里，劳动资料相当于劳动工具，这是劳动者直接掌握的东西，他说：“劳动资料是劳动者置于自己和劳动对象之间、用来把自己的活动传导到劳动对象上去的物或物的综合体。劳动者利用物的机械的、物理的和化学的属性，以便把这些物当做发挥力量的手段，依照自己的目的作用于其他的物。”②“我们把导致某种作用的东西叫做原因。但是原因不只是另一个东西借以产生出来的那个东西。”③换句话讲，这里应该校正一个习惯的看法：把原因看作起作用的东西。我们必须改变这种狭隘的因果观念。举一个例子，“在希腊文里技术不只是表示手工行为和技能的名称，它也表示精湛技艺和各种各样美好艺术的名称，它跟某种创作相联系。着眼于希腊文‘技术’一词要考虑的另外一点内容更为重要，技术是一种解蔽的方式：技术之决定性的东西绝不在于制作和操作，绝不在于工具的使用，而在于解蔽”④。

二、技术和现代性

今天，关于网络会给我们的生活带来怎样的划时代的变化的问题已经讨论得太多了。下面我们从哲学的角度来讨论因特网的含义。

我们发现，任何一种教育技术的出现都会引来极大的争论和批评。网络技术的出现同样不能例外。可以看到，人类最早的教育技术是书写。“书写作为教育技术，就像后来的所有教育技术一样，最初也遭到了批评。古希腊哲学家柏拉图就曾批评，书写无法再现口头对话中相互交换意见的特点。在《斐德罗篇》中，他认为书写类似绘画，画家的作品栩栩如生地置于我们面前，但假如你询问它们，它们就会保持沉默。书面文字同样如此，它们就像充满智慧一样地同你说话，但是如果你问它们表现了什么东西，希望从中有所受益，它们却将永远不断地告诉你同样的东西。总之，柏拉图认为，我们交往的媒介决定了我们相互作用的性质，书写技术具有破坏对话关系的能力，而这种对话关系是师生之间的纽带。书写形式的技术是人类关系的大敌，柏拉图的这种立场与今天的现代生活的批判者的立场很相似。我们到处都可以听到关于技术的异化和剥夺人性的观点。大凡这种观点总是认为，技术侵入了人与人之间的关系，使社会生活失去人性。从这个角度看，今天人们对人工智能的偏见可以一直追溯到柏拉图。但是，具有讽刺意味的是，柏拉图正是利用书写文本作为工具来批判书写的，正像今天许多攻击网络的文章是在网

① 海德格尔．海德格尔选集：下卷．孙周兴，选编．上海：上海三联书店，1996：926.

② 马克思恩格斯文集：第5卷．北京：人民出版社，2009：209.

③ 同①927.

④ 同①931.

络上传播的一样。”①

柏拉图的观点具有严重的片面性。因为，书写既可能有助于人与人之间的不断对话，而话语也可能很容易地变成喃喃自语。当然，柏拉图对书写的批评尽管是不公正的，但是他提醒我们注意到一个真实的问题：这就是每当引入一种新的教育技术时，就有人主张用人与技术之间的互动来代替思想交流的过程。比如，我们经常听到一种观点，教师讲课的内容可以通过多媒体来更好地传输，多媒体要比教师的讲授效果更好。但是，教育要涉及对话和教师、同学的积极参与，这是教育过程的基础②。同时，我们还应该看到传统的经验意义上的技术与现代技术之间有本质的差别。在这一点上，海德格尔认为，传统的经验技术因为基于手工，它们是天、地、神、人四重整体的聚集。“以火炉为例子，火炉提供的不只是温暖，传统社会中的火炉更是一个凝聚人心的焦点，一个大家相互交心的中心和场所。火炉的冰凉标志着早晨，火炉温暖的散发标志着生活中新的一天的开始。火炉给一家人指派了不同的任务。母亲点燃火炉，孩子负责添加柴火，父亲则负责砍伐柴火。”③ 可是，在现代技术条件下，人们的一切劳作都已经被机械和器具代替了。空调几乎不要求我们掌握任何技艺，也不需要付出体力，也几乎没有对注意力提出要求。可见，在现代技术进步中就有人的丰富的社会关系丧失的趋势。“再比如，一把手工制作的精美的水壶，里面装的矿泉水就是大自然的赠品，赠品之中有山泉，山泉之中有岩石，岩石之中有大地，大地之中有天空（雨露），在赠品之中聚集着天空与大地。赠品是终有一死的人的饮料，也是奉献给不朽诸神的祭酒。而世界上的事物只有作为天、地、神、人四重整体的聚集才具有自己的尊严，而一旦失去与天、地、神、人四重整体的密切关联，它们就成为纯粹的原材料。”④ 马克思在《资本论》中把劳动对象区分为土地、天然存在的劳动对象和原料三类。他说：“土地（在经济学上也包括水）最初以食物，现成的生活资料供给人类，它未经人的协助，就作为人类劳动的一般对象而存在。所有那些通过劳动只是同土地脱离直接联系的东西，都是天然存在的劳动对象。例如从鱼的生活要素即水中分离出来的即捕获的鱼，在原始森林中砍伐的树木，从地下矿藏中开采的矿石。相反，已经被以前的劳动可以说滤过的劳动对象，我们称为原料。例如，已经开采出来正在洗的矿石。一切原料都是劳动对象，但并非任何劳动对象都是原料。劳动对象只有在它已经通过劳动而发生变化的情况下，才是原料。”⑤ 也就是说，“无论是自然生成的材料，还是通过劳动和加工自然材料而获得的原料，马克思看到的是，它们都保留了个别的、可感的形式。它们不能被当作脱离人类的独立存在”⑥。再比如，就拿传统农村的水车和风车与现代的电力工厂比较，显然水车和风车与大自然保持着感性联系。因为，它们只是传递运动，它们传递运动的方式与电力工厂不同，它们与地球的依赖取决于刮风和水的流动，否则什么事情也做不成。它们与周围的环境若合符节，加

① 芬伯格. 技术批判理论. 韩连庆，等译. 北京：北京大学出版社，2005：145-146.

② 同①146.

③ Albert Borgmann. Technology and the Character of Contemporary Life ：A Philosophical Inquiry. Chicago：University of Chicago Press，1984：40-44；吴国盛. 技术哲学经典读本. 上海：上海交通大学出版社，2008：410.

④ 海德格尔. 海德格尔选集：下卷. 孙周兴，选编. 上海：上海三联书店，1996：1172-1173.

⑤ 马克思恩格斯文集：第5卷. 北京：人民出版社，2009：208-209.

⑥ 赵敦华. 马克思哲学要义. 南京：江苏人民出版社，2018：244.

深和强化了周围环境的特点，经常展现和突出一般为人所忽视的地理风貌。风车宛如一座灯塔矗立在平原上，将人们的注意力引向这一小块绿洲；相反，一个电力工厂释放的能量以一种抽象的、人们觉察不到的形式存储起来。它不仅仅是传递运动，而且还是一个转变。此外，电力工厂很少是融入周围环境的，更不要说核反应堆还可能导致核污染的产生①。

总之，现代技术之所以被海德格尔这样的思想家批评，就是因为他们认为它不可能成为天、地、神、人的聚集物。无疑，透过海德格尔和马克思的某些思想，我们能够增强环境保护意识。

三、对待技术的态度——在听天由命和乌托邦之间

我们在前面把技术概念划分成了工程的技术概念与人文的技术概念，在这种划分中，人文的技术批判家给人的总体印象是：他们是那种只是提出问题，而不是给出答案的哲学家。他们似乎认为，对技术的质疑、究问是哲学对技术的态度的全部。他们不仅不去化解问题，而且对问题的解决方法都是十分怀疑的。说白了，他们似乎发现了人类的错误，但是这种错误又是不能改变的。换句话说，他们没有跳出悲观主义和乐观主义的对峙关系来思考技术的角色。那么，我们应该如何正确地对待技术呢？

首先，我们认为，真理并不必须通过技术来显示，但是这个看法并不意味着我们认为技术本身是坏的，是邪恶的，更无从谈起抵触或者抛弃技术。我们揭露技术的真相，并不等于不愿意再应用技术了，更不等于我们成为社会进步的敌人了。道理很简单，技术就像人类的一把刀，一个人被杀死了，不是刀的罪过。请大家想一想，没有刀，哪里有农业和手工业？没有刀，哪里能够让外科大夫为病人剪除痛苦？此外，没有刀，哪里可能有结婚喜宴上的可口佳肴？如果没有刀，那不就等于把我们拖回到野蛮时代的深渊吗！

所以，无论我们今天做什么，“对技术进行道德批判也好，对它进行政治的限制也好，历史都在实际上表明，不可能用与西方相同的技术创造出一种完全不同的文明”②。在这个意义上，我们用技术这把“刀”来形容人类存在以及异化的问题，既有准确之处，也可能有不足的地方。准确地说是因为，技术是一把“双面刃”。“例如，人们（如哈贝马斯、阿多诺等）批评海德格尔对科学技术假斯文式的厌恶，他们认为那样只能确证科学的力量。他们还批评海德格尔对高速公路和现代技术世界的厌恶，指出海德格尔的这种做法只能提供‘心灵安慰’，只能减少批判现实的迫切性。”③ 如果是这样的话，海德格尔所讲的“现在只有一个上帝能拯救我们”就可能是对的。但是，上帝也完全可以就是我们自己。也就是说，人类对技术的否定，必须经历长期的忍受和深化的过程，就像

---

① 卡尔·米切姆. 通过技术思考：工程与哲学之间的道路. 陈凡，等译. 沈阳：辽宁人民出版社，2008：65-66.

② 芬伯格. 技术批判理论. 韩连庆，等译. 北京：北京大学出版社，2005：14.

③ 魏格豪斯. 法兰克福学派：历史、理论及政治影响（下）. 孟登迎，等译. 上海：上海人民出版社，2010：773.

一个人必须忍受悲伤或者痛苦，直到这一否定本身变成悲伤和痛苦时，它才通过某种实践的方式被超越。从中，我们时常感受到生产工具对人类生活方式影响巨大。当然，这些生产工具被看作技术的产物。我们的真正用意是理解技术的本质和技术世界，而在悲观主义和乐观主义的双重性中，我们要期待不可期待的，超越可罗列出来的可能性。

马克思在《资本论》中奠定了技术哲学和他对资本主义操纵生产的现象的批判，从根本上把现代技术看作衡量资本主义榨取剩余劳动时间的尺度。马克思没有在这个问题上走得太远，不过海德格尔对技术的批判也呈现了唯物主义的一面。他在1959年讨论技术时写道，“把它作为魔鬼的作品来谴责是短视的”，这正如古代人把技术力量思考为巫术是短视的一样。海德格尔的这个看法同我们这个时代一般人的看法没有什么区别。可以看到，我们的时代绝大多数人对技术寄予厚望，覆盖整个世界的多媒体技术也向我们表明，通过技术，人们喜欢什么就能得到什么。在这样一个时代，人们备感迷茫，而我们从策略上也没有办法说明技术不好。问题的关键在于，除了说出技术是好的或者不好的这样一些简单的观点之外，我们要说出更多的东西。马克思是看重技术之于人类的体验的，但是技术对于马克思主义哲学来说只是历史的杠杆和支点。所以，我们不能只说，由科学技术带来的原子弹是绝对的恐怖，或者我们开着汽车生活的空间就大大增大了。在我们看来，科学技术是好的还是不好的，问题不在科技本身，而在于你对科技的看法。在我们看来，如果要对科学技术的本质做一个概括的话，可以接受海德格尔所用的但被修正过的四个字，即“技术不思”。什么叫“技术不思”呢？这个概念让人伤透脑筋，也引起不少的争论。它的意思是技术不在哲学这一维中活动，但技术却不知不觉地在这一维上被证明。比如，物理学讨论时间、空间问题，但是，什么叫时间、什么叫空间、什么叫运动，在我们看来物理学本身并不能做出规定，这些东西都只能在哲学的追问中做出规定。具体科学均将这些概念当作不证自明的前提接受，而哲学恰恰是要对此存疑的。所以，哲学是几何学诞生的前提。“技术不思”这句话并非在指责技术，而只是对技术之内在结构的确认。它无非是说，技术一方面在哲学思想中被证明，但是另一方面，技术本身却遗忘了值得去思考的东西，也不注重这些值得去思考的东西。

其次，我们认为，“哪怕人们觉得科学技术不好，也不能抛弃科学技术，科学技术是有用的”①。但是，我们也不能不认识到对于当今的人类来说，最大的危险并不是原子弹，而是技术律，即“技术律令”。技术的基础是“座架”，技术为现代性提供了物质框架。这个框架不是一个我们可以追求美好生活概念的中性的背景，它自始至终影响着我们的生活选择的背景。海德格尔式的反思绝非耸人听闻。绝顶聪明的科学家制造了极端复杂的高端武器，但是，智商很低的白痴不需要任何知识就能操控这种武器，并按照自己的目标来行动。“我们甚至可以把‘9·11’事件看做是恐怖跟领土之间关联的最后一个例子，因为将来的袭击事件，它们可能和化学与生物武器联系在一起，或者，只是大型的数字交往的破裂，这些都可能是暗哑无声的、藏身匿形的，归根到底是不可想象的。”② 所以，我们应该以更聪明、更合理的方式对待科学技术。那么，怎么样的方式算

① 理夏德·维塞尔对海德格尔的采访//奈斯克，克特琳．回答：马丁·海德格尔说话了．陈春文，译．南京：江苏教育出版社，2005：8.

② 博拉朵莉．恐怖时代的哲学：与哈贝马斯和德里达对话．王志宏，译．北京：华夏出版社，2005：5-6.

是聪明的和合理的呢？海德格尔用了一个德文词“Gelassenheit”，翻译成中文是“放下”或者“任其所行”，意思是把想通过科学技术控制自然、控制世界的机心放下。你要是想无止境地用科学技术控制世界，你本身就被科学技术控制了，不是你在使用科学技术，而是科学技术在使用你。

第三节 马克思主义科学技术哲学的基本问题

迄今为止，马克思晚期著作中对自然科学研究的论文差不多完全没有得到重视。一方面，人们长期认为马克思所做的工作都是围绕写作《资本论》而进行的；另一方面，由于人们对马克思和恩格斯关于自然科学的研究了解得太少，于是产生了很不准确的偏见。第一点不准确之处是，有人在马克思和恩格斯之间虚构了一种理论创造分工之说。这种说法之所以出现是因为我们至今所了解的自然科学资料研究的范围及内容基本上限于恩格斯的《自然辩证法》和《反杜林论》①，因为这些资料就是我们研究中处于“应手状态”的工具。然而，“这恰恰证实了马克思和恩格斯在哲学—自然科学研究领域也和在经济学领域一样进行了密切的合作”②。恩格斯评价他的战友马克思说：“马克思在他所研究的每一个领域，甚至在数学领域，都有独到的发现，这样的领域是很多的，而且其中任何一个领域他都不是浅尝辄止。……任何一门理论科学中的每一个新发现——它的实际应用也许还根本无法预见——都使马克思感到衷心喜悦，而当他看到那种对工业、对一般历史发展立即产生革命性影响的发现的时候，他的喜悦就非同寻常了。”③

第二点不准确之处是，我们依据现有的资料不能确切地指出，哪些自然科学知识是马克思和恩格斯所掌握的④。马克思的辩证法哲学是否也要涵括恩格斯的自然辩证法便是一个聚讼纷纭的公案。“加上人们普遍认为恩格斯从不确切的、受历史局限的自然科学知识中引出了一般性结论，这就使得对他的和马克思的哲学—自然科学的成就以及哲学唯物主义的效力的评价有失偏颇。”⑤ 事实是，19 世纪 70 年代马克思研究农业问题、肥料化学、工艺学以及数学问题。“同恩格斯一样，马克思研究自然科学绝不是希求个人在这些领域取得成就。他研究它们仅仅是为了了解它们。马克思对最新的研究成果感兴趣，也仅仅是为了能够从哲学的角度能够引出革命性的结论。在地质学、化学、物理学、生物学领域无一不是如此。”⑥ 也许马克思和恩格斯的差别总是存在的。这种差别最有可能在于，当恩格斯致力于揭示黑格尔《自然哲学》的合理内核时，马克思在《1844 年经济学哲学手稿》中对《自然哲学》做了相对不同的阐释。因此，恩格斯借助于自然科学的材料，而马克思致力于政治经济学批判而倚重黑格尔的《逻辑学》和《精神现象学》。

---

① 克利姆．马克思文献传记．李成毅，等译．郑州：河南人民出版社，1992：369-370.
② 同①370.
③ 马克思恩格斯选集：第 3 卷．北京：人民出版社，2012：1003.
④ 同①370.
⑤ 同①370.
⑥ 同①370-371.

"经过这种努力，马克思和恩格斯使德国古典哲学的伟大传统得以发扬光大。黑格尔曾经写出了作为《哲学全书纲要》第二部的《自然哲学》，谢林将他的自然哲学思想作为学术研究的先导。如果马克思能够做完他的研究工作的话，那么，他会留给我们一部同样重要的、用马克思主义观点写成的《自然哲学》。"①

一、马克思对机器的资本主义运用的弊端的揭示

> 17世纪，反对……一种织带子和花边的机器的工人暴动几乎席卷了整个欧洲。17世纪30年代，一个荷兰人在伦敦附近开办的一家风力锯木场毁于平民的暴行。18世纪初在英国，水力锯木机好不容易才战胜了议会支持的民众反抗。1758年，埃弗里特制成了第一台水力剪毛机，但是它被10万名失业者焚毁了。5万名一向以梳毛为生的工人向议会请愿，反对阿克莱的梳毛机和梳棉机。19世纪最初15年，英国工场手工业区发生的对机器的大规模破坏（特别是由于蒸汽织机的应用）……为西德茅斯、卡斯尔雷等反雅各宾派政府采取最反动的暴力行动提供了借口。工人要学会把机器和机器的资本主义应用区别开来，从而学会把自己的攻击从物质生产资料本身转向物质生产资料的社会使用形式，是需要时间和经验的。②

在这段话里，马克思阐明了17世纪工人和机器之间的斗争的情况。那么，工人为什么要反对机器的使用呢？马克思在《资本论》中做了细致的分析：从机器成为工人本身的竞争对手抢走了工人的饭碗，到机器成为镇压工人反抗资本家的帮凶，如此等等。我们要问：这些是不是机器本身的过错？如果仅仅看到机器的出现使工人的生活状况更加惨不忍睹，而不是将矛头对准资本主义的生产方式，那么就完全搞错了。马克思很清楚：机器本身能够缩短劳动时间，但是资本家贪得无厌的本性不但不让工人因为使用机器而有更多的自由时间，相反却延长工作时间；机器本身具有减轻劳动强度的功效，但是在资本主义社会里机器的使用反而提高了劳动强度；机器本身是人类征服自然力量的胜利，但是在资本主义社会里，它反过来使人受自然力的奴役；机器本身增加的是资本家的财富，而工人则成为需要救济的贫民。马克思揭示了作为科学的应用的技术背后的利益，揭示了资本主义的技术与一种从上层建筑开始就受到控制的异化社会相适应的事实。

在这里，马克思的观点包含着这样几个层次的意义：第一，与那种经济学上的乐观主义的观点不同，马克思在《资本论》中的哲学批判指向了现代工业文明中机器对人类的奴役和束缚。更为重要的是，马克思看到了技术的资本主义运用的弊端，提出了重新设计技术，使技术容纳人性的光辉和人的能动性的观点。由于在马克思所处的时代，生产领域是技术应用的领域，所以，马克思对人类解放的关注也集中在生产领域上。马克思主义的深刻之处在于，资本主义在科学上无法证明的理念和理想正好掩盖了它遮蔽主体性的缺陷。

第二，马克思看到了，资本主义社会的技术应用以单一的利润或者权力为指向，属

---

① 克利姆. 马克思文献传记. 李成毅，等译. 郑州：河南人民出版社，1992：371.

② 马克思恩格斯文集：第5卷. 北京：人民出版社，2009：492-493.

于技术垄断。比如，如今美国控制了几乎所有的转基因技术，这种技术已经作为美国全球霸权的战略武器。美国人把转基因种子卖给其他国家，这种种子是一次性的，因而其他国家只能被迫不断向他们购买种子，他们就获得源源不断的利润。一颗种子就起到掠夺资源、控制其他国家的作用。再比如，国际上的石油价格也是控制在几个石油大亨手上。现在国际市场上油价不稳定的主要原因不是石油开采量越来越少。根据俄罗斯一个科学家的研究结论，石油作为原始生物形成的产物，不存在耗尽的可能。现在国际市场上的油价是由资本家炒作起来的。美国的石油大亨曾经通过各种渠道扬言石油要涨到多少美元一桶，并且到中国来忽悠。在石油问题上，有一种观点认为，谁控制了中东地区，谁就能控制全球石油动脉；谁控制了全球石油动脉，谁就能够统治全球经济，至少从不远的将来看会是如此。基辛格则加上一句，谁控制了货币谁就控制了世界。大卫·哈维认为，"美国资产阶级已经重新发现了英国资产阶级在 19 世纪后 30 年所发现的东西——'掠夺'"①，资本主义的技术逻辑正是为这种掠夺服务的。可见，一个毫无疑问的事实是，机器本身对于工人的失业是没有责任的。关键在于，工人在机器的资本主义应用中成为片面的劳动者。

第三，在马克思写作《资本论》时，工人正在毁坏机器。马克思并不为工人的这种行为提供理论的指导。在马克思看来，这些工人犯了某种错误，工业资产阶级反而具有某种程度的革命性②。马克思设想的是，现代技术应该成为综合的、多向度的、以人的全面发展为导向的民主的技术。

二、马克思坚持"人和自然的统一"

威廉·巴雷特在他的《非理性的人》③ 这本著作中，用了一个极具表现力的比喻来描述今天这个已经越来越被理性彻底抽象化的现代世界，亦即"闪闪发光的技术世界"，他把它叫作"无人居住的水晶宫"。在这样一个水晶宫中，人和自然究竟具有一种什么样的关系呢？下面我们就来探讨这个问题。

第一，"无人居住的水晶宫"：人的"闪闪发光的技术世界"的特性。如果要比较形象地来理解技术世界中人和自然的关系，我们可以借用诗人里尔克在 1925 年 11 月 13 日写的一封信来谈。在这封信里面，他谈到了人和事物的关系，指出随着技术生产的发展，从前成长着的事物迅速消失了。他写道：甚至对我们的祖父母来说，一座房子、一口井、一座他们信仰的教堂尖塔，甚至他们的自己的衣服，他们的大衣，都是在含义上无限地更多，无限地更熟悉亲切；几乎每个事物都是容器，他们在这容器中发现人的东西，并在其中寄托着人的东西。可是"现在从美国方面涌过来空洞的无所谓的事物，即假象的事物，生活的假象……美国人所理解的房子，美国的苹果或那里的葡萄树，已与包含着我们祖先的希望和沉思的房子、果实、葡萄毫无共同之处了……但是……并非美国货才

① 大卫·哈维. 新帝国主义. 初立忠，等译. 北京：社会科学文献出版社，2009：147.

② 鲍德里亚. 生产之镜. 仰海峰，译. 北京：中央编译出版社，2005：149.

③ 巴雷特. 非理性的人——存在主义哲学研究. 段德智，译. 上海：上海译文出版社，2007.

威胁我们今天的东西，而是技术的未知悉的本质已经威胁我们祖先和他们的事物”①。显然，在里尔克这里，一座房子、一口井、一座教堂尖塔变成了人，无论什么时候、什么地方，只要诗被写出来，房子、井、教堂尖塔就总是变成人。里尔克的这封信已经表明了人在“闪闪发光的技术世界”中，已经越来越丧失把握人类实在性的能力，人越来越不思想，甚至到最后什么都不思想了。总之，那个“无人居住的水晶宫”是一个被理性彻底抽象化的现代世界。这是它的第一个特性。它的第二个特性是它是一个抽象化的、纯粹概念的世界。巴雷特使用了《格利佛游记》中的“拉普特飞岛”来描绘它。“所谓‘拉普特飞岛’，指的是一个‘正统柏拉图信徒的王国’，一个标标准准的哲学化的世界。当蒙受海难的格利佛被搭救到‘拉普特飞岛’上时，他发现岛上的居民是他从未见过的最古怪的生物。他们在‘拉普特飞岛’上活动时并不关注眼前的东西，而是一只眼睛朝上，仿佛永远在仰望着星辰，另一只眼睛则永远向内，仿佛在不断反复地进行着空茫的内省。”② 这让我们很快可以想到康德那句名言：“有两样东西，人们越是经常持久地对之凝神思索，它们就越是使内心充满常新而日增的惊奇和敬畏：我头上的星空和我心中的道德律。”③ 也让我们想到黑格尔在评论康德哲学时说过的这样一段话：“上帝在看康德看来是……在经验中找不到的：既在外部世界中找不到，正如拉朗德所说，他曾经向整个天空去搜寻，却找不到上帝；也不能在内心世界中找到上帝。”④ 总而言之，“拉普特飞岛”是一个“飘浮在空中的岛”，而居住在“拉普特飞岛”上的人全部是符合柏拉图精神的人⑤。

因而，无论是“无人居住的水晶宫”，还是居住着稀奇古怪的人的“拉普特飞岛”，它们都由于人的“抽象化的思维形式”和“纯粹概念的、逻辑的反思”能力。用马克思的话来说，这是在人的实践活动中开展出来的人和自然的异化形式，是自然科学沿着“抽象物质的方向”发展的结果，而这种抽象物质的方向实质是“唯心主义的方向”⑥。

第二，人和自然之统一的历史根据，即“人化的自然”或“历史的自然”。在农村长大的同学可以感受到，最近20多年以来，农村的环境污染日趋严重，童年时代的潺潺流水已经成为美好的回忆。为什么会在20多年内发生环境的恶化？用马克思的观点来看，根本原因在于我们国家改革开放以后，河流开始归工业发展支配。一旦农村的河流归工业支配，河里有轮船行驶，它就会被染料和其他废料污染，鱼就会失去生存环境。这种河流污染是理解“人化的自然”的生动的例子。我们可以看到，面对人类生存环境的恶化、核威胁、恐怖主义等危机，思想家们纷纷提出应对之策。从总体上看，既然我们人类生活到今天，已经不可能回到无技术的远古时代，那么人文主义学者希图通过人类思维方式的改变，使事物从技术“座架”中疏松出来、开放出来，就是可想望的。怎么样才能将人从被技术统治的世界中解放出来？

---

① 海德格尔. 海德格尔选集：上卷. 孙周兴，选编. 上海：上海三联书店，1996：430-431.
② 巴雷特. 非理性的人——存在主义哲学研究. 段德智，译. 上海：上海译文出版社，2007：126-127.
③ 康德. 实践理性批判//康德三大批判合集. 邓晓芒，译. 北京：人民出版社，2009：172.
④ 黑格尔. 哲学史讲演录：第四卷. 贺麟，王太庆，译. 北京：商务印书馆，2013：283.
⑤ 同①127.
⑥ 马克思恩格斯全集：第3卷. 北京：人民出版社，2002：307.

我们根据海德格尔对存在意义的追问的思路，先来讲禅宗里的一个故事。这个故事很能够说明我们如何可能在思想方面从技术统治的世界里将人解放出来：一个学生长期以来苦思冥想，如何把一个从小养在细颈瓶里而现在已经长大了的鱼取出来，既不把它弄伤，更不把它弄死，而且又保证不能损坏瓶子。这个学生被搞得焦头烂额，没有办法，只好去请大师帮忙解决这个问题。大师转过身去，过了一会儿，突然大击一掌，大喊学生的名字，学生应声答道："我在这儿，师傅！"大师说："你看，鱼在外边！"也就是说，当你去考虑"鱼在里面"而想把它弄出来却弄不出来时，你已经变成"鱼"了，而你应声答道"我在这儿，师傅"时，你已经从那个问题中摆脱出来了。海德格尔就像禅宗故事中的大师那样去理解存在问题，而受制于技术"座架"框框的现代人则有点类似于那个学生。我们常常听到禅宗里讲，某人在研究禅之前，把山看作山，把水看作水；当他快入禅了，看山不再是山，看水不再是水；在彻底了悟之后，在他看来，山又是山，水又是水①。换句话讲，人被向人挑战的势力覆盖了，并且不能从这种覆盖中解放出来。比如，你买了一辆车，那么你的生活就被这辆车拴住了，油价涨上去了，你的情绪却消沉下来，不仅如此，你的一切就开始围绕着车转，甚至你的生活方式也会发生重大变化，对科学技术的追求是无止境的。所以我们讲到《老子》中"小国寡民"的那一章，虽有船和车，我却不用它作为代步的工具，虽然有先进的器械，但是我不用它。这样你就能够控制科学技术，而且看到它的弊端，这样才能成为真正的人。

当然，要解决科学技术造成的人和自然的异化，关键不在于我们如何改变思维方式，而在于看到人和自然的统一的真正基础。那么，这个基础是什么呢？

我们先来看马克思和恩格斯讲的一段话："人对自然的关系这一重要问题（或者如布鲁诺在第 110 页上所说的'自然和历史的对立'，好像这是两种互不相干的'事物'，好像人们面前始终不会有历史的自然和自然的历史），就是一个例子，这是一个产生了关于'实体'和'自我意识'的一切'神秘莫测的崇高功业'的问题。然而，如果懂得在工业中向来就有那个很著名的'人和自然的统一'，而且这种统一在每一个时代都随着工业或慢或快的发展而不断改变，就像人与自然的'斗争'促进其生产力在相应基础上的发展一样，那么上述问题也就自行消失了。"②

马克思、恩格斯的这段话主要有这样两层含义：

其一，对象性活动的实践原则首先在于解决"创造物的问题"。我们大家知道，马克思的历史理论特别重视"生产"这个概念，马克思把人类社会当中所有的事物都看作人类生产出来的。而实际上，"生产"这个概念在传统哲学中的应用并不普遍，在传统哲学中，比较普遍的是"创造"的概念。所谓"创造"，从概念的起源上说，源自基督教创世说。"创造"这个概念与"生产"这个概念究竟有什么区别呢？简单地讲，就是上帝无中生有地创造了世界，这种创造世界的概念是古希腊哲学不曾有过的，在古希腊哲学中通行的是"有"不能从"无"当中生出来。"有"只能生于"有"，或者说有定形之"有"

---

① 吕迪格尔·萨弗兰斯基. 来自德国的大师——海德格尔和他的时代. 靳希平，译. 北京：商务印书馆，2007：536-537.

② 马克思恩格斯选集：第1卷. 北京：人民出版社，2012：156.

生于无定形之“有”。马克思用“生产”的概念取代了“创造”的概念，实质上恢复了古希腊哲学的观念。也就是说，“生产”不可能从“无”中生产，而必须借助于客观的材料。客观的材料与人的生产密切不可分，这样的思想早在马克思的博士论文中得到过鲜明的表达。

讲到这里，大家会很自然地提出来一个问题：既然马克思不是谈论“创造”，而是谈论“生产”，这是不是意味着马克思只是关注“人造”，而不是“神造”呢？是的。大家又会很自然地提出，没有人之前，自然界不就已经存在了，澳洲的那些存在几亿年的珊瑚岛难道是人造的吗？还有，第一个人来自哪里？对这个问题的提法，马克思认为大家是讲了亚里士多德已经讲过的话：

> 你是你父亲和你母亲所生；这就是说，在你身上，两个人的交媾即人的类行为生产了人。这样，你看到，人的肉体的存在也要归功于人。因此，你应该不是仅仅注意一个方面即无限的过程，由于这个过程你会进一步发问：谁生出了我的父亲？谁生出了他的祖父？等等。你还应该紧盯住这个无限过程中的那个可以通过感觉直观的循环运动，由于这个运动，人通过生儿育女使自身重复出现，因而人始终是主体。
>
> 但是，你会回答说：我向你承认这个循环运动，那么你也要向我承认那个无限的过程，这过程驱使我不断追问，直到我提出问题：谁生出了第一个人和整个自然界？
>
> 我只能对你作如下的回答：你的问题本身就是抽象的产物。请你问一下自己，你是怎样想到这个问题的；请你问一下自己，你的问题是不是来自一个因为荒谬而使我无法回答的观点。请你问一下自己，那个无限的过程本身对理性思维来说是否存在。既然你提出自然界和人的创造问题，你也就把人和自然界抽象掉了。你设定它们是不存在的，你却希望我向你证明它们是存在的。那我就对你说：放弃你的抽象，你也就会放弃你的问题，或者，你想坚持自己的抽象，你就要贯彻到底，如果你设想人和自然界是不存在的，那么你就要设想你自己也是不存在的，因为你自己也是自然界和人。不要那样想，也不要那样向我提问，因为一旦你那样想，那样提问，你把自然界的和人的存在抽象掉，这就没有任何意义了。也许你是个设定一切都不存在，而自己却想存在的利己主义者吧？①

综合地来理解马克思的这段自问自答的话，大概有这样的意思：一方面，上帝创造说是一个很难从人民意识中排除的观念。这是人们试图将科学和神学关切及推理模式进行比较来阐明神学和科学融为一体的话语。另一方面，“自然界的和人的通过自身的存在，对人民意识来说是不能理解的，因为这种存在是同实际生活的一切明显的事实相矛盾的”②。换句话说，对人民意识来说，我们经验的统一性和一致性并不会要求或推导出所有事物整体的最终统一性这样的假设。尽管如此，要去理解上帝创造自然和人，也是一个异常困难的理解，因为当论及“创造”时，它意味着上帝可以去创造，也可以不去

---

① 马克思. 1844年经济学哲学手稿. 北京：人民出版社，2000：91-92.

② 同①91.

创造。“自然的被造一说的意思是自然不再可知或可思。如果要理解自然，我们不得不仰望上帝。”① 所有这些并不是说，“方法论上的上帝概念（以及普遍规定性原则）与我们的知性在某种程度上并无关联。这条原则确实是由一种非常根本的逻辑形式引发（或者说是从中推断出来）的，而从这种逻辑形式中也可以得出另一个重要的知性范畴，它允许我们使各种‘质’‘量’化，并将‘非实在’与‘实在’区分开来。这也是新康德主义科学理论的出发点。我们需要更详尽地阐明康德对‘否定判断’与‘无限判断’的区分，以及与这种区分相关的‘限定性’”②。所以，上帝创造说是一个困难重重的理论。然而，面对这个理论，马克思主义哲学似乎应该感到幸运，因为这意味着马克思主义哲学在基督教盛行的国家里也能够有一席之地③。

其二，对象性活动的实践原则解除了自然和历史的对立。在马克思那里有这样两个词，即“历史的自然”和“自然的历史”。这是马克思发现的某种观看自然的重要方式。在马克思看来，自然和历史绝不是对立的，那种脱离历史、脱离人的自然只是纯粹的抽象，对人来说，也是没有意义的。换句话讲，那种抽象的自然，那种只有通过物理学家、化学家的眼睛才能识破其秘密的自然不能成为人的自己生活的真正的基础。比如说，钱塘江作为杭州城市自来水的来源已经被剥夺了它所具有的丰富得多的存在。毕竟它原本属于人们在其沿岸开垦出土地、使人适宜于居住的自然河流。这样，扩大地看，地球不是单纯提供矿产或者化学上可分析的材料的自然天体，而是万物生长的母亲。只有从这个意义上来理解，我们才赋予大自然神圣性。我们为什么不会把亚马孙河当作我们的母亲河？因为它对于我们民族的生活来说是抽象的。我们为什么不会随便把一种神圣的意义赋予其他兔首或鼠首，而仅仅赋予在巴黎拍卖的那件文物？因为它承载着我们民族的一段历史。再比如，我们在北京城看见一些高级轿车，而一百年以前在北京城只能看见脚踏的人力车；或者，以前我们在海淀中关村一带只能看见一些荒地或者墓地，而今天则看到房屋和森林。如果没有工业和商业的发展，这些是不可想象的，而没有工业和商业，哪里会有自然科学呢？马克思说，甚至这个“纯粹的”自然科学也只是由于商业和工业，由于人们的实践活动才达到自己的目的、获得自己的材料的。总之，人和自然的统一，是通过人的实践活动而获得理解的。

第三，马克思对资本主义技术进步的批判。马克思在《共产党宣言》中说，资本主义打破了所有稳定的关系，这不仅表现在物质产品方面，而且也表现在为了人提供确定性身份证明的象征秩序的方面。具体地说：一方面，资本主义引进了一套惊人的报废动力学，以替代那注定要持续几代人的稳定产品：我们的生活被新的、更新的产品所轰炸，它们有时甚至在被完全使用之前就已经过时了。如果你想赶时髦，个人电脑必须每年都得更新。当然，这种不断更新的后果是永远生产成堆的垃圾。可以毫不夸张地讲，资本主义工业的主要产品正是垃圾，它把地球变为一个巨大的垃圾场④。有人会说，这是进

---

① 萌萌．启示与理性——哲学问题：回归或转向．北京：中国社会科学出版社，2001：49.

② 冯肯斯坦．神学与科学的想象——从中世纪到17世纪．毛竹，译．北京：三联书店，2019：457.

③ 曼斯菲尔德．古代与现代：关于施特劳斯政治哲学的几个小问题//萌萌．启示与理性——哲学问题：回归或转向．北京：中国社会科学出版社，2001：49.

④ 齐泽克．易碎的绝对．蒋桂琴，等译．南京：江苏人民出版社，2004：37.

步的代价。你看齐泽克的书以后，就不会这么天真地认为了。你不仅失去了悲剧感，而且会感觉进步是可笑的。但是，也许这种讽刺性仍然显示了一个更深层面的必要性，这种必要性就是满足人的一种需要，叫作等待美好社会来临的“候车室心理”。所谓候车室心理，在候车室里，工作人员发了一条通告：“本次列车将于18点到达，于18：20开出。”但是它从来没有在18点到达过。接下来的一条通告是“本次列车将于20点到达”，等等。你就继续坐在候车室里，想着：它肯定至少会在20：15到达的①。从根本上讲，这也是对美好社会期盼的情形。美好社会即将到来，我们的事业总是会越来越完善，这一点被反复宣告，而你在焦急的等待中其实非常清楚，它是不会到来的。但是不知道什么原因，你还是很高兴听到它被反复地宣告。想必，在你等车没有希望时，总比没有这种宣告来得更难过吧！首先我们可以假定某些超经济产品（例如世界和平）并不能由资本主义创造。很显然，在长期或者短期内，与民族国家制度相联系的资本主义积累的扩张、竞争以及剥削的逻辑必然会发生动摇，资本主义是而且在可以预见的未来仍然是世界和平的最大威胁。

另一方面，报废动力学也同样存在于人与人之间的关系之中。1970年，联邦德国总理勃兰特代表德意志民族和国家双膝跪在华沙死难者纪念碑前忏悔、认罪。有人认为，德国总理的这种下跪是善的“德意志精神”的核心部分。相比较之下，战后的日本首相就太顽固了。但是，照齐泽克的看法，“这里存在着一种方式，人们可以假装（说出）实情来说谎，也就是说，完全坦白地承认罪行是一种根本欺骗，是保存某个人主体位置的完好无损、免于罪行的特定方式。简单地说，有一种方法可以避免责任或者罪行，即通过一种非常夸张的方式强调责任或者展现出一种非常乐于承担罪行的态度。就像一个骗子认为他可以通过公开承认他的欺骗行径来挽回声誉那样，就像有些官员认为自己对某些集体决策的失误不断的自责性批评可以以某种方式免于被牵连那样。同样，在今天众多的访谈节目中，人们对自己隐私的细节的公开坦白，实际上并没有涉及任何有关主体的内心真实情况（也许是因为确实没有什么可说的吧），很可能有些有表现癖的访谈节目意识到，把人内心深处隐私的特质公开坦白出来的这种行径同样能够使一个人出名”②。在这一点上他的坦白本身显示的是虚伪。

这里，我们讲一个故事结束这里的讨论。传闻克罗地亚总统和他的亲信们腐败透顶，搜刮民众财产。有一次他与他的大家庭坐飞机出去观光。他说：“如果我把一张百万美元的支票从窗口扔出去，至少会让一个捡到它的人过上幸福的生活，那将会怎么样？”他老婆献媚地说：“可是，我的亲爱的，你为什么不把百万美元分成两张50万美元的支票分别扔出去呢？这样就会让两个国民幸福的。”他的女儿补充说：“为什么不把百万美元分成为四张25万美元支票扔出去呢？这样会让四个国民幸福的。”如此等等，直到最后，他天真的孙子脱口而出说：“但是爷爷，您为什么不直接将自己扔出窗外而让所有的国民幸福呢？”③

---

① 齐泽克．易碎的绝对．蒋桂琴，等译．南京：江苏人民出版社，2004：39．

② 同①42-43．

③ 同①49．

《 思考题 》

1. “技术”一词两种用法的依据是什么？
2. 揭示哲学家对待科学技术的不同态度的立足点是什么？
3. 机器的应用在何种意义上是普遍必然的呢？

第十章

认识的本质和特征

在《共产党宣言》中，马克思和他的战友恩格斯阐明："共产主义要废除永恒真理，它要废除宗教、道德，而不是加以革新，所以共产主义是同至今的全部历史发展相矛盾的。"① 从《德意志意识形态》开始清算"哲学信仰"起，马克思、恩格斯便与传统哲学划清界限，这里更包含着对传统意识形态的认识属性的彻底批判。

第一节　认识的本质

一、传统认识论定义

我们的知识是从哪里来的？是从天上掉下来的，还是从自己聪明的脑袋里长出来的？这个问题可以说是传统知识论（epistemology 或 theory of knowledge）的总问题。这个总问题我们必须放在哲学当中来把握。"哲学是对人与世界的关系的总体把握，而认识论通常被看作哲学的一个重要组成部分。认识论是关于认识的哲学理论，它主要研究认识的起源、发生和发展过程及其一般规律。"②

在西方哲学中，古代和近代的哲学家们主要是从人的认识能力的角度从事认识论的研究的。他们把有关人的认识能力的研究建立在人的感性和理性的基础上，从而形成了关于经验主义与理性主义的不同认识论。这种意义上的认识论，用康德的话来讲，就是研究有关认识的"起源、范围及其客观有效性"③。因此，传统认识论主要是从发生学意义上讲的，它们从研究认识的起源亦即感性和理性开始，到探讨认识的有效性亦即它的

① 马克思恩格斯选集：第1卷. 北京：人民出版社，2012：420.
② 肖前，黄楠森，陈晏清，主编. 马克思主义哲学原理（下）. 北京：中国人民大学出版社，1994：496.
③ 康德. 纯粹理性批判. 蓝公武，译. 北京：商务印书馆，1960：74.

普遍必然性和客观有效性等，并断定认识范围亦即是否只是在可见的现象经验范围之内。

总之，传统认识论具有发生学性质。但是，到了当代，传统认识论研究的内容有了比较大的变化，这个变化主要表现为从有关认识的发生学的研究转变为有关知识本身之所以为真的条件的研究，特别是研究有关知识的确证（justification）问题。1995年出版的《剑桥哲学辞典》对知识论做了这样的定义：知识论是有关“知识与确证性质的研究，特别地，有关（a）知识与确证的确定特征，（b）实质条件，以及（c）它们的界限的研究”①。所以，用“知识论”取代“认识论”这个词，更能准确地表现当代这个哲学部门发展的内涵②。

二、认识是在实践基础上的能动反映

在谈到马克思主义哲学跟非马克思主义哲学在认识论上的路线区别时，恩格斯和列宁都曾经讲到，在认识论中，历来存在着两条根本对立的认识路线：一条主张物质引起感觉、思想，从客观到主观，“从物到感觉和思想”；另外一条主张感觉、思想派生物质，从主观到客观，“从思想和感觉到物”③。这样两条认识路线的矛盾，是哲学上唯物主义与唯心主义两大基本派别之间的矛盾在认识论上的表现④，也是对世界的两种不同的“看”法。下面我们就具体来讲为什么会形成这样两种不同的“看”法。关键在于如何理解这里讲的“看”字。众所周知，人有五官。在五官中显然是眼睛更重要一些。春天来到，万物苏醒，我们到处看到春天的景象：昆明湖上泛舟、颐和园中探梅等等。所有这些都是通过我们眼睛看到的。用哲学的话语讲，我们用肉眼看到了存在者。我用肉眼看到了书本，用肉眼看到了教室。而如果有个高度近视并且不熟悉这个教室的人在寻找出口，我们告诉他“您看，门在那儿”，而他终于“看见”了门，他借助什么看见了门？不用问，当然还是借助眼睛。用眼睛我看见了这个门，用眼睛我看见了这本书，这是世界上最简单的事实。但是，我们要追问：我们用眼睛还看见了什么？我们说，看见了颜色，看见了多媒体播放出来的多彩的事物、闪耀的东西、光芒四射的东西，我们看见了亮光、光明和黑暗。而且，我们还看见了立方体形状的讲台、长方体形状的门。当然，像这个讲台的空间形状也可以用手触摸而感觉到，我们可以用触觉来对这个讲台的空间形状和这个门的空间形状做出区分。但是，我们不能通过触觉来感受颜色。一个人哪怕触觉再灵敏、再精细，他也没有办法通过触觉把一种颜色同另外一种颜色区别开来，当然，我们也根本没有办法去触摸闪耀的光。如果我们再问，我们用耳朵听见了什么？我们说，我们听见了声音，美妙的声音和嘈杂的声音。我们还可以听到运动的东西，比如，由远而近的汽笛声。到此我们总结一下，在任何情况下，用眼睛看，都会看见带颜色的或者光亮的东西。用视觉看见颜色我们简称为色感。同样，我们用眼睛看见了每个同学放在书桌上的书。到此为止，我们基本上是按照唯物主义者的认识路线来看事物的。

---

① Robert Audi. The Cambridge Dictionary of Philosophy. New York：Cambridge University Press，1995：233.

② 以上两段文字来自：陈嘉明. 知识与确证：当代知识论. 上海：上海人民出版社，2003：1-2。

③ 列宁选集：第2卷. 北京：人民出版社，2012：37.

④ 肖前，黄楠森，陈晏清，主编. 马克思主义哲学原理（下）. 北京：中国人民大学出版社，1994：497.

但是，我们再问一句，我们真的看见了书吗？这个时候，唯心主义者终于上场，他们不赞同唯物主义者的“看”法。他们重新追问：我们用肉眼看见了这些书吗？我们用肉眼看见了什么？我们用眼睛分明仅仅感受到了书皮、图案、棕黄颜色的标题。“换言之，严格地讲我们没有感觉到书，根本没有看到书，正像书根本没有被听到、嗅到一样。”① 我们最多只能说，借助眼睛来看一本书，如果没有一种更本源的能力的话，我们就根本看不见像“书”这样的东西。“书”这种东西不是单纯由颜色、纸张等等堆积起来的。因为我们在大家那里看到的“书”，明显是不同于“黄”颜色、“硬书皮”、“软纸张”等的某种东西。你总不能说，一本书就是由纸张、颜色这些质料构成的。“印有文字”是书之所以叫作书的基本特征。而正是这一特征使得书从物理存在物上升到社会存在物。在这种“看”中所看见的东西是理念。人不仅像康德所讲的给对象以形式，而且像胡塞尔所讲的给对象以内容。而无论唯物主义和唯心主义都非常自然地说“我们看见了书”，显然，这说明唯物主义所理解的看和唯心主义所理解的看是不一样的。为了说明这种不同的“看”，我们来举一个例子。台湾有一个奇石收藏爱好者，他收藏了许多酷似美味佳肴的石头，从颜色和形态上看都跟真实的菜肴没有分别，但是，没有一个人会拿石头当菜吃。“我们要知道这些石头不是菜，已经不再通过眼睛或者视觉感官；它是一种洞见，这种洞见不再通过单纯的颜色堆积而达到的，它根本不再具有感性的东西，而我们在某种意义上仍然在看（‘觉察’）。”②

现在，我们再来总结一下。唯物主义和唯心主义都强调看，唯心主义强调对理念的看，对理念的看即是对“是什么”和“如何是”的领会。显然，这不可能是我们肉眼的看。而唯物主义则认为，理念是不能看到的。它就像一棵树的阴影，应该是和树不同的东西，是不再能通过眼睛或者视觉感官达到的。也正是在这样一个意义上，恩格斯提出哲学的基本问题，即“全部哲学，特别是近代哲学的重大的基本问题”是“思维和存在的关系问题”③。恩格斯把“存在”和“自然界”并置，把“思维”和“精神”并置，这些大词都是关于传统哲学中的世界“本源”，即起源的概念。凡是认为精神对自然界来说是本源的，都属于唯心主义；凡是认为自然界是本源的，都属于唯物主义。值得注意的是，恩格斯并不认为唯物主义和唯心主义在本体论上的对立必然引致认识论上的对立。真正说来，它们只能与怀疑论和不可知论对立。我们今天是唯物主义大行其道的时代。“理念，是那种今天早已经变得令人怀疑的东西，仅仅是在口头上或者只是仅仅还可以在‘理想主义’的空谈中找到某种回应和关怀的东西。”④

因此，马克思主义哲学的问题在于：“存在”“真理”等需要从“理念”的唯心主义水晶宫中释放出来，从而进入本质上隶属于现实生活世界范畴的人所居住于其中的大地上。“在思辨终止的地方，在现实生活面前，正是描述人们实践活动和实际发展过程的真

① 海德格尔．论真理的本质：柏拉图的洞喻和《泰阿泰德》讲疏．赵卫国，译．北京：华夏出版社，2008：49.

② 同①50.

③ 马克思恩格斯文集：第4卷．北京：人民出版社，2009：277.

④ 同①47.

正的实证科学开始的地方。关于意识的空话将终止，它们一定会被真正的知识所代替。”① 只有在现实生活面前，思维与存在的关系才能得到实际的理解。

三、可见的和不可见的

前面讲到，借助肉眼我们感受到了可见的东西，这些可见的东西就是颜色、光的闪耀，还有光明和黑暗等等。然而，这里有一样特殊的东西，那就是光！光是不可把握的东西，就像空气一样，简直就是虚无。为什么这样说呢？物理学理论不是明确认为光是可以把握的一种东西吗？大名鼎鼎的牛顿，不是把光说成是微粒吗？惠更斯不是用波动说来形容光线就像波浪的运动吗？还有法拉第的电磁光学理论等。但是，当我们也像物理学那样看待光时，我们已经不再处于直接的看的活动当中了。在此时，我们只是把光当作自然事件，是把它作为研究对象，尽管也是“正确的”，但是不真实的。因为，我们不是在如牛顿、惠更斯和法拉第那样特意要去研究光的时候才看见了光，相反，如果我们要看到像颜色之类的大千世界里面的东西，光明和黑暗必然事先就被看见了。换句话讲，在大千世界可见事物的范围内，光明和黑暗不是像我们看见的椅子、桌子、颜色等等那样是比肩而立的，而是一种具有优先性的东西，是我们感受事物存在的可能性的条件。所以，美国盲人作家海伦·凯勒写了一篇著名的文章，大意就是说如果上帝允许她有三天眼睛恢复明亮的可能，她要做许多美好的事情。在真正矛盾的情况下，对缺失的否定也相当于是一种肯定。正如凯勒所说“我并非盲人”，这样一种否定是真正意义上的肯定。假如光只是微粒，只是电磁波，那么她原本就不要这样想。

所以，我们不能如物理学家那样，把光归结为世界上的某种东西。正是在这种意义上，传统哲学家比如费尔巴哈不过就是物理学家。马克思、恩格斯在《德意志意识形态》中说到三种“看”（直观）的形式：仅仅“看到”局限于“单纯感觉的”“眼前”的东西的“普通直观”；“看出事物的‘真正本质’的高级哲学直观”；介于两者之间的“二重性直观”。这里所谓的“高级哲学直观”就是费尔巴哈的认识方法论，而“二重性直观”则是“自然科学家”的认识方法论。它们的共同缺陷就是脱离实践，即工业、商业。因而，马克思始终强调传统哲学认识方法论的意识形态性质特征，即“异化”、“颠倒”、“歪曲”、“幻象”和“错觉”等认识论特征。

总结一下：第一，光明和黑暗是所有可见事物中，“我们”“最先”看到的东西。如果脱离现实基础，它与颜色之类的东西相比，本来根本不是一个可见事物的特性。第二，光不仅是穿透的东西，而且本质上是透明的存在②。但是，它不同于玻璃之类具体的透明的东西，所有具体的透明的东西，都以光明为前提。换句话讲，只有在光中玻璃这种东西才是透明的，才能让某种东西穿过自身而被看到。但是，这些看法中展现的是工业、商业的实践。第三，光明是相对黑暗而言的，但是，黑暗不同于一堵墙，一方面，一堵墙

① 马克思恩格斯选集：第1卷．北京：人民出版社，2012：153.

② 海德格尔．论真理的本质：柏拉图的洞喻和《泰阿泰德》讲疏．赵卫国，译．北京：华夏出版社，2008：53.

对于人来说是不透明的，恰恰是因为光明必然已经存在，而黑暗的不可穿透性则恰恰在于光明的不在场状态。另一方面，墙是不透明的，也恰恰因为它拒绝了我们的一种观看活动，而在黑暗当中我们同样可以保持视觉，比如，在黑暗当中我们看见了天上的星星①，是现代天文学研究、航天技术等人类活动使然。第四，老子有句话说，“知其白，守其黑”（《老子·第二十八章》）。他说这句话是什么目的？我们可以根据自己的理解来解读：在没有人之前，宇宙是完全黑暗的，有了人，于是我们点亮了蜡烛，接着有了电灯，还有各式各样的霓虹灯，整个城市的晚上就如同白天，企图照亮整个宇宙。然而，我们不应忘记我们原本的家是那无边无际的黑暗，点亮蜡烛、打开电灯，还有各式各样的霓虹灯的目的不是照亮宇宙，而是反衬出黑暗，以解蔽的方式接近掩藏。有一个故事说，一个人在路灯下找东西——例如手表、钥匙一类的东西。有人问他：你的东西是在这里丢的吗？他回答说：不知道。接着又好奇地问道：既然不知道，为什么在这里寻找呢？他回答道：只有这里有光亮。我们都是在路灯下寻找东西的人。这个世界原本沉浸在混沌与黑暗的奥秘之中，因为有了人，有了此在，存在得以天光一泄，于是有了光明。然而，这天光一泄的“林中空地”是解蔽，也是掩藏，而我们却以为只要点亮蜡烛、打开电灯，还有各式各样的霓虹灯，真理就一定在光明之中。结果，我们固执于解蔽的光明，燃尽了我们的希望，殊不知我们寻找的东西并不在路灯之下，而是湮没在漫无边际的黑暗之中。那么，我们怎样才能通过灯光去寻找灯光下面的东西？马克思认为，应该通过反映人的社会本质的实践活动。而海德格尔回答说：“让自身没入深深泉源的黑暗之中。”②海德格尔的这一想法实际上是受到了中国老庄思想的影响。第五，西方传统文明在认识论特征上讲，是一种单纯追求“光明”而遗忘了“黑暗”的文明。德国古典哲学家就曾经说过：“一切诞生都是从黑暗向光明的诞生，种子必须种入土地并在黑暗中死去，为的是让更美的光明形态成长起来，得以在阳光下发展。人也是在母体中成形，从无理智的黑暗（从感觉、渴望到知识的美丽之母）才成长出光辉的思想。”③ 与中国传统比较而言，西方传统哲学主张对事物的“知”。从这一点来看，唯物主义也属于西方传统，因为唯物主义者是很重视知识的。列宁说：“唯物主义者推崇关于物质、自然界的知识，把上帝和拥护上帝的哲学混蛋打发到阴沟里去。”④ 老庄主张“掉知”，祛除知。海德格尔则主张“知”然后“掉知”，或者说，通过“知”而通达“非知”的源始境域。

四、人的实践活动与存在的意义的彰显

在讲这个问题时，我们先来讲一讲《庄子》中的“鱼之乐”这一寓言。《庄子·秋水》篇中“庄子与惠施濠上观鱼”大家耳熟能详。从字面上看，这个寓言的大意是，庄

---

① 海德格尔．论真理的本质——柏拉图的洞喻和《泰阿泰德》讲疏．赵卫国，译．北京：华夏出版社，2008：46-57.

② 张祥龙．海德格尔思想与中国天道．北京：三联书店，1996：443-444；张志伟．“白天看星星”——海德格尔对老庄的读解．中国人民大学学报，2000（4）.

③ 谢林．对人类自由的本质及其相关对象的哲学研究．邓安庆，译．北京：商务印书馆，2009：74.

④ 列宁全集：第55卷．北京：人民出版社，2017：143.

子与惠施游于濠水的桥上，见水中鱼儿游得悠然，庄子说："你看鱼儿在水中是多么快乐呀。"惠施反驳说："你又不是鱼，怎么知道鱼快乐不快乐？"庄子回答说："你又不是我，你怎么知道我不知道鱼快乐不快乐？"惠施很机敏，他立刻利用庄子的逻辑反驳庄子："我不是你，当然不会知道你。但是有一点很清楚，你也不是鱼，所以你也不可能知道鱼是否快乐。我们用不着再争论了。"本来到此庄子已经无话可说，因为惠施利用的正是庄子自己的论据。然而，他把话锋一转："请循其本——请回溯到我们对话的本来语境中。你曾问我：'你怎么知道鱼是快乐的？'这样的话，可见你从根子上已经知道我知道鱼是快乐的了，故有此问。现在我可以告诉你，我是在这濠水的桥上知道的。"

每当我们读到这个寓言时，总感到是惠施而不是庄子占了上风，因为庄子明显在狡辩。可是，从哲学的语境讲，庄子与惠施各有道理，庄子与惠施的区别在于他们的境界不同。惠施的观点是一种知识层面上的观点，惠施要求在认识中必须有所区别，你是你，我是我，人是人，鱼是鱼，界限分明。这种区分的确是从逻辑形式中得到重要的知性范畴的结果，以此，以为他自己拥有私人的、最当下的感知才是真实的。而庄子所代表的则是天地与我共生、万物与我为一的本源境域。换用现代哲学的观点看，庄子已经认识到，理解一开始就是公共的，总是以他人的接受、以主体间的有效性为前提的。因而，我与鱼是同一的，我与鱼的差别，乃至我们之间的意见分歧，恰恰是因为我和鱼有着黏黏糊糊的缠绕关系，甚至有着同样的存在基础。你惠施的看法乃是因为遗忘了那本源境域，我和你之间、我和鱼之间，原本在本源境域之中水乳交融、无分彼此，因而是"相知"的。不过，这种本源性的"相知"，早已被我们遗忘了。所以，庄子说："请循其本"，这里所说的"本"通常被理解为论辩之初的语境，但是也可以理解为本源境域。所谓"请循其本"亦即深入到知识分歧的本源处。本来万物是融会贯通的，有了知才有了分别，有了知才有了没完没了的争论，因而知是多余的和无意义的，甚至是有害的，去掉知才能达乎本有，所以，庄子主张"掉知"。庄子与惠施之间争论的启示是，当我们一味地追问知识和对象是否符合一致时，如果不能深入到这个源始境域，就会遮蔽认识论的语言属性，随之问题是永远也得不到解决的。庄子贬低知识，是要回归自然，让所有的东西都保持自身于黑暗之中，鱼相忘于江湖，人相忘乎道术，以避免失去原始的纯朴性。庄子的这种思想与西方的传统思路大不一样①。

而马克思主义哲学主张则有这样几个要点：第一，应该把认识问题跟实践结合起来。因为认识是通过实践而获得的，认识也是为实践服务的。实践是本根。第二，在认识与实践的结合上，实践应该占上风的。同时，某种知识是不是正确，不一定马上能够看得出来，而应该运用于实践时才能有个分晓。或者说，经过多级抽象出来的思想认识只能"悬浮于空中的意识形态的领域"②，变成完全脱离产生它们的根源的神秘的东西③。第三，人的实践活动的目的性也为检验理论知识正确与否提供了可能。人的实践活动显然是有一定意义和目的的。人的实践活动既不像庄子和惠施所说的鱼那样知不知道自己的快乐，也不像克雷洛夫寓言中所说的猴子那样，每天拖着一块木头跑来跑去，漫无

---

① 以上内容来自：张志伟."白天看星星"——海德格尔对老庄的读解. 中国人民大学学报，2000（4）。

② 马克思恩格斯文集：第10卷. 北京：人民出版社，2009：598.

③ 赵敦华. 马克思哲学要义. 南京：江苏人民出版社，2018：98.

目的。

第二节 反映是人和世界的关系的一个重要方面

唯物主义反映论内在地包含着可知论。不可知论是一种怀疑世界的客观存在和人类正确认识世界的能力的哲学观点。不可知论的基本特征是：夸大感觉的主观性和相对性，把感觉当成人的意识和客观事物之间的屏障，在人和世界之间设置一道不可逾越的鸿沟，根本上割裂了人和世界的关系①。但是，西方启蒙以来的工业革命导致了“技术理性”的无限膨胀，它背后支撑的“法则”同时表现在两个方面：(1) 宇宙事物没有人不能认识的。(2) 自然是人取之不尽的源泉。于是，人自身与外部世界都在人的僭越中失去了应有的界限。今天地球的灾难归根结底都是这两个方面内容招致的恶果②。

一、形成不可知论的主要原因

我们所说的不可知论，因为它经过属神的知识与属人的知识的转度，首先就是要思考不确定性、意外，思考人类知识本源性的意外的、不确定的特征。如果可以这样说，那么，由属神的知识到属人的知识的转度最终奠基于实践的知识。

第一，人类实践中的矛盾促进了不可知论的发展。譬如，在 18 世纪，可以说任何一部关于科学认识的著作都有一个共同的特点：以让理性在神秘的不可知深渊面前颤抖为己任。面临许多高深莫测的未知，我们会感到头晕目眩，而当时的书籍就会拿这一点大做文章。譬如，为了搞清楚电学迅速获得人们极大兴趣的原因，有人甚至认为，历史进程的基本法则似乎被电学方面的进展全部颠覆了，而且是被一些仿佛最不起眼的原因颠覆的。最重要的效应好像由无足轻重的原因造成，一些似乎与此毫不相干的原因也在起作用。在这里，人们看见用冷水点火，或者用冰块点火的矛盾经验。对于当时的人们来说，实体中不“含”火的水和冰居然放射出火花，是多么令人惊愕③。那么，在今天看来，实体论知觉是理解这种现象的障碍。而同样密切关注电学方面各种发现的马克思却表现出欣喜。“因为马克思首先是一个革命家。他毕生的真正使命，就是以这种或那种方式参加推翻资本主义社会及其所建立的国家设施的事业”④。

第二，过于简单化和费解的综合也会引发不可知论。在自然发展史上，动植物是如何出现的？这是一个非常难解决的问题。有些人试图提出一种总体解释，“将动植物的出现与离心力结合起来，而离心力又与电动势相联系。因此，原先蜷缩在蛹里面的四脚动物早就受到电动势的刺激，它们在同样的电动势的作用下站起来，并开始在地上走动。有一个科学家写道：电力机器的震动使小纸人在空气中站立、摇晃。这个实验相当清楚

---

① 肖前，黄楠森，陈晏清，主编. 马克思主义哲学原理（下）. 北京：中国人民大学出版社，1994：502-503.

② 张志扬. 偶在论谱系：西方哲学史的“阴影之谷”. 上海：复旦大学出版社，2010：391.

③ 巴什拉. 科学精神的形成. 钱培鑫，译. 南京：江苏教育出版社，2006：33-34.

④ 马克思恩格斯选集：第 3 卷. 北京：人民出版社，2012：1003.

地解释了足类动物是如何站起来的，另外，关于为何一部分动物继续行走，而另一部分动物则继续飞行，都可以这样来解释。因此，空气中经过地球自转的接力的电动势，是造成动物具备站立的能力的主要原因。今天，我们不难理解，一个8岁的孩子也能够知道自己只要掌握一套学究的词汇，就足以杜撰这种脱离劳动实践基础的无稽之谈。而这样的事情发生在18世纪一位被学术界关注、被一流作家引用的作家身上，就令人奇怪了”①。实际上，我们也不难想象今天的科学界仍然充满这种无稽之谈，虽然今天的无稽之谈可能更具有科学的伪装，在某种意义上，“物质生产条件归根到底决定人们意识的道理是传统哲学家必然和始终没有意识到的，正是这种科学界的蒙昧主义、神秘主义和偶然性崇拜诱发了不可知论”②。

第三，马克思主义哲学特别注意实践在认识过程中的作用。列宁有两句话说得好：“人的意识不仅反映客观世界，并且创造客观世界。”③“世界不会满足人，人决心以自己的行动来改变世界。”④ 从以上两句话中，我们可以看见马克思主义哲学是如何彻底地抵御了不可知论。那么，“哲学家们只是用不同的方式解释世界，问题在于改变世界”⑤，马克思的这个观点具有什么样的哲学意义？马克思对唯心主义的批判当然是家喻户晓的。例如马克思对黑格尔哲学的批判。但是，让“马克思感到恼怒的是当时最新的唯物主义，也就是费尔巴哈的唯物主义。我们知道，整个唯物主义最核心的命题，就是承认世界上一切存在物的终极本质就是‘物质’，这应该没有什么问题。让马克思感到恼怒的是，当费尔巴哈的唯物主义同人类需求和利益联系起来思考问题时，竟然是‘解释性’的，而不是‘实践性’的”⑥。

其一，费尔巴哈的唯物主义是跟人本主义结合在一块的。它强调人在自然中的位置，同时强调世界对人类感官的“给予”。马克思超越了费尔巴哈的这种抽象的唯物主义观点。马克思认为，最根本的事情，不是世界是由可以感性感知的物质组成的，更重要的在于人同自然的相互作用。它的意义在于，世界在我们面前的样子并非原本呈现，而是通过人对它的实践活动呈现出来。这是马克思成熟时期的基本思想。在实践的唯物主义视域中，完全由本能决定的行为（比如对许多昆虫来说，一个特定的刺激总是毫无例外地引发同样的反应）所引发的系列行为不会带来任何改变。人类虽然有很多习惯行为，但这些习惯行为很少是由本能而非历史、非目的决定的。只要是创造性的行为总会带来世界的改变。

其二，《关于费尔巴哈的提纲》又被人们称为社会的实践唯物主义纲领。马克思的新唯物主义与传统的唯物主义没有多大关系。无论是“对象性或直觉的”唯物主义，还是马克思自己的实践唯物主义都跟物质本体论之形而上学没有关系。在《关于费尔巴哈的提纲》的第一片段中，马克思使用了德语的“客体”（Objekt）、“直观”（Anschauung）、“感

---

① 巴什拉. 科学精神的形成. 钱培鑫，译. 南京：江苏教育出版社，2006：35-36.

② 赵敦华. 马克思哲学要义. 南京：江苏人民出版社，2018：99.

③ 列宁全集：第55卷. 北京：人民出版社，2017：182.

④ 同③183.

⑤ 马克思恩格斯文集：第1卷. 北京：人民出版社，2009：502.

⑥ 奥斯本. 问题在于改变世界：马克思导读. 王小娥，译. 北京：中信出版社，2016：25.

性”（Sinnlichkeit），这些词都是日常用词，在康德那里被赋予了专业意义，然后成为德国哲学传统用语。值得指出的是，马克思改变了康德非常著名的所谓“哥白尼式革命”。对于马克思来说，我们的对象世界是由于我们的活动的参与而被构成的；“对于康德之前的哲学来说，我们的对象世界是现成地被给予我们的。对于康德来说，如果对象世界完全独立于主体，那么它怎么能够被主体认知呢？在康德看来，正是主体内部常见的心智结构让知识成为可能。这样的知识尽管在形式上是主观的，但是只要这些结构还是所有知识通用而必要的要素，它就具有客观有效性”①。

对于马克思来说，“如果活动让人类主体变得‘感性’和‘客观’，它就会改变客体世界。因此，人的存在的任务就不仅仅在这个世界中去认识、居住和生活（旧唯物主义的立场），还在于去改变世界。‘革命性’、‘实践批判活动’的直接目的就是改变世界”②。从改变的角度看，人的世界是一个不断延续而一直在改变的过程。世界的统一性不是既定的，而是过程中的统一性。

二、宽泛意义上的认识（知识）概念

按照中文习惯来理解“知”，可以分别理解为“懂得”、“认识”和“知道”这样三种含义。因此，“知”首先意味着某个人具有某种形式的能力。比如，说某人懂得希腊文，懂得计算机修理，这就是说他能用希腊文说话和写作，具有修理计算机的能力。其次，“知”意味着认识某物或某人。当我说认识苏格拉底时，这意味着我与苏格拉底相互认识，相互了解。再次，“知”指的是认识到某种信息性的东西。例如，我们看到，人要健康、不生病，光光讲卫生还不行，街上的那些乞丐不讲卫生却并不生病，或者不那么像我们想象的那样容易生病。因此，我对健康有了一些新的认识。我认识到人为什么会健康，这意味着我对健康有了一定的知识。我们认为，“知”的以上三种含义是相互包含、相互兼容的。但是，这三种含义当中，尤其以“知”的“信息”含义为最根本。因为，无论是懂得修理计算机，还是认识某人或某物都蕴涵有掌握信息的意思。

如果我们再从知识的种类角度划分，可以根据学科门类把知识划分为自然科学与社会科学两大类，然后再做出数理化、文史哲之类的二级划分。哲学史上对知识做出的分类，则主要有两种。一是根据自然与人、客体与主体的区别，将有关它们的哲学思考区分为理论知识与道德知识。在亚里士多德那里，道德知识被叫作“实践知识”。康德继承了这种划分法，使哲学有了“纯粹理性批判”与“实践理性批判”两大基本部分，它们分别对应于科学与道德两大领域。二是从传统认识论的角度，根据人的认识能力的类别，把知识分为感性知识与理性知识。感性知识直接来自我们的感官，它包括感觉、知觉等，其特点是认识的直接性和不确定性③。比如，我有一种特别愉快的感受，但是我不清楚这种感受确切地来自哪里，我不能予以明确的定义。也就是说，它不像我们能够看到、听到或触摸到的物体。感受与具体实物的不同在于，它是无形的、不可捉摸的。正因为

---

① 奥斯本．问题在于改变世界：马克思导读．王小娥，译．北京：中信出版社，2016：31-32.

② 同①35-36.

③ 陈嘉明．知识与确证：当代知识论．上海：上海人民出版社，2003：28.

如此，虽然我们通过吃药、饮酒、泡温泉、锻炼身体等方式来医治我们的某些痛苦的感受，但是从生物学的角度来看，不论是普通老百姓还是科学家都未能清楚地解释感受是什么。“理性知识则来自我们的理性能力，它包括概念、判断和推理等等要素，其特点是认识的概念化、确定性。”①

三、社会知识论和知识社会学

我们先来提出几个问题：假如某个人称自己是某一领域里的专家，那么一个外行人如何能够确定这一点？这里实际上提出了这样一个问题，在什么情况下人们应当信赖他人的说法或报告？听者要在知道哪些条件的情况下才能够相信说者②？“这里实际上涉及了知识在何种程度上包含了社会的条件的问题”③，在历史上这一问题最多是通过所谓“佐证”来解决的。索萨在《知识论指南》中对此的说明是：“不论从实践方面还是理智方面，他人的佐证都是重要的。我们依据它来把握历史、地理、科学以及更多的东西。”④ 施密特认为，我们的一些知识只能来自佐证，例如我们的出生日期、姓名、所生活的国家等。甚至当选的总统也得从负责选举的官员所宣布的证言中得知自己当选。此外，人们一般不会通过自己的第一手经验来检验佐证报告的真实性，因为在大部分情况下他们既缺乏时间，也缺乏有关的信息源泉⑤。

可以看到，知识社会学有一个重要的前提，即视角的获得。一个农民的儿子，如果在他村庄的狭小的范围里长大成人，并在故土度过整个人生，那么，那个村庄的思维方式和言谈方式在他看来便是天经地义的。但是对于一个迁居到城市并且逐渐适应了城市生活的乡村少年来说，乡村生活的思维方式对于他来说便不再是理所当然的事情了。他已经与那种方式有了距离，而且此时也许能够有意识地区分乡村的和都市的思维方式或观念。在这个例子中，“乡村的”这种知识类型含有一种更独立的视角⑥。“知识社会学的任务在我们举的例子中得到了很清楚的说明。发现和确定他早期的思想方式是与都市不同的乡村环境相适应的，这说明，不同的视角之所以特殊，不仅在于它们以不同的视野和整个现实的不同的部分为前提，还在于不同视角是受与它相关的社会状况制约的。”⑦ 这就是历史唯物主义所谓的生产力与交往形式的关系问题，也就是交往形式与个人的行动或活动的关系问题。

西方知识论文献中，传统的知识被看作一种确证了的、真实的信念，也就是说，知识是由信念、真与确证这三个要素组成的。按照这一定义，知识首先必须是真的，并非如此这般的东西，是不能指鹿为马的（What is not so cannot be known to be so）。因此“真”构成知识的必要条件，这不会有疑问。不过，仅仅“真”还并非知识，你还必须相信它。不相信的东西，不可谓知识。你不相信太阳系有八大行星，就不能说你认识到这

---

① 陈嘉明．知识与确证：当代知识论．上海：上海人民出版社，2003：28.

② 同①296.

③ 同①302.

④ 陈嘉明．社会知识论（下）．哲学动态，2003（2）.

⑤ 同①308-309.

⑥ 曼海姆．意识形态与乌托邦．黎鸣，等译．南京：译林出版社，2016：281.

⑦ 同⑥283-284.

一事实。而当你把某个观念当作知识看待时，你已经把它当作真的，或者相信它是真的了。因此，信念也被列为知识的必要条件，它构成了知识的第二个要素①。“虽然主流的观点承认真与信念构成知识的两个要素，但即使这两个要素相加也不必然产生知识。例如，一个对气象学一无所知的人可以断言明天是晴天，且结果可以如同他所相信的那样，但他对自己所相信的东西却无所认识。”② 这也就是说，即使知识包含信念的因素，但是并非所有的信念都是知识，那些错误的信念就谈不上是知识，至少宗教性的、常识性的信念就是如此。

第三节　实践及其在认识中的基础地位

实践是检验真理的标准。这个观点改写了德国唯心主义的“存在与思维同一性”的真理观。马克思并不否认“符合论”的真理观，但是强调思维与存在同一性是个“实践问题”。

一、传统哲学对实践活动采取轻视态度的观点

西方传统哲学重视精神、轻视物质，从而轻视动作、行为和制作。马克思如阿伦特所说的那样试图颠覆古希腊“（奴隶）劳动—（工艺）制作—（政治）活动—（哲学思考的）理论活动”依次愈来愈高的传统，要把一切都归于“劳动”，并以劳动为奠基来构建一切新的主体性。我们现在通常把“科学”和“艺术”这两个词分开来使用，而事实上，在人类文明的历史上曾经有过一段时间，“科学”和“艺术”实际上是具有同样的意义的两个名词。我们现在所谓的“文理学院”一语还是那段时期的观念在大学组织中的遗留。我们现在所见到的“工艺”和“文艺”的区别则多少反映了工业艺术与社会艺术的区别。工业艺术涉及的是事物的艺术，而社会艺术则直接涉及人事的艺术。显然，传统一直坚持涉及人事的艺术要比涉及事物的艺术高级。道理也很简单，与人相关的文艺包括更多的知识和理论上的问题，它需要更多地用“心”。比如，那些研究语言的文法、研究修辞学、从事文学创作、从事说服的艺术就比铁匠和木匠的手艺要“高尚”一些。在传统文明中，机械学是与工业艺术有关的，它在社会的等级上就比较低下一些。进行工艺教学的学校属于职业教育，就是向已经精通手艺秘诀的人们学习。学徒从字面意义上讲就是“通过做去学”，而“做”就是机械地重复和模仿师傅的动作，直到自己获得这种技巧为止。而那些学习文艺的人是占有一定权威地位的人，是一些掌握着权力的人。这些人生活富裕，有充分的自由时间。而他们的学习不是机械地重复，他们的学习是“理智上的”，是用心灵而不是身体去学习的③。

那么，为什么那些搞文艺的人比较受尊重一些？从历史上看，这与人类与生俱来的安全需要联系在一起。人生活在这个世界上的第一需要就是安全。人寻求安全有两种途

① 陈嘉明．知识与确证：当代知识论．上海：上海人民出版社，2003：31－32．
② 同①34．
③ 杜威．确定性的寻求——关于知行关系的研究．童世骏，译．上海：上海人民出版社，2005：55．

径。一种是，与他生存的险恶环境保持一种和解的关系。这种和解的方法多种多样，对于过去的人来讲，有祈祷、献祭、巫术等等①。过去的人关心和注意预兆、预言，举行典礼仪式、使用具有魔力的对象来控制自然事物。这跟我们现代人使用工具和技艺是一样的。这在过去具有原始宗教的意味。原始宗教就是当时的人们在困难中想象出的用来救命的东西，就像落水时想抓住的一根稻草那样。“过去有人曾经相信，魔术的仪式将会促进种子的生长，保证庄稼的丰收。这种信仰冲淡了人们研究自然规律的热情。”② 不久，这些方法因为拙劣而被废弃了。取而代之的是奉献忏悔的心灵。人们认为，只要有忏悔的心灵、虔诚的心灵就能够顺应命运而避免失败。另一种是，人们通过劳动发明许多艺术，以此来利用自然的力量。比如，人们建造房屋、制作衣服、利用火焰，给我们自己的生活构筑了避免威胁的堡垒。从知识发展的历史来看，人们最初要认识自然、利用自然，那是因为为了生活人们不得不这样做。而其他动物的机体有一种天赋的本领，能够给它们的动作以有机的指导。但是人就没有这么幸运，他在面对自然威胁时，不得不自问怎么办。这就自然而然使他想到通过行动改变世界的方法。但是，从一开始人们就感觉到用劳动改变世界的方法是与神的力量有冲突的，与神相对抗那是多么危险的事情。因此，人类虽然从许多艺术中感受到愉悦，但是同时却不相信艺术是对付人生严重危险的方法。所以，哲学家感觉到行动的方法还不如在观念上改变自我的方法安全。在哲学史上，一直很少有人像马克思那样主张人类通过艺术来改变世界，来建立一个正义、平等的未来社会，而那些宗教导师则只是主张改变内心感情的方法来对付人生的危险③。

总的来看，传统文明就是建立在这样一个观念基础上的：利用艺术来改变世界的方法是低下的，与艺术相联系的活动也是卑贱的。这一看法很少有所改变。马克思在《关于费尔巴哈的提纲》中指出，费尔巴哈在《基督教的本质》中推崇理论的活动，把理论的活动看成“真正人的活动”，而实践活动就等于犹太人卑污的生意活动。因此，马克思认为，费尔巴哈“不了解‘革命的’、‘实践批判的’活动的意义”④。

二、劳动具有异化的性质

由于哲学家轻视体力劳动，因此，我们往往会把哲学家看成是“看不起实践”的始作俑者。这种看法不符合马克思主义哲学的观点。哲学家充其量只是把轻视实践的态度加以合理化、理论化而已。哲学家把理论摆到比实践更重要的位置上，并且总是觉得自己优越，这里面有许多社会存在方面的根源，其中主要有这样几个因素。

> 其一，劳动从来就是繁杂、沉重、辛苦、劳累的，自古以来就受到诅咒，今天也不例外。其二，劳动主要是为了谋生，是被迫去做的；而理智活动则是跟自由时间联系在一起的。人有了自由，那当然就愉快了。其三，由于实践活动是不愉快的，占据有利地位的剥削阶级就自然把自己应该承当的劳动转嫁到奴隶和农奴身上，以

---

① 杜威. 确定性的寻求——关于知行关系的研究. 童世骏，译. 上海：上海人民出版社，2005：1.

② 同①29.

③ 同①1-2.

④ 马克思恩格斯文集：第1卷. 北京：人民出版社，2009：499.

致整个社会鄙视这个阶级，因而也鄙视这个阶级所做的工作。①

人们为什么要轻视体力劳动？为什么要夸耀非物质性的东西？为什么要把最美的词献给那些精神劳动者，而很少去赞美体力劳动者？这里还有很多问题需要解释。其中，一个重要的解释是：人们把理论看成高于实践的传统观点跟人们寻求绝对不变的确定性联系着。按照传统的观点来看，最保险的事情是理智的活动，据说，理智的活动可以抓住普遍的东西，而所谓普遍的东西就是固定不变的东西。实践活动有一个内在而无法排除的不确定性。有句老话说得好，谋事在人，成事在天。更何况这个世界上考虑不周到的实践行动每天都在发生。因此，实践总会面临危险。我们常常害怕行动，相反却喜欢想来想去，其中很主要的原因在于，这样比较稳妥，不需要顾及意外的后果，总之比较安全。按照伊壁鸠鲁那样的传统哲学，内心平静是幸福的前提。理性活动本身就是完满的，不需要把它表现出来。从这个意义上来看，那些对现代科学技术持批评态度的人，实际上就是看到了科学技术实践提供给人类的安全是有限和相对的，是不完满的，相反甚至增加了新的危险。因此，需要对它有适当的限制措施。

传统哲学轻视实践有其本体论上的理由。刚才我们讲了，“实践领域是一个不确定性的领域，是一个变化万千的领域。变化意味着偶然，其中不可避免地包含着机遇、风险、运气之类的东西”②。这说明实践领域不是一个真实的或者完全实有的领域。它并不涉及全部实有和知识本身，而只与特定的时间、特定的地点有关。对于过去的人来讲，“如果要谈‘有’就是永远有。说它有，又说它没有了，这是自相矛盾的。如果它没有缺陷，它又何必变化呢？凡是变化的东西都只是偶然发生的事情，而绝非真有。总之，实践作为生成变化着的世界是一个崩溃破坏着的世界”③。它是人类灾难的根源。而那种绝对确定的东西是可以通过理性的直觉去把握的。过去时代的人感觉到，人们可以像几何学和逻辑证明那样来证明不变的东西在价值上高于变化的东西。最开始人们为了在充满危险的世界里求得自保而去追寻绝对确定性，而这种绝对确定性从形式上已经在理智的直观当中被把握到了。从此，哲学对普遍、永恒的东西的肯定就成为习惯思维。

三、理论与实践的截然划分对于认识论的影响

传统的哲学思想把知识和实践彼此分开，直接导致对观念的作用的夸大。如果从词汇的语义上讲，唯心主义认为观念具有很强的重要性，具有很大的力量，照理说，这一点是不错的。从某种意义上讲，人类之所以成为人类就贵在有观念、有思想。但是，问题在于唯心主义把观念的功能和观念的验证同实践孤立开来了，它的目的在于夸大思想观念的作用。在唯心主义者看来，独立的思想观念具有一种综合性活动能力，就像著名

---

① 杜威．确定性的寻求——关于知行关系的研究．童世骏，译．上海：上海人民出版社，2005：2.

② 同①97.

③ 同①97.

的建筑大师贝聿铭在头脑中能够预先设计一座建筑物。设计是思想的结果。至于一栋真正能够居住人的房子，是由一块块砖头、一包包混凝土垒砌而成的，要完成这项工程就需要实际的操作和行动了。否则，唯心主义者就等于说，我们能够在头脑里通过思想把一块块砖头、一包包混凝土变成一栋房子。从理智上讲，这样的思想除了美感上的把玩之外，没有任何其他价值。

理论与实践的截然划分贬低了实践的目的性。有人曾经把唯物主义者叫作“硬心肠”的人，相反，唯心主义者则就是“软心肠”的人。我们可以通过一个事例的对比来说明它们。一个旅行家新到一个国家，发现许多物品如地毯、瓷器、丝绸和雕刻等等被用来达到各种各样不同的目的。他为这些物品的精美和雅致的设计而感动，感动到无以复加的程度，他肯定地说，这些物品只是偶然地被人利用的。他甚至认为，它们被用来作为工具和器具绝对是那个野蛮地区的人的过错，是一种功利主义战胜了审美主义的结果。因此，这个旅行家采取的就是一种纯美术的态度，成为唯心主义的化身。而另一个“硬心肠”的旅行家就深信，这些物品是人们有意识地进行利用的，而且是为了那个生存的实用目的才制造它们的。他不会像柏拉图那样，认为这些物品只是地毯、瓷器、丝绸和雕刻等等理念的模仿或者不合适的现象样品①。

理论与实践的截然划分促使虚拟性事物发展起来。我们发现，现在流行起来的虚拟性哲学，它的源头在过去的唯心主义哲学之中。有人认为，虚拟是今天新哲学的出发点。但我们不这么看。虚拟不就是以数字化方式构成一个虚拟空间吗？符号的发现或发明正是今天网络发展的前提。符号的发现或发明是人类历史上了不起的事情。有了符号之后，那些对于现存的现实性而言不可能的事物也成为现实的事物了。比如，“如果一个人放一把火或者侮辱一个跟他过不去的人，他如果实际地采取行动则效果立见，锒铛入狱无法挽回。但是如果他私下用符号来把这种动作演习一遍，他便可以预见和体会这种动作的结果。然后，他就可能根据所预见而尚未成为事实的东西来外在地采取行动或不采取行动”②。所以，虚拟世界或者符号世界解决了人类的一个基本问题，这个问题就是：在一件事情还没有结束或还没有一个结果时，我们如何能预见它的结局？

回答这个问题，又关系到我们如何能够有意地管理事情的发生。这个问题可以用悖论形式转换为：我们怎样能够不采取行动，不做任何事情而仍然有动作③？这个问题可以简单地理解为方和圆与方的圆和圆的方的关系。现实世界里只存在着方和圆，方的圆和圆的方则是虚拟的，不可能是现实的。方和圆作为现实的事物，能够产生各种各样的可能性，但是永远产生不了方的圆和圆的方。所以，方的圆和圆的方对于方和圆来说就是不可能性，但是，对于虚拟而言，方的圆和圆的方恰恰是正常的。从这个意义上讲，观念和符号具有独立构建现实中不存在的东西的功能。

四、实践与认识

传统哲学从来就是把理智看成高于实践的东西，这个看法仍然被保留至今。只要我

---

① 杜威．确定性的寻求——关于知行关系的研究．童世骏，译．上海：上海人民出版社，2005：112-113.

② 同①115-116.

③ 同①115.

们看一看有关认识论的书籍或某些哲学杂志就可以做出判断。现在许多哲学大家仍然把认识论问题放在“意识论”里面来讨论，可以看出传统的观念如何死硬死硬地影响着他们。如果我们没有认识到这一点，也就很难领会马克思主义哲学强调实践在认识中基础地位这个观点的重要性了。

首先，实践是认识的来源。这是马克思主义哲学的基本观点。这种观点并不深奥，在日常的事物当中就可以理解。比如，当我们试图弄明白一个模糊不清的对象的性质的时候，我们会做各种动作，希望通过各种动作和它建立一个新的关系。我们把它翻来覆去，拿到光线比较亮的地方，摇晃它，用手推动它，等等。当我们没有做这些动作之前，这个对象还令我们困惑不解。而采取这些动作的用意就在于促使它发生变化，产生一些先前未曾感知的性质，并且改变知觉的条件，以摆脱妨碍着我们认识这个对象的特性的因素。近代知识发展史上，人们利用工具、器械和仪器来加强这些主动的动作，希望揭示和发现与认识对象原来并不明显的关系①。那些精密技术都是因这个目的而发展起来的。精密技术的发展使被认识的对象产生更大幅度的变化。比如，一个刻度细密的测微计对于成功地从事某一操作是非常必要的。这些事情应该是大家十分熟悉的，但是人们也容易忽视它们对于认识论的全部重要意义。因为，在传统哲学看来，那种把理性看作从属于身体、借助于物质的工具来作用于事物的观点，就是一种对理性的背叛。当然，我们也必须看到，这样一种带有实验性质的活动，以及用操纵事物的方法来探测事物未来变化的活动所具有的局限性也是明显的。关键在于我们不能因为使用了这种方法，就去违背或者直接感知和享有对象。正如汽车是比马车更有效率的代步工具，但是我们不能因此把脚锯掉或把自己弄成残废。

其次，实践能够去神秘化。马克思说：“凡是把理论引向神秘主义的神秘东西，都能在人的实践中以及对这种实践的理解中得到合理的解决。”② 这也就是说，随着人类实践的深入，一切概念、一切学理上的描述都必须通过实际的或者想象的操作来加以陈述，这在逻辑上是不可避免的。对于人类来说，如果我们把思维当作身体以外的一种“理性”所具有的功能，而又认为只有通过这种身体之外的“理性”才能获得真理，那么就很容易把我们的认识论当作旁观者的学说。马克思主义哲学已经深刻解释了那种旁观者的认识论是一种时代性的错误。马克思说，从前的一切唯物主义的主要缺点是：“对对象、现实、感性，只是从客体的或者直观的形式去理解，而不是把它们当做感性的人的活动，当做实践去理解，不是从主体方面去理解。”③

再次，实践是有目的的指向性活动。人类历史是从一种盲目的行动到一种逐渐增进智慧的活动的进步。这种有目的的活动是在人和自然的交互作用中发生的，因此，目的也是具有客观有效性的“范畴”。目的之所以具有客观的地位，是因为人类特有的行为只能用目的加以解释。“当我们为了研究方便起见，把自然界分裂成为许多不相联系的碎块，然后把自然界的某些部分关联起来而和其他一些部分分隔开来。我们在这样做的时候，就不能够运用目的这个概念了。例如，水是氢和氧以一定比例的结合。这一句话陈

---

① 杜威. 确定性的寻求——关于知行关系的研究. 童世骏，译. 上海：上海人民出版社，2005：65.

② 马克思恩格斯文集：第1卷. 北京：人民出版社，2009：501.

③ 同②499.

述了一般的所谓‘水’的东西而不是陈述某一特殊部分的水。”① 比如，它没有陈述那些工业污染的水，没有陈述我们的母亲河——黄河源头那清澈的水。如果我们把这种情况用来作为一种模型，构成一种普遍的关于自然的理论，那么其结果是看不到自然的历史特征的。这是把自然的进程看成支离破碎的片段所导致的结果。这在一定程度上说明理智地研究自然不合乎人类的目的。“根据柏拉图的看法，尽管医生知道医术、演说家知道劝说，但是碰到具体的某个人是不是应该被医治或者是不是应该按照演说家的意见加以说服的时候，他们并不必然能够做出判断。这反映了传统所谓比较低级的工艺实践的价值和比较高级的真正人本艺术实践的价值的区别。”②

最后，实践使目的与手段结合并统一起来。传统思维曾经认为，手段是卑下的，有用的东西是下贱的。人们向来对手段怀有敌意，这在日常生活的人际关系中经常出现。而且，人们把“理想”当作从手段与目的的分离中得到的东西。因此，理想是遥不可及的，它太华美、太高贵了。它的作用似乎就是模模糊糊地在灯火阑珊处引起我们的“愿望”而不是激励和指导我们③。按照马克思的看法，只有鄙视实践才会漠视手段，而漠视手段就使斗志麻痹。从辩证法的角度讲，忽视手段就意味着忽视目的。这就好像一个人公开声称要专心致志读书，但是他却轻视书本、文字和笔；“一个人公开声称喜爱音乐，但是他有一个特殊条件，就是身边不要有发音器和其他乐器发出的声音。一个公开声称爱哲学的人，却轻视学习哲学知识，他认为，智慧既然不等同于知识，为什么在上哲学课时不好好睡一觉呢。所有的这些例子都把手段与目的相互分离了，而脱离了手段的目的就等于感情上的放纵”④。这种分离的根子仍然在于传统的理论与实践的分离。

思考题

1. 试评如下观点：科学的任务及知识的进步就是尽可能在反映论意义上精确再现或复制认识的对象。

2. 传统反映论认为，一个高度“逼真”的模型是最接近“真理”的，相当于镜子是最能“认识”的，请指出这种观点的认识论假设。

3. 在何种意义上，反映论的理论后果是绝对怀疑主义？

① 杜威. 确定性的寻求——关于知行关系的研究. 童世骏，译. 上海：上海人民出版社，2005：190-191.
② 同①208.
③ 同①215.
④ 同①215-216.

第十一章
认识的辩证过程

马克思主义哲学发展呈现阶段性特征。一般认为，从恩格斯、普列汉诺夫、列宁到毛泽东，他们都沿循辩证唯物主义的发展路线，其中，认识论的主要内容就是从这一路线中汲取的。其实，根据唯物史观，认识论话语被认为并非基于所谓人的认识（意识）的一般发展，相反，它被认为是根植于人们的物质生活条件的。

第一节　感性认识与理性认识

在历史唯物主义视野内，认识辩证法应当根植于政治经济学批判。其基本任务在于研究形成资产阶级身体构造的细胞形态。

一、哲学的开端必须是怀疑

传统教科书在讲到认识论时，通常一开始就给认识下定义，认为认识本质上是一种能动的反映活动，马克思主义认识论就是能动的反映论。这种定义给人一种印象，似乎认识是一种轻而易举的事情。我们只要有正确的方法，并且沿着正确的方法就能够获得正确的认识。其实，这是一种偏见。这样一种偏见充分地表现在各个方面。比如，根据这样一种偏见，我们往往相信人的认识就像教师跟学生之间的考试和被考试的关系。考试的题目都是现成的，它们都是从教科书或者平时讲课的课堂笔记中来的；似乎问题也都是现成的，老师提出问题，学生的任务就是解决这个问题，而结果是由老师的权威判断对错。这也是一种教育领域里面的偏见，明显是让学生停留在婴儿的状态和阶段。我们常常可以听到这样的声音：只要把试卷写满了就会得分。

事实上，即使在日常的现实生活中，我们也可以很快发现：认识过程充满障碍，必须从这个角度提出认识的可能性问题，这是因为历史唯物主义探究的“意识”并不是一种先验的自由流动的意识幻象，归根到底其要寓于社会当中。恰恰是在这种或那种社会活动的范围内，即在既定条件下，某种意识（例如拜物教意识）才会出现。马克思在政治经济学批判中提出的拜物教意识就是，在以商品生产为主导的同质类别当中，人脑的产物表现为赋有生命的并且彼此发生关系的“独立存在的东西”①。正是这种通过人脑赋予无生命客体（即商品）生命形式的恐怖力量，使马克思发现了拜物教的概念，其从字面来理解，就是一种“从它的木脑袋里生出比它自动跳舞还奇怪得多的狂想”②，一种疯癫如今掌控了曾经理智的社会。

从这些例子中我们能够得到什么看法呢？那就是需要打破纯粹理性的独裁。我们发现，传统理性主义哲学往往忽视感性的重要性。笛卡尔认为，“感性是骗人的”，对它“不要完全相信”。而当代哲学总体而言重视感性。这里，一个主要证据在于：有些当代哲学家反对把感觉看作错误认识的来源，认为表象是真实的，哪怕理性告诉我们不要去相信的东西，也不能去掉现象的真实性。比如，法国哲学家德勒兹举了“一根棍子”的例子来说明感觉和真实性的悖论关系：一根棍子在半插入水中时看起来是弯的，德勒兹认为，造成错误的并非感觉，而是判断，而理性能够有助于我们做出一种更好的判断③。马克思则举出商品拜物教的例子，揭穿了一种简单而平凡的东西，即商品之充满形而上学的微妙和神学怪诞的机理。

传统哲学中的经验论认识论认为，感觉和感知问题直接涉及知识与经验的可信性，是人的认识和思维的基础。马克思与传统哲学家不同的地方在于，马克思认为，人的认识并不是直接来自外部那些与人无关的东西，而是基于人们改变外部世界的感性活动和关系。这里，我们关键需要理解“感性”这个词。什么叫作感性？应该说，“感性”这个词不是什么概念，也不能用概念方式来定义。因此，我们只能提示性地指出以下几点：首先，“感性”意味着有痛苦，能够感受痛苦。“痛苦”提示着感性的直接性，提示着感性之前概念、前反思和前逻辑的性质。感性乃是受动性（被动的原则），而受动性意味着它需要在它之外的存在。正如费尔巴哈所说，“没有需要的存在是多余的存在”④，有需要就有痛苦，就能够感受痛苦。其次，“感性”意味着时间和空间，意味着在时间和空间内的存在。按照马克思主义的观点，时间和空间是物质存在的基本形式。只有在时间和空间内的存在才是真正的存在。反过来，一种无时间性的感觉，一种无时间性的意志，一种无时间性的思想，以及一种无时间性的实体，都是根本不存在的东西。我们可以看到，马克思把时间看作人的真正存在。时间和空间在哲学传统中就被看作感性的领域，但是，事实上传统哲学已经预先把时间和空间抽象化、形而上学化了。例如，在康德那里，它们被理解为“纯直观形式”。再次，“感性”意味着生命。马克思和恩格斯说，从前的唯物主义具有“漠视人”⑤ 的特性。关键在于它们忽视了基于感觉的理智辨别出来

① 马克思恩格斯文集：第5卷．北京：人民出版社，2009：90.

② 同①88.

③ 德勒兹．感觉的逻辑．董强，译．桂林：广西师范大学出版社，2011：13.

④ 费尔巴哈．费尔巴哈哲学著作选集：上卷．北京：三联书店，1959：110.

⑤ 马克思恩格斯文集：第1卷．北京：人民出版社，2009：331.

的差异。比如，我们每一个人在实际生活当中能够辨别出苹果、香蕉、梨子的感性差别，但是那些哲学家的思辨的理性却说，这些感性的差别是非本质的、无关重要的。思辨的理性在苹果和梨子中看到了共同的东西，在梨子和香蕉中看到共同的东西，这就是“水果”。具有不同特点的现实的水果从此就只是虚幻的水果。这种方式就像医学科学把神经从血中分离出来，但生命只存在于尚未形成分离的血和神经同一的地方。现代医学科学企图“用刀刃剖开生命之谜”，这无疑是与感性生命相矛盾的。马克思和恩格斯说：“正如身体的各部分不断消融于血液，又不断从血液中产生一样。”①

“回首过去的谬误，人们发现，真理其实是由真正的精神忏悔构成的。”② 人们摧毁错误的认识，对先前认识才能获得正确的认识。所以，马克思主义认识论对唯心主义认识论进行多方面的批判。换句话讲，对唯心主义认识论进行科学的分析和深入彻底的批判，并且指出应当如何克服其根本错误，是马克思主义认识论自己承担起来的理论任务。

二、一切认识都是对某个问题的解答

假如没有问题，就不会有科学认识。因为问题构成一种视角。有人曾经指出，伟人们的前半生对科学认识有益，后半生对科学认识有害。这是因为人的创新能力、提出问题的能力最终让位于保守的本能。“精神到了一定的时期，就偏爱那些肯定而不是反驳它的知识的东西，它喜欢答案甚于喜欢问题。”③ 久而久之，精神活动就停滞了。比如，一个过分熟悉的科学概念，由于它负载过重的具体内涵，在使用过程中非法地升值了，就容易造成精神的惰性。从这个意义上讲，我们可以说，有些人显得聪明，可惜脑袋是闭塞的。马克思主义认识论高度重视认识活动中的主体能动性。这种主体能动性中有两个特点：一是反映的摹写性，一是反映的创造性。如果把反映完全等同于摹写，忽视反映的创造性，就无法说明认识的能动性。

认识的客观性不能被看作认识的“直接的”目标。马克思主义认识论首先肯定认识是人脑对客观世界的反映。简单地讲，就是思想反映对象。但是，我们认为，当你试图去认识事物的时候，必须打消一伸手就把握住对象的真理的奢望。换句话讲，思想认识朝着对象物的进军起初不是客观的。当对象发出多种多样的信息时，人总是根据自身的需要和目的，选择其中某些信息而舍弃其他信息。实际上，我们觉得，感性认识的一般倾向的形成受到实用主义和直接唯实论的推动，如此只能造成错误的启程和错误的方向。认为自己永远不会犯错误的人会始终犯错误。只要观察一下实验室里正在从事实验的新手，看他在没有人指导下确定某种实验所要付出的努力，也就会承认最初的严格的实验是一种“失败”的实验。兰德里（Landry）常常说：将放在桌子上的物体移动 1 厘米是一件简单的事情，而挪动 1 毫米就需要动用复杂的拮抗肌，造成比较大的疲劳。这说明只有屡经挫折才能得到这种精度。可是把桌子上的物体挪动 1 毫米的距离还不是一种科

① 马克思恩格斯文集：第 1 卷．北京：人民出版社，2009：278.

② 巴什拉．科学精神的形成．钱培鑫，译．南京：江苏教育出版社，2006：9.

③ 同②11.

学操作。科学操作从随后的小数开始。为了把物体挪动 1/10 毫米，就需要仪器，后面也就需要一个行业。假如人们终于进入了随后的小数，譬如说声称找到了干涉条纹的宽度，通过复杂的计算确定了某种辐射的波长，这时候，不仅需要仪器和各种各样的行业，还需要一种理论，因此需要整个中国科学研究院。测量工具最终总是成为一种理论争论的对象。从某种意义上讲，显微镜表面上看起来是眼睛的放大和延伸，而实质上则是精神的延伸。因此，个人的直觉和感性认识暴露出大大的不足。测量越精细，它就越间接，越社会化①。正是在这一意义上，马克思深刻地指出，对社会经济形式的分析不能用显微镜，也不能用化学试剂，而只能用抽象力。这一点可以以马克思对原始积累的研究为例进行说明。马克思在所谓古典政治经济学起源于个人节俭以及勤奋等个人品性的谬论中发现了资本主义真正的历史源头。真正的源头是暴力及剥夺。资产阶级经济学家往往把资本主义误认为是市场社会。他们根据市场社会内部交换关系的程度对马克思心目中的资本主义生产方式进行分类，借此使资本主义的生产方式显得不那么暴力，相反表现为一种自然的历史过程。古典经济学家其实相当不了解 15 世纪末在封建社会内部发展起来的世界市场、商业资本和作为贸易中心的城市的崛起，以及它们所具有的政治意义。而德勒兹、加塔利则认为，以货币形式存在的非特定性的可兑换成现金的财富与自由的劳动力的结合，构成了最初的资本主义公理。资本主义的生产方式通过公理化、量化方式组织的社会，不同于以质化方式组织的野蛮和专制的社会。马克思把斯密等人援用的自然状态理论嘲笑为给儿童读物瞎编的故事。这只不过说明，自然状态的经济学版本希望让整个资产阶级免受原罪的困扰。既然如此，亚当·斯密的《国富论》把原始积累这个经济现象反倒恰恰理解为勤劳和节俭的后果，而不是阶级不平等的后果，在马克思认为是资本主义社会阶级不平等的地方，斯密他们看到的是《圣经》对原罪的解释，即穷人被注定必须汗流满面才得以活下去。这又怎么可能符合宗教原则呢？换句话说，从道德原因看，资本主义社会阶级不平等恰恰违背了宗教原则。

马克思虽然从道德的角度揭露了古典经济学对所谓原始积累的解释的误导性，但是，重点并不在这里。马克思对资产阶级道德伪善的抨击不是道德立场上的，而是方法论上的。因为马克思所理解的资本主义不是一个所有权范畴，而是一个生产的范畴，不是一个简单的财产概念，而是一个生产整体。因此，当斯密、洛克等人把资本主义私有财产概念归结到一种前社会状态、归结到自然状态时，他们在自然状态中看到的不是资本主义特有的生产方式，而是前资本主义状态。因此，在他们看来，资本主义生产也是靠前资本主义阶段的“原始积累”，因为资本主义从封建主义社会内部开始的世界市场那里得到了一大笔财富作为生产的“启动资金”，因此，在他们看来，资本主义之前存在的财富积累是资本主义生产的唯一的历史条件。但是，这里和通常的情况一样，自然状态的谬论只是斯密等人把资本主义道德化的理论基础。当斯密等政治经济学家把资本主义这个概念从生产关系搬家到财产关系中去，不谈资本家而谈人们（类）的时候，他们也就把资本主义从生产范围搬家到财产关系范围，从资本和劳动的社会关系搬家到富裕和贫穷的关系中去了。这样一来，他们就回避了资本主义生产关系是如何形成的这样一个非常

① 巴什拉. 科学精神的形成. 钱培鑫，译. 南京：江苏教育出版社，2006：252.

重要的问题。在马克思看来，从出现在资本主义之前的财富积累到随后将财富投入资本主义生产，这样的问题意识是抹杀阶级对立的烟幕弹。马克思之所以讽刺这样一个过程是“原始积累”，是因为它对于劳动者而言实际上是原始的匮乏或早期的被剥夺。马克思正是在运用生产的社会关系之资本主义定义中认识到资本和劳动的阶级对立。一句话，资本主义不是市场交换、一定程度的财富积累或任何特别的生产技术，而是资本主义生产方式，是生产的社会关系。

马克思指出：“一方面是货币、生产资料和生活资料的所有者，他们要购买他人的劳动力来增殖自己所占有的价值总额；另一方面是自由劳动者，自己劳动力的出卖者，也就是劳动的出卖者。”① 马克思在这里揭示的资本主义生产条件的两个方面，显然不是强调第一方面，而是强调第二方面。也就是说，是雇佣导致了工人阶级的形成，而工人阶级的形成充满了暴力的因素。其中最主要的表现就是“劳动者和劳动实现条件的所有权之间的分离”②。英国是一个典型的例子。封建家臣的解散，自由的封建自耕农民突然被强制地同自己的生产资料分离，被当作“不受法律保护的无产者抛向劳动市场”③。对小农的剥夺使得土地可以自由流通，被地主当作私有财产，这就是资本主义农业的基础。这个时候，法律本身成了“掠夺人民土地的工具”④。

从马克思的分析中我们可以看到，错误也会是迷人的，错误不是邪恶的。意大利数学家昂立克说：“把错误简单地看成精神疲惫的疏忽所致，那只是把它等同于摆弄数字的会计。一旦涉及真正的智力活动，有待探索的领域远比这个宽广得多。”⑤ 人们只有在这个时候才能够认识到、接触到积极的错误、正常的错误、有益的错误。这些错误有一个很大的特点，那就是：我们可以从这些错误中，学会区分“值得寻找原因的错误”和“本身并不错的错误”。有些错误是那些虚张声势的人没有经过任何脑筋的伤耗就轻而易举断言的结果。因此，我们必须以实践的观点区分正常的错误和普通的错误。既然没有对认识的障碍的意识就谈不上客观的方法，那么我们的客观认识的任务应该从忏悔我们的智力局限性开始。巴什拉说：“让我们坦白自己做过的蠢事吧，以便我们的兄弟从中看到自己的愚蠢，然后呼吁他也作同样的坦白。”⑥

科学认识只重视客观，却不重视净化智力。我们发现，“在同一个时代，同一个词代表的概念会千差万别！我们之所以产生误解，是因为同一个词不但指称而且解释。指称是一致的，而解释却不同。譬如，电话包含的概念，对于用户、话务员、工程师以及研究电话电流微分方程的数学家来说是完全不同的”⑦。因此，研究认识论应该考虑到实际心理综合的角度。所以问题的关键不在于获得一种实验知识，而是要改变实验知识，要铲除已经在日常生活中积累起来的障碍。

---

① 马克思恩格斯文集：第5卷. 北京：人民出版社，2009：821.

② 同①.

③ 同①823.

④ 同①832.

⑤ 巴什拉. 科学精神的形成. 钱培鑫，译. 南京：江苏教育出版社，2006：253.

⑥ 同⑤.

⑦ 同⑤13.

第二节 马克思主义认识论的基本观点

相比于西方传统哲学家，马克思主义经典作家并没有提出过一种系统的、自身无矛盾的认识论，这看起来与他们在哲学上的认识有明显的矛盾。尽管如此，我们对他们关于认识论的某些基本观点还是抓得住的。马克思主义认识论的矛盾最终可以归结为一个核心矛盾，对这个核心矛盾可做如下提纲挈领式的描述。

一、“过程论”是认识论的现实根据

恩格斯在讨论黑格尔的辩证法的合理因素时指出，“一个伟大的基本思想，即认为世界不是既成事物的集合体，而是过程的集合体，其中各个似乎稳定的事物同它们在我们头脑中的思想映象即概念一样都处在生成和灭亡的不断变化中”①。这里，恩格斯阐述的就是“过程论”的基本思想，恩格斯把它看成“一个伟大的基本思想”。为什么它是一个伟大的基本思想呢？我们对此可以这样理解：

第一，马克思主义的过程论意味着世界不断变化，认识永恒运动。既然一切都在变化，那么人的认识也必须不断变化。或者说，为了能够思考和推论，须假定事物的存在，认识只有根据存在的信仰才是可能的。从这个意义上讲，马克思主义没有创立一个严格的类似传统哲学（例如德国古典哲学）意义上的范畴体系，而是用存在取代了康德认识论意义上的范畴。这种变化是必然的，因为按照马克思主义的观点，范畴也好，范畴体系也好，都是随着时代变化的。范畴的变化无法凭借或者基于特定的范畴系统得到解释。假如我们把范畴看成人类认识世界的工具，那么要求一种工具去衡量自己的准确性和使用性就是离奇的，就像一把尺子不能成为衡量自己的长短的标准一样。我们人类认识中运用的范畴，例如，量、质、现实性、可能性、必然性、偶然性等等都不能规定自己的界限，也不能确定自己将会碰到怎样的成功和失败。

第二，我们有必要指出，在马克思主义认识论范围内，“决定”的范畴并不能理解为一种决定论，而应当是一种对认识论或知识论与意识形态和政治上层建筑的关系的释义。马克思在这里批判的就是以康德哲学为代表的、要求划定理性界限的做法。马克思认为，人的认识能力只有通过实践活动才能被认识和表现出来。用马克思的话来说，“不仅五官感觉，而且连所谓精神感觉、实践感觉（意志、爱等等），一句话，人的感觉、感觉的人性”② 都是在改造客观世界的活动中产生和发展起来的。换句话讲，人在实践过程中，也改造自己本身，改造人的感觉能力和认识能力，这是一个永远不会停止的过程。从这个意义上来说，马克思会同意康德的观点：只要我们还是人，我们就不能得到形而上学意义上的绝对的认识。

---

① 马克思恩格斯选集：第 4 卷．北京：人民出版社，2012：250.
② 马克思恩格斯文集：第 1 卷．北京：人民出版社，2009：191.

第三，人也能够虚构出不变的东西。马克思在《德意志意识形态》中批评了费尔巴哈的自然观。马克思说，费尔巴哈谈到的自然是“某种开天辟地以来就直接存在的、始终如一的东西”①。这种自然对马克思来说是神秘的，是只有物理学家和化学家的眼睛才能揭开其秘密的自然。

众所周知，理论物理学研究的是一系列所谓“常数”，即最终不变化的“存在的”量。例如，重力加速度是 $9.8m/s^2$，水的密度是 $1g/cm^3$ 等等。如果没有这些常数的假定，自然过程的数学描述就不能设想，因为绝对变易就不能用数学加以描述。相对论产生以来，光和光速被看成“绝对常数”（爱因斯坦语）。这种情况由于能够证明现代物理学家也能够运用“绝对”范畴，似乎就值得注意。但是，事实上，这些常数都具有假设的性质，即都只是思想上的设计。按照尼采的说法都是人神同形论的虚构。那么，既然现实世界是变化运动的，为什么自然科学表面上却要研究一些固定不变的形式呢？这里的原因主要在于：

首先，数学的认识要求是现代的认识要求。现代科学是计算和测量的科学，这不是说古代科学不需要计算和测量，而是说现代科学进行计算和测量的实践方式与古代科学进行计算和测量的实践方式不同。一方面，我们先来说古代和现代的相同的地方。可以说，古代人和现代人都非常重视数学。比如，柏拉图在他的学院入口的地方写有箴言：“不晓数学因素者不得入内！”这个箴言的真实意思并不是说，一个人必须接受唯一的学科即数学的教育，而是说，每个想学习知识的人，就必须具备真正能够知的基本条件。换句话讲，不以数学的方式建立他的知识基础的知识就不是知识。任何真正的知识都是限定范围的知识，否则就只是意见。黑格尔也强调这一点，他说：“如果类似自由、法律、道德，甚至上帝本身这样的对象，因为无法衡量，不可计算，不能用数学公式来表达，就都被认作非严密的知识所能达到，于是我们只好以模糊的表象为满足，而让它们的较详细特殊的内容，听任每一个人的高兴，加以任意的揣测或玄想，这对于我们的认识有不少的害处。”② 从这个角度来讲，今天不是知识爆炸，而是意见爆炸。具有讽刺意义的是，两千多年以后的今天，我们还没有完成柏拉图的箴言所要求的艰苦研究和清晰研究，而只要我们认真对待这个箴言，这种学院研究就是永无止境的。另一方面，我们也知道，笛卡尔看到中世纪受传统观念支配的学院知识已经不能揭示现实世界的关系，从而提出必须对传统观点做彻底的怀疑。换言之，自从笛卡尔认为哲学的开端必须是怀疑，必须对知识本身进行反思，知识论就成了哲学的基础。笛卡尔从事怀疑，与其说是因为他是一个怀疑论者，不如说是因为他必须成为怀疑者，因为他把数学因素看作绝对的根据，希望一切知识都能够有和这个绝对的根据相应的基础。“为什么现代物理学被叫做数学的物理学，原因在于它应用了一种完全确定的数学。这意味着什么呢？这意味着现代人对某种东西的筹划：一切自然事件必须预先被规定为时间—空间上的运动量。这并不是说数学的自然研究能够达到准确的计算，相反是因为它必须这样计算，原因在于，在数学的物理学领域，自然界呈现为这样一种规定性，运动即位置的变化。没有一种运

① 马克思恩格斯文集：第1卷. 北京：人民出版社，2009：528.
② 黑格尔. 小逻辑. 贺麟，译. 北京：商务印书馆，1980：219-220.

动和运动方向优先于其它运动和运动方向，任何位置都是相同的，也没有一个时间点优先于其它一个时间点。”① 数学的物理学以及自然科学的严格性乃是精确性，其目的是更加方便地预测自然和支配自然。我们看到，科学由于受数学认识方法的制约，虽然不能理解或解释“现实”或“真理”，但是作为一种权力意志的变态的流溢，数字（可计算性）的确很适合去征服自然和支配自然。

但是，“一切精神科学，甚至一切有关生命的科学，恰恰为了保持严格性才必然成为非精确的科学”②。虽然我们也能够把一个人理解为一种时间—空间上的运动量，就像我们训练一个运动员那样，但是这样一来，我们就不再将他把握为有生命活力的人了。物理学家海森堡说，事实上，“在自然科学中，研究的对象已不再是自然本身，而是受人的问题支配的自然，在此意义上也可说人类研究的对象是他自己”③。“如果在我们的时代能谈得上精确自然科学的自然观，那已不再是自然的图景，而是我们与自然的关系的图景了。过去把世界划分为时空的客观进程和反映这一进程的心灵。笛卡尔对‘实体思维’和‘实体广延’的区分，已不适于理解现代自然科学的出发点了。”④ 海森堡的这个观点，马克思肯定能够同意，因为这个观点表明，知识或认识在某种意义上是通过“做”并经由“做”而获得的。

最后，我们需要继续追问的一个问题是：何种意义上逻辑是必需的，又是虚构的？假如一切都在变化，那么认识只有依照对存在的信仰才是可能的。如果在变化当中没有什么东西是持续着的话，我们便无法谈论什么变化。或者说，为了能够思考和推论，须假定有一种持续的东西能够向思想做出回应，而这个持续的东西就是存在。逻辑所研究的正是一些固定不变的形式，它是对事物存在的假定。人为了生存的需要而虚构一些不变的东西。换句话讲，只要虚构不变化的东西属于人的生活的条件，虚构便是“生存需要”。然而，哲学家们都曾经有过证明存在永恒静止之物的目的，黑格尔哲学里面就有关于静止的理性的想法，他把现实历史等同于逻辑图式。但既然是假定的、虚构的东西，那么它们对现实似乎就没有什么证明力量。马克思曾经批评过黑格尔的绝对理性的观念。

在黑格尔那里有一个把真正的历史压缩在逻辑图式中的把戏，因为黑格尔把存在仅仅规定为理性。在这里，理智的意义被看成是“上帝的仁德”，正是“上帝的仁德”赋予有限事物存在或持续存在。黑格尔说：“在自然界，我们可以认识到，上帝的仁德在于对一切不同种类的动物和植物，凡为了保持其存在，增进其生活所必需的一切东西，皆一律供应。对于人类，上帝也一视同仁。无论就个人或整个民族而言，凡是对人类的维持和发展所需要的东西，一部分如当前直接的环境、气候、土壤的性质和出产等，一部分如人所具有的禀赋和才能等，皆出于上帝的恩赐。像这样的理智，可以说是表现在客观世界的一切领域里。而且一个对象完善与否，完全视其能否满足理智的原则为准。”⑤ 总之，在黑格尔看来，现实历史必须以逻辑真理的第一形式——理智为准则。但是，从马

① 海德格尔．林中路．孙周兴，译．上海：上海译文出版社，1997：74-75.

② 同①76.

③ 刘小枫，等．尼采在西方——解读尼采．上海：上海三联书店，2002：253.

④ 同③.

⑤ 黑格尔．小逻辑．贺麟，译．北京：商务印书馆，1980：174.

克思哲学的角度来看，如果现实的历史乃是人的历史，那么人的理性还需要其器官，即脑袋；而且除了理性或精神的器官，还需要其他的器官，即感官，不管脑袋多么万能，总有一个具体的鼻子在它表面，且不论这鼻子是大的还是小的，尖的还是塌的，弯的还是直的。换言之，抽象的理性范畴及其逻辑运用原则并不是我们理解现实历史的出发点，具体的现实个人及其具体的实践活动才是这个出发点。

二、“外部世界的问题”成为近代哲学的范式

英国当代哲学家摩尔为找不到证明自己有两只手的满意的方法而犯愁。摩尔的证明方法是通过举起自己的双手说“这里有一只手”和“这里还有另一手”。我们要告诉大家，摩尔并不是盲人，他不是看不见自己的双手。但是，我们也千万不要以为摩尔的这一举动是多此一举，因为，摩尔在这里举起双手，真正的意图并不是要证明自己有双手，而是从这一举动中得出心灵之外有事物存在的结论，摩尔知道某些哲学家不会对这种证明方法感到满意。毕竟心里想自己的口袋里有100元钱，和自己的口袋里真正有100元钱不是一回事情。他们要求对“这里有一只手”和“这里还有另一只手”这些前提给出逻辑上的证明。摩尔承认自己不能给出这种证明，但是仍然坚持说他确实能够知道关于外界事物存在的命题是真的。他认为有些真理是人们确实知道但却不能证明的。

传统西方认识论的基本内容之一是，认为人和世界的关系是一个主体和客体之间的关系，主体面对一个客体世界，而世界好像就是所有存在者的集合，主体只是这个世界中的一个。这种观点有一个关键点就是主体要去认识世界，就是先把作为主体的人和世界分开，再找出它们的结合点。我们发现，无论近代唯物主义讲的客观事物独立于人的意识，还是唯心主义讲的一切事物都是由主观精神派生出来的观点，它们都已经把主体和客体的分离作为前提了。在传统认识论视野里面，这种要求不是没有道理的。所以，我们在传统认识论范围里，就会经常遇到这样一些问题：客观事物是否可能“独立于意识”？意识是否可能超越自身而进入客观事物的范围？到底有没有一个世界？这个世界的存在能不能被证明？这样一些问题可以统称为“外部世界问题”。把它们作为存在论提问就会使人感到莫名其妙。按照马克思主义的看法，这种已经表述过千百次的问题，现在早已被环境消灭了。按照海德格尔的说法，这些问题如果由在世界之中的人（此在）来提出，就是毫无意义的。而这些问题如果不是由在世界之中的人来提出，还会由谁来提出呢?

在海德格尔看来，这些问题之所以令人莫名其妙，是因为这些问题是纠缠不清的。也就是说，要想证明的东西同实际证明的东西以及用来进行证明的东西是相互混淆的。海德格尔为此还批评康德。他说，康德把“在我之内”和“在我之外”的区别以及联系设为前提。如果按照他那种证明方法肯定是不对的，它不可能证明我们之外的东西的存在。不但如此，这种证明方法反过来复述着康德所谓的“哲学的耻辱”。“‘哲学的耻辱’不在于至今尚未完成这个证明，而在于人们还一而再，再而三地期待着、尝试着这样的证明。”①

由于近代以来西方哲学深受自然科学的思维方式的左右，人们总是从主体与客体的

---

① 海德格尔. 存在与时间. 陈嘉映，等译. 北京：三联书店，1999：236.

二元对立的设定出发，把对象或存在设定为一个客体并且仅仅这样来表象它。这就是我们经常讲的所谓客观化的思维。今天客观化的思维仍然是一种很强大的思维倾向。比如，我们经常用“客观的”这类形容词来赞扬某种看法、说法与做法。当我们说某个看法是“客观的”，意思是说它是有根据的、刚性的、有说服力的。从19世纪以来，欧洲人还赋予了客观与主观这类词语道德上的含义，因为“主观的”通常是指武断的、有私利的和带偏见的。更重要的是，由于客观性还与科学性不可分割地扭结在一起，因而人们一说到“客观的”就表明这是“好的”。在这种观念支配下，人们坚持主体与对象的分离，排除所有与客观理解相对立的情感因素，并且把揭示“自然的真相”看成不受主观的需要或者旨趣所左右的科研任务。今天，这种看法的基础已经发生了动摇①。

按照海德格尔的看法，任何主体都总是已经“在世界之中”，必定都受到身份、立场、成见（社会连带）、文化等因素的限定。存在并不以表象的方式成为它本身。譬如一棵树，你看到它的时候它才是树吗？还是在你看到它以前它已经是树了？又譬如说你在山谷里碰到一只老虎，如果你先看见老虎，你可以躲起来，如果老虎先看到你，你也发现老虎在看着你，这样你就很危险了。在海德格尔看来，不是我们先看事物，而是事物先看我们。我们自然会觉得海德格尔的想法奇怪，这怎么可能？老虎长了眼睛，老虎先看我们还说得通，可是树又没有长眼睛。这里包含着海德格尔的一个很重要的思想：本体论差异。什么叫本体论差异？我们用例子来说明。昨天我们家的电视机坏了，请电视机厂的师傅来修，师傅给电视机换了几个零件就修好了。这说明电视机本身没有坏，而是其中的零件坏了。亚里士多德早就知道类似的道理。一个电视机，它自己是坏不了的，电视机本身永远不会坏，只可能是电视机的零件坏了、材料坏了。这个思想海德格尔也讲过。把一把椅子往地上一扔，我们说椅子掉在地上了。其实椅子自身是掉不到地上的，只能说木头掉在地上了。为什么？这个道理跟刚才电视机的道理一样。假如有人想拿化学材料来分析电视机，结果分析半天也分析不出电视机来，也称不出电视机有多重，只能称出构成电视机的材料有多重。我们每个人身上穿的衣服也一样，只能说衣服材料破了、脏了，衣服本身脏不了，这就是海德格尔所谓的本体论差异。一个东西它本身的物理的构成，不是我们所说的它之此是，是什么的那个“是”不仅仅是物理的东西。像这本书，它显然是物理的东西，它有物理的存在，但是不仅仅是这样，对使用它的人而言它主要不是物理的，而是书。

三、传统哲学的内在意识的自明性的主张

“外部世界的问题”为什么会成为近代哲学的问题？这与传统哲学的内在意识的自明性的主张是相互印证地联系在一起的。我们在前面讨论关于什么是真实的这个问题时，有一种熟悉的观点没有被提到，这种观点是说，最终的实在是意识（心灵）。今天，我们中的一些人会认为，万物存在的基础是心灵（无论是自己的心灵，还是上帝的心灵）。我

① 盛晓明．客观性的三重根//赵汀阳．年度学术2005——第一哲学．北京：中国人民大学出版社，2005：27-28.

们把这种观点叫作唯心主义。那么，为什么这种观点会得到人们的信仰呢？要回答这个问题我们可以从胡塞尔的观点说起。我们先来看一下，一个认识过程涉及哪些因素。胡塞尔将认识分成意识的行为、意识的内容和对象这三个因素，认识涉及意识的行为、意识的内容和对象三者间的关系。其中，意识的行为和意识的内容是意识范围内的东西，所以称为内在的东西，对象是意识范围外的东西，所以称为外在的或超越的东西。胡塞尔认为，内在的东西具有自明性，外在的东西缺乏自明性。为什么如此说？举例来说，我在看一样东西的时候，我知道我自己在看；我在想一件事情的时候，我知道我在想。这是讲，我的看或者想这样的意识行为是自明的，我也知道我所看的内容和我所想的内容。这是讲，意识的内容是自明的。但是，我可能看错，我可能把远处的一根树干误当成一个人。在我看的这一瞬间，远处究竟是一个人还是一根树干，这是悬而未决的问题。这是讲，外在的东西或者说意识的对象缺乏自明性。但是，我在看，以及我以为看到了一个人，这是具有内知觉的自明性的真理。胡塞尔还进一步认为，外在的对象是否存在是一个认识之谜。或者说，外部世界的客观存在只是一种假定，因为我们所知觉到的只是一系列的现象，我们并没有知觉到对象的客观存在，而这一系列现象都是依赖于主观的意识的。基于以上理由，胡塞尔主张，在研究认识论的基本问题时应从自明的东西出发，而不应从假设的东西出发。这就是说，从内在于意识的东西（意识的行为与意识的内容）出发，而不应从超越于意识的东西（外在的对象）出发。在胡塞尔看来，如果我们预先设定了对象的客观存在，那么就不可能解决认识论基本问题，因为这已经把所要解决的问题当作前提接受了。但是，我们对胡塞尔必然要提出一个问题：外部世界的客观存在，难道不是前提吗？譬如，人必须吃饭，米饭就不是内在的东西，它不能从内在的意识出发来阐明这个事实。胡塞尔针对我们的问题会怎么看呢？他认为，人们认为外部世界是客观存在的，这个看法是很自然的，因此，他将这种看法或者态度叫作自然的态度。坚持这样的态度，对处理日常生活中的问题并无危害，但对处理哲学问题就有危害了。由于人们习以为常，在处理哲学问题的时候也常常不加反思地认定外部世界的客观存在。为了防止这种预先设定，胡塞尔强调，在研究认识论的基本问题的过程中，要执行严格的现象学还原，不仅要把山河大地、房屋树木之类的对象的存在悬置起来，而且要把思想者的头脑和身体之类的客观存在悬置起来。

讲到这儿，人们对胡塞尔的观点肯定感到不满。因为，人们太不习惯胡塞尔那样的思考问题的方法。人们习惯于这样考虑问题：我们用头脑来思想，头脑是时间和空间中存在的东西，所以头脑是客观存在的东西。一旦承认头脑是客观存在的，又要承认身体也是客观存在的，因为头脑是身体的组成部分，而如果认定自己的身体是客观存在的，又要承认地球是客观存在的，因为人生活在大地上。这样就要承认整个实在的对象世界是客观存在的了。所以，胡塞尔看到这样一种自然思维方法的危险，他要求我们要执行彻底的现象学还原，否则就又会犯把想要解决的问题当作前提来接受的错误。

但是，没有大脑，人怎么能够思想呢？难道大脑不是思想的必要条件吗？对于这样的问题，胡塞尔会这样反问：你怎么知道大脑是思想的必要条件？你的根据无非是与思想相关的现象总是跟叫作大脑的那一组现象相伴随发生，那么如果没有后一组现象，就没有前一组现象吗？这里关键是要把自然科学研究与现象学区别出来。自然科学研究自然界中的存在物相互间的关系，所以在自然科学的范围内，离开大脑，当然不能做有关脑神经之类的科学实验。但是现象学研究现象与意义之间的关系，说明意义是怎样在现象的基础上被构成的。所以，就现象学的论题而言，是可以把包括大脑在内的对象的存在悬置起来的①。

第三节　马克思主义认识论与语言

在当代西方哲学中，要讨论认识论问题必然也要讨论语言问题，关于马克思主义认识论的讨论不能缺少对语言问题的讨论。对马克思来说，语言是一种通过人的实践活动来展开的现实意识，这是他一个比较鲜明的立场。但是，马克思主义哲学与语言的关系并不鲜明。致力于研究马克思主义语言哲学研究的法国当代学者让-雅克·勒赛克尔（Jean-Jacques Lecercle）在其著作《马克思主义语言哲学》中说，“不存在马克思主义的语言哲学”是一个矛盾的命题，因为一方面，诸多的马克思主义者都没有像他们在政治经济学或美学中那样提出一个关于语言问题的学说，但另一方面又并非不存在将马克思主义与语言哲学联系起来讨论的著作，沃洛希诺夫、巴赫金、斯大林等很多马克思主义者都曾讨论过语言问题②。这的确道出了马克思主义语言哲学研究的一个尴尬处境。造成这种处境的根本原因是马克思和恩格斯关于语言的专门性论述很少，随着不同话题的展开而论及语言的句子大多散落在他们各个时期的不同著作中，如果要了解他们在这方面的基本观点，就必须像拾贝壳一样将它们采集起来加以研究。

为了展开我们的讨论，下面我们将注意力集中在马克思一个几乎被人们完全忽略的文本中，它无论是在集中度上还是在深度上，都比马克思的其他文本更好地反映了马克思对语言哲学中的一个主要问题——词与物的关系——的思考，这就是《评瓦格纳的“政治经济学教科书”》一文。它是马克思在1879—1880年在伦敦为了批评阿·瓦格纳③对《资本论》的误解而撰写的一篇文章。它在20世纪八九十年代引起了国内学者关于“价值”的定义的激烈讨论，或许因为这个缘故，人们基本上都不从语言哲学的角度来理解其中的内容。但是正是在这里，我们能够看到马克思关于命名活动的历史唯物主义性质以及关于词与物的关系的富有启发的思考。命名活动和词与物的关系，可以说是认识论最基本的一些内容，我们可以通过马克思关于这些内容的思考来把握马克思主义认识论的一些基本原则。

一、命名活动的历史唯物主义原则

在《评瓦格纳的“政治经济学教科书”》中，马克思针对瓦格纳的“人的自然愿望，

---

① 张庆熊. 自我、主体际性与文化交流. 上海：上海人民出版社，1999：26-28.

② Lecercle. A Marxist Philosophy of Language. Boston：Bill，2006：73-74.

③ 阿·瓦格纳（Adolph Wagner，1835—1917）：德国政治经济学中所谓的社会法律学派的代表和讲坛社会主义者。

是要清楚地认识和了解内部和外部的财物对他的需要的关系”① 等观点而写了下面一段话：

> 人们决不是首先“处在这种对外界物的理论关系中”。正如任何动物一样，他们首先是要吃、喝等等，也就是说，并不“处在”某一种关系中，而是积极地活动，通过活动来取得一定的外界物，从而满足自己的需要。（因而，他们是从生产开始的。）由于这一过程的重复，这些物能使人们“满足需要”这一属性，就铭记在他们的头脑中了，人和野兽也就学会“从理论上”把能满足他们需要的外界物同一切其他的外界物区别开来。在进一步发展的一定水平上，在人们的需要和人们借以获得满足的活动形式增加了，同时又进一步发展了以后，人们就对这些根据经验已经同其他外界物区别开来的外界物，按照类别给以各个名称。这必然会发生，因为他们在生产过程中，即在占有这些物的过程中，经常相互之间和同这些物之间保持着劳动的联系，并且也很快必须为了这些物而同其他的人进行斗争。但是这种语言上的名称，只是作为概念反映出那种通过不断重复的活动变成经验的东西，也就是反映出，一定的外界物是为了满足已经生活在一定的社会联系中的人｛这是从存在语言这一点必然得出的假设｝的需要服务的。人们只是给予这些物以专门的（种类的）名称，因为他们已经知道，这些物能用来满足自己的需要，因为他们努力通过多多少少时常重复的活动来握有它们，从而也保持对它们的占有；他们可能把这些物叫做“财物”，或者叫做别的什么，用来表明，他们在实际地利用这些产品，这些产品对他们有用；他们赋予物以有用的性质，好像这种有用性是物本身所固有的，虽然羊未必想得到，它的“有用”性之一，是可作人的食物。②

这一段话具体阐述了最初人们为物命名的过程。首先是历史唯物主义的基础：人对物一开始不是处于理论关系中，而是处于实践关系中。马克思反对瓦格纳将人的“自然愿望”理解为“清楚地认识和了解”外界物对他的需要的关系，认为这是人与物的理论关系。对马克思来说，人首先通过劳动使物具有能够被人现实地消费的物质形式，在这个过程中，由于对物进行反复地经验和改造，人才形成了对物的认识。但这不是全面认识。在最初的劳动场景中，物只是因对我具有直接或间接的有用性才被我注意到，并与他物区别开来，走进我的意识中被我认识，因此我只是根据它对我的有用关系来认识它。对我的有用性是物向我呈现自身的缘由，海德格尔在讨论物时也意识到这一点：“有用性是一种基本特征，由于这种基本特征，这个存在者便凝视我们，亦即闪现于我们面前，并因而现身在场，从而成为这种存在者。不光是赋形活动，而且随着赋形活动而先行给定的质料选择，因而还有质料与形式的结构的统治地位，都建基于这种有用性之中。”③不过要强调的是，物并不只是由于对我有用就直接呈现出来并获得这种有用性的专门表现形式，它首先必须通过我对它的劳动才能够做到这一点。人的劳动是一种赋形活动，它能够否定物的旧的物质形式，并根据人的具体需要而赋予它新的物质形式。只是由于

① 马克思恩格斯全集：第19卷. 北京：人民出版社，1963：404.

② 同①405-406.

③ 海德格尔. 海德格尔选集：上卷. 孙周兴，选编. 上海：上海三联书店，1996：12.

我的这种劳动，物才能获得便于被我消费的物质形式，并走进我的意识中为我所认识。

以实践为基础的这个认识过程同时伴随着我对物的命名过程。马克思很谨慎地讨论到这一点，强调命名是对“这些根据经验已经同其他外界物区别开来的外界物”进行的，并且是“在进一步发展的一定水平上”，“在人们的需要和人们借以获得满足的活动形式增加了，同时又进一步发展了以后”才开始和变得成熟的。他强调这一点，为的是强调对物的实践过程和命名过程的先后逻辑关系。命名是语言的本质任务之一。本雅明说：“人类的语言存在就是为事物命名。”① 当然，他所说的命名目的是向上帝传达人自身的存在。但在马克思这里，命名首先是为了认识和把握事物。命名活动基于人对物深入的接触和丰富的经验，命名代表着人对物的认识，命名活动的扩大、词语的增加，意味着人对世界的接触范围的扩大、对物的认识数量的增加和对物的细分程度的加深，从而意味着语言对世界的描述能力和敏感程度的增强。卢卡奇认为：“我们无论怎样估计名称对我们精神生活的意义也不会过分：它使原来处于暗中的新事物进入了意识。”② 命名是使事物走进人的意识的一种方式。但无论如何，这一切都是通过人在历史中的实践而实现的。在《评瓦格纳的“政治经济学教科书”》中，紧接着前面一大段引文之后，马克思另起一段总结道：“可见：人们实际上首先是占有外界物作为满足自己本身需要的资料，如此等等；然后人们也在语言上把它们叫做它们在实际经验中对人们来说已经是这样的东西，即满足自己需要的资料，使人们得到‘满足’的物。”③ 要注意的是“首先……然后”这个表述，虽然它并不一定表明某种时间上的先后顺序，但一定表明一种逻辑上的顺序：人们首先在实践上为物赋形，然后才在观念层面上为物命名，虽然在人的实践和认识活动发展起来之后，这两个过程往往会交叉进行，但在最初的情况中和从事情的本质角度来看，后一过程绝不会先于前一过程。

因此，命名活动在这里具有一种历史唯物主义的性质，它反映了词的最初来源以及词与物的同一性关系。物对人的某种有用性的形成和人通过一定的方式来改造物，使之表现为这种有用性并被人以一定的方式消费掉，这些过程都蕴涵着丰富而具体的历史内容，既包含着在特定的历史阶段中人与自然、人与人和人与社会的关系，又包含着这个历史阶段表现在这些关系之中的特定的经济、政治、文化和宗教理念。因此，人根据物的这种有用性来命名物，是发生在具体的历史情境中的事件。命名某物不仅表明我在茫茫的万事万物中区分出了此物，而且表明我对它具有一种特殊的历史性的实践经验，我要“努力通过多多少少时常重复的活动”才能将它与它物区分开来，并把握住它。这种把握并不只是把物现实地攥在手里，这只是黑格尔在《法哲学原理》中所说的“身体把握”，它虽然在感性方面来看是最完善的占有方式，但实质是主观的、暂时的和非常有限的④。真正完善的把握是在为物赋形的基础上，把物载入我的意识之中，通过赋予它们一个名称或概念的方式而在观念上把握它们。名称“只是作为概念反映出那种通过不断重复的活动变成经验的东西”。我对物的经验是具体的、鲜活的、属于我个人内在体验

① 陈永国，马海良．本雅明文选．北京：中国社会科学出版社，1999：265.

② 卢卡奇．审美特性：上册．徐恒醇，译．北京：社会科学文献出版社，2015：45.

③ 马克思恩格斯全集：第19卷．北京：人民出版社，1963：406.

④ 黑格尔．法哲学原理．范扬，等译．北京：商务印书馆，1961：62.

的，它产生于我根据我的目的和需要而为物赋形的过程之中，因而产生于在劳动中物根据它对我的有用性而走进我的意识的过程之中。因此，物由此而获得的名字最初承载着我在一定的历史情境中对它的这种特殊经验：我希望通过这个名字，能够把这种特殊经验再现出来。这样，仿佛总有一根无形的脐带维系在词与物之间，使它们保持着源始的血脉关联。在物的名字中，物成为一种可寻觅和可追忆的对象，并在人们的默念或呼唤中绽放它们的特殊真理。勒赛克尔很准确地看到，就语言依赖于身体特别是劳动的身体而言，它是一种具有实践形式的唯物主义现象①。但他没有涉及命名的问题，而命名活动的历史唯物主义性质还需要从劳动的身体出发，一直深入到在劳动中物的历史存在的最深处——一个无法被普遍地言说的维度，才能够更好地被揭示出来。

但是，在这种命名活动中，词与物的同一关系并不是一种全面的反映关系。如前所说，人们对物的认识按其性质来说并不是一种全面的认识，而只是根据物在实践中表现出来的某种具体有用性来进行的片面认识。因此，在这个基础上所赋予物的名字就只是关于物的一种有限的标志。根据马克思那一大段话，词从来都不是对物的无限的和全面的反映，从来都不表示物的自在“所是”，它一开始就带着某种“偏见”，它的使命和任务只是根据物对我的有用性来记住物，并使物保持在它根据这种有用性而向我呈现出来的那种片面的“所是”之中。海德格尔曾说：“唯有词语［诗人的词语。——引者］才让一物作为它所是的物显现出来，并因此让它在场。”② 词语“把作为存在着的存在者的当下的物带入它的‘是’（ist）之中，把物保持在其所是中，与物发生关系，可以说供养着物而使物成其为一物”③。唯有词语或名称才使物获得存在，这在人的观念世界中或许如是。但是，即使是“诗人的词语”也不能逃脱词的历史唯物主义起源以及由此带来的“偏见”：由于物只是通过我的赋形活动，根据它对我的某种具体有用性才走进我的意识中，所以在它因此而获得的名字中，它并不是毫无目的和缘由地在场，而是根据它对我的这种具体有用性而在场。

词与物的关系因此具有一种鲜明的权力性质：我像命名一个奴隶一样，纯粹根据物对我的有用性来命名物，在观念上标明它是能够满足我的需要、为我服务的对象。在命名的过程中，物像一个任人挤捏的软柿子一样毫无反抗之力，对于人们强加给它的名字只纯粹反映着它对人的某种有用性，而不是全面地反映着它的全部属性这一点，它毫无办法；对于它在语言中，因而在人的观念中只表现出为人的和片面的存在而不是为“自在”的和全面的存在这一点，它同样没有任何办法。在语言的世界里，人的意识对物具有绝对的统治权，物没有任何途径表示对人的暴政的反抗，它无声地应对着人们对它的使唤，使人们以为它的这种沉默就是对它的奴隶地位的承认。命名本身就意味着一种主奴的权力关系的实现④，这一点在目前我们的讨论范围来看属于词与物本身的关系的固有内容，是能够通过命名活动的历史唯物主义性质而推论出来的。在后面我们将会看到，在一种知性思维的操控下，这种权力关系将会导致词与物的关系走向反面。日常生活中

① Lecercle. A Marxist Philosophy of Language. Boston：Bill，2006：175-182.

② 海德格尔. 海德格尔选集：下卷. 孙周兴，选编. 上海：上海三联书店，1996：1071.

③ 同②1090.

④ 尹树广. 语言哲学——国外马克思主义、现代西方哲学. 北京：人民出版社，2016：68-74.

的话语领域也充斥着各种权力关系。虽然语言由人支配来表达人的内心的思想感情，但话语受语言体系的制约不亚于受特定心态的制约，何况心态本身一般也是伴随着语言学习逐渐形成的。按照米歇尔·福柯的“话语规则”启示，首先规定了谁可以讲话、可以讲多少、可以讲什么，以及在什么场合讲，这些限制不仅是社会形成的话语规则，而且它们是被统治阶级接受并用来控制被统治者的理性行为的制度化的规则。从这个角度来看，话语领域是由各种权力关系建构起来的。

总之，命名活动的历史唯物主义原则能够使词和语言时刻保持在人对物具体的实践情境之中，这是在《评瓦格纳的“政治经济学教科书”》中我们能够总结出来的马克思语言哲学的重要原则。依据这个原则，我们可以看到马克思对语言哲学中两个常见的错误现象的批判，这两个错误瓦格纳都犯了，因此我们可以从马克思对他的批判中了解到具体的内容。

二、马克思对“语言游戏”现象的批判

在《评瓦格纳的“政治经济学教科书”》中，马克思认为瓦格纳关于价值概念的推论实际是在玩弄一种语言游戏。他揭示，为了得到“价值”概念，瓦格纳从“使用价值”（Gebrauchswert）一词中拆分出“价值”（Wert）一词，将其当作关于价值一般的概念；然后他发现，关于这个“价值”所说的都是使用价值的内容，因此他把“使用”（Gebrauch）一词重新放回“价值”的前面，组合得到“使用价值”，并认为它就是“价值”，以此他获得了“价值”这个概念并认为只有一种价值，那就是使用价值[①]。但他似乎并不满足于此，他还希望词和词之间的这种拆分与组合的游戏能够超出语言世界影响到物的世界，因此他用“价值”一词命名了使用价值的现象，证明了（用马克思的话来说）“‘价值’这个普遍的概念是从人们对待满足他们需要的外界物的关系中产生的”[②]。瓦格纳的错误归根到底就是，由语言内部词的构造规律产生的概念之间的混乱而导致的对事物的命名的错乱。我们知道，在《资本论》中使用价值与价值是两种完全不同的现象，交换价值（价值的表现形式）“不包含任何一个使用价值的原子”[③]，除了共同拥有“Wert”一词之外，这两者“毫无共同之点”[④]。因此，对马克思来说，瓦格纳无论是在字面上还是在内容上将使用价值与价值混为一谈，都犯了原则性的错误。

马克思从瓦格纳的这个错误中进一步追溯到“价值”（Wert）这个词的词源及其在历史中的演变。在《剩余价值理论》中，他确认德语“Wert”与英文“value”“最初无非是表示物对于人的使用价值，表示物的对人有用或使人愉快等等的属性”[⑤]，但创造了交换价值的社会发展后来赋予了“Wert”交换价值的意义。在《评瓦格纳的“政治经济学教科书”》中，他也详细讨论了“Wert”的词源及其演变，认为这个词“最初用于有用物

---

① 马克思恩格斯全集：第19卷. 北京：人民出版社，1963：406-407，411.
② 同①406.
③ 马克思恩格斯文集：第5卷. 北京：人民出版社，2009：50.
④ 同①413.
⑤ 马克思恩格斯全集：第26卷Ⅲ. 北京：人民出版社，1974：326.

本身”[①]，“用于物，即用于劳动产品的自然形式，后来被原封不动地直接转用于价格，即价值的发达形式，亦即交换价值”[②]，甚至还被用来表示优越、光荣的职位等。对此，他说，“但这同事情的实质毫无共同之点”，“在语言方面，使用价值和价值之间没有任何差别”[③]。

但是，为什么“Wert”一词在历史的演变过程中衍生出的多种含义会与“事情的实质”，即商品“价值”的科学定义“毫无共同之点”？为什么“使用价值”和“价值”这两个看上去有明显差别的词居然会“没有任何差别”？

这两个问题其实都共同指向这样一个现象：词与物的断裂。正因为词与物漠不相关，所以词在词的世界里通过演变而产生的多种含义与它的某种含义所意指的现实对象毫无关系，同一种物的不同名字即使看起来有所不同，但就它们共同指称这个物而言仍然没有任何差别。换言之，词在词的世界中发生的演变不会在物的世界里现实地泛起任何一点涟漪，而物在物的世界里所保持着的同一性也不会因为对它的命名的不同而有任何的改变。瓦格纳正因为没有认识到词与物的这种断裂关系，所以才会刻舟求剑地认为通过符号就能够必然关联到处于遥远的另一端的物的世界。

然而，在上一部分，我们不是在反复地说词与物具有同一性，词是对命名者关于物的特殊经验的铭记吗？何以如今它们却已断裂相隔，形同陌路？

要回答这个问题，就必须将目光聚焦于语言本身的一种属性上。马克思很深刻地认识到词与物之间的断裂关系，他在《资本论》中说：“物的名称对于物的本性来说完全是外在的。即使我知道一个人的名字叫雅各，我对他还是一点不了解。同样，在镑、塔勒、法郎、杜卡特等货币名称上，价值关系的任何痕迹都消失了。由于货币名称既表示商品价值，同时又表示某一金属重量即货币标准的等分，对这些神秘记号的秘密含义的了解就更加混乱了。”[④] 词与货币在这里的类比可以说是一种“隐喻式类比”[⑤]，它隐含着符号的普遍性对符号与符号对象之间的断裂关系的影响。如果说，在最初的命名场景中，人们都是根据自己对物特殊的亲身经验来命名物，那么它由此获得的名字就只与它相对应，以此每一个名字原则上也就对应于一个唯一的物。然而，这只是对物的原初命名者而言才会出现的情况。马克思认为，语言是“共同体的产物”，而且是共同体“不言而喻的存在”[⑥]，这意味着语言就它的起源和效用范围而言是具有普遍性的。一旦从这个角度来理解词就会发现，词就像货币一样擅长对特殊性遗忘：在语言的普遍交流中，词遗忘了最初的命名者关于物的特殊经验，只剩下这些经验中的共同部分，因而成为关于物的抽象符号。词与货币都是物的普遍流通的手段：货币使物在不同的人的手里流通，词则使物在不同的人的脑袋中流通。货币只有遗忘了它自身作为一种物的使用价值才能够在商品的世界中承担流通职能，词也只有遗忘了命名者关于物的特殊经验才能够使物得以在观

① 马克思恩格斯全集：第 19 卷. 北京：人民出版社，1963：417.
② 同①416.
③ 同①.
④ 马克思恩格斯文集：第 5 卷. 北京：人民出版社，2009：121.
⑤ 袁文彬. 马克思主义和语言问题——詹明信的文学批判. 广州：中山大学出版社，2015：204.
⑥ 马克思恩格斯文集：第 8 卷. 北京：人民出版社，2009：140.

念上流通。词对这种特殊经验的记载是纯粹内在于最初的命名者心中的，而且只凭命名者的个人记忆来进行，它并不会随着词在不同人的脑袋中的流通而流通，就像沉入江底的剑不会随着刻在船舷上的符号的移动而移动一样。因此，一旦进入语言的洪流中，词必然会丢失这种特殊经验。黑格尔深刻地看到，只有当人们忘记名称之为名称是什么之后，它们作为标志才具有含义①。一个语言符号只有彻底遗忘它与物之间的自然关联，即命名者赋予它的对物的特殊性记忆，才能融入语言系统中成为一个“专职”的语言符号，充分起到使物在观念世界中流通的作用。因此可以说，就在商品世界中每一个物都具有它的货币名称、语言世界里每一个词都承担着物的流通的职能而言，货币就是物的看得见的词，词则是物的看不见的货币。

从这个角度来看，不是因为现实世界中的时空流变而导致的物是人非、时过境迁，而是因为语言本身所具有的普遍性，才使每一个从具体的命名场景中诞生的名字都将被磨洗并风干为一个抽象符号：一种关于物的没有任何个人内容的、对每一个人而言都呈现出同一种颜色的纯粹标志。著名的语言学家索绪尔研究的就是这样一种与物不再具有任何自然关联的语言，这是一种被沃洛希诺夫称为“抽象客观主义最明显的表现”② 的语言观。词与物的分裂，首先应被理解为属于语言的本质的事件，然后才能像福柯在《词与物》中所描述的那样被理解为属于历史的事件。但要达到这些理解，首先要把词与物的同一理解为属于人的伊甸园生活——用阿甘本在《幼年与历史》中的术语来说，即人的“幼年”（in-fancy）生活——的事件，它们于17世纪之前在西方文明中呈现出来的相似性③只是这种同一性在时间和历史中的投影，一种假装恢复回来的记忆。

马克思在《剩余价值理论》中批判人们用“资本过多”的说法来代替“商品生产过剩”的说法时说：“同一现象，称作a，就认为是存在的和必要的，称作b，就加以否认，因而实际上怀疑和考虑的只是现象的名称，而不是现象本身”④。他将词与物的断裂关系把握得很清楚，因而能够避开由这种断裂关系设下的种种陷阱。但瓦格纳却不一样，他总试图通过现象的名称来考虑现象本身，除了试图通过“使用价值”和“价值”的拆分与组合游戏来把握使用价值现象之外，他还试图从“财物”和“价值”这两个含义相近的词中，由前者“推论”出后者，认为由此也能够获得价值的概念。但在马克思看来，这都不过是在一种同义反复的迷宫中进行着“由此及彼”或“由彼及此”的推论⑤。在词与物相断裂的情况下，物在词和语言中不再成为一种可寻觅的东西，因此在语言的迷宫里无论如何进行概念的推论游戏，都始终无法触及现象本身。

既然词与物的断裂是由语言的普遍性而导致的问题，历史过程只是加重了这种断裂关系而已，那么我们在一定程度上也就不能改变这种现象。但这并不意味着我们只能像瓦格纳那样，做一个缄默的刻舟求剑者，总试图通过符号世界中的表象游戏来触动那深埋于现实的淤泥与喧嚣之下的物的世界。我们可以通过强调命名活动的历史唯物主义原

---

① 黑格尔. 哲学科学全书纲要（1830年版）. 薛华，译. 北京：北京大学出版社，2010：330.

② 钱中文. 巴赫金全集：第二卷. 石家庄：河北教育出版社，1998：403.

③ 福柯. 词与物. 莫伟民，译. 上海：上海三联书店，2012：23-35.

④ 马克思恩格斯全集：第26卷Ⅱ. 北京：人民出版社，1973：569.

⑤ 马克思恩格斯全集：第19卷. 北京：人民出版社，1963：408.

则来避免犯下这种错误。这种原则虽然不能使我们恢复在最初命名者心中词与物源始的同一关系，但却能很好地让我们认识到词的历史起源及其与物的本来关系。在《评瓦格纳的“政治经济学教科书”》中，为了说明自己的概念的现实来源，马克思认真交代了自己在《资本论》中具体是如何通过对劳动产品在现代社会所表现出来的最简单的社会形式（商品）的分析，而获得“使用价值”和“价值”这两个概念的。他总结道：“使用价值始终只是在这样一种场合才予以注意，即这种研究是从分析一定的经济结构得出的，而不是从空谈‘使用价值’和‘价值’这些概念和词得出的。”① 他在《资本论》中认为，亚里士多德之所以未能提出“价值”概念，根本上是因为他所处的奴隶时代建立在人们之间以及他们的劳动力之间的不平等基础之上，而价值概念只有在人类平等概念已经成为人们的普遍共识的时代才能提出，因为价值表现的秘密在于，一切不同的劳动都由于是一般人类劳动而具有等同性②。这反映出，概念的形成必须根植于人的现实实践和具体的历史情境，而不是来自纯粹的语言游戏，命名活动的历史唯物主义原则是揭穿这种语言游戏的一把利器。

三、马克思对“按词造物”现象的批判

只有在理解了词与物的断裂关系的基础上，我们才能够更好地理解马克思在《评瓦格纳的“政治经济学教科书”》中所批判的人们的这样一种做法：他们用“财物”或其他类似的名称来标明物对他们的有用性，以这种方式“他们赋予物以有用的性质，好像这种有用性是物本身所固有的，虽然羊未必想得到，它的‘有用’性之一，是可作人的食物”③。人们不仅通过词来片面地标记着物的形象，而且还将这种片面属性当作物固有的属性，甚至把这种片面属性当作物的全部所“是”。这是通过词语来“创造”物的表现，是以有限的、知性的思维来理解词与物的关系的结果。黑格尔说：“对有限事物必须用有限的名言以称谓之，这正是知性施展其功能的处所。”④ 这反映的正是知性思维的有限本质对词与物的特定关系。

“语言”是与“存在”同在的。怎样来理解这个命题？举一个例子：哲学课老师点名，点到哪个同学的名字，哪个同学就应和一声“到”。老师只通过他每一次所听到的“到”来确定某个同学的存在。一个同学存在不存在，即能不能进入老师的视野，一定离不开听到的那个同学的声音。再举例来说明这个道理。一位建筑师傅在建造房子时，对他的徒弟说：“砖头。”这是什么意思呢？他并非想告诉他的徒弟“砖头”是什么东西，而是让徒弟把砖头递过来。于是某块砖头随着“砖头”这个词就出现在师傅眼前。可见，语词的意义与存在是同在的。语言是一种实践的现实意识，是为了和他人交往的迫切需要才产生的。在这种意义上，我们可以说，因为语言才能够存在；同样，因为存在，我们才离不开语言。或者还可以说，是语言让我们获得了世界，我们只在语言中存在。

---

① 马克思恩格斯全集：第19卷．北京：人民出版社，1963：414.

② 马克思恩格斯文集：第5卷．北京：人民出版社，2009：74-75.

③ 同①406.

④ 黑格尔．小逻辑．贺麟，译．北京：商务印书馆，1980：98.

但是，语言与存在的关系还包含着更复杂的内容，这一点可以从词与物的角度展开讨论。词是物的一个无形的窗口，通过它我们永远只能看见物的“一部分”。这是奇怪的“一部分”，它既不是物的“自在存在”——如果存在所谓的“自在存在”的话——的一部分，也不是物已经现成拥有的诸多内容的一部分，而只是物在其无限可能的存在样式中根据它对人的某种有用性而被确定下来的一种存在样式。如果把词理解为是对事物向人表现出来的某种属性的命名，那么，每一个词都在表达关于物的某种规定性。但在知性思维看来，它也仅在于表达这样一种规定性，物仅通过这种规定性呈现自身，它因此以一种有限和片面的方式存在于词之中。通过词这个无形的窗口，纯粹思维的人“看”到、“听”到、“闻”到和“触摸”到物是如此存在，因此这个物本身就会被认为是如此的东西。当我们看到一个东西长得像鸭子，叫声像鸭子，走路也像鸭子，那么它难道不就是真的鸭子吗？当我们消费了一种纯粹体现为对我而言的有用性的东西，那么它难道不就纯粹是这样一种东西吗？吃布丁就是对布丁的证明——至少在语言的世界中这种思维是如此认为的。但我们如何知道我们吃的不只是布丁？在语言世界中不存在某种在吃布丁之前保证我们所吃的是布丁而不是其他稀奇古怪的东西的机制，但也不存在保证我们吃的仅仅只是布丁而不是更多的其他东西的机制。在这种情况下，人的有限思维通过有限的词而直接确定了物的有限的现实存在。

知性的思维不仅懒于去反思词与物这种颠倒的关系，它甚至不能发现这种关系。它毫无批判地依赖着和使用着这种有限的词，就像一个工人毫无反思地使用着一把锤子一样。马克思在《关于林木盗窃法的辩论》中曾对知性思维的有限性做出很深刻的描述，他说：“理智（Verstand，又译作‘知性’。——笔者注）不但本身是片面的，而且它的重要的职能就是使世界成为片面的，这是一件伟大而惊人的工作，因为只有片面性才会从无机的不定形的整体中抽出特殊的东西，并使它具有一定形式。事物的性质是理智的产物。每一事物要成为某种事物，就应该把自己孤立起来，并成为孤立的东西。理智把世界的每项内容都纳入固定的规定性之中，并把流动的东西固定化，从而就产生了世界的多样性，因为没有许多的片面性，世界就不会是多面的。”① 我们知道，对马克思来说，“语言是思想的直接现实”②。语言与思维的这种同一性关系属于它们本身的关系，因此在知性思维的这种场合下同样有效。这意味着语言与思维彼此“共享”和加深着彼此的特点。因此，知性思维的有限性反映为词的有限性，并通过后者得到了加强和巩固。在这种情况下，如果我们把马克思上面那段话中的“理智”置换为“词”或“语言”，那么就能够直接地发现词的有限性及其在观念层面对物和世界的影响。词本身是片面的，它的职能就是使世界成为片面的，它将物从无限可能的存在中抽出来，使之固定化为一种有限的现成之物；事物的性质就是词的产物，每一事物都要通过词来获得一种片面和孤立的性质才能成为自身；我们通过制造出更多的词来反映世界，甚至可以从不同方面来赋予同一事物更多的名字，表明它具有更多的属性，这样就能够使物的存在更“全面”，使世界更具有“多样性”。但是，从事情的本质来看，词的数量和世界的这种“多

---

① 马克思恩格斯全集：第1卷. 北京：人民出版社，1995：251.

② 马克思恩格斯全集：第3卷. 北京：人民出版社，1960：525.

样性”的增加，并不意味着我们能够借此接近物本身的无限可能性，因为物的无限可能的存在恰好需要避开和否定这种有限的词才能够得到保持，反而意味着物在词的有限性中的进一步沉沦，以及在我们的认识中世界的有限性的进一步深化。

词与物的关系在知性思维这里走向它们的反面：最初我们根据物来创造词，现在，我们根据词来创造物。这是知性思维“按词造物”的现象。这种现象在瓦格纳那里有典型的表现，它暗藏在马克思集中火力来批判他的观点的这段话中：“人的自然愿望，是要清楚地认识和了解内部和外部的财物对他的需要的关系。这是通过估价（价值的估价）来进行的，通过这种估价，财物或外界物被赋予价值，而价值是计量的。”① 瓦格纳在这段话里实际认为：当我认识到物对我有价值时，或者说，当我在认识活动中把“价值”一词添加到物对我的关系上时，物就现实地具有了价值。显然，这是一种按词来创造物的属性的行为。按其立场，马克思必然反对这种行为。如果说我由于一物能够满足我的某种需要而确定它对我具有“价值”（实质应是使用价值），那么我仅凭这种认识丝毫不能让这个物现实地获得这种“价值”，我只有通过一定的劳动，现实地赋予它一定的物质形式，它才会真正被赋予这种“价值”。例如，由于我需要一张椅子，所以认识到并确定一棵树对我具有使用价值，但我只有通过劳动现实地将这棵树制成椅子，使这棵树“全心全意”地表现为对我有用，才能说这棵树被我赋予了使用价值。因此，赋予物使用价值必须通过现实的劳动来进行，而不能只凭口头上为物对我的关系添加了某个词的方式来实现。词仅凭自身对物没有任何的作用力。如瓦格纳在词语的同义反复迷宫中用由此及彼的方式来提出新概念的方法一样，对马克思来说，按词造物的方法也始终“只是在观念上标明或确定”、“只是认识和承认”② 外界物是满足我的需要的物，但不能现实地使之获得能直接被我消费的专门的物质形式。

按词造物是词对物的权力关系的极端发展，它最显著的表现存在于马克思和恩格斯所说的“一定要把语言变成某种独立的特殊的王国”③ 的思辨哲学中。当我们回顾康德和黑格尔的哲学时，就会发现这种做法在观念的世界里散发出多么诱人而耀眼的光芒。有人认为，康德作为主观能动性来思考的，“实际上乃是语言的问题”，“他所说的根据感性形式或悟性范畴而构成的现象，和依靠语言所构成的现象是一回事”④。如果我们愿意去掉那些吓人的思辨色彩，将康德所谓的纯粹知性概念理解为词，那么他的“知性为自然立法”告诉我们的就是一个人的纯粹思维通过词来规定自然万物和赋予万物秩序的故事。对黑格尔来说，语言是精神的特定存在，同时，它能够将个别性和特殊性颠倒为普遍性的“神圣性质”⑤，又使得它成为精神现象学的“杠杆”⑥，正是通过语言，精神才能不断地将自身从个别性和特殊性的存在中发展为普遍性的存在。这是精神或意识建立自身、将自身对象化为外物并从中回归自身的过程。在整个过程中，语言作为精神的特定

① 马克思恩格斯全集：第19卷. 北京：人民出版社，1963：404.
② 同①409.
③ 马克思恩格斯全集：第3卷. 北京：人民出版社，1960：525.
④ 柄谷行人. 跨越性批判——康德与马克思. 赵京华，译. 北京：中央编译出版社，2011：32.
⑤ 黑格尔. 精神现象学：上. 贺麟，王玖兴，译. 上海：上海人民出版社，2013：127.
⑥ 邓晓芒. 思辨的张力——黑格尔辩证法新探. 北京：商务印书馆，2008：187-194.

存在经历着一切事物的特定存在。这些思辨哲学深刻地揭示了人的纯粹知性思维在词与物之间的权力游戏。马克思在《1844年经济学哲学手稿》中批判黑格尔时说："逻辑学是精神的货币，是人和自然界的思辨的、思想的价值"[①]。这句话将政治经济学类比于黑格尔的逻辑学，它道出了这样一种关系：人的纯粹知性思维与资本一样，对物和物的世界怀有天然的政治预谋。如果说，货币是物的看得见的词，词是物的看不见的货币，那么，当资本在现实的世界中通过货币和价值来绝对地统治着物和物的世界时，人的纯粹知性思维在观念的世界里通过词和语言也毫不逊色地在做着同一件事情。

强调语言是物质、意识和行动的总体，是人的社会实践、交往和历史的统一，反对语言与社会现实生活的脱离，这是马克思语言哲学的基本特征[②]，持有这样一种语言观的马克思必然反对思辨哲学的按词造物现象。我们可以在《神圣家族》、《德意志意识形态》和《哲学的贫困》等著作中看到他与恩格斯对此现象的批判。例如，他们在《神圣家族》中曾批判思辨哲学家们通过"果品"一词来创造出现实的各种水果的做法[③]；在《德意志意识形态》中，他们强调，"在任何一种特性的发展中，某物是通过某物从某物中创造出来的"，按词造物归根到底不过是他们所批判的"从无通过无到无"[④] 的精神性创造。在《评瓦格纳的"政治经济学教科书"》中，马克思以揶揄的口吻说到古化学家这样一种做法：由于无水氯化锌（Zinkbutter）和三氯化锑（Antimonbutter）等化学物字面上都含有"奶油"（butter）一词，于是化学家就认为，所有这些化学物都具有奶油的柔软属性[⑤]。这显然是在批判纯粹根据词来创造物的属性的行为。

从语言的角度来看，要克服按词造物这种思辨行为的办法同样是强调命名活动的历史唯物主义原则，因为按词造物现象与"语言游戏"现象实质都是在词与物相断裂的情况下，人的知性思维试图单纯通过词来操控物和物的世界的表现，命名活动的历史唯物主义原则不仅能够让我们认识到词的历史起源及其与物的本来关系，而且也是抑制知性思维这样一种本能冲动的良剂，因为它能够让我们在语言世界中时刻保持着现实和历史的在场。在《政治经济学批判》的"导言"中，马克思通过"劳动"这个范畴深刻地说明了词的历史唯物主义性质。相对于"农业劳动"（Agriculturarbeit）、"工业劳动"（Manufacturarbeit）等范畴，"劳动"是一个十分简单抽象的范畴。在字面上，人们可以像瓦格纳那样，从前面那些范畴中抽取出共同的词根"arbeit"，获得"劳动"（Arbeit）这个概念。但以这种方式人们根本无法为这个词寻找到它的真实内容，使之成为一个充分有效的概念，因为按照这些词之间的抽象与具体的关系来说，它的真实内容要等到所有具体的劳动发展起来，并形成一个十分发达的总体，在这个总体中劳动不会只表现为某种特殊的劳动，而且表现为劳动本身才有可能[⑥]。但要想达到这种总体，必须通过历史的发展。只有历史的发展才能赋予词充分的有效性。马克思说："哪怕是最抽象的范

---

① 马克思恩格斯文集：第1卷．北京：人民出版社，2009：202.

② 尹树广．语言哲学——国外马克思主义、现代西方哲学．北京：人民出版社，2016：91-94.

③ 同①276-281.

④ 马克思恩格斯全集：第3卷．北京：人民出版社，1960：158.

⑤ 马克思恩格斯全集：第19卷．北京：人民出版社，1963：415.

⑥ 马克思恩格斯文集：第8卷．北京：人民出版社，2009：28-29.

畴，虽然正是由于它们的抽象而适用于一切时代，但是就这个抽象的规定性本身来说，同样是历史条件的产物，而且只有对于这些条件并在这些条件之内才具有充分的适用性。”① 每一个有效的范畴，每一个试图充分地命名某种现实事物的词，都是历史的产物，因为使它们得以有效的条件，即它们试图概括的内容或命名的对象，本身就是历史条件的产物。每一个这样的词，都不是在某个时空里先验地静候着它的内容的出现和到来，而是随着它的内容的出现才出现。命名活动的历史唯物主义原则是保证词获得它的现实有效性的最重要原则，无论是瓦格纳式的“语言游戏”，还是知性思维的按词造物，都将在这里遭遇到最根本的否定。

总之，命名活动的历史唯物主义原则对西方传统认识论中“名”与“实”的关系做出了别具一格的深刻阐释，通过论述马克思对“语言游戏”和“按词造物”两种现象的批判，我们更进一步深化了这种原则的内涵和认识论意义。这些内容对我们把握马克思主义认识论和马克思语言哲学来说都具有重要的意义。另外，上述讨论已经在不少方面触及现当代西方语言哲学从语言本体论到话语实践领域的一些基本话题。例如，在词语与人在劳动中对物的特殊经验的关系方面，我们可以联系上语言与劳动、语言与身体、语言与经验等方面的话题，甚至可以联系上拉康对索绪尔的所指与能指关系的改造，以及在此之上所推演出来的一系列的思想观点；在人对物的命名与物在劳动中根据它对人的具体有用性而呈现自身的关系方面，我们可以联系上语言与权力、语言与生命政治学等方面的内容；在命名活动和劳动实践的关系方面，我们可以联系上晚期维特根斯坦的日常语言分析、奥斯汀的“以言行事”和约翰·塞尔的言语行为等理论；在词与物的分裂、“语言游戏”和按词造物现象方面，我们还可以联系上语言与政治经济学、语言与思辨哲学等方面的话题。但所有这些西方语言哲学的话题都不能覆盖马克思对词与物的关系的思考的基调，即命名活动的历史唯物主义性质。相反，为了使西方语言哲学的发展成果能够反映在当代马克思主义哲学中，而同时又在这种思考和研究中保持马克思主义哲学的基本原则，我们应当从这种基调出发来思考上述话题，重视《评瓦格纳的“政治经济学教科书”》一文从文本上和思想上对研究马克思语言哲学的重要性，这或许能够为在学理上发展出有充分立足点的马克思语言哲学做出一定的贡献。

第四节　认识论与文化差异②

“认识论与文化差异”这个主题是传统教材里几乎没有涉及的。为什么要讲这个主题呢？只要认真仔细读一读传统马克思主义哲学教材，我们就明显感觉到教材里面谈的认识论缺乏鲜活的生活底色。阅读教材首先没有引起我们阅读的愿望，尽管它自认为叙述的是世界的真相，但有时我们不得不对此表示怀疑。或者，哪怕它真的是叙述了真相，那么真相还应该有不同的叙述。关键还要看到西方人的认识论与中国人的认识论之间的

---

① 马克思恩格斯文集：第8卷. 北京：人民出版社，2009：29.

② 本节内容来自：栗山茂久. 身体的语言——古希腊医学和中医之比较. 陈信宏，张轩辞，译. 上海：上海书店出版社，2009：1-175.

差异。想一想：儒家的认识论会不会撇开人的生命道德来谈认识论？道家又会怎样谈认识论？马克思本人会怎样谈认识论？凡此种种，我们都不应该抽象地来讨论认识论问题。所以，我们就必须结合文化因素和历史时代因素来讨论认识论。

我们还是先讲个故事吧。三个盲人探求大象的形状时，其中一个人说大象像一条细细长长的绳子，另一个人说大象有如肥短的柱子，第三个人则说大象是巨大的团状物。三个人之所以认知不同，是因为第一个人抓住了大象的尾巴，第二个人抱住了大象的腿，第三个人摸到的则是大象的肚子。但是他们自己都毫不知情。每个人都只认为自己是对的，并对其他人的谬误感到不解。三个人对于同一头大象都有真实的知识，但是每个人所理解的却完全不同。这就是我们耳熟能详的"盲人摸象"的寓言。为什么三个盲人都做了相同的动作，所得到的认知却完全不同呢？这说明人和人之间的认识会有很大差异。同样，我们发现，由于个人的身心经验与文化象征系统之间的相互渗透关系，西方人与中国人对于许多事物的认识存在不同的情形。例如，我们一般认为人体结构和功能在世界各地都是相同的，是全球一致的。不过，不同的文化传统对于身体的认识差异可能很大。比如，西方医学重视肌肉，而中国医学重视穴道。讲述西方对于身体结构与机能的认识，不可能不提到肌肉以及肌肉活动；而对于中国医学，如果没有提到脉与穴就称不上完整的认识。因此，我们接下来根据西方医学和中国医学之间的观念差异，来具体地谈一谈西方认识论和中国认识论之间的差异。

一、领会生命的语言及其方式的差异

大凡中西、古今文化，都感到人是一个"斯芬克斯之谜"，要获得关于人的真相是很难的。这是因为有许多事情人们不愿意说，而他们所说出来的又有许多不是真的。也有许多事情是人们无法说的，因为连他们自己也不知道，因为有许多真相是无法经由内在意识的反省而得知的。人们不仅感叹外在对象难以把握，而且更加感叹我们对于自己的心灵状态也一无所知。比如，我们甚至连自己的身体状况也是一无所知的。我们甚至可能已经患病却毫不知情，而对于心灵的疾病则更难以理解。心病无药医，实际上说的就是我们对自己心灵的把握毫无概念，无法测知，甚至可以说全然无知。于是，对于身体上的疾病就产生了医学，对于心灵上的疾病则产生了精神病学。无论医学也好，还是精神病学也好，从认识论上讲，它们都是一种触觉感知生命的语言。在《德意志意识形态》那里，马克思讲的意识形态主要并不是讲它们是虚构的，而是讲它们对于现实的否定以及对于存在本身的否定，严格讲起来，就是对生命的否定。西方人触摸生命的语言以及方式与中国人触摸生命的语言以及方式是很不相同的。

第一，触感知识的差异。我们都见过老中医给人看病的情景：一个鹤发童颜的老中医往病人的床边一坐，便马上为他把脉，然后开立药方，并且向病人说明：我之所以知道你患了这种病是因为你的脉搏如何如何。整个过程就像一套仪式。古代人发现医生能够从触摸手腕而得知一个人的生理秘密时，一定感到十分惊奇。即使到了现在，我们虽然对它很熟悉而不再感到惊奇，但我们只要对手腕上的变化稍加注意，仍然不免产生一种神秘感。更为神秘的是，一个人的脉搏居然可以泄露人们不愿意说的事情。隔壁邻居家的一个小伙子正变得日渐憔悴，大家都猜不透原因，结果他的脉搏透露了原委。每次他漂亮的女同学一出现，他的脉搏便悸动不已。于是一位并不具有丰富经验的医生就晓得他是害了相思病。一个懂得脉搏的讯息的人，能够借由脉搏知道一个人所不愿意或不能说的事。人会说谎，但是脉不会。正因为如此神奇，两千多年来，中国、欧洲，以及世界其他文明系统都对脉搏怀有极大的兴趣。在吃过早饭、赶到教室、雨中奔跑等各种情况下，脉搏都有明显的不同。

不过，中国人和西方人对生命的领会是不同的，关键就在于他们所掌握的语言完全不同。中国人和西方人领会生命的语言突出表现在这样两个词汇上："血管"和"经脉"。这两个词汇具有不同的意义。

第二，西方人的结构和功能的两极认识。我们先来感受一下自己的生命征象——脉搏。我们把手指放在手腕上会感觉到什么样的运动？我们会说是动脉的跳动。还有可能感觉到什么？当我们这样问的时候，中国人和西方人就产生了分歧。中国人轻轻放在右手腕不同位置的手指可以诊断出大肠的健康情况、胃的健康情况等；如果稍加用力，则这两根手指又可以探知肺的健康情况、脾的健康情况。此外，中医的每根手指还可以区分出更加细微不同的感觉。但是，只要你是西方人，把手指放在手腕上，脑海中便自然地浮现搏动中的动脉，而动脉无非就是血管，是连同心脏的血管，心脏跳个不停，血管也相应而动。除此之外，西方人根本没有办法想象自己还能够感觉到任何其他运动。用实证主义者的话来讲，我们的手指所感觉到的仅仅是受到碰击的感受。今天把中国的"经脉"翻译成英语，就是血管、管道等；谈到西医诊断时，则叫脉搏。这正是古希腊脉搏理论所主张的动脉与脉搏、结构与运动的二分认识论。西方的脉搏论建立在解剖学基础上。解剖学为西方人用手指触知方式进行诊断奠定了基础。中国的脉搏论由于缺乏解剖学的基础，因而使西方人大为怀疑。他们认为，中国的脉搏论是天马行空的观念，中国人的想法是荒谬的，是毫无根据的诡辩。可以说，从希罗菲勒斯到盖仑，希腊的医师极少对脉搏不同的部位的不同触感表示兴趣，或者根本不曾注意过。因此，他们就不可能通过切脉的触感来判断影响身体的疼痛和力量，以此发现人的许多生命征象。

第三，触摸与测量方式的区别。把脉技术同样在古代希腊和古代中国出现，这说明中西文化源头具有一定的相似性。不过，我们在这里主要探讨不同的文化系统的不同认识论观点，因此我们的着眼点当然也是中国人和西方人不同的感知方式。中国人和西方人把手放在相同的地方，却可能感受到完全不同的东西。西方人叫测量脉搏，中国人叫切脉。这种叫法的差异不但是经验上的，也是理论上乃至世界观上的。对于西方人来讲，脉搏容易测量却难以想象。西方人很容易想象扩张与收缩中的血管壁，并且在心目中轻易地以几何学的方式切割血管的大小、快慢、频率、节奏。现代西医已经借着机器将心脏的状况转化成图表与数字，而不再用手指触摸来加以理解，而中国人用触摸的方式来察知这一切则困难得多。但是，有意思的是，在中国人看来，这种困难正是医生所要克服的。所以，一代接一代的中医用师傅带徒弟的方式完成着历史给予人的梦幻般的使命。他们每个人要花上生命中无数的岁月专注于那种手指下犹如眨眼般迅速的细微运动，每个人都极力想从推测与幻想中整理出真实的观点来。如果用宏观宇宙与微观的身体相联系的话，中国人可以说是很罗曼蒂克的。先秦与汉代的作品均有把河川与身体内部的血气流动相比拟的文字。《管子》把水叫作“地之血气”，《灵枢》则更加明确地将中国的6条主要河川与人体内的6条主要经脉相互对应。在中国人看来，脉比较像河川，而不是血管。河川的主要特点便是流动。脉在古代医书里常常出现的运动是来、去、行、流，每吸一口气移动3寸，每呼一口气也移动3寸。这在西方人那里是不好想象的。这也表明中国人和西方人的思想结构、感官认知有本质差异。

二、文字在两种认识论中扮演的角色

我们大都有这样一个经验，每逢到医院看病，医生给我们开好的处方都很难看得懂，问题不仅在于我们不懂医学术语，而且也不懂他们的表达方式。一个西方人来看中国医生写的文章就存在更多的困难。要么他的汉语水平不够，要么存在翻译问题，要么他不熟悉中国人的表达方式。总之，中国人和西方人具有不同的感知方式。这种不同的感知方式会通过话语、通过耳朵听得见的语言、通过一种触摸的感觉方式表现出来。接下来，我们就要从文字表现方面的不同，讲一讲中国人和西方人的认识论的差异。这种不同体现在以下几个方面：

第一，精确的判断与丰富的想象的落差。西方人长于判断和推理，长于明确的表达，有一种追根究底的渴望；而东方人则拥有丰富的想象力，中国人用“比喻”的方式描述感受，中国文化对于追根究底并不在乎，甚至一无所知。这是我们在研究中西文化差异时经常提到的一个观点，也是一个大家比较认同的观点。我们具体来分析一下。

中国人写的文章天马行空而富有诗意。我们都知道，中国文字为象形文字，这样一种文字比较适合用于诗词歌赋、舞蹈音乐、激情演说上，而非哲学上。因为它不精确。这是跟感受方式密切相关的。比如，中国人所提到的“脉”的许多特质都是西方人不熟悉或者难以理解的。古代中医王叔和写的《脉经》开宗明义列出有关切脉的学问的基本词汇，用来表明脉的种种变化：“浮脉举之有余，按之不足。芤脉浮大而软，按之中央空，两边实。洪脉极大在指下。滑脉往来前却流利，展转，替替然，与数相似。数脉去来促急。促脉来去数时一止复来。弦脉举之无有，按之如弓弦状。紧脉数如切绳状……”①

这里讲到的“浮”、“芤”、“弦”和“紧”是什么意思？它们究竟要表达什么感受呢？这种不同的脉和脉之间的细微差别如何能够感受得到呢？西方人认为，如果是一门科学，就必须建立在严格区分的基础上，即建立在数学的基础上，能够用空间、速度、节奏、频率之类的概念来明确分类。但是，中国传统医学显然没有可能把感受上的极其细微的差别用数学来表达。所以，老中医只能手把手地教徒弟。“芤脉浮大而软，按之中央空，两边实”是什么意思呢？老中医会解释说，当你的手指重按时中间无而两边有的脉搏，叫作芤脉，就好像手指按葱管的感觉。这种脉象多见于大出血。当老中医这样讲时，他会用手势来辅助表达他的意思。但是，徒弟听了仍然不明白。因为，这种陈述仍然是很不够的。文字有数不尽的用法，相同的词句在不同的情景下以不同的语调说出，可能意思大不一样。比如，“我没有钱”这句话可以是开玩笑，或者是一种指控，或者是向别人

---

① 王叔和. 脉经. 香港：太平书局，1961：2-3.

要钱，或者是要求借款。更何况，我们也不知道什么叫作“重按”，是“猛按”呢，还是“猛抓”呢？这都不好说。因此，问题仍然存在。那么，中国文化或文献为什么对于西方人来讲具有古怪、难以理解的陌生感呢？这在很大程度上是由于它要表达一种流动的感觉。比如，切脉是去感觉一种血的流动，这种感觉毕竟和西方人测量脉搏时要人解下皮带，或者用绷带把手臂扎紧，或者要用机器的精确性与客观性取代人类的触感没有什么关系。

第二，意象描述与定义描述的区别。我们知道，自苏格拉底与柏拉图以降，西方哲学就有一个极端重视定义的传统。形成这样一种传统与两个原因有关：一是与公众辩论的普遍性有关，在古希腊社会尤其如此；二是与精确用字的要求有关。地中海语言种类繁多即是一例。当时地中海地区居住着操着各种各样方言的居民。因此，对同样一个事物用不同的名称来命名，再加上那些具有褊狭和自大心态的人坚持用当地方言而鄙夷外地方言，就更加增添了语言的混乱。在这种情况下，出现了探讨文字定义的渴望和需要。在中国文化中，描述事物一般不会像西方文化那样明确下定义。就拿最具有中国文化特色的“孝道”来讲，我们来看看《论语·为政》中有关孝道的对话：

> 孟懿子问孝。子曰：“无违。”樊迟御，子告之曰：“孟孙问孝于我，我对曰：‘无违。’”樊迟曰：“何谓也？”子曰：“生，事之以礼；死，葬之以礼，祭之以礼。”孟武伯问孝。子曰：“父母唯其疾之忧。”子游问孝。子曰：“今之孝者，是谓能养。至于犬马，皆能有养。不敬，何以别乎？”

这段话的中心思想是：人应该如何行孝？孔子的回答是：“无违”，樊迟提出了有如苏格拉底般的诘问：“何谓也？”这个时候，孔子也仅仅是提出了更多同孝道相符合的行为，像“事之以礼”“葬之以礼”“祭之以礼”等等。他不是明确给出定义，指出客观状态，而是不断提出其他更生动的描述。孔子的这种做法有这样几个意义：其一，对于同一个问题给予不同的回答，有利于因材施教；其二，学习孝道重在践行；其三，学习文字和学习其他各种技艺一样，都必须精通各种姿态和动作。比如，我们想学习射箭，教练可能会先建议“眼睛注视目标”，或者“把头保持水平”，或者“要学射箭先得学会全然放松”。不过，这些指示不论单一或者综合来看，都没有包含射箭的全部要领。一位真正的射箭手不但必须懂得这些，还必须懂得其他更多的东西。同样，你要学习好中医也不能像西方学生那样去问老师“何谓浮脉”原因仍然在于，中医里面的词汇不是指向西方脉搏论中讲的“舒张的直径”或“收缩的速度”这种客观状态。所以，弄懂浮脉就像弄懂孝道一样，总是要不断去体会包含在那些词汇中的比喻的意象。

譬如，王叔和是这样描述浮脉的：“举之有余，按之不足。”在他之后的医生又提出更生动、更进一步的描述。李杲说：“如空中之浮云。”李中梓则说：“泛泛在上，如水漂木。”李时珍更是加以润饰说：“如微风，吹鸟背上毛，厌厌聂聂。如循榆荚，如水漂木，如捻葱叶。”这种描述方法以意象令人产生联想，全凭脉搏给观察者的印象，而不是直接讲述动脉的状态和运动。这与西方医学着眼于揭露潜藏在事物背后的真相的描述大相径庭。我们从这里便可以知道为什么西方人不相信中医。因为，对于西医来讲，那种“如空中之浮云”，如“蚂蚁爬行”或“虫儿蠕动”的比喻和模棱两可的探讨方式根本就是错的。那些老中医只是提到对于浮脉所可能的感受，但是对于浮脉究竟是什么却只字未提。好像身体健康状况的真相总是存在于“迹象”之外。西医由于受文字等各个方面的制约，永远不可能感受到中医感受到的脉象的细微差别。他们甚至认为脉象的细微差别其实只是心里的感觉。

第三，比喻描述与平实描述的差别。西方哲学到了今天有一个所谓语言学的转向。哲学家认为如果错误地运用了语言会给哲学增添混乱。他们希望在语言上回归日常生活，主张使用以明确和清楚的表达为目的的平实的语言，而不是比喻的语言。但是，中国哲学早已看到这样几个问题：

其一，文字总是有所不足。中国传统医学那些古代典籍之所以不能够把医学词汇精确化，绝不是古人不重视精确性。他们也分明看到，不精确会导致祖国医学传播继承的困难。然而，他们更看重的是“真理无法用语言表达”这个观念。如果用精确的词汇或定义来描述事物，就会破坏世界原本的整体性。老子《道德经》开头就说：“道可道，非常道；名可名，非常名。”这句话说的就是这个道理。如果用一种带有意象性的词汇来描述这里讲的“道”，可以用“浮云”与“深渊”等意象。应该说，中国古代哲人把“道”做这样的理解，绝不是故弄玄虚，而是试图表达他们独到的见解。这一点可真是害苦了西方人。他们对中国哲学的感觉就像读天书，以至于一千个西方人里面看得懂的大概还不到一个人。今天，在西方，脉搏研究也长期受到冷落。原因在于感受总是具有相对性和因人而异的：老中医的感受为“蚂蚁爬行”，徒弟可能浑然不知。谁对？谁错？18 世纪一位西方的医师勒伊堂来中国学习医学，经过几个月的学习，仍然无法辨别当时带他的老中医所指出的脉象。这个时候，他首先不是反思自己触摸感觉的迟钝，而是认为老中医有可能说谎，怀疑中医里面大概有过多的狂热与不真实的想象——也许整套脉搏学是建立在自我欺骗的基础上，就像安徒生童话里那件国王的新衣。

其二，观念会制约感觉。我们已经清楚，某些特定观念会影响我们的感觉。比如，如果有一个同学从一开始就认为哲学没有什么东西值得认真学习，在这样一个观念影响下，他可能真的什么都学不到。同样，在切脉问题上，那种怀疑的心态对于切脉敏感性的影响要多于触觉上的不足。俗话说，只有深刻理解了才能更好地感觉。反过来说，也是一样。因此，在一定意义上，西方人那种用数字测量脉搏的频率的观念，使中医的脉搏学极其容易受到怀疑。西方许多人认为，如果要建立一个可靠的脉搏医学理论，必须消除语言的模糊性，而数字则确保了绝对的明确性。这里，存在着一个错误观点：好像知识的问题纯粹只是文字的问题。

其三，中国文化并不过分依赖于某种官能。当西方的脉搏测量家把自己大脑的迟钝和手指触觉的含糊怪罪于语言，而希望通过重新命名、重新定义那些脉搏征象的词汇来确保精确性、希望脉象能够视觉化时，中医医师却对诊断脉象更加自信。这种自信与他们注意到人的各个官能具有协调的认识作用是密切联系的。如果说西方人重视“看”这样一种官能的话，那么中国文化则并非过度依赖于某种特定的官能。比如，中国的医学理论，强调望、闻、问、切四种诊断方式的并用。这四种诊断方式有一个排序：叫作“神”的望诊、叫作“圣”的闻诊、叫作“工”的问诊，以及叫作“巧”的切诊。因此，只会最后一种诊断方式的人只能算得上是“巧”，而精通闻诊或望诊的则可以算“圣”或

“神”。看起来，中医也像西方人那样重视“看”，在实际的操作中中医却极端重视切诊。

不过，中国文化是儒家、道家和释家合流的文化，其中以儒家为主。这一点表现在对待语言方面就是儒家的“正名”的语言观。主流意识形态治理国家的理论强烈主张通过“正名”来建立社会秩序。儒家思想家认为，人们的思想混乱、道德沦丧跟文字失去其原本的意义有极大的关系。比如，那些机会主义者把盗匪叫作王，把利他主义看作愚蠢的行为；诡辩者刻意把背叛叫作正义，正直反成为狡诈。如此一来，是非不分，终究国将不国。因此，儒家的《礼记》对于那些借钻文字漏洞而篡改事物的名称来犯法的人主张判以死刑。同样，呵护人的身体的医学也同治理国家一样需要有精确的名称。但是，为什么中国传统医学中仍然容许模糊的词汇一直继续存在呢？有人是这样解释的：西方的学术界常常有热烈的论辩，而中国则不太容易产生这类现象。中国的思想家比较重视典籍与权威。这种说法并没有太大的解释力，因为，一个文化系统不可能仅仅依靠传统的教条而确立，也不能仅仅依靠信心而存在。如果说中国文化擅长想象而成为一种想象的文化，而西方文化是追寻明确性的文化，那么，中国与西方的鸿沟就在于人类无法看见别人的想象。

当我们聆听别人的叙述时，会尽力想象语言所传达的形象，试图弄明白说话者脑海中的图像。但是，我们永远无法确定自己的想象为何，也永远无法确定自己的想象和别人的想象的画面是否相同。一旦我们认为“言为心声”，则追求明确的渴望就变得难以抗拒，不过这种渴望不可能满足。而我们也不可能窥视到别人心里面的想法。我们的心电图呈现出“波动”的样子，但是，你“波动”的内容是否和我一样，我们相互无法知道。

第四，生命的语言。对音乐与人类的关系的探讨，也构成对人的认识的一个很悠久的历史传统。哲学家中重视音乐的人实在太多了。据说，毕达哥拉斯学派研究用音乐治疗的方法。而柏拉图则认为，音乐的规则其实是德性模仿的另一个面向，就像人的理智、欲望和情感的和谐即是德性的一个面向一样，这就是和谐的音乐能够使人感觉平静的原因之一。柏拉图在《菲勒布篇》中指出，若能够完全理解和声、节奏、数字、身体之间的关联，即达到完美的境界。西方人早就看到，从音乐当中，我们可以在领会世界所呈现出来的多样性的同时领会到它潜在的统一性。比如，我们嘴巴发出的声音有无穷无尽的不同变化，但是我们的拼音却是固定不变的。这里就充分体现了单一与杂多、有限与无限之间的结合，正如同现象界无穷无尽的不同变化背后有一个固定而永恒的形式。这是很神奇的。有人因此把音乐看成神的赠礼。关于音乐与人类认识之间的关系，简单提出如下观点：

其一，节奏的观念反映了人类要在明确不变的形式中寻求（并且实际上看见）变动的意义。苏格拉底把舞蹈节奏看成单一形式与多变现象如何对应的例子。节奏的概念反映了人类思考的某种惯性。从雕塑、音乐、医学当中，我们看到了一种不断反复的诠释方式，它持续地想从本身不会变动的要素中探求具有表现性变化的意义——例如语言、脉搏、舞蹈所传达的讯息，或是观念，或是数字，或是静态的形象。在中医那里并没有类似的节奏概念，最显著的原因是节奏不同于脉搏，不具有收缩与舒张的特性。

其二，灵魂是一种和谐状态，而健康则是适当调整的结果。传统西方哲学奠立于理念（或灵魂、彼岸）优越于感性（或此岸）。即使至费尔巴哈以感性取代传统意义上的目的理念，强调感觉与身体的优先性，他依然坚持的是一种感性至上的理念。总体而言，以理性或理念来衡量人的生活，对比、平衡或和谐就是社会生活形态与个体生存的感受性的对应关系。由于柏拉图主义传统的强势，对身体及感性或感觉之真实的肯定到近代才发生。马克思主义哲学认识理论不仅用“无人身的理性”来标识以黑格尔为代表的西方形而上学，而且马克思的唯物主义还体现在以现实的人的生活感觉为基础，对唯理主义构成全面批判的态势。无论在东方还是西方的传统中，都处理一个基本问题，即灵魂和身体的关系。柏拉图主义可能认为，我们的身体的结构是偶然的，我们能够想象一个“无眼”、“无耳”、“无手”、“无脚”甚至“无头”的人，同样，也能够想象一个没有性别的、通过一根管子（比如试管）繁殖出来的人。但是，在东方传统中，基本观念是身心统一论。这一点与马克思所强调的人与自然的统一有很大相似性。历史唯物主义用不同于“因果”表达方式重新发现了身体。在马克思看来，只有当哲学抽象地看待手、脚、头或性器官时，即把它们当作不是处于在其生命功能中的物质部分从而脱离物质生产时，哲学才能对人形成一个抽象概念。如果历史唯物主义用人的生存，也就是用使人类社会产生、发展的特有方式即物质资料生产方式来定义人，那就意味着需要把身体及器官重新放回到社会性、历史性的功能系统中。这样一来，一个无手或无生殖活动的人和一个单纯思想的人同样是不可想象的。历史唯物主义的基础是人的生存和共存。经济关系决定是因为，经济关系是与人类主体体验和接受不可分离的。生理、心理和精神在人类活动的统一性中相互联结，因此，我们的时代的历史在灵魂方面是否具有主要意义，我们的意识形态在身体受理念的超自然意义约束方面是否只有派生的意义，这样的问题不再属于哲学问题，而属于社会学问题。

第五，对人的本性的认识。我们都有这样的经验，处于愤怒时气会上升，恐惧时气会下降，哀愁时气则会流失。这是《内经》对人的情绪的主观描述。生气时，会感到一种突然的膨胀；悲伤时，则会感到活力丧失。这样的感受每时每刻都在进行。“气”似乎是经由主观感受到的，但是，“气”的确定性也可以从外在观察到。比如，柏拉图认为，肝能够反映出一个人的思想。孔子认为，从一个人的“辞气”——语言的“气”——中可以听出一个人内心的状态。因此，孔子一开始就认为，血气与人的中心特质息息相关。他把血气看作原始的、隐蔽的潮汐，强烈地迫使人远离美德的潜在力量。血气的变化主宰了色欲、好斗与贪婪之间的转变。我们可以把孔子的观点看作一种心理生理学，一种关于血气对荷尔蒙有极大影响力的原始说法。孟子则认为，他自身具备两项才能。一项是善于通过道德修养来培养自身的“浩然之气”；另一项是有“知言”的天分。这里讲的“知言”绝不是如西方分析哲学家那样的一种分析词语的天分，而是能够从一个人所说的话了解这个人，能够听出言语中所透露出的态度与性格的能力。用孟子自己的话说，即“淫辞知其所陷，邪辞知其所离，遁辞知其所穷”（《孟子·公孙丑上》）。当然，可以想象孟子是多么敏感的人，他能够听出说话者本人未必察觉的含义，有些人却什么都听不出来。

当然，这件事情也可能非常简单。也许我们听到恐惧或和善的声音就如同我们听到猫叫或有人在晚上吹口哨一样直接而自然。也许关键就在于我们以为真的听到了弦外之音，而其实没有那么一回事。一个人说了愤怒的话语，于是我们便听到愤怒的话语。仅此而已，根本没有像孔子、孟子那样复杂。

然而，关于说话与聆听的方式，我们还可以提出以下几个观点：

其一，说话方式与聆听方式密切相关。我们总是以某种特定的方式说话，而自然而然地期待别人也会以某种特定的方式聆听我们的话语；反过来说，我们聆听的方式，也取决于我们假设对方以何种方式传达意义，以及我们对于什么叫意义的概念的理解。这种相互依赖性是理解西方文化和中国文化的前提。

其二，听觉与触觉也密切联系。假如说与听密不可分，则听与摸也一样密不可分。我们相信，人类之间彼此沟通了解的方式，不仅透过话语来进行，而且也透过触摸来进行。因此，在两种不同文化传统之下的医生，为了增进对人的了解，所使用的触诊方式通常和聆听方式相同。

三、中国人和西方人的观察方式

第一，西方文化："心灵之眼"和"科学之眼"。我们在前面已经讲了，西方文化传统是非常重视视觉的文化传统。由于重视视觉而孕育出解剖学这样一种科学，是再自然不过的事情了。不过，西方最早的解剖学家除了医生之外，还有以追求知识为乐的自然学家，想要证明一切自然现象都有其道理的人，另外就是研究生理和心理功能的人。古代解剖学家对解剖学感兴趣的根本原因不在于治疗疾病的需求，而在于把身体构造看作上帝创造能力的表达。亚里士多德的作品是我们目前所能找到的最早研究动物解剖学的证据。亚里士多德把人体看作上帝有目的创造的结果。早期的解剖学研究和上帝的自然合目的性的创世计划是密切联系的。

今天，虽然对身体的构造的理解不会与上帝的智慧相互联系，但是，在古代这是有道理的。因为，人与动物的区别是古代人相信上帝存在的一个理由。比如，我们并不会把一只猫打翻颜料而在地上形成的"画"当回事，并诠释其中的含义，我们只会赶快把那片"污物"清除掉。而如果我们知道那些颜料是一位有名的画家涂在地上的，我们的看法便会马上改变。这时我们会以崇敬肃穆的心情和态度加以欣赏。正是因为古人相信人体结构是上帝这位"艺术家"的创造物，所以对造物主的信仰才会对古代解剖学起到重要的意义。也正是出于造物主的信仰，在古人的理解中人的尸体才不会只是一堆恐怖和恶心的血肉，它的内部构造具有意义。

至少在公元前 4 世纪，古希腊人就已经提出思想创造秩序，并且思想是万物的源泉的观点。苏格拉底表示：工匠不会随意选取材料，不论是制作桌子还是制作木床都会专注于某个理念或者形式。造物主所设想的形式定义了所有创造物的目的，而解剖学家所要看见的，就是种种形式。但是，形式是难以看见的。所以，西方哲学所讲的那种看具有特殊的含义。

首先，它不是一般的视觉。柏拉图认为，真正的知识的对象必须是一种不变化的存在，而我们的眼睛所见的物质世界却是一个不断变动的、充满幻影假象的世界。我们的眼睛不但无法引导我们走向真理，而且还会欺骗、混淆我们。因此，苏格拉底担心自己会“由于用肉眼观察对象，试图借助每一种感官去理解它们，我也有可能使自己的灵魂完全变瞎”①。用眼睛观察事物，在苏格拉底看来就像灵魂喝醉了酒一样。弗里德兰德告诉我们，柏拉图是第一个提出“灵魂之眼”或“心灵之眼”的人。

其次，观看是一种特殊的观察方式。西方哲学家坚持认为观看需要经过训练以及长久的经验，否则便什么都看不见。比如，没有经过训练的人只会看到一具尸体。纯粹把尸体切开，眼睛瞪着骨头、血、肉、脂肪、肌腱——这不算解剖学意义上的看。解剖学家渴望自己的眼光能够超越眼前所见的这些身体部位，而看到每个部位之形体的“目的”。肉体是灵魂的反映，设想身体背后有目的的设计，正是解剖学的正式起点。

与西方人相似，中国文化也强调过人的观察能力。想一想中国神医扁鹊的传说吧！他是中国医学史上最受推崇的人物。我们从记载中得知，扁鹊原本并没有学医。他本来的职业是替人照顾旅店，相当于今天的服务生。有一天，一位叫长桑君的年长投宿者将他拉到一旁，对他说：“我身怀秘技，但由于年纪已大，所以我想将此技艺传授给人。”长桑君拿出一瓶药，对扁鹊说：“将此药与露水混合服用，过三十天后，你便可见人所不可见之物。”扁鹊照做之后，很快地便发现自己能够看穿墙壁、透视人体。因此，具有穿透力的观察能力便是扁鹊成为“中国的希波克拉底”之关键。扁鹊之所以成为医学天才的代名词，是因为他能够看见别人所看不见的东西。

有些学者将视觉至上看作西方独有的特色。的确，欧洲的认识论的论述长久以来都结合了“看”与“知”、视觉与认知、观察与经验，也就是说，将思考看作一种观看的方式。但是，如果单纯用视觉传统与非视觉传统这样的两分法来看待中西方的观察方式，显然过于粗糙。中国哲学家亦探讨“道”的“玄”、“微”，以及智慧的“明”和天地原理的“观”，这些内容以及上述扁鹊的传说均证明了在中国哲学传统中视觉也占有极高的地位。

第二，颜色的表现性。我们一般认为，人的五官都有其相应的认识对象，而对象则界定了该感官在认识中的角色。味道似乎由鼻子管，声音似乎由耳朵管，颜色似乎应该由眼睛管。但是，中国人似乎把观察等同于望色。中国人非常相信五色——青、赤、黄、白、黑——的重要性。对于政治家来说，五色代表了朝代的兴衰。根据传说，周武王伐纣之前，先是捉到了一条白鱼，接着又看到一道天火转化为一只红色乌鸦，因而预知伐纣能够成功。秦始皇认为秦朝的水德取代了周朝的火德，因而命令将朝中一切衣饰旌旗统统换成黑色（与水对应的颜色）。总之，颜色代表权力。

当然，中医把望色放在其他各种诊断方式的首位，具有更一般的哲学世界观方面的道理。这个原理指出，微观宇宙的身体和宏观宇宙一样，都受到五行（金、木、水、火、土）互动的影响，而五行之盈缺则显示在五色之盛衰上。如此一来，色泽的重要性即涵盖了天地。

色泽的重要性主要在于：首先，假如白和黑是主要色泽的话，那么，它们就决定了明和暗的区分。想想如果没有明和暗的区分，我们就无法辨识形状。我们将什么都看不见。其次，在古语中，“颜色”的意思并非色彩，而是脸部表情。我们看到一个人的脸部

① 柏拉图. 斐多篇//柏拉图全集：第一卷. 王晓朝，译. 北京：人民出版社，2002：108-109.

表情时，我们事实上会看到什么？眉毛上扬、眼睛发亮、嘴唇噘起、脸色潮红或者苍白。这一切毫无疑问都是我们所看到的部分。不过，我们通常绝不会这样对事物分别加以注意，就像我们看书时并不会一个个字符拆开来看。更确切地说，我们所看见的，或者是我们认为我们所看见的——是踌躇或者不耐烦、绝望或者渴望等等。也就是说，我们所看见的是态度或者意向。态度、意向清晰可见，却难以明确看清楚。而在佛教用语中，“色”意指现象界之表象，相对于本体的“空”。假如这是古代对于“色”一字的用法，观看与望色之间的关联就并不重要，因为“色”包含了所有感官的感知。

第三，中国文化中的“虚”与“实”。古代中国传说中有“辟谷”之圣人，也就是说圣人不吃凡人所吃的粗劣食物。圣人隐居云雾缥缈的山中，仅仅以高山上的灵气滋养维持生命，而因此得享长寿，拥有轻盈的身体。根据传说，圣人皆可飘浮在云上。

首先，这一点表明了中国哲学文化中这样一个思想：就保健学上而言，“虚空”代表了人类存在最深层次的真实，也是人类的灵性的最高境界。道家说道是虚空，而圣人也相同。圣人之虚是心灵上的虚静恬淡。有些人认为，这种虚空就是自我修养的最高境界，而医生也提倡这种虚空，认为是保持旺盛活力与长寿的秘诀。

其次，“虚”的另一种意义是病态的虚竭。没有欲求的心灵、充满活力的身体，往往被中国古代人看作有益于养生的虚空与充溢。不过，大部分时候，中医谈到“虚”与“实”都是指病态上的：“虚”就是缺乏活力，“实”则是充满入侵之邪气的身体状况。

四、传统认识论的基本问题和局限

现代生活的一个很重要的特质是资讯繁忙。可以说，现在每一个人都很有知识，包括小孩，因为他们看了很多电视节目，玩过很多娱乐游戏。例如一个人小的时候发生了美国侵略朝鲜的战争，但他当时并不会知道。他的儿子现在经常看 NBA 篮球比赛，对各个篮球队的表现了如指掌。他儿时所掌握的资讯与他孩子的资讯几乎不能相提并论。

台湾有个作家叫林清玄，他把知识和资讯叫作“天空的云”，它并不是不好的东西，但是天空的云太多，会使我们无法看到天空的本质。我们再回过头去回想我们的父辈的生活，在那样一个时代，一般人一天顶多只有一件事要做，以乡村生活为例，今天要插秧，今天就只有插秧这一件事，不会有第二件事；明天要播种，明天就只有播种这一件事，没有第二件事。施肥、灌溉也是一样，每天只做一件事。但是现在，很少有人一天只做一件事，每个人每天都做几件甚至几十件事。因此，我们的生命已经逐渐失去了空间。有人称我们的时代和社会太浮躁。

针对这种情况，实际上，我们面临两个问题：我们认识什么？我们如何确定我们是否认识？这样两个问题具体可以扩展为：对应于“我们认识什么”这个问题的是：什么是我们认识的范围？而对应于“我们如何确定我们是否认识”这个问题的是：什么是认识的标准？这样两个问题是密切联系着的，一方面，如果我们能够指认出知识的标准，并能够具有一个确定我们是否认识的程序，那么我们就能够确定我们认识的范围。另一方面，如果我们能够确定我们认识的范围，从而知道什么样的事情是我们所认识的，那么，我们也能够形成区别所认识的与不认识的事情的标准。

这样两个基本问题在传统认识论中表述为康德的“我能够认识什么”这样一个先验主义的问题，而“认识的范围”的提法，则是休谟的经验主义的思路。

这里我们不得不提出一个问题，当人类去追求一个不可见的本体世界时，他是通过什么方式达到这个目标的？传统的哲学认为是靠人的思维。从哲学的发展史来看，有一个重思维轻想象的传统观点到现当代重视想象的观点的转向。现代哲学家认为，要靠想象来认识事物。胡塞尔对此举过一个例子。他认为，即使是一个简单的东西，也要靠想象才能成为一个“东西”。例如，一颗赌博用的骰子有六个面。单凭知觉、凭眼睛看到的在场的东西，只是一个无厚度的平面，不能算作一个“东西”。我们之所以能在知觉到一个平面的同时就认为它是一颗立体的骰子，是一个有厚度的东西，那是因为我们把看不见的其他方方面面通过想象和知觉与看到的那一面综合成了一个“共时性”（同时）的整体。如果我们把骰子的内涵尽量广泛地包括进来，那么我们在知觉到骰子的一个平面时，还同时会想象到赌博、倾家荡产、社会风气恶化、制造骰子的象牙材料、大象等一系列隐藏在背后没有看见的东西，正是这些看得见的和看不见的东西的复杂关联构成骰子这个“东西”的整体。这说明想象能够让看不见的万事万物与看得见的有限的东西综合在一起。平常我们说，人不能同时看到万物，不能在看到地球这一面时同时看到另一面，只有上帝能够做到这一点。想象就具有上帝的功能。它既能看到此，又能同时想象到彼，把两者综合为“共时性”的整体。所以要把握万物相通的整体，就要靠想象。否则，看得见之物与看不见之物之间、显现与隐蔽之间、过去与今天之间就永远只能相互隔绝，人们就无法通过现象达到现象背后的东西。马克思主义哲学在唯物主义基础上也承认想象的重要性。马克思掌握资本主义规律，借此能够想象资本主义未来的崩溃。这种想象是理论或者艺术创造的强劲动力。这种脑子里面预先上演所要发生的事情的能力，的确也是马克思的灵感源泉。

传统认识论就其思想原则来讲，是把主观和客观、主体和客体对立起来，把哲学所追求和承诺的“本体”视为某种超出人类或高于人类的本质、与人类的历史状况无关的自我存在的实体，力图剥除全部主观性，归还存在的本来面目；就其追求目标来说，是把绝对与相对分割开来，企图从支配宇宙的最普遍的原则或原理出发，使人类经验中的各种各样的事物得到最彻底的统一性解释，从而为人类提供一种终极的永恒真理。传统认识论的偏见在于崇奉无时间性的、超时间的永恒观念，这种观念之所以是偏见，就在于它看不到存在与时间、与人、与历史的联系。一旦把存在与时间联系起来，我们就可以看到：其一，时间的有限性决定人世间事物的有限性。显示于人所生活于其中的世界中的事物是有限的，人不可避免地总会面临莎士比亚戏剧中哈姆雷特所面临的问题：存在或者不存在（to be or not to be）。时间是在面临非存在时展示出来的，例如，人面临死亡时就特别能够体会到时间的有限性。当然，我们以为，讲时间的有限性决定人世间事物的有限性，实际上也在讲对有限的超越。海德格尔对死亡的感悟，并不是要人们完全撒手无为，这种感悟倒恰恰要把死亡承担起来。他用了“畏死的勇气”这种辩证的话语。“畏死的勇气”，从消极方面说，就是不死盯住眼前这点当场有限的东西；从积极方面讲，就是超出当前出场的有限的东西之外，而看到

"非存在"，即"无"，借此，人就不会执迷于一己的私利而追逐功名利禄和声色货利。其二，时间是不确定的。所谓时间是不确定的，是说时间并不只有一种性质。比如，时间在青年和老年人那里的待遇就完全不同，人越年轻，就越有多种可能性，他便越有时间，相反，老年人的兴趣在于他的确定性，他停留在记忆之中，他的整个躯体几乎变成了记忆，他的皮肉都是记忆的纹路。正因为时间具有繁多性，过去不存在的东西，现在可以存在；现在不可能的，过去可以有。所以，老人对现在的年轻人说自己小的时候的事情，等于对牛弹琴，而现在的年轻人老了的时候，什么事情都可能发生，我们无法想象。时间并不是一条线，而是空间化的。空间包容了时间，而时间非得有空间做伴不可。宇宙大爆炸之前，时间又在哪里呢？比如，我们说从图书馆到食堂有"一袋烟的工夫"或者"5 分钟的车程"，这些表示距离的尺度恰恰属于人们烦忙的事，时间用空间来表示，并与人的生存相联系。

第五节　以意识理论为基础的认识理论

一、人的实际生活本身是人的一切思想活动的出发点

对于胡塞尔的学生海德格尔来说，他老师的观点与他有很大的距离，他有一个基本观点：人的实际生活经验是人的一切哲学思维、理论思维的唯一的出发点，不从这儿出发，就是从半截子出发，在理论上就是不彻底的。理解海德格尔的这一思想，关键在于理解这个实际生活经验。他认为实际生活经验有两个特点：一是"无区别""不计较"的特点。就拿生活中的吃饭、穿衣为例，我们根本不会把它当个对象，也就是说，我们跟事物打交道的方式并不是像胡塞尔要求的那样，隔着一个客观距离来知晓事物的，我们总是在世界之中以一种缠绕的方式遭遇事物。二是"不需要思考"的特点。海德格尔以锤子做例子，当我们用锤子来锤钉子时，我们并不是去计较它、去区别它，我们也并不去思考正在挥动着的锤子的结构，我们与这把锤子打交道的方式并不是瞠目盯视。我们使用着这把锤子，而我们在使用锤子的过程中又确实获得了一种知识。对于我们来说，理解海德格尔这里的思想，用学骑自行车的例子可能更好理解。当我们学车时，别人可能会提出关于要做些什么的多种劝告，譬如，如何掌握平衡、如何踩踏、如何停车等等，但是学车与其说是去思考如何掌握平衡、如何踩踏、如何停车，不如说是在切近的关系中与车相遇，而在这种切近中并不需要"思考"。

二、科学认识赖以奠定的社会基础

"现代社会信奉科学的教育价值，提高认识的客观性。而在教育不那么普及的时代，科学就做不到这一点。布尔哈夫指出，化学之所以连原则都是长期错误的，就是因为它在很长时间内是一门孤立的学科。他在自己那本化学论著的开头谈这个看法，觉得很尴尬。他认为化学是一门很难传授的科学。因为，一门学科只有在日益社会化的时候，才

变得容易传授，才会获得客观基础。”[1] 著名物理学家劳厄曾经指出：“自从 17 世纪以来，有成千上万不知名的人曾把物理学向前推进，他们献身于这门科学，许多人是由于纯粹的理想主义，而有时还作出了自我牺牲。但是，他们的工作绝不是多余的，也不是徒劳无益的。只有这许多人的默默的协作才能完成大量必要的观察和计算，保证了科学的持续前进。……至少自从 17 世纪末以来，物理学是集体的贡献，这也是一个历史事实。”[2] 劳厄的观点符合历史唯物主义的基本观点，马克思为此也曾说：“甚至当我从事科学之类的活动，即从事一种我只在很少情况下才能同别人进行直接联系的活动的时候，我也是社会的，因为我是作为人活动的。不仅我的活动所需的材料——甚至思想家用来进行活动的语言——是作为社会的产品给予我的，而且我本身的存在是社会的活动”[3]。

三、“无”即“存在”

大家知道，我们讨论问题都喜欢明确、清晰的表述。用尼采的话来说，这叫作阿波罗精神（古希腊外在的明晰意识）。如果表述不明确，所表述的内容往往被认为就没有什么意义。但是，事实上，世界上也存在不能明确表述的东西。譬如存在于你眼前而不能表述和理解的东西，就是世界存在这个事实，这是我们生活在世界之中的一个谜（人能明确说明眼前的事，但是“世界本来就存在，在它之中有人类存在”这一事实从外面看不到，所以说不清楚）。从古希腊巴门尼德起，“存在”这个概念在西方哲学乃至整个西方信仰中的中心地位从来没有动摇过。“存在”不仅仅是一个概念，它是“有”，或“有内容”的，从而不是“空”、不是“无”。存在即有、在场。故巴门尼德似乎说了句大白话：唯存在存在，非存在是不存在的。巴门尼德的话什么意思呢？西方有学者指出，巴门尼德认为存在必须具有某种能够进入意识的性质。不能进入意识、无法言说、无法思想的东西是不存在的，是无。所以，西方哲学在一开始的时候就很重视言辞问题。的确，对于人来说，最难的事莫过于把原本一无所有、压根就不存在的东西清楚明白地说出来。正是基于这一点，“无”似乎就是世界上什么东西也没有，“无”仅仅意味着简单的否定。通常来说，无就是无，谈论无即是无语，就是没有什么好说的。谈论无要么被认为是不合逻辑的，因此是没有办法去思想的事情，要么被看作对所有文化和信仰的侵蚀。于是，无被彻底忽略或者遗忘了。

在巴门尼德这里，存在和非存在完全不是相对的概念。也就是说，“存在”是绝对地存在，没有相对性，没有非存在。从这个意义上，非存在被看作虚无、子虚乌有，即没有立足之地。但是海德格尔说，无就是存在，不仅如此，无是存在者的根据。哲学正是要纠缠于无可言说的无。

对于这个革命性的看法，我们必须十分重视。可以这样来理解：茶杯之所以不是痰盂，就是因为我们平常所讲的不是它的硬邦邦的那个物理存在，即能够用语言表达的层面，而是它的功能、跟生活世界挂钩的意义之类的东西，这种意义是不在场的，所以才

---

① 巴什拉. 科学精神的形成. 钱培鑫，译. 南京：江苏教育出版社，2006：254.
② 劳厄. 物理学史. 范岱年，等译. 北京：商务印书馆，1978：11.
③ 马克思. 1844 年经济学哲学手稿. 北京：人民出版社，2000：83.

叫它“无”，但并不是说它真的是无，其实它很实在。比如，如果你不小心踩了我一脚，我会说声没有关系，这只不过是生理上让我疼了一下。但是，如果有人说老师讲课讲得不好，因为把学生都讲睡着了，他把自己想睡觉说成是老师讲课不好，那么想必老师会很在乎。按巴门尼德的道理来讲，声誉本来是虚的，好不好有什么关系呢？但是对于一个社会的人来讲，声誉等同于生命。所以，大凡名声、荣誉、尊严诸如此类的东西虽然很虚，但作为现实世界中的人都很在乎，因为从本体论哲学的意义上来讲，这些东西是人作为人的基础性的东西。

一旦名声之类的东西把你套牢了，你就会随时检点自己的行为。中国人经常讲的面子观，还真是符合海德格尔讲的道理。人活一张脸，这一张脸是一个虚名，但是这个虚名比石头、钢铁这些物理的东西要实在得多，所以大家都非常重视。这叫自尊。其实，你看别人也是一样。你看别人不是仅仅看他的物理存在。有一回，一位姓靳的同学跟我讲起他自己的一件事，自从学了一些历史知识以后，他就不太愿意在自我介绍时说他姓靳，避讳讲出自己的姓氏。因为在楚国有一个叫靳尚的人，是他的祖先，曾经迫害过屈原，所以那位姓靳的同学就不爱提自己的姓。可是人们说，你的祖先死了那么多年，跟你有什么关系呢？但是事实上人们骨子里头就重视这个虚的，这个虚的是最实在的。所以，那些姓孔的人就自然会觉得光彩得很，因为他们都是圣人的后裔。

萨特的存在主义研究人生各种各样的状态，比如，说谈恋爱的时候都是自欺欺人，谈恋爱总是在讲虚的东西，如果你只讲实的，那你这恋爱就悬了。所以，成功的恋爱往往得先谈音乐、哲学、文化、卢浮宫、贝多芬等，处在爱河中男女大多讲这些虚的东西。有个学生刚跟人家谈恋爱就感觉不对劲，原来跟人家谈的尽是怎样制定学习计划、怎样争取拿奖学金之类的事情，结果谈了两天就谈不下去了。这个学生很郁闷，前来跟老师交谈，老师说，这哲学是分层次的，深层的哲学不能简单地用到现实生活中，哲学对现实生活是有用的，但是不能生搬硬套。就像你找对象，不要因为觉得哪位影星合你的审美标准，就用这个标准去套现实中的人。你找对象不仅要看他/她舒服，还得看他/她的家庭背景、人品等，你更多关注的是非物理的、非自然属性的东西。而且，深层的、基础的理论不能直接用到现实生活中。哲学真正说起来还真是不那么容易说得清楚的东西，因为从物理特征上讲它恰恰是“无”。所以海德格尔认为，存在的意义通过“无”这种原始现象来显现，“无”即“存在”。

思考题

1. 为什么说，认识不是反映，而是改变和实践？
2. 如何理解马克思主义哲学对传统哲学的变革开启了与意识形态不同的领域？
3. 中西认识论在文化差异比较中的根本区别是什么？
4. 为什么说奠基于实践的认识过程也同时伴随着主体对物的命名过程？

第十二章

思维方法

人们对客观事物的认识是基于一定的方法论的。思想史也是思维方法的历史。辩证法、现在的社会有机体、分析的辩证的和经验的抽象的方法等，这些最初都是用于总结我们对马克思的思维方式的认识，后来又用来说明马克思主义的理论体系中的几个方法。从哲学意义上归纳思维方法，并非意味着就摒弃了其他的思维方法。关于马克思主义哲学方法论的讨论可以是一个专题，本书只是非常粗浅地提出这一问题。

第一节　方法和方法论

毋庸置疑，马克思主义哲学的思维方法被理解为建立在颠倒黑格尔唯心主义基础上的唯物主义辩证思维方法。但是人们对于见之于多种形式的辩证法分别存有各自的看法，这是因为当我们重新审视马克思的历史唯物主义与当下社会的关系时，不同的问题提法适应不同的思维方法。相对于辩证法的舞台的广阔和它的作用的强烈，马克思政治经济学研究实证的和经验的思维方法无疑受到了严重的忽视。推想起来，此事实基于以下情况：从方法论上说，资产阶级经济学将经济现象还原为个体制经济性即私有制经济性努力或至其最简单的构成因素，马克思对经济学之原子论的批判的动力便可予以这样解释。

一、为什么要讲思维方法

问题在于如何说明马克思自己的方法的性质，包括他对方法论的看法。一般讲授马克思思想的人，不讲方法论。其原因大致有两个，一个是他们认为辩证法就是马克思的方法论。它是灵活的方法，不是僵硬的方法。“辩证法不崇拜任何东西”，如马克思曾经论证过的那样，即使它“引起资产阶级及其空论主义的代言人的恼怒和恐怖”①，但是资产阶级已经装聋作哑了。另一个是好像马克思有关方法论的论述的材料不多，没有办法讲。况且马克思主义与非马克思主义之间的分歧绝不局限于某个派别，所以难以一概而论。人们充其量只能说，非马克思主义学派不再用“剥削”这样的语言说明现在的社会。

我们认为，马克思主义哲学中当然具有方法论的思想。马克思、恩格斯认为，唯物辩证法这个方法的制定，是“一个其意义不亚于唯物主义基本观点的成果”②，否则，马克思、恩格斯完成《资本论》等著作就是不可设想的。不过，就我们的理解而言，思维要讲方法是很正当的事情。如果我们因为懒惰而对给我们自己的思想习惯找一找理由这件事感到麻烦，则另当别论。

问题是，马克思自己是如何讲辩证法的应用的？对此，我们须按《资本论》的逻辑把一切从头再思考一遍，要特别留意到两点。首先，马克思认为，推动辩证法进入整个实际的资产者头脑中的资本主义社会矛盾呈现为多种形式。这多种形式的顶点就是“普遍危机”。在这里，马克思主义与非马克思主义之间的基本分歧在于对经济危机问题的认识的不同，这一分歧产生于不同的立场，形成于不同的方法论，抑或造成对辩证法本身的理解的不同态度。所以，马克思看到，尽管经济危机的作用是如此广阔和强烈，它甚至会把辩证法强行“灌进新的神圣普鲁士德意志帝国的暴发户们的头脑里去”③，但是，实际的资产者、经济学教授等自负于资望的人“对《资本论》中应用的方法理解得很差”④。因为他们转入管理经济学和神学领域，就是出于对既有资本主义危机的无奈、无视或认可、默认。这些人却忽略了无产阶级的存在，要知道，无产阶级对于管理经济学和神学了无兴趣，但是这恰恰促进了“对它进行批判的可能性”⑤。其次，马克思认为，鉴于德国社会特殊的历史发展，辩证法曾被德国古典哲学表述为对批判的革命的追求。然而资产阶级经济学在德国不仅中止了自己独创的可能性，而且变成一种学生般地对英国政治经济学的盲从和模仿。由此，在德国，经济危机的真相被淡化为一种极度缺失的统计学符号，在那里“柏修斯需要一顶隐身帽来追捕妖怪。我们却用隐身帽紧紧遮住眼睛和耳朵，以便有可能否认妖怪的存在”⑥。关于资本主义生产方式的对抗性质的揭露却没有一本可与法国和英国相匹配的著作。在这里，马克思与他的论敌关于对《资本论》中应用的方法即辩证法效用意义上的方法之争，已经被转换为对既有资本主义制度进行批判或辩护意义上的争论。不过，非马克思主义的论证方法是否超出了马克思的研究视野，这依然是一个问题。因为，马克思主义与非马克思主义之间思维方法的并存是一个既定的事实，因此，在把辩证法当作一种革命的方法与把资产阶级的思维方法比作一场意识形态功能革命和保守之间存在着非常尖锐的冲突关系。

一般来说，我们很重视辩证法，却轻视了马克思的政治经济学批判中包含的实证的、

① 马克思恩格斯文集：第5卷. 北京：人民出版社，2009：22.
② 马克思恩格斯全集：第13卷. 北京：人民出版社，1962：532.
③ 同①23.
④ 同①19.
⑤ 同①18.
⑥ 同①9.

经验的方法。所以，我们要讲其他思维方法也是有理由的。

第一，人做任何事情都有目的，要追求一个目的就需要考虑如何实现这个目的的问题。如果不考虑如何实现目的而又实现了目的，那完全只是碰运气。如果要达到某个目的又不考虑思维方法，那便是愚蠢。即使古代人制造一个简单的轮子也要方法，更何况思维这种高级的工作。当然，我们这里需要澄清一个问题：天才与创造力的思考。我们知道，诗不是一门受规则指引的艺术，它的起源不是知识而是灵感。把诗歌创作看作无意识创作是一个由来已久的观点。德国唯心主义哲学家谢林则把诗的写作说成是一种不由自主的行为：诗人无论具有什么样的特殊意图，他总是被迫去表现那些他本人并未充分看透的东西，而这些东西的意义是无限的。这种看法和柏拉图的看法是相同的。在他们看来，诗的创作是一种奇迹，因为正像酒神的信徒在陷入迷狂时会从河水中掬取乳蜜一样，诗人们在受到神灵鼓舞时也会发出歌吟。这说明诗歌的写作不是蓄意完成的。任何蓄意完成的东西都可以学习和传授，构成诗的本质的东西既不可能从别人那里学到，也不可能传授给别人。诗也像任何一件艺术作品那样，是随心所欲完成的东西，但是，它也需要自觉的深思熟虑。因此，艺术创作反映的是有意识活动和无意识活动的统一。可是马克思主义哲学在方法上的这种双重向度在政治经济学研究领域还未实现，所以把弗洛伊德的精神分析法带入马克思主义的异化理论研究，也是当代马克思主义哲学研究的一个新动向。

第二，有时候，我们在紧急情况下不可能思索得太多，甚至往往是不假思索就采取行动。假如你在这种情况下原本曾经碰到过类似的事情，有成功的经验，那么你的行动就可能更容易成功。这也说明思想方法是重要的。我如何才能获得我可能得到的正确的思想方法？这是个最基本也最难的问题。根本的难点在于如何做一个聪明的人。胡塞尔曾经说过："最聪明的人究竟有什么比最笨的人在根本上更优先的东西？丰富的想象、广博的记忆、专心致志的能力，如此等等，这些东西固然美好，但它们只有在一个思维生物，即在一个其论证和发明服从于有规律的形式的思维生物那里才能获得智慧的意义。"① 由此可见，将历史唯物主义作为历史科学的方法论加以阐述，便应当突出强调"总体"在方法论上的核心地位，因为社会现实是一个总体，是一个动态变化的、有机联系的总体。

第三，思想要得法，也要避免两种极化思维。一方面不假思索，凭冲动行事；另一方面，我们对别人愚蠢地模仿，认为别人怎么样我也怎么样，随大流准没有错，尽管自己一点也不知道别人为什么会这样。这是不成熟的辩证思维。不成熟的辩证思维总是从单方面着想，如同马克思所批判的德国专家那样容易产生自负、精明和贪利的性情。

这里我们乐意讲一个思维程序方面发生错乱的故事。这是一个"关于臭鸡蛋的故事"，出现在黑格尔于1807年前后写的一篇题为《谁抽象地思考》的文章中。这个故事讲的是一个女顾客跟一个卖鸡蛋的普通老妇之间的对话。"老婆子，你的蛋坏了。"女顾客对老婆子说道。"什么？"老婆子反问说，"我的蛋坏了？在我看来你才糜烂呢！你竟对我说我的蛋是坏的！你？你的爸爸不是在公路旁叫虱子吃掉了吗？你的妈妈不是跟法国

① 胡塞尔. 逻辑研究：第一卷. 倪梁康，译. 上海：上海译文出版社，1994：16.

人跑掉了吗？你的奶奶不是死在养老院了吗？你的奶奶竟给自己的破围巾配了件囫囵的衬衣！大家当然知道她从什么地方弄来这条围巾和她的小帽子；要是没有那些军官，某人现在就不会打扮得那样花枝招展，要是那些尊贵妇人更多留心她们的家事，某人就坐在牢房了。——你倒应该补上你袜子上的破洞。”——简言之，卖鸡蛋的老婆子把女顾客浑身上下说得一无是处。老婆子是在抽象地思维。她从女顾客的围巾、帽子、衬衫等物品出发，并根据她的行为举止，也根据她的父亲和整个家族的事迹，把女顾客当作罪犯，只是因为女顾客发现蛋坏了。女顾客身上的一切都被这些臭鸡蛋改变了颜色。对于这位老婆子来讲，鸡蛋是否真的坏了这件事实际上完全无须关心，反之只把“坏的”这一说法听作指责，于是就把她的回应完全集中到别人发现鸡蛋坏这件事上[①]。这种单面的思维丢掉了总的概貌，但却处处不断地有所发现。比如说，人们认为，“一切科学都是客观的，因为不然一切科学就都是主观的了”。海德格尔认为，克服这种不成熟的普通思维是进入哲学的第一个步骤[②]。因此，作为外部反思的主观思想必然阻滞和中断通向社会现实的道路。

第四，思考是为了行动。谁要是总没有感到先想一想他自己打算怎样行动、如何行动的必要，他的行动就不会是明智的。如我们看到，哲学家往往三思而后行，但是，他们在接受人们给予他们的“哲学家”这个形象之前还要对“哲学家”这个概念思想进行清楚的反思，从中抽取出更多的特性来，譬如哲学家的严肃、哲学家的深刻和哲学家的激情等等。因此，哲学家们对哲学家这个概念的反思恰好是与隐含在人们头脑中的哲学家形象相对立的，或者说倾向于推翻这个形象的。由于这个原因，我们不说哲学家是这个或那个形象，因为它们根据所讨论的哲学的不同而变化。例如马克思则认为哲学的目的在于改造世界。就像世界是不完美的一样，真理也是不容易获得的，关键我们得行动。我们时代强有力的观念依然是马克思所谓的由实践而知道（由做致知）的新观念。

二、思维和方法与“人身”的关系

请思考下面这个例子。有四个人乘火车同坐一个车厢。火车跟另外一列迎面开来的列车相撞了，但这四个人奇迹般地毫发无损。他们打算沿着铁路前行，看看能不能帮助一下那些受伤的人。他们中的一个人觉得惨不忍睹，退了回去，什么事情也没有做。第二位极想出力，并能够控制自己的感情，可是做了一件又一件无效的事情：他使劲拉一扇又一扇被卡死的门，拉不开，旁边的一根铁管显然可以用来撬门，他视而不见。第三位是外科医生。他有处理当前紧急情况的专业知识，能够立刻去帮助那些脱险的受伤乘客。第四位留在医生身边，医生让他做什么他就做什么[③]。这说明我们的思考离不开我们的整个人格。任何思维方法都与人格相关，甚至可以说，我怎么想决定于我是什么样的人，不管这个“我”是谁。也就是说，思维和理性都有“人身”。马克思说，假定思维方法“被当做不变规律、永恒原理、观念范畴……先于生动活跃的人而存在；再假定这

---

① 黑格尔. 黑格尔著作集：第2卷. 朱更生，译. 北京：人民出版社，2017：397.

② 海德格尔. 谢林论人类自由的本质. 薛华，译. 沈阳：辽宁教育出版社，1999：120-123.

③ 斯泰宾. 有效思维. 吕叔湘，等译. 北京：商务印书馆，2008：18-19.

些规律、这些原理、这些范畴自古以来就睡在‘无人身的人类理性’的怀抱里。我们已经看到，在这一切一成不变的、停滞不动的永恒下面没有历史可言，即使有，至多也只是观念中的历史，即反映在纯粹理性的辩证运动中的历史”①。这个例子说明，思维以及方法要有“人身”。

刚才举的例子是针对某一实际处境需要立刻采取一定行动的例子。现在让我们来看另外一个例子。L.富兰克林夫人说过这样一个故事：有一个四岁的小女孩，她的保姆批评她吃饭的习惯：“爱米丽，没有人用叉子喝汤。”爱米丽说：“可是我用叉子喝汤，我不是人吗？”这个反驳使得这位保姆只有三种选择：不作声，强迫命令，或者纠正原来“没有人”的说法。四岁的女孩认出保姆的话跟一个无可辩驳的事实相矛盾，保姆怎么反应我们可以猜想。要把一个概括的论断用到具体的事情上，往往需要对它的适用的范围做出明显的限制。如果这样的限制是必要的，那么原来的概括论断就不得不放弃。其实，我们日常生活中非常容易采取这样的方式说话：“人人都知道如何如何”，许多人都乐于说“大家都知道这一点”，“大家都承认这一点”，或者说“没有人否认这一点”②。平时，我们总是不加体察地被这种话语蒙混过去。只要没有那个聪明而有些倔强的小孩起身说她不希望被这样代理思考并否认以她名义说话的人，这样说的人就会轻易取得胜利。的确，“哲学家不从什么利益、偏见出发：他所提出的被普遍承认的东西也就是思考、存在和自我所意味的东西——换句话说，不是特定的这或那，而是普遍的再现或承认的形式。然而，这个形式是有物质的，而且是纯粹的物质或元素。这个元素只包含这样一个命题：天才天生就有思考真理或临近真理的能力，就思者而言是善意，就思想而言是正直的天性。正是因为大家都天生就思考，所以大家都应该知道思考是什么意思。因此，最普遍的再现形式见于常见的一个元素中，常常被理解为正直的天性和善意（白痴和正统）。哲学的隐含预想或许见于普遍天赋的我思这个共识之中。在这个基础上，哲学就可以开始了”③。

所以，对于“人人都知道如何如何”，“没有人用叉子喝汤”这一类的话，虽然我们稍加思索就足以明白，这种不加限制的说法在日常生活中是站不住脚的，因为它分明是在犯一种糊涂思维的错误，但是，哲学的假设却是以先行于哲学的方式来被理解的。

三、思想清楚：聪明思维的一种特质

一个思想清楚的人，我们总是管他叫聪明人。那么聪明人有什么样的思维特质呢？一是能够看出事物之间的关系，能够把应该联系的事物联系起来，应该分开的事物分清楚。任何承认“人都是要死的”和“‘我’是人”的人必得承认“‘我’是要死的”。逻辑上不能承认前两句话都对而后一句话不对。这三句话构成一个三段论式，习惯上称前两句为“前提”，称第三句为“结论”。上面这个三段论式是一条逻辑定理的一个例子，这条定理是：凡是肯定或否定一个类的所有成员如何如何，必然也肯定或否定这个类的任何一个或任何一组成员如何如何。前面讲的那个小女孩爱米丽就是按照这条定理说理

① 马克思恩格斯选集：第2卷. 北京：人民出版社，2012：227-228.

② 斯泰宾. 有效思维. 吕叔湘，等译. 北京：商务印书馆，2008：24-25.

③ 汪民安. 生产：第5辑：德勒兹机器. 桂林：广西师范大学出版社，2008：5.

（虽然她不知道有这条定理）而把保姆难倒的。我们大家都会跟爱米丽一样做出合乎这条定理的结论，能够在这种简单的事例中发现别人的错误。稍微想一想就知道，如果我们某一主张是错误的，那么由这一主张所衍生出来的一切也都是错误的。

二是碰到疑惑的时候，就将它提出来。疑问似乎谁都会提，只是有了疑问就要找到答案，聪明不聪明就看答案能不能解决困惑。或者至少接近解决。可是，要做出满意的解答，光有聪明是不够的。孩子玩环形火车，发现火车不动了，就在火车机件上抹上些机油想让它润滑一些。可是，火车仍然不动。这是电动火车，电池已经用完了。不能说孩子的解答不聪明，至少他在过去的经验里找到了类似的情况。换句话说，这孩子不缺少聪明，他缺少能够给他提供有关知识的经验，缺少知识妨碍他的答案成为有效的答案。必须弄清事实，如果我们把电动火车当作由发条驱动的火车，我们就会失败①。

当然，我们更多的困惑不是来自与物打交道，而是来自人与人的关系。比如，亚里士多德就曾经为了这样一个问题困惑："我们有什么理由为使别人做奴隶这件事情做辩护？"他的同时代人很少有人为这样的问题操心的。这不是习惯成自然嘛！亚里士多德也认为这应该不成为问题，拥有奴隶是对的、自然的。他的困难在于他想不出一个很好的理由来说明为什么这是对的。后来他得出一个结论，人们的天性有一种区别，有的人生来是工具，有的人生来是使用工具的。他推想的是，天生的工具（即活人）在体魄上的特征跟主人一般无二，但是缺少有理性的灵魂。他假定这些奴隶多少有点像我们现在该称之为"机器人"的工具。很明显，亚里士多德的答案在一定程度上是可以理解的。他认为在奴隶和主人之间，也就是工具和工具使用者之间，有一种自然而然的根本性区别。这种根本性区别，就一个人将另外一个人当作奴隶这件事情来说，是完全可以用作理由的②。

遗憾的是，这个答案不能令人满意，因为有些人缺少有理性的灵魂而另外一些人具有理性的灵魂的说法是不真实的。世界上可能有这种非常方便的机器人，这是可以想象的，可是我们这个世界里没有。后来的黑格尔不是说劳动使人变成人了吗？毛泽东则说，"卑贱者（劳动者）最聪明，高贵者最愚蠢"③。当然，类似亚里士多德的观点，到现代也还有市场。但是，一个生活在公元前4世纪的哲学家有那种观点不足为奇。而且，亚里士多德注意到了，有些天生的主人却做了奴隶，有些天生的奴隶却做了主人。这个事实很难解释，它表明亚里士多德的答案有些问题。为事实找理由的任务又重新出来了。原来的问题是为某种行为找根据，一旦这个答案用来指导后来的行为不灵，这个答案就不能令人满意，就不正确。如果一个答案引导我们去提出跟原来的疑问完全相同的疑问，这就肯定说明原来的答案有毛病。亚里士多德大概不想继续打破砂锅问到底地琢磨这个问题。他似乎认为自己给出的答案不成问题，对于人们的一切作为的任何疑问都有一个答案，这个答案既符合他的伦理原则，又不要求他彻底改变生活方式。不动脑筋地接受种种信念，当然比把这些信念彻底想个透来得容易。

---

① 斯泰宾．有效思维．吕叔湘，等译．北京：商务印书馆，2008：25-26.

② 同①26-27.

③ 中共中央文献研究室，编．毛泽东年谱（1949—1976）：第3卷．北京：中央文献出版社，2013：352.

第二节　现代思维方法列举

一、无立场分析法

人们对同样一件事情具有不同的看法，是再普通不过的事情。比如，有一个时期遗传学家们对于“基因”是什么理解不同，有人认为基因是实有其物，有人认为基因仅仅是用来说明生物遗传现象的虚构的概念工具。后来，分子生物学家终于证明了基因是一种实在的物质，基因处于细胞核的某个位置，这才平息了争论。这是一个科学问题，几乎可以用科学的方法来解决争论。但在人类社会领域有很多争论也许永远不能平息。比如，马克思看到，当年德国政治局面处于不明朗状态，对于当时出现在德国的情况，不同的人的评论是很不同的。很多人自己没有去过德国，可是曾经看过几本报道德国情况的书，觉得很难搞清楚那儿发生的情况，书上对德国社会结构各有各的解说，评价明显不同。这些互相不同的说法来源于各个人的思想习惯、成见和立场，每个人都希望向我们提供对于事实的公正描述。可是什么是事实？把什么东西纳入你的报道里去？这在很大的程度上取决于你的立场。英国调查委员会那样内行、公正、坚决的态度在德国来了一百八十度的转弯。显然，面对同一个事实，要弄清楚事实的全部真相总是有一定困难的，也因为科学发展的程度不高，导致人们可以提出不同的看法。因此，要对事实有个公正的报道，马克思认为：“决不要在这上面欺骗自己。”① 我们应当坚持一种“无立场”的分析方法。

所谓无立场分析法，有几个要点。首先，反对任何一种建立在某种立场上的观点之绝对权威。或者说，任何一种立场和观点都没有无条件的批评豁免权。任何一种立场在具体的历史条件下都可以有某个正确的地方，都是理解问题的一个条件，因此，无立场地看问题就是自由地从每种立场去看问题，就像水那样从一个地方流到另一个地方。这就有点像从老子的“水的方法论”中转化出来的灵活型的思考问题的方法。其次，真理很少是纯粹的，并且从来不是简单的。如果真是纯粹而又简单，那么我们的生活将是非常乏味的。之所以我们需要采取无立场分析法，原因就在于各种观点之间自相矛盾。人类生活是复杂多变的，如果不是自相矛盾，反倒是不正常的。换句话说，无立场分析法就是认为，每种观点必须是没有矛盾的，但是各种观点之间又必定是互相矛盾的。因此，我们必须按照不同问题的特定情况而变换立场，类似于“无法之法”，就是无立场之法。再次，由于我们所要对付的问题具有复杂性，导致我们不能看清楚事情的真相，因此有些问题成为死结，成为没有办法解决的问题，至少暂时没有办法解决，我们也同样不能给出所谓正确答案，但是无立场分析法仍然试图发现解决问题的正确道路。这也就是以无立场的方法最终发现的：没有完美的解决问题的方法，只有灵活而动态的解决问题的

---

① 马克思恩格斯文集：第5卷．北京：人民出版社，2009：9.

方法①。

比如，我们在现实生活中，经常发现在剥削者与被剥削者、资本家与工人之间存在着尴尬的关系。我们的某些理论设计本来指望通过选择一些比较有效的管理者来化解这种尴尬，他们的智商很高，能够把每个偷懒的工人都找出来，结果我们根本找不到这样的管理者，找不到这样的资本家。因为，每个人都拥有很多没有公开的私人信息，如果大家都采取不合作的博弈的态度，最后的结局就是资本家是最被动的。这是马克思得到的结论。一般来说，今天的非马克思主义者不再使用阶级分析方法，也不再使用剥削的语言，而是将方法论立场与客观存在问题转化为博弈论意义上的机遇与结果的公平公正问题。同时，他们不再使用资本家与工人这对视角，而是使用优势者与弱势者的视角。这种方法论方面的变化引致存在论意义上的剥削问题转变为伦理学意义上的争论。由此可见，这种方法论在具体层面可以专指分析马克思主义，在普遍层面则是马克思的辩证法本身。

关于无立场分析法，可以参考法国哲学家佛朗索瓦·于连的《圣人无意》一书。此书指出，圣人的特点就在于他是一个根本没有特点的人，即使是号称难以理解的诡辩派学者，也比圣人好捉摸。因为圣人不会从很多观念中单独提取一个，圣人的头脑中不会先有一个观念作为起点，再由此而演绎、展开他的思想。圣人无意，意思是说圣人不持有任何观点，不为任何观念所囿。从严格的意义上说，圣人不提出任何观念。但是，什么也不提出，我们怎么思想呢？圣人告诉我们，只要开始提出一个观念，就会独霸一切，并在独霸一切的同时，让人放弃其他一切，那么一切的现实（或一切可以思想的事物）都会消失在观念后面，以后再想接近它们，就需要付出许多努力，需要通过很多的媒介。一开始提出的观念将我们指向事物的一个方面，同时也使我们倒向了专断；我们倒向一面，另一面也就丧失了。事后，我们可以把所有可能的理由一环一环地建立起来，但是我们将永远无法摆脱偏颇。那么，要排除偏颇怎么办？于连用庄子的话指出，“圣人怀之”（《庄子·齐物论》），即圣人掌握全部，圣人像水盆、像杯子一样容纳万物。圣人不会让各种观点分别开来，然而让它们在互相对峙中把现实搞得四分五裂。所以，庄子说，“辩也者，有不见也”（《庄子·齐物论》），这意思不仅是说，在所有的辩论当中，人们只看到自己的观点却看不到对方的观点，而且也认为一切辩论都会使双方的立场凸显出来，使双方发生对峙，因此只能是表面化的观点。庄子暗示说，我们所辩论的，一向只是事物的泡沫，因为我们只能就可争辩之事争辩。从一开始，一切无法争论的东西便都被撇在一边。因此，辩论抛弃了本质的东西，因为事物的根本是共同的，所以是不可分的。所以，维特根斯坦说：“上帝准许哲学家洞悉置于每个人眼前的事物。”②

二、分析方法

如果我们要着手有效思维，会碰到很多困难。首先，遇到的严重的困难就是，如何把我们确实知道的事情跟我们并不知道的事情区分开来，如何把我们确实知道的事情跟

---

① 赵汀阳. 坏世界研究：作为第一哲学的政治哲学. 北京：中国人民大学出版社，2009：4-5.

② 维特根斯坦. 维特根斯坦笔记. 许志强，译. 上海：复旦大学出版社，2008：110.

我们想当然的事情区分开来。其次，要区分什么是有理由相信的，什么是应当认为可疑的、有待证明的也并不容易。还有，我们有时候拒绝接受一种有足够证据的意见。例如有些人说心理分析全都是高级的胡说八道，弗洛伊德、荣格、阿德勒以及他们的众多信徒的各种理论都没有什么有价值的东西。另外，有些人跑到另一极端，说是每说错一句话或一个字都是一种病态心理的暴露①。我们可以清楚地看到，你要怀疑是可以的，但是你必须给我们一些理由，让我相信你的怀疑是有理由的，而不是胡乱地瞎说一气。这就是说，怀疑也需要充足的理由。但是，要提出充足的理由往往并不容易。那么，要有效地进行思维，我们该怎么办呢？

我们必须做的第一步是明确概念的意义。按照分析方法来说，一个思想如果有意义的话，那么这个思想意义的基本单位就是概念。一个由模糊不清的概念组成的思想是不可能有意义的。那么，明确概念的意义的方法是什么？英国哲学家摩尔认为分析就是给概念和命题下定义。罗素也同样认为，分析是一种下定义的方式。所谓下定义，就是把被分析的概念所具有的各种不同特性以及它们之间的各种关系列举出来。

分析方法之所以受到青睐，是因为分析哲学家们看到，哲学史上种种问题的出现都是由于哲学家们没有真正地搞清楚他们所讨论的问题或命题的确切含义。一个连确切含义都弄不清楚的问题显然不可能得到明白无误的解决。罗素指出，哲学中通常使用的那些概念是非常含混不清的，引起了种种的混乱，所以必须对哲学史上所使用的那些作为基础性的概念进行澄清。两千年来，哲学之所以没有取得决定性进展的真正原因就是我们用以表达哲学问题的语言是含混不清的②。因此，罗素在 20 世纪初提出了摹状词理论，他借助于一种对于专有名词的精巧分析来解决“存在”问题，他宣称，他的分析廓清了自柏拉图的《泰阿泰德篇》开始两千年来关于“存在”的思想混乱。

那么，关于“存在”有什么思想混乱呢？我们来举一个例子。比如，在动物学里面，并不存在“独角兽”这样一种动物。人们可能会这么问你：“你说的不存在的东西是什么？”这时你自然回答：“是独角兽。”这个回答使人感到独角兽在某种意义上存在着，因为，如果主词“独角兽”什么东西也不指，人们又如何懂得“独角兽不存在”这句话的意义呢？不能否认，这句话是有意义的。而按照通常的观点，语词的意义在于它们所指称的对象。这就意味着，你只要提到任何一样东西，你就得承认它的存在。这里，就产生了一个矛盾：在动物学里面“独角兽不存在”，但是在逻辑学里面又得承认“独角兽的存在”。罗素最后是通过“奥卡姆剃刀原理”来解决这个矛盾的。中世纪哲学家威廉·奥卡姆有句名言：“如无必要，勿增实体。”对罗素来说，哲学的本体论世界实在是太拥挤了，充斥着多余的实体，他要挥舞奥卡姆剃刀，把那些所谓“不存在的实体”除掉。这里，我们就不介绍罗素是如何通过摹状词理论中发挥的分析技术来除去“独角兽”“金山”如此这般的实体存在的了。

我们可以看到，对于罗素来说，真正的哲学问题都可以还原为逻辑问题。换句话说，有许多问题实际上根本不是哲学问题，你要了解哲学的本质就得知道什么是逻辑，逻辑

① 斯泰宾．有效思维．吕叔湘，等译．北京：商务印书馆，2008：29-30.
② 胡军．哲学是什么．北京：北京大学出版社，2015：212-214.

是哲学的入门。可以看到，所谓分析哲学就是强调逻辑分析方法、语言分析方法的重要性的哲学。分析哲学家们把逻辑分析的任务看成是澄清概念和命题所包含的种种确切的含义。最好的办法就是下定义，就是用一个或者几个概念来说明另一个概念。所谓分析就是揭示出被定义的概念如何向其他概念过渡。或者说，就是把被分析的概念从和它紧密联系的整体中分离出来。它的实质就是分析部分和整体之间的关系，或者概念和概念之间的关系，或者说命题和命题之间的关系①。

显然，马克思在分析方法上也有巨大的贡献。不过，马克思的贡献不在概念或定义方面，而在实事方面。比如说，马克思不满意作为辩证法大师的黑格尔对行政权的分析，认为这些分析既混乱不堪，又不得要领。它只不过是对以普鲁士为典型的君主立宪制国家行政管理制度的现象描述，而“这几节大部分都可以原封不动地载入普鲁士邦法”，因而“黑格尔关于‘行政权’所讲的一切，不配称为哲学的阐述”。可是，“真正的行政管理是最难阐明的”②。这里所谓真正的行政管理既涉及既定行政管理体系的内部分析，又涉及这一管理体系本身的存在根据以及政治合法性的分析。最为重要的分析在于，马克思分析了黑格尔的国家理论将本应作为主语的市民社会当作谓语，将本应作为谓语的国家当作主语的“主谓颠倒”的错误。

三、智的直觉

当分析哲学家信心满满地把逻辑分析方法看成是哲学主要的或者唯一的方法的时候，他们实际上就回避了自己视而不见的问题。别的哲学家就会抓住他们的把柄。例如，在某些生命哲学家看来，逻辑分析方法不仅不能解决任何哲学问题，而且破坏了哲学。所以他们说“分析哲学走到哪里，哪里的哲学就死了”。而分析哲学家内部有清醒头脑的人也承认，逻辑分析方法仅仅是哲学研究的一种方法，但不是唯一的方法。例如，维特根斯坦认为，语言—逻辑分析有助于画出一张思想的“地图”。不过，光有思想的地图（相当于很好的语法—逻辑概念系统）是不够的，还需要有一张“资源图”（相当于价值性概念系统）。逻辑就像一个“瓶子”，是很有用的，但是它载不动哲学的许多“愁”（情感、情绪）。显然，日常智慧有这样几个特点：一是没有把逻辑看成是回答问题、解决问题的最高境界，而是把逻辑放置在类似中国哲学的“道”之下，相当于某种信念体系。记得莱布尼茨说过，哲学有两种，一种是公之于众的哲学，这样的哲学就是对所使用的概念做精深分析。还有一种是他私下里或内心里所信奉的信念体系。二是通常人们的应答所运用的主要不是分析方法，而是充满了暗示的概念。或者说，逻辑在人们的思想里并不是最高的。我们也可以发现，概念越清楚、越分明，就越不具有暗示的性质。中国现代著名哲学家金岳霖是一位逻辑学家，但是他却公允地指出了逻辑分析本身的局限性。他说：“也许像常说的那样，世人永远会划分成柏拉图派和亚里士多德派，而且分法很多。可是撇开其他理由不说，单就亚里士多德条理分明这一点，尽管亚里士多德派不乐意，

① 胡军. 哲学是什么. 北京：北京大学出版社，2015：214.

② 马克思恩格斯全集：第3卷. 北京：人民出版社，2002：57.

亚里士多德的寿命也要比柏拉图短得多，因为观念越是分明，就越不能具有暗示性。中国哲学非常简洁，很不分明，观念彼此联结，因此它的暗示性几乎无边无涯。”① 冯友兰也有着同样的看法，他在早期的哲学创造中所依赖的是逻辑分析方法，他把西方人传入中国的逻辑方法看成是哲学“点石成金的金手指”，后来他认为，如果说逻辑使思想清晰，那么清晰思想不是哲学的目的。哲学真正的目的是追求最高的精神境界，要达到这种精神境界不能借助于逻辑分析方法，因为逻辑分析方法是使事物联系支离破碎的方法。三是论证和分析并不是哲学的核心。如果把哲学看成是论证和分析，无疑就把手段当作目的了。这样就会导致金岳霖说的“哲学家就或多或少超脱了自己的哲学。他推理、论证，但是并不传道”②。哲学就变成了布满技术性问题的学问，掌握它需要的只是时间、训练和学究式的对技术性或方法论问题的全神贯注。其实，经过这样一番训练以后，哲学工作者往往就会迷失方向，浑然不知哲学是何物。

四、用比喻来思维

德里达提出一个主张：所有哲学都是隐喻的。海登·怀特认为，马克思的历史哲学方法就是转喻模式。“对隐喻的理解为马克思提供了一种方法，借此，一切商品虚假的精神性，尤其是黄金的，都被揭示出来了。”③ 转喻具有把陌生的东西熟悉化，使我们在这个世界上有“在家的感觉”的功能。造成斯多亚派把陌生的事物变成熟悉的事物效果的努力，既能够归于先验论，也可以归于隐喻。用明喻的方式在事物之间做比较，用得好不但令人喜爱，也使人容易把握。在哲学家当中不乏具有用比喻来说明道理的大家。我们引培根《论文集》中的两个例子：

> 有妻子儿女的已经把人质交给命运了；因为他们是干大事的障碍，无论是建大功还是作大乱。
>
> 怀疑在思想中间犹如蝙蝠在众鸟中间，总是在半明半暗之中飞舞。④

这些例子不是为了明辨是非，更大程度上是为了说服，为了让人欣赏。好的比喻不仅能够说明一个道理，而且还能够抬高这个道理。隐喻、明喻、讽喻、寓言，全都含有比较，或者点明，或者不点明。隐喻是一种不明说的比较，用一个说出来的字眼代替一个没有说出来的字眼。我们说“衡量证据”是隐喻，因为我们不再想到“衡量”的本义。我们的语言里边有很多隐喻是“死的”，就是说用得非常频繁，说的人和听的人都意识不到这些字眼已经不是它的本来意义。在一个点明了的比较和一个隐含着的、只是感觉到的而不是想清楚的比较之间画不出一道明显的分界线，然而它们在我们的思维中起作用的方式很不相同。类比构成了我们很多思维的基础。

我们用类比方法来帮助我们做有效思维有两种很不同的方式。我们可以用类比方法

---

① 金岳霖．中国哲学．哲学研究，1985（9）．

② 同①．

③ 怀特．元史学：十九世纪欧洲的历史想像．陈新，译．南京：译林出版社，2004：396．

④ 斯泰宾．有效思维．吕叔湘，等译．北京：商务印书馆，2008：111．

使某些难懂的道理比较好懂，我们也可以用它作为一种论据把我们引导到某种结论。用前一种方式的人自然是一个自己懂得他所讲的事情的人，他要把它讲给一个对此事情茫然无所知的人。一个善于说明的人会选择一些可以假定我们都熟悉的事情，用来跟我们以往经验之中所没有的事情做比较。当然，这种用比喻讲道理的方法更多用在科学普及读物中，比如，分子、原子、电子被比喻为非常小的小球，于是可以用台球的行动来比喻那些小球的行动，而台球是我们能够摸到、看到并且看到它的滚动的。但是，在每一个这种事例上都有一个点，到了这个点，类比所引起的误解就超过了它的有益的作用。比如，那些小小的台球有这种或那种颜色，但是在原子或电子身上谈颜色是毫无意义的。又如，我们把光比喻为在一种有弹性的中介物质里穿行的波浪。但是对光的性质所做的一些实验显示出有弹性的中介物质充满空间的想法有很多荒唐的地方。我们不能在这里详细讨论。只能说，物理学现在已经发展到一个阶段，我们不再可能用适用于我们感官所能感知的行为的语言来表达物理学家观察到的现象。任何要求用不适合的字眼来说明事物的做法都是危险的。

因为我们大多数人只能用适用于我们视觉和触觉所能感知的事物的语言来进行思维，所以日常语言里有太多的已经死了的隐喻就不奇怪了。随着智力的发展和知识的增长，我们越来越能够在相似之中发现不相似，这是此前我们未曾注意的。拿大人和小孩比较，拿未开化的民族和文明程度较高的民族比较，拿工业较发达的国家和工业较不发达的国家比较，都是这样。一根树枝掉下来打到头上和头被另一个人击打都会有一种痛的感觉，但是我们并不会意识到这样两种情况有什么相似。但是，对于一个小孩或者对于一个未曾开化的野蛮人来讲，前者就可能导致他们对树生气，甚至动手砍树，仿佛树就是一个人。小时候，孩子碰了一下桌子的一个角，为了哄孩子，大人甚至会用什么家伙敲桌子。文明人自然不认为值得对一个没有知觉的东西发火，可是，哪怕再文明的人的身上仍然遗留着这种行为。一个人走路摔了一跤，他会埋怨路不平，他会骂它，就是一个例子。再谈类比。用类比做论据，主要是用来劝说别人接受某个结论，或者启发对方，让他在新的光照下看当前的局势。这种论辩方法既有利，也有弊①。

用比喻来思维明显区别于概念思维和逻辑思维。概念思维具有自身的特点。概念是反映对象本质属性的思维形式，它具有间接性、概括性、抽象性、离散性、排他性等特点。概念的这些特点决定了逻辑思维永远无法完整地描述和说明这个无限的对象世界。概念的认识常常使人的思想认识倾向于僵化、停止、封闭，因此它们往往要落后于现实运动。概念本身不包含矛盾，或者说概念不能反映客观事物自身所包含的矛盾，而客观事物是充满着矛盾的。“花不红，柳不绿”是禅者所说的玄妙之处。把逻辑当作终极真理，就得不到精神的自由。当我们具有发自本心的活动而书本不再被当作书本的时候，我们就获得了完完整整的书本，书本也就不一定要被当作书本。不仅如此，正是当书本不必是书本的时候，拒绝概念束缚的实相才会渐渐清晰地呈现出来②。

---

① 斯泰宾. 有效思维. 吕叔湘，等译. 北京：商务印书馆，2008：111-120.

② 胡军. 哲学是什么. 北京：北京大学出版社，2015：260-265.

逻辑思维是针对引起思维的目的的思维，一切富有效果的思维实质上都是指向一个目的的，而忽略了与问题有关的种种考虑将导致不能达到那个目的的结果。现在，随着后现代主义的盛行，人们对逻辑有一种抵触的情绪。后现代主义大师们常常表现出对逻辑的不屑一顾，警告读者当心逻辑的危险。后现代主义瞧不起的逻辑，无疑就是形式逻辑。对形式逻辑的怀疑有其道理，对此可以参考一个政治家在面向大学生的就职演说中的一段话："能读书不等于能对所读的书进行思考。宁可要有条理的怀疑，不要无定向的思考。仅仅教会人们去遵循三段论式而没有教会他们察觉谬论，那是把他们放在危险之中。不但是有谬论，还有半真半假的真理。虽然自古以来都承认半个面包比没有面包强，半个真理不但不比没有真理强，它比许多谎言都要坏，而谎言和半拉真理的奴仆是无知。"①

思考题

1. 为什么说学术思想发展的历史也是人们用某种思维方法思考假定、概念、理论以及实际之间关系的历史？

2. 聪明思维的特征是什么？

3. 历史唯物主义原理中的"上层建筑"是个隐喻，主要是作为类比的产物。用这种类比思维是否能够瓦解对历史唯物主义原理的经济决定论、还原论、结构分立论、工具—意志论的解释？

① 斯泰宾. 有效思维. 吕叔湘，等译. 北京：商务印书馆，2008：7.

第十三章
真理和价值

哲学思想的经典作家总是提出真理的要求，这是哲学研究的基本经验。而对于这种真理的要求，当代人的意识既不能拒绝又无法超越。在这个意义上，人的最终目的都在追求真理，正因为如此，人们一直就在探讨真理。几个世纪以来，真理的概念虽然已经发生了很大的变化，但基本的东西未变。马克思主义哲学认识论的目的不是对存在进行认识，不是追求在认识者身上反映现实，而是认识真理，实现人类自由解放，理解现实的意义。

第一节　真理

哲学不仅要认识世界，而且还要改变世界。我们没有必要因为马克思在《关于费尔巴哈的提纲》中提出这个观点，就把这个思想仅仅加在马克思的头上，因为它包含在一切完整的哲学之中。用谢林的话说，“哲学的目的根本不可能只在于停留在已经产生出来的存在之中，而是必须超出这种存在，超出这种现实的、生成了的、偶然的存在，这也是为了能够把握这些存在”①。

一、真理的概念

一般认为，马克思主义哲学强调了历史可能性，是一项有着自身属性的事业。马克思主义哲学指出了一种不再是哲学性的和宗教性的现实性，揭示出真正的现实性。这种现实性超出哲学和宗教的范围。马克思主义哲学是我们所知道的较少数的支持开放性真

---

① 舒尔茨．德国观念论的终结．韩隽，译．北京：中国人民大学出版社，2019：250.

理的哲学之一。

第一，传统的真理概念：科学是求真的最高活动。

大家知道，传统哲学通常把人的意识和精神的活动领域分为知、情、意三个方面，其中的“知”就是“理智”或“知性”，它与知识和科学有关，是“求真”的活动；“意”，或者说意志、意愿，是关系到人的道德和伦理的，是关系着“求善”的活动；情，或者说情感、感受，是关系到美感的，与“审美”有关。我们知道，康德在《纯粹理性批判》、《实践理性批判》与《判断力批判》中分别处理了“真理”、“道德”与“审美”问题，这意味着真理的问题已经在道德和审美的问题开启之前就被回答了。道德的自律、美的自主性在于它的否定的意义，即它不是知识，不是科学，不是真理。这种被科学概念笼罩着的真理概念，当代的哲学意识在经历诠释学的洗礼之前，恐怕是既不能拒绝又无法超越的。

按照这种说法，追求真理就是一种科学活动，或者说，真理就应该像科学那样，以“科学”为标准、为榜样，这正是西方传统哲学家像柏拉图、康德、黑格尔等等大思想家的想法。他们都认为，深刻、独特的哲学旨在在现象的背后发现本体、物自体、社会存在，在自然必然性的背后发现自由，在物质世界背后发现精神。当知识成为科学时才是真正的知识，才是真理。真理就是像数学、物理学那样的知识。大家知道，康德最重要的著作《纯粹理性批判》，就是想以他的时代中最完美的“物理学”和“数学”为模式、为标准来考虑人类获得正确的认识的可能性问题。另一位哲学家斯宾诺莎的哲学体系就像几何学那样采用已知、求证和证明的叙述形式。

当然，把科学作为真理的模本的做法可谓深入人心，似乎不需要用大量哲学家做例子来说明。据说在康德的时代，上流社会的男婚女嫁的一件时尚而高雅的婚嫁礼品就是康德的《纯粹理性批判》。迄今为止，科学作为真理的榜样更是一种很顽强的理念。因此同样也不消说，这一理念被等同于“现实”。“现实”归根到底被等同于理念，这是传统哲学真理性的基本性质。

第二，马克思主义哲学视野中的真理概念。

讨论马克思主义哲学对真理的看法，要先摆脱柏拉图—黑格尔真理观的囚禁。像黑格尔哲学那样，绝对唯心主义必然要把经验神秘化，诚如前述，“现实”被等同于理念。在理念中，自我意识的理性与存在着的理性达成和谐。在柏拉图那里，具有永恒性的真理现成地存在于某处，等待我们去发现。柏拉图把这种真理叫作理念。在心灵向理念王国跳跃时，它通过在数学与神秘的陶醉之间进行思维活动，就可以把握这个绝对真理。这样看来，什么是真理，就如同我们说什么是真正的快乐、什么是真金等一样。每一种情况我们都预先假设了快乐或者真金的一个恰当的意义。我们所经验到的快乐或金子与那个意义相符合。尤其当我们称一些说法为真或为假时，判断标准就是它们是否与某种实际情况相符合。比如“外面正下着雨”这一说法的真实性的标准就是，它是否与现在窗外的天气状况相符合。但是，真理问题的一般体制，首先就是人与人之间关系的经济真理问题，因此如果我们明白了与社会现实相对立的这个绝对唯心主义体制所涉及的根本性质，一旦我们知道了称为唯心主义的真理体制是什么，那么，我们就可以掌握马克思主义的真理概念了。对马克思来说，根本不存在这样的真理，即“泛神论性质的神＝

绝对精神与宇宙万物"的关系的原型。可以说，没有这样的真理，就像没有直截了当、纯净透明的东西，只有真理的发生。这只能在人同自然、人同历史以及人同自身的关系中，或者在人同世界的感性活动关系中才得以实施。因此，关于马克思主义的真理观（即认为我之所以能够认识这个真理，只是因为在我自身，在认识着的主体感性活动中有真理的发生，因为可以参与真理）本身是否真的问题，也就是关于超哲学性和宗教性范围文化是否值得一试的问题。换句话说，马克思主义哲学主张认识不是被动的反映，而是积极能动的突破，即与世界现实的无意义（异化）进行斗争。人想认识的不是现实，而是现实的真理。人之所以能够认识这个真理，只是因为人并不是去揭示脱离开人而独立存在的真理，而是在认识实践着的主体里有真理的根源。人在不同的时代规划了不同的解释意义的境域，只有在这些解释意义的境域中，人的现实性才能获得确定的意义。

此处的"人"并不是启蒙主义所理解的作为个人的人，既不是古希腊所理解的作为伦理范畴的、能说出真话的人，也不是"意识形态家们所理解的'纯粹的'个人"，而始终是"处于既有的历史条件和关系范围之内的自己"①。从马克思的这种真理观中得出的结论是：根本不存在超越历史的真理标准，在这方面，像在知觉、理论、道德和数学这样一些领域的真理之间的"符合"观念是没有意义的。对于人来说，真理是创造行为，意义在这个行为里产生。如今有的只是真理发生的事件。真理不在人之外、之上存在，真理之所以可能，只是因为在人之中。也就是说，真理的保存期是有限的，感性活动的历史当然不是一个人头脑中想出来的，而是文化的综合。这个历史恰恰也是范式发展史，指导着不同的文化时代和文明类型。马克思以为，黑格尔式的绝对理念是基督教神学的遗迹。而无论是经济、政治、资本主义，还是宗教、文化等等，都是人在汪洋大海上扎起来的、容易破碎的木筏，人们在上面可以挨过去一段时间。比如，在现代，资本的统治发生着决定性的作用。自然成为可以计算的对象。今天文学中的爱情更多是跟商品、金钱等等相互联系，而在中国的革命年代那些红色作品中的爱情则跟革命、政治等等相互联系。即使坐着电车在城市里瞎逛这种最平常的事也是活动于资本统治设计的领域之中的。

二、实践是检验真理和谬误的标准

我们首先要追问一个问题：真理是否存在？我们有个鼻子，我们的心脏在跳动，我们能感知一些事物，我们能够说话和倾听，这些都是我们自己可以发现的事实。但是，在牵涉到一些抽象的事实时，我们能够像确定有个鼻子存在那样轻松地确定这些事实吗？我们是自由的，这也是事实，但是这种事实与我们有鼻子是很不一样的。这样的事实能不能像我有鼻子那样指证呢？能不能像做胃镜那样指出病灶呢？我们在前面讲了，"事实"是从（已经发生的）"事情"中截取出来用以进行说明、解释、证明的东西，用个比喻来说，"事情"就像是树木里长出来的树，而"事实"是"木材"。既然事实是从事情中截取出来用作证据的东西，那么事实的截取，自然可以从不同的角度、长度、层次、

① 马克思恩格斯选集：第1卷. 北京：人民出版社，2012：199.

目的来截取，就好像我们为了不同的用途，选用不同的木材来做桌子、板凳一样。具体地讲，截取可以有不同的长度，截取的办法也有很大差别。有时候人们有意通过“事实”误导对方，所谓避轻就重就属于这一类做法。他们说的虽然也符合事实，没有骗人，却掩盖了事情的真相。所以，事实就像一个小姑娘，可以任人装扮（胡适语）。另外一些哲学家则直接否定客观真理。在澄清马克思主义哲学真理观之前，必须先弄清楚那些否定真理的哲学观点。尼采算是这方面的代表。在《善恶之彼岸》前言中，尼采一上来就问："假定真理是一位女性，那又怎样呢?"[①] 原来，尼采把真理比喻为女人。尼采对女人之真理、真理之真理进行了反复的思考。

首先，尼采不相信有纯粹的真理的存在。在尼采看来，我们不再拥有真理，相反，我们必须认识到，从经验材料中塑造出的某些我们称为真理的东西，其实是权力意志。也就是说真理问题是权力问题。既然讲到权力问题，尼采看到，在文化或者文明之中，充满着的是男人的权力。因此，就像传统文化中，女人的作用仅仅限于对男性的天才的作品的注解。如果说哲学界的骗子主要是男性，那么，在尼采那里，女人只不过是真理之谎言的一个命名。一方面，真理就像女人，女人当然会成为男人爱恋和追求的对象，这里的男人自然指哲学家。女人的魅力在于距离，或者说，女人在远远的地方施展她的魅力，如果没有了距离，也就没有了魅力。这近似于我们和作为智慧的真理之间有一种永恒的距离。恰恰是这种永恒的距离构成了对它的追求的诱惑。因此，在尼采很少被注意到的一段话里，女人、生命、诱惑、羞怯之间处于紧密关联中。我们常常说，天下何处无芳草，可我们还是说，充满芳香的草还是少得可怜。另一方面，自古以来，人们都把真理看作自己所追求的目标，尽管如此，即便是抛头颅、洒热血，真理还是很少得到展现。也许，这就是女人、真理、生命最大的魅力。女人和真理戴着一副充满种种美好可能性的面纱，既给人以希望，也意在抗拒那些没有耐心的人。羞羞答答又嘲笑捉弄，惹人喜爱又充满诱惑。总之，根本就没有女人的本质这样的东西，也没有真理的本质这样的东西。根本就没有真理，只有解释。它完全服务于生活。

其次，相信真理即轻信女人的哲学家，会相信真理如同女人一样。这种哲学家在尼采看来，便是一无所知，他既对真理一无所知，又对女人一无所知。因为女人至少知道根本就没有真理，历史上既不存在真理而且无人拥有过真理。她发现哲学史总是由男人书写的，没有她什么事。哲学史总是让不能生孩子的男人生产孩子，这不是真正的生育。所以，她之所以是女人，恰恰是因为她自己并不相信真理，因为她不相信她之所是、她被认为之所是。

尼采看到，一切崇尚教条主义的哲学家都认为女人是很难弄清楚的，这种疑虑是无根据的吗？他们令人毛骨悚然地郑重其事、笨拙地纠缠不休，迄今为止，他们习惯于这种追求真理的姿态，不正是为了赢得轻浮女子的欢心所采用的愚笨而无礼的办法吗？的确，那些教条主义者之所以被尼采所不屑，就在于他们用愚笨而无礼的手段（譬如勾引）来追求真理，就像抢占一间闺房来占有女人一样来占有真理[②]。那么这样说来，还有没

---

① 尼采. 论道德的谱系・善恶之彼岸. 谢地坤，等译. 桂林：漓江出版社，2000：137.

② 同①.

有客观真理呢？对这一问题的回答，我们可以从以下两个方面来考虑。

首先，“客观真理”作为一个基本信念而存在。大凡人们认为有没有客观真理的时候，都已经承认或预先假定实际上已经发生了什么。如果我们压根不承认有什么实际事情发生，而每个人全凭主观印象谈论与交往，那么，我们最终不会参加讨论，也无法沟通。这个道理在我们的实际生活中也是很基本的。对于那些相信法官可以全凭主观印象断案的被告来说，他很可能不把提供“客观真理”作为自己的首要任务，而只是相信金钱或权力的魔力，但总体的司法实践最终会无情地纠正这种“主观判断”。因此，客观真理是我们最起码应该相信的东西。尽管我们也许还根本说不清楚什么是真理。

对我们每个人来说，相信“客观真理”的存在是获得“知识”的根本支撑点。在这种意义上，我们才能把“知识”与真相、品行等联系起来。例如马克思在讨论真理问题的时候，总是同时提出关于政治体制和品行、新闻检查、言论自由等内容。对于科学家来说，承认“客观真理”的存在是他从事科学研究的最基本出发点，科学家只有深信世界上存在着“客观真理”所显示出来的客观规律，才会从事科学研究。假如一个天文学家认为世界没有客观规律，今天太阳从东边出来，明天太阳从西边出来，他压根无法也不会去研究天体的运行轨道问题。哲学家相信“客观真理”的存在，也许是他的良知的证明。哲学家萨特在《存在主义是一种人道主义》中曾说：“明天在我死后，一些人可能决定建立法西斯主义，而其他人可能是非常地懦弱或软弱，以至于让他们得逞了。倘若那样的话，法西斯主义将是人类的真理，而这对于我们来说是很糟糕的。”① 萨特尽管在这里不希望真的出现法西斯主义，但是他不应该说法西斯将成为“人类的真理”，他应该说的是真理可能被遗忘，变成不可见的，失去了——因而对我们而言更加糟糕。由此可见，传统哲学与马克思主义哲学的分歧点在于：在关于应该是什么的真理和关于实际上是什么的真理之间似乎难以有认识论的区别。但是即使没有认识论的区别，没有方法论的区别，也不能遮蔽实践上的检验。因此马克思主义哲学不是旨在发现那种不可能发现的永恒不变、普遍有效的真理，而是要在与真相问题相关的问题上，让社会说出真理。这里真理的主体是人类社会或社会化的人类，而不是市民社会或市场社会。

其次，检验“客观真理”的最后根据是实践。我们决定某一个“事实”是“客观事实”，它的最后根据总是实践，因为“事实”总是通过“实践”才开口说话的。举例来说，关于新闻出版自由的辩论，马克思的意思很清楚：《普鲁士国家报》虽然注意到了旧的书报检查制度阻碍了书报自身的发展，但认为评价书报好坏的标准应当是个别的、特殊的标准：计数统计（即出版是否稳定）、书报的厚薄（报纸不能与大部头著作相比较）、感性知觉（例如，用鼻子而不是理性来确定报纸的价值）。堂堂《普鲁士国家报》由于无法把握到普遍性，它对自由的热爱仅仅是一种假象，甚至只是用小孩的世界观来作为评价出版的自由和言论的自由的标准②。既然真理是无法否认的，那么《普鲁士国家报》可以拒绝选择某些真理，因为在它看来，不同的事实有各自不同的真理。如果我们不喜欢某种事情，就可以不做这种事情，也就抛弃了属于这种事情的真理。或者说，我们事

---

① 罗蒂．普特南与相对主义的威胁．世界哲学，2003（1）．

② 马克思恩格斯全集：第1卷．北京：人民出版社，1995：139-143．

实上只选择我们喜欢的真理。马克思此处的逻辑在于指出《普鲁士国家报》缺乏真正的普遍性精神，只停留于它的特殊利益，使说真话成为一个根本的困难。

以往的研究往往对马克思的“对说真话的方式的分析”“对治理术的研究”“对政治经济学魅惑的识别”等内容评价不高，受这一思维定式影响，人们对马克思主义哲学认为的必须在说真话的活动中实现真理这个命题也同样缺乏深刻体认。如果真是这样，那马克思、恩格斯先前所做的揭露意识形态“谎言”的工作还有什么意义呢？但是实际上正是“说出真话的勇气”应该否定现实存在的东西之外的真理。彻底的唯物主义应该否定通过“商品内心的话”[①] 说出的真理，马克思主义也应该否定真理——那种用异化的语言包装起来的真理。

第二节　价值

马克思主义哲学就其追问人的解放的要旨来说，亮点在于现实的人的感性活动之真理。真理是这样一种范畴，凭借它人类生活才可在历史唯物主义上得以把握。对于历史唯物主义的语言使用来说，真理确实是帮助人类明确自己存在之力量的路标。因此，追问人类生活之目的和意义与人类实践活动之价值紧密相关，这是一种通过我们的感性活动才可实现的人类自身的价值。

一、求真的意志和情感

我们必须看到，我们在认识真理，并不是作为一个抽象的理性人在认识真理，在认识真理的过程中，人的意志、意愿和情感，都发挥着至关重要的作用，无论是黑格尔还是马克思、列宁等人都断定，“假如没有热情，世界上一切伟大的事业都不会成功”[②]。这是看到情感的积极作用，而人的意志、情感因素既是人认识真理的动力，也可能成为认识真理的阻力。

我们在此可以特别讲一讲，由人的意愿、情感所引发的人的主观想象是怎样干扰人的理性认识的。17 世纪的法国大哲学家帕斯卡尔在他的《思想录》里曾举例分析人的主观想象对人的欺骗，他说：“世界上最伟大的哲学家，假如站在一块刚好稍微大于所必需的板子上面，而下面就是悬崖，那么不管他的理智怎样在向他肯定他的安全，他的想象必然要占上风。大多数人绝不会接受这种做法而面色不苍白，汗出如浆。”[③] 在此，畏死所激起的想象压倒了理智所能支撑的沉静。这极端的例子表明，人对真理或“客观事实”的承认，是与人的意愿、感受、情绪等需要相关联的。由于安全的需要，人们可以在安全受到威胁时，不承认或回避客观事实。列宁甚至讲过，假如几何学违背了人的需要，违背了人的利益，也可以被说成是谬误。这样我们就可以去体会帕斯卡尔的如下思想：

---

① 马克思恩格斯文集：第 5 卷. 北京：人民出版社，2009：101.

② 黑格尔. 历史哲学. 王造时，译. 上海：上海书店出版社，1999：23.

③ 帕斯卡尔. 思想录. 何兆武，译. 北京：商务印书馆，1985：42.

在涉及社会正义等等伦理、道德、审美领域时，没有“绝对真理”这句话都具有绝对的“真理”，“纬度高三度就颠倒一切法理，一条子午线就决定真理……以一条河流划界是多么滑稽的正义！在比利牛斯山的这边是真理的，到了那一边就是错误的”①。盗窃、乱伦、杀子和弑父，这一切都在德行中有其地位，一个人可以有权杀我，就因为他住在河的那一边。所以，帕斯卡尔最终得出结论，法律的基础和本质并非正义，那是人们想象出来的，那只是人的需要等等。帕斯卡尔的这些想法，实际上已经涉及价值评价问题了，涉及知识与权力，涉及所谓“强迫”的真理了，其中最关键的是涉及真理与利益的问题，涉及他人的问题。根据历史唯物主义的观点，人们所奋斗的都是利益。而一谈到利益，我如何才能获得我可能的利益？这是最简单也是最难的问题。根本的难点在于，不是我不能认识某个关于利益的观念和真理，而是如何获得他人的承认或同意。如果没有他人的承认或同意，我根本得不到我的利益。所以，我在争取我的利益的时候，为什么不能去抢、去偷、去杀人放火？不是因为我接受的教育要求我这样，这些都是伦理方面的真理，而是因为我那样做得不到他人的承认或同意，违反了他人的意志。因此，他人既构成你利益谋求的对象，也构成你生活的意义来源。在这个意义上，古老的真理定义才是真的。这个定义认为，当思想与其要求思考和认识的事物关系相一致时，这个思想便是真的——真理是思想与实际的符合。这样一种陈述方式也许表现出某种非常简单和现实的东西：一个多样的、由大量异质利益集团整合而成的社会，必须将与它相当的公众变成表演价值逻辑的演练场。于是，阶级或集团利益便以价值的形式出现：基本的分配制度变成了与之相当的某种价值体系的定位值或阈。价值的变化，即“价值化”，使不可计算的东西变得可以计算了。如种田、织布、捕鱼、造房等完全独立的私人劳动、目的、理想和利益由此变得可以比较，转化成一个价值量，以至于可以计算出社会劳动产品分配的比率。马克思看到，直到现在人们对这种彼此独立的私人劳动却可以作为人类的一般劳动而彼此相等的原因理解得很差：“人们使他们的劳动产品彼此当做价值发生关系，不是因为他们看来这些物只是同种的人类劳动的物质外壳。恰恰相反，他们在交换中使他们的各种产品作为价值彼此相等，也就使他们的各种劳动作为人类劳动而彼此相等。他们没有意识到这一点，但是他们这样做了。”②

首先，马克思实际关心的问题是生产过程支配人而不是人支配生产过程的那种社会形态的秘密，即“一切劳动由于而且只是由于都是一般人类劳动而具有的等同性和同等意义”③，只有在用“商品语言来表达它的思想”④ 的时候，“才能揭示出来”。正义与平等的价值理念已经绑定在商品的谱系学及其理性计算的意识形态上。马克思顺便指出，商品也讲希伯来语，“正像基督徒的羊性通过他和上帝的羔羊相等表现出来一样”⑤，除此之外，“德文‘Wertsein’［价值，价值存在］就不如罗曼语的动词 valere，valer，val-

① 帕斯卡尔．思想录．何兆武，译．北京：商务印书馆，1985：137.

② 马克思恩格斯文集：第5卷．北京：人民出版社，2009：91.

③ 同②75.

④ 同②67.

⑤ 同②66.

oir［值］表达得确切"①。其次，马克思概括出了从经济学角度理解价值的问题，又提出了基于商品交换建立起的社会平等问题。简而言之，马克思看到了商品中"等同的东西"或者"共同的实体"的具体指向：它并不是属人的平等，而是商品的平等、物化的等同、抽象的等同以及物与物之间的等同，因而也是虚幻的等同。

二、趣味的标准问题

我们发现，一方面，由于现代工业、现代市场和大众文化的极力模塑，现代社会出现了一种典型的通用人格。他们就是"所见略同"的群众。由于群众具有大致相同的趣味，也就形成了诱人的、卖遍全球的商品，而趣味标准化的产品又进一步强化了人们的群众性。而另一方面，我们常常有这样的体会：同样的一份菜肴，不同的人来品味时，就有不同的感觉，有人觉得菜太咸，有人觉得不够咸。每个人的味觉是很不相同的。每个人的趣味就如同每个人的味觉那样，也是很不相同的。趣味也具有多样性、私密性和即刻性。当我品味这份菜时，我不需要思考它就能够经验那种味道。这是我的味觉，它在某种程度上是不能否定的。如果这份菜给予我咸的味觉，没有人使我相信它不给予我咸味。不过，同桌一起吃饭的别人可能有不同的味觉。甚至，这种味觉的差异实在大到令人不可思议的程度。一般来说，令一个人愉快的味道可能不能令另一个人感到愉快，而且我不能通过言语或者做任何事情来改变这种情况。我们在这里想问的是：感觉经验领域的味觉呈现的这种情况，在人文科学领域里是不是也同样存在？回答是肯定的。也就是说，在人文科学领域里也同样存在趣味的差异。今天，科学的趣味与乌托邦的趣味已经相互适应了。

我们发现，对于某些哲学家来说，这种情况的存在不言而喻，而且同样是不能改变的。这种情况在艺术和美的经验领域特别突出。比如，维特根斯坦就认为，美是不能用逻辑命题去表达的，因为美不是对象的一个特性。一个人是否具有成功的美的能力，就看他是否具有品味（taste）。品味是主观的能力，美虽然要有一个对象，但它是完全主观的。通过客观的标准知识了解的存在，其中没有一个成分叫作美。譬如，窗外面的白杨树，从客观的角度看，是没有美这个特性的。以客观以外的眼光看，美的景色很多。譬如"潺潺溪流"，溪流有什么美呢？但"潺潺溪流"这个词语能够令人自由联想美的景色。美的对象与我们主观的品味的特殊能力一碰头，美就显现出来了。那个品味你有，我不一定有。有人甚至认为，有没有品味是判断一个人俗不俗的标准。品味要有妙慧，哲学的智慧不排除妙慧。

到此为止，我们似乎强调了趣味或品味的主观性，各种生命指向往往自认为是对唯物主义的超越，或者至少以此自诩。但是，这里我们还只把问题说了一半，问题的另一半在于趣味分明还要求有客观的标准性，或者普遍的可传达性。这里给我们提出了一个根本性的理论问题：趣味和品味有没有标准？首先，趣味的差异性究竟可否通约？对于这个问题，我们来看西班牙作家塞万提斯在《堂吉诃德》中所讲的有关桑科的两个亲戚

---

① 马克思恩格斯文集：第5卷．北京：人民出版社，2009：67.

的故事：

> 桑科对那位大鼻子随从说，有一个很好的理由能够说明我自认为对酒有判断力：这是我们家族世代遗传的本领。有一次，我的两个亲戚被请去品评一桶据说是年代久远且产于好年成的好酒。其中一个尝了尝，想了想，经过深思熟虑后断定：如果没有他在酒里尝到的一点儿皮带子味的话，就是好酒。另一个在同样审慎地品尝之后，也断定他对酒有好感，但除了他能轻易地品尝出的那股子铁味之外。你猜怎么着？你压根没有办法想象出他们俩因为他们的判断而受到多少嘲笑。但是谁笑到了最后呢？当酒桶倒空之后，人们在桶底发现了一把拴有一根皮带子的旧钥匙。①

听了这个故事，我们首先提出这样一个问题：在10个不同的人对于同一个东西可能怀有10种不同的意见时，是不是只有一种意见才是真实和正确的？相反，我们也可以问，由同一个对象激发起的10种感觉，是不是可以说都是正确的？休谟认为，这两个问题的答案都是肯定的。在休谟看来，10个不同的人对于同一个东西的10种不同意见，只有1种是符合对象的。这10种感觉不表现对象中实际存在的东西。它只是表示对象与心灵的官能之间的某种符合或联系，如果这种符合并不真正存在，感觉就绝不可能发生。比如，美不是事物自身的性质，它只存在于关照事物的心灵之中，每个心灵都感觉到不同的美。一个人可能只感觉到丑，另一个人却感觉到美；每个人都应该默许自己的感觉，无须自诩正确而去校正别人的感觉。在休谟看来，要寻找真正的美或真正的丑，就像自诩能够去弄清真正的甜或真正的苦一样，是一种没有结果的探究。

休谟这里的看法，似乎赞同"谈到趣味无须争辩"的观点。这是我们日常生活中常常坚持的观点。很显然，说到真理时，选择终究不可避免。哥白尼是正确的，托勒密是错误的；牛顿物理学肯定比笛卡尔的物理学说准确。只有抛开遍布于科学道路上的谬误，真理才能得以确立。但是，在趣味问题上，我们可以欣赏巴赫、德彪西、伦勃朗或马奈的作品，而无须考虑在他们中间做出排他的选择。因此，我们必须防止厚此薄彼，否则必然会遭遇厚彼薄此的反弹。对于那些很不符合我们的趣味和理解的东西，我们都倾向于把它贬低为野蛮的东西，但是，很快就会发现类似的责难和谩骂会回敬给我们。当清政府的闭关自守自以为是世界中心，而把中国之外的西方称为"蛮夷"时，西方人则回敬我们为"东亚病夫"。不要说清政府没有太多的资格可以傲慢，即使那些最傲慢和自负的西方人在看到中国人同样自信，看到中国的五千年文明时，他们也会感到吃惊，最终会对自己的傲慢的民族偏见感到犹豫。以至于英国诗人彭斯说：啊，上帝，我多么希望我能跳出自己！而法国学者于连·弗朗索瓦写的一篇论文的题目就是《为什么我们西方人研究哲学不能绕过中国》，他曾经到北京大学做过两次演讲。不过，对于许多哲学家来讲，谈到趣味无争辩，并不是要坚持趣味是没有标准的。

其次，关于趣味的评判标准。我们说，一个人喜欢写诗、作曲，一个人喜欢搓麻将、喝酒，哪个趣味更高一些？我们似乎很快就找到答案：就是前者。那么，这样的趣味标

---

① Townsend. Aesthetics：Classic Readings from the Western Tradition. Berkley：Wadsworth，2001：109.

准是怎么找到的？我们应该如何去寻求它的标准？一是，要看我们坚持什么立场。如果我们基于经验，那么，高级趣味要比低级趣味来得更自然一些。尽管人与人之间的趣味千差万别，但是人们能够凭借经验将真品和赝品区别开来。无论如何我们也不会把杨振宁等同于爱因斯坦，也不会把冯友兰等同于孔子。一堆小土丘和一座珠穆朗玛峰不能相提并论，同样，一湾小池塘岂会与海洋一样宽阔？二是，趣味的标准还在于伟大的艺术作品经过时间的淘洗而得以昭示。虽然，权威或偏见也可以使一个平庸的人或者演说家暂时受到追捧，但是他的名声是不会持久或者获得普遍认同的。相反，一个真正的天才，在排除了小圈子里的嫉妒和猜疑之后，排除了文化的限制之后，他就会在所有人心目中维持权威。由此可以看见，在变化万千、反复无常的趣味中，仍然有某种一般的褒贬原则。当然，在寻找趣味的标准时，我们可以坚持以下原则：其一，趣味的标准并不是抽象的。人们对伟大的哲学、文学和艺术作品的普遍认同，表明趣味是有标准的。品味高雅的批评家对伟大作品往往具有更高的鉴赏力，因此，他们的批评标准往往成为趣味的标准。其二，趣味的标准在一定意义上是个教育问题，亦即先前的优秀艺术作品熏陶和哺育了后来的优秀批评家，优秀批评家的趣味标准成为一种标杆。

不过，对于这些标准本身仍然存在很多争议。比如，少数人的审美趣味具有合法性吗？用什么样的方式使得某个人或者某些人的趣味好于他人的趣味这样的看法有意义？即使承认趣味有高低、好坏之分，那么一个人应该具有更好的趣味吗？具有更好的趣味就会更好吗？在一般人那里，这些问题可能处于不假思索地被肯定的状态，但是在哲学反思层面上仍然是受到怀疑的。

理由很简单：一方面，提高趣味需要种种条件，需要付出时间和精力，由于看不出写作一篇高水平的论文在我们现在的科研体制下有多大的强制力，因此，我们大学里的某些教授就把这些代价和努力付诸其他方面了。另一方面，提高或者改变自己的写作水平的确会获得一些新快乐，但是也必然会失去一些已经具有的快乐。当一个趣味只配写作哲理性散文的人在经过长期的努力后终于能够从康德式的学术写作中得到快乐时，他多半会因为趣味的改变而不能从哲理性散文中享受快乐了。照这样来看，趣味最终仍然只是事关个人的享受问题，谈趣味仍然无须争辩①。

思考题

1. 评论如下观点：真理是无法否认的，但是我们可以拒绝选择某些真理，因为不同的事实有各自不同的真理。如果我们不喜欢某种事情，就可以不做这种事情，也就抛弃了属于这种事情的真理。或者说，我们事实上只选择我们喜欢的真理。

2. 有人说：除非有人坚持，天下原无对错。对错是后来生出来的。天下原无客观认识，同样原无主观认识。我们从不和生活在如此原始境界之中的生物讨论问题。至少我自己只和承认有对错的人讨论谁对谁错，虽然我知道对错不是生活的全部，不过碰巧我也从不讨论生活的全部。如何批评以上观点？

① 彭锋. 标准还是偏见//外国哲学：第十九期. 北京：商务印书馆，2008：179-186.

3. 评论如下观点：为了防止科学主义统治我们的生活，我们有必要认清“事实”和论证的局限，从而能有效地发扬科学精神，坚守理性。事实表明，我们绝大部分的知识没有经过亲自证明，也不必证明。

4. 如何确立在解决社会生活实践中的价值冲突优先性的价值排序？

第十四章 文化、文明和人的自由

在马克思主义哲学产生和发展的意义框架中，我们现在所说的工业革命和文化观念的重要性不言而喻。它们在我们时代用法的改变见证着我们在思考社会问题时特有的思维方式的总体变化。

第一节 文化与文明

当代文化和文明充满矛盾。当代世界文明和地域文化的矛盾究竟是什么？就算我们不想提出这个问题，当今时代也会向我们提出来。这是马克思主义哲学敏锐地意识到的问题。

一、文明和文化的区别

人们对文明和文化的区分有不同的看法，有时候不同的人会很不同地使用这两个词，有时候则颠倒着使用这两个词。这里，我们主要提示这么几点：

首先，文明和文化是两个不但有区分而且是相反的概念。这一点最初是德国人提出来的，其基本的说法是，文明是精神性的，文化则是物质性的，特别是技术方面的。埃利亚斯在《文明的进程》中认为，“在德语用法中，‘文明’指的是有真正用途的事物，但无论如何，这种用途的价值只能屈居第二，它只是由人类的外部表现和人类生存状态的表象组成的。最令德国人引以为豪的、用以阐释他们自身成就与自身存在状态的词汇则是‘文化’”[1]。法语和英语中的文化概念也能指涉政治和经济、技术和运动、道德和

① 勒佩尼斯．德国历史中的文化诱惑．刘春芳，等译．南京：译林出版社，2011：5.

社会现实，"'德国的'文化'概念则在本质上指向思想、艺术和宗教，而且有一种倾向，就是在这类事物和另一类政治、经济和社会现实之间，划出明确的分界线"①。

马克思、恩格斯看到，德国是欧洲文明里面比较晚起的一个国家。德国统一是1870年以后的事情，它落后于法国和英国。文化概念的提出也有批判法国和英国的意思，法国和英国的工业文明是反传统的东西，而德国是更能够保持和传承西方精神文明传统的国家。这一点似乎并不是民族自大心理的表现，因为西方现代人文科学的主要成就基本是由19世纪的德国人奠定的。美国人在19世纪的100年内大都留学德国。相当一段时期，他们只有在德国拿到博士学位才能在大学任教②。1914年以前，美国的历史教科书常常这样说：英国是我们的母亲，德国是我们的祖母，因为他们都是日耳曼民族。用马克思的话说："德国的复活日就会由高卢雄鸡的高鸣来宣布。"③

然而，第一次世界大战的灾难带来的一个后果是战前文化的幻灭。虚无主义和愤怒的行动主义席卷欧洲。诗人们公然宣称他们厌恶"垃圾文化"，有的德国知识分子甚至说："当我听到文化这个词时，我就会拔出手枪。"④ 当文化本身不再受尊重时，基于本民族文化认同的文化必定要改变形态。德国人以为他们打败了法国人，他们就战胜了法国文化，这恰恰证明他们没有文化。"如果说德国只是用抽象的思维活动伴随现代各国的发展，而没有积极参加这种发展的实际斗争，那么从另一方面看，它分担了这一发展的痛苦，而没有分享这一发展的欢乐和局部的满足。"⑤ 这可以说是马克思在1843年对德国政治发展的预警。

问题在于，德国人提出的"文明"和"文化"概念，后来基本上没有被西方广泛认可。实际上，后来西方把这两个概念倒过来用了。文明的概念包含的内容比较广。经济的、技术的部分是文明的最重要的部分。可以说，每一种文明都以对包含其中的文化的瓦解作为先行；每一种文明的显著特征都是技术对大自然的某种确定的控制。每一种文明都是一种非常复杂的社会关系体系。这种体系既要求很多聪明才智，但又吞噬了很多聪明才智。文化几乎总是被赋予一种与本质直接相关的关系，一种人性态度的命中注定的可靠性，而且还是一种出于直觉的可靠性。与之相比，理智、文明的基本征候，只能拥有一种有点可怜的不可靠性和不直接性⑥。文化比较多地指音乐、艺术、文学这些好像人文精神方面的东西。文化是用文字来记录的，但是文字所记录的文化却是被无文字的文化包围着。在这个意义上，有文字的文化是狭隘的文化，无文字的文化是广阔的文化。

其次，文化概念往往是在跟自然概念相对立的意义上使用的。哲学家从他的研究工作开始，就同时体会到了建立自然与文化差异概念的必要性。那么如何使用自然与文化这对概念呢？或者说，自然与文化的差异在哪里？我们可以举个例子：如果你家里有一

---

① 勒佩尼斯．德国历史中的文化诱惑．刘春芳，等译．南京：译林出版社，2011：5-6.

② 甘阳．文明·国家·大学．北京：三联书店，2012：165.

③ 马克思恩格斯选集：第1卷．北京：人民出版社，2012：16.

④ 金观涛．探索现代社会的起源．北京：社会科学文献出版社，2010：137.

⑤ 同③11.

⑥ 穆齐尔．穆齐尔散文．徐畅，等译．北京：人民出版社，2008：58.

块布，一块红色的布，一块红色的神圣布，那么，"红色"是出于自然，而"神圣"则是人附加上去的。当你把"神圣"附加在一块红色的布上时，那块布可能就是一面红旗，或者一块红领巾，诸如此类的东西。自然与文化的区别，也就是扩展开来的自然与"人为"的区分，自然区分于"人造"、"人言"以及人对物赋予的意义。

马克思主义哲学在文化问题上的见解之重要贡献在于，揭示了资本主义（资产阶级）文化和社会主义（无产阶级）文化的矛盾。我们总是将社会主义文化相对于资本主义文化而言，将先进文化相对于落后文化而言，有很长一段时间，我们也曾经宣告资本主义文化的没落。但是，我们必须批评文化问题上的机械论。实际上，资本主义文化和社会主义文化处于激烈的斗争之中。可以肯定地说，社会主义文化必须加强自我批判。如果用一个关键词来看待资本主义和社会主义文化之间的矛盾的话，那么这个关键词就是劳动热情。劳动中的文化问题特别值得马克思主义哲学研究者注意。

再次，当今时代存在对各国不同文化的尊重问题，同时也存在着如何摆正不同文明之间的对话的态度的问题。启蒙运动打破了神学那种至高无上的地位，使人类进入了一个后神学文化时代。但是在这个文化中，神学留下的空位置却由哲学填补了。因此，我们看到，我们的文化是以认识为中心的文化，文化的各个部分都以不同的方式认识世界的不同方面，其中有些精确，有些不精确。哲学这个文化就专事检查哪些精确，哪些不精确。我们怎样才能精确地描述世界？从哲学角度看，由于缺乏一个可以评判文化所有部分的元规范，哲学根本无法成为文化的基础。所以，马克思的思想事业（我们在此姑且不用"哲学"一词）绝不是任何一种意义上的精确科学，如实证主义那样。当然，马克思的事业也绝不会由于否定哲学成为文化其余部分的基础，而忽视没有任何其他学科可以担当以前哲学所担当的角色这一事实。这里，马克思对文化的贡献真正说来乃是政治经济学批判。这里的所谓批判意味着马克思哲学不可能是知性科学，并且批评有关异文化的兴趣只不过是猎奇式的兴趣，也不可能缺乏思考地追逐陌生文化。的确，很少有人如马克思那样清醒地预见到，谈到文化就意味着普遍交往的必要性。

二、文明之间的对话

什么叫文明对话？当我们要讨论文明对话时，我们会提出很多问题：什么叫文明？世界各地有多少文明？如果我们要跟别的文明对话，究竟要跟多少个文明对话？究竟深入到什么样的程度才算文明之间的对话？

孙周兴曾经在他编译的《德法之争——伽达默尔与德里达的对话》的"后记"中描述了一个事实：德里达在《对签名的阐释（尼采/海德格尔）》的报告中，"对伽达默尔未提一字。虽然如上所述，德里达的论题还是切中要害（实际上对伽达默尔哲学具有釜底抽薪的作用），但在场面上，他的报告仍让人觉得他无视伽达默尔这位在场者的存在"①。"如果撇开例如年龄、性格、修养类型的差异不提，甚至也不谈礼貌，仅按对话的规则看，德里达肯定有欠妥之处，伽达默尔抱怨这是一次'非对话'完全有理。但是，

① 孙周兴. 德法之争. 上海：同济大学出版社，2004：171.

德里达真的不懂‘对话’吗?‘从善良的愿望’看，问题不在于台面上的德里达与伽达默尔对话与否，而在于，对话本身究竟在或应该在哪个层次上交手。”①

显然，哲学家之间“交手”的态度并不是一种文明之间的对话应该具有的态度，还不如说，这是一种凸显文明的冲突的态度。还有，我们在校园里，碰到老外很客气地打了声招呼，也不能算文明之间的对话。当然，如果时间长了，认识久了，很可能一起去咖啡吧喝咖啡聊天，聊了很长的时间。因为我是中国人，而他是美国人，你能不能说，这就是文明之间的对话呢?如果这样也算的话，文明之间的对话也就太宽泛、太不严肃了。我们还可以设想，一个中国家庭有海外婚姻，那么，发生在家庭里面的对话是否就是文明之间的对话?你不能说它不是，但是它的范围仍然太过局限。其实，通过通婚来解决不同民族之间的矛盾冲突，在中国历史或西方历史上都屡见不鲜。当然，民族之间如果做到广泛通婚也许真能够推动文明之间的对话，但是广泛通婚可不可能?假如可能的话，通婚是不是就是文明对话的目的?显然，所有这些问题都表明，文明对话的实质是什么并不是一个容易解决的问题。

之所以不容易把握什么叫文明之间的对话，这里涉及一个很关键的问题，谁是文明对话的主体?从哲学史上看，历来的西方哲学家难得有几个抱有文明对话的态度来看待这个问题的。比如黑格尔，他看不起中国人的脚踏实地，他对中国文明的蔑视性言论可以说太伤我们民族自尊了。譬如，他在《历史哲学》中对中华民族性格所下的严酷评判给我们造成脑震荡一般的精神伤害，他不相信中国人有精神提升的能力。这一点，胡塞尔也是如此。胡塞尔他在极度担心欧洲人性的危机时，就向欧洲人发出警告：强调欧洲绝对不能沦落为像中国或印度这样的人类文明类型。在他看来，这种文明类型无非只是经验人类学对象的类型。中国或印度仅仅在提供给欧洲研究时才有存在价值，而且也只有被欧洲人同化时才有存在价值。同化具有绝对的世界意义。显然，胡塞尔把对话的主体归属于欧洲人了。而且，同化不是对话，而是一些人成为另一些人的教师，因而是教化。严重一点来说，则是一个文明取代另外一个文明，所谓进步的代替落后的。在这样一种情况下，真正的对话不仅不可能，反而是一厢情愿的事情。我们以为说一句“让我们来对话”，就开始对话了。世界上的事情从来不是这样的。有时候中国人拼命想跟西方人说话，那些傲慢的西方中心主义者觉得中国人的这种焦虑背后是自信的缺乏，中国人所有的智慧和知识就只有这么一点，请他讲也讲不出什么东西。于是，西方傲慢者觉得跟中国人说很多话就是浪费时间，他只是稍微听中国人说一点，微微点头称是，表示礼貌与耐心。要是这种时候中国人还要大讲祖先的四大发明，那就更让人看不起了。所以，真正的对话必须是以平等为前提的。

不过，在西方大哲学家中，总归有些人是对中国感兴趣的。比如，莱布尼茨曾经写道：“全人类最伟大的文化和最发达的文明仿佛今天汇集在我们大陆的两端，即汇集在欧洲和位于地球另一端的东方的欧洲——支那（人们这样称呼它）。我相信，这是命运的特殊安排。”② 莱布尼茨的著名的学生沃尔夫同老师一样对中国感兴趣，他出版了《中国人

---

① 张志扬．偶在论谱系——西方哲学史的“阴影之谷”．上海：复旦大学出版社，2010：277.

② 莱布尼茨．《中国近事》序言：以中国最近情况阐释我们时代的历史//德国思想家论中国．陈爱政，译．南京：江苏人民出版社，1989：3.

实践哲学演讲》。而康德在《自然地理学》中曾说：这个帝国无疑是世界上人口最多也最文明的国度。总之，我们可以看到，所谓文明之间的对话无非让人理解三个目标，一是理解别的文明的不同之处，二是理解自己文明与别的文明的共性，三是通过结合同异更好地理解自己的文明。

三、文明对话的重要性

文明之间的对话有着极其重要的意义，其中一种重要的意义在于批判和修正过去的简单线性的历史进化论。所谓历史进化论，就是讲人类历史从一个阶段过渡到另一个阶段，好像一个取代另一个，旧的东西消除了，人类历史就进步了。值得注意，19 世纪末，随着以西欧为中心的全球经济体系的建立，和贫富悬殊同时出现的是南北差距的拉开和白种人优越观念的凸显。因为当时种种现代事物大多是白种人创造的，加上历史进化论在社会文化中的错误运用导致社会达尔文主义流行，从而出现一新思潮："基于生物学上的差异，大多数人都无法达成理论上只有白人（或者，更狭义地说，具有北欧血统的人）能够做到的成就。"① 人类必须区分优秀和低等种族的观念，开始和进步的想法一样渗透进这个时期西方人的心灵。这种理论看不到大的文明，从源头发展起来的文明特性仍然会在以后表现出来。马克思认为："工业较发达的国家向工业较不发达的国家所显示的，只是后者未来的景象。"② 马克思看到，印度本来就逃不掉被西方殖民主义征服的命运，而它过去的全部历史，就是一次又一次被征服的历史。印度社会就在这个一无抵抗、二无变化的社会的消极基础上建立了帝国。"英国在印度要完成双重使命：一个是破坏的使命，即消灭旧的亚洲式的社会；另一个是重建的使命，即在亚洲为西方式的社会奠定物质基础。"③ 马克思关于不列颠在印度统治的评论引发很大的争议。这里，质疑的声音主要包括以下几个方面：殖民与后殖民社会的本质；马克思的历史发展模型的特征和范围；马克思对印度社会描述中的欧洲中心主义、东方主义，甚至种族主义。最难的焦点问题是历史判断和政治判断之间的关系。这些问题都值得进一步研究。

如果说马克思的《不列颠在印度统治的未来结果》侧重关注资本主义强加殖民统治的结果而忽略了印度自身的历史，那么马克思要求历史分析所具备的认知范围和理论志向才是他留给我们的最伟大的遗产。因此，在这一意义上，文明之间展开对话，对中国的真正含义是，进一步确立我们的文化自主意识，看到不同的文明都有自己发展的道路。

以美苏为首的两大阵营冷战结束以后，世界仍然不太平，各种冲突不断，尤其是文明之间的冲突恐怕是当下世界的最大危险。有了文明之间的冲突，当然就有了文明之间对话的紧迫性和重要性。当然，不是说所有的文明之间的冲突都可以通过对话解决。还有，文明自己内部也有冲突的问题，例如，欧洲第一次世界大战就是在基督教文明内部发生的。如果其内部都彼此了解，估计仗是不该打起来的。当然，更为不幸的是并不会

---

① 金观涛. 探索现代社会的起源. 北京：社会科学文献出版社，2010：137-138.

② 马克思恩格斯文集：第 5 卷. 北京：人民出版社，2009：8.

③ 马克思恩格斯选集：第 1 卷. 北京：人民出版社，2012：857.

因为多了解一点，文明之间或文明内部就能够避免冲突[①]。

第二节　人的自由

马克思主义哲学创始人所批判的资产阶级的自由权的实际应用就是私有财产。平等的自由权不过是每个人都同样被看作独立自在的单子（原子式个人）。资产阶级自由权的利己本性表明，马克思是在殊为不同的意义上刻画他自己的毕生追求——人类的自由和解放。

一、自由的概念

无论是从为了考试而编辑出来的辞典中，还是从思想史、哲学思想史或政治语言史中来寻找自由这个概念，都显得困难重重。但是，我们知道，马克思的确改变了时代的政治语言。世界上许多地方，政治、社会和经济的词汇因为马克思和列宁所提出的革新而发生了转变，人们对此是有目共睹的。他们的概念取代了以前的那些概念，这种取代产生了真实的、历史性的影响。

因此，当我们谈自由概念时，应该分层次来谈，一个是一般意义上的自由，对此我们要联系“自由”、“解放”和“自由权”这样几个概念之间的关系来谈；另一个是马克思所理解的自由概念。我们先谈一般意义上的自由概念。“自由”和“解放”从不同方面表示同一个意义：“解放”是从被压迫、被奴役的禁锢状态中解脱出来；“自由”所关切的就是不落入某个人或集团的权力之手，自主地做或不做某些事情。在这些情况下，我们都是开放的，因为我们都是自由的，在这里，自由已经具有开启的含义。这样一种对自由的理解跟马克思的思想十分贴近。

马克思思想中的自由概念包含着深刻的政治经济学基础。黑格尔认为，财产是自由最初的“定在”[②]，马克思也从财产关系的角度来理解自由的实现方式。他的基本观点是，直接劳动者如果拥有足够的生产资料，那么他也将拥有自己的劳动产品，在社会生产方面不受他人支配，因此他是一个自由的劳动者。因此，不仅那些拥有小块土地并通过耕种就能够自给自足的农民是自由的劳动者，而且手工业者由于拥有了劳动工具就等于拥有了全部的生产资料，所以也是自由的劳动者。他说：“劳动者对他的生产资料的私有权是小生产的基础，而小生产又是发展社会生产和劳动者本人的自由个性的必要条件。”[③] 当然，我们不能认为马克思在此主张生产资料个人私有制是实现真正的个人自由的所有制形式，他的深刻之处恰好在于看出生产资料分散在孤立的个人手中是生产力落后的表现，与此相应的生产方式“只同生产和社会的狭隘的自然产生的界限相容”[④]，在

---

① 吴见非．文明的对话．北京：团结出版社，2008：1-8.

② 黑格尔．法哲学原理．范扬，等译．北京：商务印书馆，1961：54.

③ 马克思恩格斯文集：第5卷．北京：人民出版社，2009：872.

④ 同③.

人类历史中并没有出现生产资料能够普遍、均衡且充足地分散在孤立的个人手中的所有制形式。因此，生产资料能够实现人的自由这个基本原理在历史中往往以一种扭曲的形式体现出来：人们总是通过建构各种利益共同体的方式来垄断社会生产资料，进而垄断社会权力，以此免于被他人支配乃至获得支配他人的力量。这是一种自由，但它是一种特权而非普遍的个人权利，它建立在对丧失部分或全部社会生产资料者的支配的基础上。实际上人们最初就是根据支配关系来定义自由的。有人曾详细列举了希腊文“eleutheria”（自由）及其形容词“eleutheros”在古雅典的七种用法：与奴隶制相对；没有屈从于一个专横暴虐的统治者；自由人出身的公民；轮番统治与被统治；免于他人或权威的压制，（在私人领域）如其所愿地生活；独立自主；自我控制。这七种用法大多反映了人们当时是从奴隶制的对立面来理解自由的。同希腊文“eleutheria”一样，拉丁文“liberatas”（自由）也产生于奴隶与自由人的对照：“Liberatas 最初是指一个自由人（liber）的地位，也就是说他不是一个奴隶；这意味着他一方面免于奴隶制所施加的限制，一方面享有自由状态带来的收益。”① 从财产关系的角度来理解自由，是对自由的支配性基础的深层次确认，它突出了自由的经济性建构维度。从马克思的角度来看，每一种生产方式及其相应的财产关系都在人与人之间产生着特定的支配权力关系，并以此建构着作为特权的自由。

二、资本主义的自由

资本主义生产关系比前资本主义任何一种生产关系都更能彰显看上去普遍而现实的自由概念，因此在更大的程度上推进了自由的“定在”。但其实它所产生的自由概念是多层次的、复杂的，在这里我们需要根据马克思的立场对之进行具体的评价。

首先，资本主义所有制带来的自由是资本自由而非人的自由。在资本主义中，控制社会生产资料和垄断社会权力的真正主体是货币或者作为货币的高级实现的资本，而不是任何个人，因而凭此获得自由的也不是任何个人，而是货币或资本本身。资本自由在本质上是资本的竞争自由，这是“资本同作为另一个资本的它自身的关系，即资本作为资本的现实行为”②，是资本在越来越大的现实范围内与自身无障碍的自我同一。因此，资本自由意味着资本对一切与它不相适应的限制因素的否定，将自身的运动规律当作调节资源配置和社会生产的原则。虽然资本自由在本质上是经济建构的，但在这个过程中资本在多大程度上使用了政治、法律和战争等超经济手段，资本自由也在多大程度上包含着超经济建构的内容。资本自由并不是人的自由。虽然物的依赖关系替代人的依赖关系给人带来一种“看起来”“更大”的自由③，但在资本主义社会中对人的支配不仅仍然存在，而且相比于以往的社会更为彻底和普遍。在这种情况下，哪怕有个人自由，也只是在此人完全成为资本的人格化产物的情况下才出现的，其本质仍然是资本自由。马克思说：“这种个人自由同时也是最彻底地取消任何个人自由，而使个性完全屈从于这样的

① 刘训练. 从“古代人的自由”看“自由的古今之争”. 云南行政学院学报，2008（3）.

② 马克思恩格斯全集：第46卷：下册. 北京：人民出版社，1980：159.

③ 马克思恩格斯全集：第46卷：上册. 北京：人民出版社，1979：110.

社会条件，这些社会条件采取物的权力的形式，而且是极其强大的物，离开彼此发生关系的个人本身而独立的物。”① 因此，虽然看上去物的依赖关系比人的依赖关系更能给人带来自由，但实际似是而非。

其次，资产阶级对工人阶级的剥削和支配为前者带来了社会特权，这是资本家作为人格化的资本而接近资本自由的重要条件。资本主义隐秘的剥削方式和支配方式为资产阶级带来了巨大的社会财富以及对社会的经济支配权；资本家以经济支配政治的方式，为他们通过经济权力来谋求各种社会特权提供了重要的渠道。虽然这种特权并不等同于中世纪与自由同义的特许权，但它毕竟也意味着对社会权力特别是经济权力和政治权力的垄断。例如，在近代法国，大资产阶级（即富裕的银行家和一些大实业家）控制着法兰西银行，独揽中央行政权，控制地方行政权、司法权和立法权。中等资产阶级（主要包括企业家、大商人、年收入在10万法郎以上的自由职业者和政府的高级官员）在拿破仑三世即第二帝国时进入政府的官僚集团，大约从1879年开始，其代表控制了议会和内阁，长期雄踞于高级公务员的位置。小资产阶级（主要包括中小业主、职员、低级官员、自由职业者等）虽然在收入上并不会比平民阶层高多少，但是人数众多，比平民阶层拥有更多流向上层社会的机会，甚至能够冲击中等资产阶级的政治支配权②。这些内容一方面具体反映了近代欧洲资产阶级对一个国家的政治、行政和金融等领域的主宰，另一方面反映了享有社会特权的资本家显然比普通工人更接近“自由”，即更接近人格化的资本，他们在不同的现实领域中的“自由”行动某种程度上就是资本的势力在这些领域中的普遍化和自由活动的反映。在资本主义社会中，资本自由并不是真正意义的个人自由，哪怕它体现在个人身上，但是，即使这种意义的自由也并不是每一个个体的权利，它只是社会一部分人的特权。

最后，商品经济中平等的交换关系能够带来个人自由的概念。这是一种单纯由经济力量建构起来的自由概念，马克思说：“交换价值的交换是一切平等和自由的生产的、现实的基础。”③ 这句话的适用背景就是单纯的商品经济。在资本主义社会中，由于商品广泛交换，这种自由概念似乎获得了广泛的现实基础，但实质不然。这种商品交换要求每一个交换者都是自己的商品的真正所有者，因此如果这是一种普遍的社会交换形式，那么在社会生产方面它要求这样一种所有制形式：每一个生产者都对自己的劳动条件和全部劳动产品享有直接的、独立的、排他性的私有权。这显然不是以剥削他人的劳动为基础的资本主义所有制，而是直接以劳动者自身的劳动为基础的私有制形式。马克思在《资本论》中曾提及这种私有制：“劳动者对他的生产资料的私有权是小生产的基础，而小生产又是发展社会生产和劳动者本人的自由个性的必要条件。诚然，这种生产方式在奴隶制度、农奴制度以及其他从属关系中也是存在的。但是，只有在劳动者是自己使用的劳动条件的自由私有者，农民是自己耕种的土地的自由私有者，手工业者是自己运用自如的工具的自由私有者的地方，它才得到充分发展，才显示出它的全部力量，才获得

① 马克思恩格斯全集：第46卷：下册. 北京：人民出版社，1980：161.
② 宋严萍. 19世纪法国资产阶级概论. 淮阴师范学院学报（哲学社会科学版），2006（4）.
③ 马克思恩格斯全集：第46卷：上册. 北京：人民出版社，1979：197.

适当的典型的形式。”① 马克思显然否定这种私有制在历史中曾作为主导的所有制形式存在过。在各个历史阶段中，由于生产资料总被各种大大小小的利益共同体所垄断，所以它们从来不会均衡地直接分配在个体劳动者手中。即使它以从属的形式存在，也是一种狭隘且脆弱的所有制形式。它对应于落后的生产力和狭隘的生产关系，很容易被破坏，因此所能带来的个人自由（这还是在它能够发展出足够的商品交换的情况下而言的）不仅在“量”上而且在“质”上都是非常有限的。中世纪西欧的小土地所有制（对应的是自由农劳动）在形式上最接近这种所有制形式。但在领主制盛行的时代中，自由农即使不像农奴那样因土地的问题受到领主支配，也必然会因领主独揽司法大权而受到他们的支配，因此对领主的依附关系也仍然相当紧密②。反过来看，资本主义所有制虽然发展了商品经济，但与这种所有制一起带来的是货币或资本对每一个人的支配，这一点在根本上否定了真正的个人自由。总之，商品经济或者生产资料的个人私有制似乎能够实现个人自由，但实际似是而非。

因此，当马克思指出个人的自由权是资本主义或商品经济的产物时，他的意思绝不是简单地说，自由只是资产阶级才能享有而工人阶级无法享有的权利，它们对于工人阶级而言是虚幻和欺骗，而是说资产阶级鼓吹的个人自由权是自欺欺人的东西，因为资产阶级在现实中也不能享有自由。资产阶级虽然在资本主义社会中比他们在封建专制社会中享有更多的自由的可能性，在封建社会中，由于封建专制君主的干预和阻挠，包括资产阶级在内的民众都不能在现实中充分享有自由权，但在资本主义社会中，资产阶级充其量也只是比工人阶级更接近资本的自由而非个人自由。

显然，在马克思那里，自由不仅具有开启的可能性，也包含了“不开启”的可能性。仔细加以思量，仿佛这“不开启”的可能也是随“开启”而来的，或者说资产阶级个人自由权既可以产生自由，也可以产生不自由，甚至资产阶级个人自由权完全可以用来扼杀自由。因此，马克思在这个意义上认为，由商品平等交换而带来的所谓个人的自由权就必然过渡到所有权的自由，即一种闭锁的自由，一种非真实的、没有丰富性的自由。这是“因为每一个人都只支配自己的东西。边沁！因为双方都只顾自己。使他们连在一起并发生关系的唯一力量，是他们的利己心，是他们的特殊利益，是他们的私人利益。正因为人人只顾自己，谁也不管别人，所以大家都是在事物的前定和谐下，或者说，在全能的神的保佑下，完成着互惠互利、共同有益、全体有利的事业”③。

所以，沉迷于这种个人自由权的人就“是一个瘾君子或者一个沉溺在情欲中无法自拔的人，虽然从人的可能性（潜在的能力）的角度来看，他随时都有可能摆脱毒品和情欲的纠缠，但是事实是，他几乎不具备这样的能力。从人的可能性（潜在的能力）的角度看，他是自由的，但由于缺乏实现摆脱恶魔般的情欲的能力，他却远远不能说是自由的”④。

---

① 马克思恩格斯文集：第5卷. 北京：人民出版社，2009：872.

② 布洛赫. 法国农村史. 余中先，等译. 北京：商务印书馆，2016：96.

③ 同①204-205.

④ 韩潮. 海德格尔与伦理学问题. 上海：同济大学出版社，2007：215.

三、马克思主义哲学意义上的自由

马克思的自由观的要点有：其一，马克思把人的目的意识放在了重要的地位。自由是跟人的劳动目的性分不开的。马克思说："我们要考察的是专属于人的那种形式的劳动。蜘蛛的活动与织工的活动相似，蜜蜂建筑蜂房的本领使人间的许多建筑师感到惭愧。但是，最蹩脚的建筑师从一开始就比最灵巧的蜜蜂高明的地方，是他在用蜂蜡建筑蜂房以前，已经在自己的头脑中把它建成了。劳动过程结束时得到的结果，在这个过程开始时就已经在劳动者的表象中存在着，即已经观念地存在着。他不仅使自然物发生形式变化，同时他还在自然物中实现自己的目的，这个目的是他所知道的，是作为规律决定着他的活动的方式和方法的，他必须使他的意志服从这个目的。"① 马克思强调人的劳动过程的目的性，也就是说，人有把劳动过程中人的目的性表象出来或实现出来的能力。不过，人之所以具有这种"能力"，是因为他们缺乏如同蜘蛛和蜜蜂所具有的那种被动的生物本能，人之所以自由，是因为人能够在劳动之前按照自己的意愿来设定劳动目的，劳动过程不是按动物本能而是按人的意志自由地进行的。

其二，马克思的自由概念是一个社会历史领域的范畴，它与自由王国概念具有同等意义。他关于必然王国和自由王国的论述见《资本论》，现在，我们来对马克思的论述加以分析。马克思在《资本论》中写道："事实上，自由王国只是在必要性和外在目的规定要做的劳动终止的地方才开始；因而按照事物的本性来说，它存在于真正物质生产领域的彼岸。像野蛮人为了满足自己的需要，为了维持和再生产自己的生命，必须与自然进行搏斗一样，文明人也必须这样做；而且在一切社会形式中，在一切可能的生产方式中，他都必须这样做。这个自然必然性的王国会随着人的发展而扩大，因为需要会扩大；但是，满足这种需要的生产力同时也会扩大。这个领域内的自由只能是：社会化的人，联合起来的生产者，将合理地调节他们和自然之间的物质变换，把它置于他们的共同控制之下，而不让它作为盲目的力量来统治自己；靠消耗最小的力量，在最无愧于和最适合于他们的人类本性的条件下来进行这种物质变换。但是，这个领域始终是一个必然王国。在这个必然王国的彼岸，作为目的本身的人类能力的发展，真正的自由王国，就开始了。但是，这个自由王国只有建立在必然王国的基础上，才能繁荣起来。工作日的缩短是根本条件。"② 在这段著名的论述中，马克思明确地揭示了所谓自由王国的实际内容就是人类能力的发展成为目的本身。马克思说按照事物的本性，自由王国只存在于真正物质生产领域的彼岸，就是说，当人类能力的发展成为目的本身时，自由王国就从那里开始了。

其三，要把握马克思的人类能力的发展成为目的本身的自由王国理论，关键在于正确理解物质生产活动的"此岸"和"彼岸"的对立。所谓物质生产活动的"此岸"，就是人类为谋求生存资料而从事的物质生产领域；所谓物质生产活动的"彼岸"，就是人类为发展自己的能力而从事的物质生产领域以外的其他活动领域。因此，物质生产活动的

---

① 马克思恩格斯文集：第5卷. 北京：人民出版社，2009：208.

② 马克思恩格斯文集：第7卷. 北京：人民出版社，2009：928-929.

“此岸”和“彼岸”的对立，实质上就是劳动时间和自由时间的对立。当生产力有了一定的发展，社会有了剩余劳动时，人类社会就开始了这种对立。从那时起，人类就不必把全部时间和精力都花费在物质资料的生产上，而可以腾出一部分时间从事哲学、文学、艺术、科学等物质生产领域以外的其他活动。这种以剩余劳动为基础的用以从事哲学、文学、艺术、科学等活动的时间，就是社会所游离出来的自由时间。马克思在评论这种自由时间的作用时指出：“整个人类的发展，就其超出对人的自然存在直接需要的发展来说，无非是对这种自由时间的运用，并且整个人类发展的前提就是把这种自由时间的运用作为必要的基础。”① 而历来哲学史家几乎共同认为，哲学起源于“惊讶”。事实上，到了亚里士多德，哲学就改成起源于“闲暇”了。闲暇，但不是懒惰，是沉思生活的前提。可见，这种自由时间的出现，对于人类自由的发展以至于整个人类文明的发展具有多么重要的意义。但是，在私有制社会中，自由时间和劳动时间是由对立的阶级分享的。剥削阶级由于占有了社会的剩余劳动，因而也就占有了社会的自由时间，劳动者创造了自由时间却不能享有自由时间。在今天，资本主义社会使这种自由时间和劳动时间的对立达到了典型的形式。资本家为了追求更多的剩余价值，总是最大限度地把工人的自由时间变为劳动时间。正如马克思所指出的：“资本的不变趋势一方面是创造可以自由支配的时间，另一方面是把这些可以自由支配的时间变为剩余劳动。”② 可见，在一切私有制社会中，人的能力的发展始终没有成为目的本身，相反，“实际的生产者表现为单纯的生产手段，物质财富表现为目的本身”③。

即便是在由于科学技术的发展和劳动生产率的提高，劳动时间不断缩短、自由时间不断增加的当代资本主义社会，也仍然没有改变这种自由时间和劳动时间对立的基本状况。在马克思看来，只要存在自由时间和劳动时间的对立，人类社会就不能把人的能力的发展作为目的本身，因而也就不是“自由王国”；人类社会只有实现“自由时间和劳动时间之间对立的扬弃”④，才能把人的能力的发展作为目的本身，因而才是“自由王国”。而这种“自由王国”，就是推翻资本主义制度，结束少数人对他人剩余劳动和自由时间的占有，达到人人都能自由地运用自由时间的社会状态，即共产主义社会。

马克思思想的深刻性在于，他看到迄今为止的世界是不能令人满意的，只要资本家作为资本的人格化产物而人性自私和资源稀缺这样两个条件存在，这个世界就是一个坏的世界。而且，不幸的是，在资本主义社会中，人类世界所具有的缺陷远远不止这两点。在资本主义社会里人性自私和资源稀缺这两个状况导致了马克思对改变世界的思考。好的世界不仅不需要改造，而且也没有什么问题可以想的，甚至无话可说。

其四，所以，在马克思那里，所谓从必然王国进入自由王国的飞跃，就是从“自由时间和劳动时间之间对立”的社会进入“自由时间和劳动时间之间对立的扬弃”的社会的飞跃，亦即从物质生产活动的“此岸”和“彼岸”对立的社会进入这种对立被扬弃的社会的飞跃。这种飞跃同从私有制社会进入以公有制为基础的共产主义社会的飞跃是同

---

① 马克思恩格斯全集：第47卷．北京：人民出版社，1979：216.

② 马克思恩格斯全集：第46卷：下册．北京：人民出版社，1980：221.

③ 马克思恩格斯文集：第8卷．北京：人民出版社，2009：519.

④ 同②533.

步实现的。

其五，根据马克思的自由王国理论，当社会进入自由王国以后，物质生产领域仍然是一个必然王国。物质生产活动是人类为了满足自己的需要，为了维持和再生产自己的生命而同自然之间的物质变换过程。在这个过程中，尽管人们的自由度在不断地扩大，但永远不可能改变事物发展的客观必然性，因此，物质生产领域始终是一个“自然必然性的王国”。但是，这个“自然必然性的王国”却要随着社会历史条件的改变而变化其性质。在社会进入自由王国以后，由于自由时间和劳动时间对立的扬弃，尽管物质生产劳动仍然是维持人类生存所必须进行的活动，但是人们已不是在外在目的的强制下而劳动。劳动的外在目的似乎仍然存在，但是“外在目的失掉了单纯外在必然性的外观，被看作个人自己自我提出的目的”①。人们还会从事生产物质资料的劳动，但是人们从事生产物质资料劳动的目的主要不是为了取得劳动产品，而是为了享受劳动行为本身。在这里，劳动行为成为人的自由自觉的创造性活动，因而就成为人的“生活第一需要”。由于“必然王国”性质的这种变化，必然要引起它同“自由王国”关系的变化。这时，“必然王国”不再同“自由王国”相对立，而成了“自由王国”得以繁荣的基础。

其六，当然，“自由王国”绝不等于“时时都好”“处处都好”的极乐世界。假如是一个极乐世界，那一定没有历史，一定非常无聊。人类一直希望追求一种“什么都好”的历史状态。可是，这个追求一定是矛盾的：什么都满意的世界无所谓价值的存在，因为主观的或客观的诸价值之间的斗争已经宣告终结了。其实际结果可能是生活意义的消失。黑格尔在《历史哲学》中已经教导我们，世界历史并不是充满幸福的舞台，若有人想要在历史中找到个人幸福，那他品味的只能是惊讶。由此可见，“必然王国”在其发展过程中的这种历史差别，是与不同的社会状态相联系的。离开对社会历史状态的差别的分析，就无法理解马克思的“自由王国”。“时时都好”“处处都好”的极乐世界，就是没有故事可讲的世界，你即使活上一百年跟只活几个钟头的蜉蝣也是没有区别的。

《思考题》

1. 有人认为，“自由王国”等于“时时都好”“处处都好”的极乐世界，你认为呢？

2. 物质生产活动的“此岸”和“彼岸”的对立，实质上就是劳动时间和自由时间的对立。当生产力有了一定的发展，社会有了剩余劳动时，人类社会就开始了这种对立。从那时起，人类就不必把全部时间和精力都花费在物质资料的生产上，而可以腾出一部分时间从事哲学、文学、艺术、科学等物质生产领域以外的其他活动。马克思在评论这种自由时间的作用时指出：“整个人类的发展，就其超出对人的自然存在直接需要的发展来说，无非是对这种自由时间的运用，并且整个人类发展的前提就是把这种自由时间的运用作为必要的基础。”你如何理解？

3. 如何理解马克思主义哲学的文化思想的基础和出发点是关于人的活动统一论？

4. 简述马克思主义哲学对自由本质的规定。

---

① 马克思恩格斯全集：第46卷：下册. 北京：人民出版社，1980：112.

主要参考文献

马克思恩格斯全集：第1卷. 北京：人民出版社，1995.
马克思恩格斯全集：第1卷. 北京：人民出版社，1956.
马克思恩格斯全集：第3卷. 北京：人民出版社，2002.
马克思恩格斯全集：第3卷. 北京：人民出版社，1960.
马克思恩格斯全集：第13卷. 北京：人民出版社，1962.
马克思恩格斯全集：第19卷. 北京：人民出版社，1963.
马克思恩格斯全集：第20卷. 北京：人民出版社，1971.
马克思恩格斯全集：第21卷. 北京：人民出版社，1965.
马克思恩格斯全集：第26卷Ⅱ. 北京：人民出版社，1973.
马克思恩格斯全集：第26卷Ⅲ. 北京：人民出版社，1974.
马克思恩格斯全集：第30卷. 北京：人民出版社，1995.
马克思恩格斯全集：第31卷. 北京：人民出版社，1998.
马克思恩格斯全集：第46卷：上册. 北京：人民出版社，1979.
马克思恩格斯全集：第46卷：下册. 北京：人民出版社，1980.
马克思恩格斯全集：第47卷. 北京：人民出版社，2004.
马克思恩格斯全集：第47卷. 北京：人民出版社，1979.
马克思恩格斯文集：第1卷. 北京：人民出版社，2009.
马克思恩格斯文集：第2卷. 北京：人民出版社，2009.
马克思恩格斯文集：第4卷. 北京：人民出版社，2009.
马克思恩格斯文集：第5卷. 北京：人民出版社，2009.
马克思恩格斯文集：第7卷. 北京：人民出版社，2009.
马克思恩格斯文集：第8卷. 北京：人民出版社，2009.
马克思恩格斯文集：第10卷. 北京：人民出版社，2009.

马克思恩格斯选集：第1卷. 北京：人民出版社，2012.
马克思恩格斯选集：第2卷. 北京：人民出版社，2012.
马克思恩格斯选集：第3卷. 北京：人民出版社，2012.
马克思恩格斯选集：第4卷. 北京：人民出版社，2012.
毛泽东选集：第4卷. 北京：人民出版社，1991.
列宁全集：第55卷. 北京：人民出版社，2017.
列宁全集：第1卷. 北京：人民出版社，1984.
列宁选集：第2卷. 北京：人民出版社，2012.

阿尔都塞，巴里巴尔. 读《资本论》. 李其庆，冯文光，译. 北京：中央编译出版社，2001.
阿兰·瑞安. 论政治：下卷. 林华，译. 北京：中信出版社，2016.
阿维纳瑞. 马克思的社会与政治思想. 张东辉，译. 北京：知识产权出版社，2016.
埃蒂安·巴利巴尔. 马克思的哲学. 王吉会，译. 北京：中国人民大学出版社，2007.
埃尔马·霍伦斯坦. "墨攻"——东方哲学的全球化. 21世纪经济报道，2006-12-04.
埃里克·沃格林. 希特勒与德国人. 张新樟，译. 上海：上海三联书店，2015.
艾思奇. 辩证唯物主义　历史唯物主义. 北京：人民出版社，1961.
安启念. 俄罗斯向何处去——苏联解体后的俄罗斯哲学. 北京：中国人民大学出版社，2003.
安启念. 马克思主义哲学体系构建中的三个重要问题——兼评黄楠森先生的马克思主义哲学体系构想. 北京行政学院学报，2007（2）.
安启念. 新编马克思主义哲学发展史. 2版. 北京：中国人民大学出版社，2010.
奥马利. 卡尔·马克思的方法论//金陵法律评论：春季卷，2012.
奥斯本. 问题在于改变世界：马克思导读. 王小娥，译. 北京：中信出版社，2016.
奥托·基尔克. 私法的社会任务//基尔克法学文选. 北京：中国法制出版社，2017.
巴赫金全集：第二卷. 石家庄：河北教育出版社，1998.
巴雷特. 非理性的人——存在主义哲学研究. 段德智，等译. 上海：上海译文出版社，2007.
巴什拉. 科学精神的形成. 钱培鑫，译. 南京：江苏教育出版社，2006.
巴特雷，等. 巴迪欧：关键概念. 蓝江，译. 重庆：重庆大学出版社，2016.
白刚. 从"辩证唯物主义"到"政治哲学"——当代中国马克思主义哲学的形态演变及内在逻辑. 求是学刊，2018（5）.
柏拉图全集：第一卷. 王晓朝，译. 北京：人民出版社，2002.
柏拉图全集：第二卷. 王晓朝，译. 北京：人民出版社，2003.
鲍德里亚. 符号政治经济学批判. 夏莹，译. 南京：南京大学出版社，2008.
鲍德里亚. 生产之镜. 仰海峰，译. 北京：中央编译出版社，2005.
北京大学哲学系，等编译. 十六—十八世纪西欧各国哲学. 北京：商务印书馆，1975.
比克斯. 法理学：理论与语境. 邱昭继，译. 北京：法律出版社，2008.

柄谷行人. 跨越性批判——康德与马克思. 赵京华，译. 北京：中央编译出版社，2011.

伯林. 卡尔·马克思. 李寅，译. 南京：译林出版社，2018.

伯特. 近代物理科学的形而上学基础. 张十天，译. 成都：四川教育出版社，1994.

博拉朵莉. 恐怖时代的哲学：与哈贝马斯和德里达对话. 王志宏，译. 北京：华夏出版社，2005.

博兰尼. 巨变：当代政治、经济的起源. 黄树民，等译. 台北：远流出版公司，1989.

博托莫尔. 马克思主义思想辞典. 陈叔平，等译. 郑州：河南人民出版社，1994.

布洛赫. 法国农村史. 余中先，等译. 北京：商务印书馆，2016.

布洛赫：封建社会：上卷. 李增洪，等译. 北京：商务印书馆，2007.

陈嘉明. 社会知识论（下）. 哲学动态，2003（2）.

陈嘉明. 知识与确证：当代知识论. 上海：上海人民出版社，2003.

陈立新. 历史意义的生存论澄明：马克思历史观哲学境域研究. 合肥：安徽大学出版社，2003.

陈先达. 马克思主义哲学原理. 北京：中国人民大学出版社，1999.

陈学明. 评《帝国》一书对当代资本主义的最新批判. 当代国外马克思主义评论，2007（1）.

陈晏清，王南湜，李淑梅. 马克思主义哲学高级教程. 天津：南开大学出版社，2001.

陈晏清，王南湜，李淑梅. 现代唯物主义导引. 天津：南开大学出版社，1996.

陈永国，马海良. 本雅明文选. 北京：中国社会科学出版社，1999.

大乘五蕴论讲记//智敏上师著述集：第三辑：唯识卷之一. 上海：上海古籍出版社，2018.

大卫·哈维. 新帝国主义. 初立忠，等译. 北京：社会科学文献出版社，2009.

丹尼尔·布鲁德尼. 马克思告别哲学的尝试. 陈浩，译. 北京：中国人民大学出版社，2019.

丹皮尔. 科学史. 李珩，译. 北京：商务印书馆，1975.

单继刚. 中国知识分子的马克思哲学. 北京：中国社会科学出版社，2013.

德勒兹. 弗兰西斯·培根：感觉的逻辑. 董强，译. 桂林：广西师范大学出版社，2011.

德勒兹. 哲学的客体：德勒兹读本. 北京：北京大学出版社，2010.

邓晓芒. 思辨的张力——黑格尔辩证法新探. 北京：商务印书馆，2008.

邓正来，等. 国家与市民社会——一种社会理论的研究路径. 北京：中央编译出版社，1999.

迪克森. 侵权法//案例举要影印系列. 北京：中信出版社，2003.

杜威. 确定性的寻求：关于知行关系的研究. 童世骏，译. 上海：上海人民出版社，2005.

段忠桥. 理性的反思与正义的追求. 哈尔滨：黑龙江大学出版社，2007.

费尔巴哈. 费尔巴哈哲学著作选集：上卷. 北京：三联书店，1959.

费尔巴哈哲学著作选集：上卷. 荣震华，等译. 北京：商务印书馆，1984.

芬伯格．技术批判理论．韩连庆，等译．北京：北京大学出版社，2005.

冯肯斯坦．神学与科学的想象——从中世纪到 17 世纪．毛竹，译．北京：三联书店，2019.

福柯．词与物：人文科学的考古学．莫伟民，译．上海：上海三联书店，2012.

甘阳．文明·国家·大学．北京：三联书店，2012.

高桥哲哉．德里达：解构．王欣，译．石家庄：河北教育出版社，2001.

高清海．马克思主义哲学基础：上册．北京：人民出版社，1985.

高清海．马克思主义哲学基础：下册．北京：人民出版社，1987.

高宣扬．当代法国思想五十年：上．北京：中国人民大学出版社，2005.

格罗索．罗马法史．黄风，译．北京：中国政法大学出版社，1994.

顾肃．论分配正义的平等观．吉林大学社会科学学报，2012 (5).

郭颖颐．中国现代思想中的唯科学主义．雷颐，译．南京：江苏人民出版社，1995.

海德格尔．存在与时间．陈嘉映，等译．北京：三联书店，1999.

海德格尔．海德格尔选集：上卷．孙周兴，选编．上海：上海三联书店，1996.

海德格尔．海德格尔选集：下卷．孙周兴，选编．上海：上海三联书店，1996.

海德格尔．林中路．孙周兴，译．上海：上海译文出版社，1997.

海德格尔．论真理的本质——柏拉图的洞喻和《泰阿泰德》讲疏．赵卫国，译．北京：华夏出版社，2008.

海德格尔．谢林论人类自由的本质．薛华，译．沈阳：辽宁教育出版社，1999.

韩潮．海德格尔与伦理学问题．上海：同济大学出版社，2007.

韩立新．新版《德意志意识形态》研究．北京：中国人民大学出版社，2008.

何中华．重读马克思——一种哲学观的当代诠释．济南：山东人民出版社，2009.

贺照田．西方现代性的曲折与展开．长春：吉林人民出版社，2002.

黑格尔．法哲学原理．范扬，等译．北京：商务印书馆，1961.

黑格尔．黑格尔著作集：第 2 卷．朱更生，译．北京：人民出版社，2017.

黑格尔．精神现象学：上卷．贺麟，王玖兴，译．上海：上海人民出版社，2013.

黑格尔．历史哲学．王造时，译．上海：上海书店出版社，1999.

黑格尔．小逻辑．贺麟，译．北京：商务印书馆，1980.

黑格尔．哲学科学全书纲要．薛华，译．北京：北京大学出版社，2010.

黑格尔．哲学史讲演录：第四卷．贺麟，王太庆，译．北京：商务印书馆，2013.

亨利希·库诺．马克思的历史、社会和国家学说：马克思的社会学的基本要点．袁志英，译．上海：上海译文出版社，2014.

侯才，等．政治哲学经典：马克思主义卷．北京：人民出版社，2008.

胡军．哲学是什么．北京：北京大学出版社，2015.

胡塞尔．第一哲学．王炳文，译．北京：商务印书馆，2006.

胡塞尔．逻辑研究：第一卷．倪梁康，译．上海：上海译文出版社，1994.

胡塞尔．欧洲科学的危机与超越论的现象学．王炳文，译．北京：商务印书馆，2001.

胡显章，曹莉，主编．文明的对话与梦想．北京：清华大学出版社，2009.

怀特. 元史学：十九世纪欧洲的历史想像. 陈新，译. 南京：译林出版社，2004.
怀特海. 观念的冒险. 周邦宪，译. 贵阳：贵州人民出版社，2007.
怀特海. 科学与近代世界. 何钦，译. 北京：商务印书馆，1989.
黄燎宇，赫费. 以启蒙的名义. 北京：北京大学出版社，2010.
黄枬森. 马克思主义哲学体系的当代构建. 北京：人民出版社，2011.
黄楠森. 更完整严密构建马克思主义哲学体系的必要性与可行性. 北京大学学报，2007 (6).
黄楠森. 关于马克思主义哲学科学体系的构想. 光明日报，2006-08-14.
黄勇. 内向超越与多元文化. 上海：上海交通大学出版社，2017.
霍兰德. 导读德勒兹与加塔利《千高原》. 周兮吟，译. 重庆：重庆大学出版社，2016.
吉登斯. 社会理论的核心问题：社会分析中的行动、结构与矛盾. 郭忠华，等译. 上海：上海译文出版社，2015.
贾汉贝格鲁. 伯林谈话录. 杨祯钦，译. 南京：译林出版社，2002.
金观涛. 探索现代社会的起源. 北京：社会科学文献出版社，2010.
金岳霖. 中国哲学. 钱耕森，译. 哲学研究，1985 (9).
酒井直树，花轮由纪子，主编. 西方的幽灵与翻译的政治——印迹 (1). 南京：江苏教育出版社，2002.
卡尔·波佩尔，新蔚. 科学和艺术中的创造性自我批评. 第欧根尼，1990 (1).
卡西勒. 启蒙哲学. 顾伟铭，等译. 济南：山东人民出版社，1988.
康德. 纯粹理性批判. 蓝公武，译. 北京：商务印书馆，1960.
康德. 康德三大批判合集. 邓晓芒，译. 北京：人民出版社，2009.
柯林武德. 历史的观念. 何兆武，等译. 北京：商务印书馆，1997.
科恩. 卡尔·马克思的历史理论——一种辩护. 段忠桥，译. 北京：高等教育出版社，2008.
科耶夫. 驯服欲望——施特劳斯笔下的色诺芬撰述. 贺志刚，程志敏，等译. 北京：华夏出版社，2002.
克里斯蒂安·格拉夫·冯·克罗科夫. 决定：论恩斯特·云格尔、卡尔·施米特、马丁·海德格尔. 卫茂平，译. 上海：上海人民出版社，2016.
克里斯·桑希尔. 德国政治哲学：法的形而上学. 陈江进，译. 北京：人民出版社，2009.
克利姆. 马克思文献传记. 李成毅，等译. 郑州：河南人民出版社，1992.
克罗齐. 历史学的理论和实际. 傅任敢，译. 北京：商务印书馆，1982.
劳厄. 物理学史. 范岱年，等译. 北京：商务印书馆，1978.
勒佩尼斯. 德国历史中的文化诱惑. 刘春芳，等译. 南京：译林出版社，2011.
李滨. 对“科学社会主义”概念的哲学反思. 学术交流，2011 (3).
李佃来. 马克思的政治哲学：理论与现实. 北京：人民出版社，2015.
李惠斌，李义天. 马克思主义与正义. 北京：中国人民大学出版社，2010.

李惠斌，主编．全球化：中国道路．北京：社会科学文献出版社，2003.

李强．斯金纳的“语境”．读书，2018（10）.

李秀林，王于，李淮春．辩证唯物主义和历史唯物主义原理．北京：中国人民大学出版社，1982.

李振．社会宽容论．北京：社会科学文献出版社，2009.

李忠尚．“新马克思主义”论．北京：中国人民大学出版社，2011.

栗山茂久．身体的语言——古希腊医学和中医之比较．陈信宏，张轩辞，译．上海：上海书店出版社，2009.

梁启超．非“唯”．教育与人生，1924（20）.

刘路．风险社会的政府话语：问题与对策．北京：中国国际广播出版社，2017.

刘小枫，等．尼采在西方——解读尼采．上海：上海三联书店，2002.

刘小枫．黑格尔与普世秩序．北京：华夏出版社，2009.

刘小枫．施特劳斯与古典政治哲学．上海：上海三联书店，2002.

刘欣．当前中国社会阶层分化的多元动力基础：一种权力衍生论的解释．中国社会科学，2005（4）.

刘训练．从“古代人的自由”看“自由的古今之争”．云南行政学院学报，2008（3）.

卢卡奇．审美特性：上．徐恒醇，译．北京：社会科学文献出版社，2015.

路易·阿尔都塞．政治与历史：从马基雅维利到马克思：1955—1972 年高等师范学校讲义．吴子枫，译．西安：西北大学出版社，2018.

吕迪格尔·萨弗兰斯基．来自德国的大师——海德格尔和他的时代．靳希平，译．北京：商务印书馆，2007.

吕增奎，编译．马克思在 21 世纪具有什么样的意义．当代世界与社会主义，2012（6）.

罗蒂．后形而上学希望——新实用主义社会、政治和法律哲学．张国清，译．上海：上海译文出版社，2003.

罗蒂．普特南与相对主义的威胁．李红，译．世界哲学，2003（1）.

罗嘉昌，等．场与有——中外哲学的比较与融通（五）．北京：中国社会科学出版社，1998.

罗森．布鲁诺·鲍威尔和卡尔·马克思——鲍威尔对马克思思想的影响．王瑾，等译．北京：中国人民大学出版社，1984.

罗素．西方哲学史．北京：商务印书馆，1976.

洛克曼．马克思主义之后的马克思．杨学功，等译．北京：东方出版社，2008.

洛维特．从黑格尔到尼采．李秋零，译．北京：三联书店，2006.

马克思，恩格斯．德意志意识形态．北京：人民出版社，1961.

马克思．克罗茨纳赫笔记//马列著作编译资料：第 11 辑．北京：人民出版社，1980.

马克思．1844 年经济学哲学手稿．北京：人民出版社，2000.

曼海姆．意识形态与乌托邦．黎鸣，等译．南京：译林出版社，2016.

梅尔文·里克特．政治和社会概念史研究．张智，译．上海：华东师范大学出版社，2009.

梅林. 保卫马克思主义. 吉洪，译. 北京：人民出版社，1982.

萌萌. 启示与理性——哲学问题：回归或转向. 北京：中国社会科学出版社，2001.

米切姆. 通过技术思考——工程与哲学之间的道路. 陈凡，等译. 沈阳：辽宁人民出版社，2009.

莫兰. 人本政治导言. 陈一壮，译. 北京：商务印书馆，2010.

穆齐尔. 穆齐尔散文. 徐畅，等译. 北京：人民出版社，2008.

奈斯克，克特琳. 回答：马丁·海德格尔说话了. 陈春文，译. 南京：江苏教育出版社，2005.

内格尔. 科学的结构. 徐向东，译. 上海：上海译文出版社，2002.

尼采. 论道德的谱系·善恶之彼岸. 谢地坤，等译. 桂林：漓江出版社，2000.

聂锦芳. 批判与建构——《德意志意识形态》文本学研究. 北京：人民出版社，2012.

聂锦芳. 什么样的社会能使人的"个性"得以彰显？//哲学门. 北京：北京大学出版社，2010.

欧阳康. 哲学研究方法论. 武汉：武汉大学出版社，1998.

帕斯卡尔. 思想录. 何兆武，译. 北京：商务印书馆，1985.

彭锋. 标准还是偏见//外国哲学：第十九期. 北京：商务印书馆，2008.

普列汉诺夫. 论个人在历史上的作用问题. 王荫庭，译. 北京：商务印书馆，2010.

齐曼. 真科学——它是什么，它指什么. 曾国屏，等译. 上海：上海科技教育出版社，2008.

齐泽克. 实在界的面庞. 季广茂，译. 北京：中央编译出版社，2004.

齐泽克. 易碎的绝对. 蒋桂琴，等译. 南京：江苏人民出版社，2004.

乔治·萨拜因. 政治学说史：民族国家（上）. 邓正来，译. 上海：上海人民出版社，2015.

乔治·萨拜因. 政治学说史：民族国家（下）. 邓正来，译. 上海：上海人民出版社，2015.

邱立波，编/译. 科耶夫的新拉丁帝国. 北京：华夏出版社，2008.

邱立波，编/译. 黑格尔与普世秩序. 北京：华夏出版社，2009.

邱绍继，等. 马克思主义与西方法理学. 北京：中国人民大学出版社，2018.

萨拜因. 政治学说史. 邓正来，译. 上海：上海人民出版社，2010.

桑巴特. 德意志社会主义. 杨树人，译. 上海：华东师范大学出版社，2007.

森. 再论不平等. 王利文，等译. 北京：中国人民大学出版社，2016.

尚杰. 歇斯底里与精神的创造性. 清华大学学报（哲学社会科学版），2010（2）.

绍伊博尔德. 海德格尔分析新时代的技术. 宋祖良，译. 北京：中国社会科学出版社，1993.

施蒂纳. 唯一者及其所有物. 金海民，译. 北京：商务印书馆，1989.

施米特. 政治的概念，刘宗坤，等译. 上海：上海人民出版社，2004.

施塔姆勒. 现代法学之根本趋势. 姚远，译. 北京：商务印书馆，2016.

施特劳斯．政治哲学史（上）．李洪润，等译，北京：法律出版社，2009.

石永泽．黑格尔哲学的盛宴——上海社会科学院哲学所举办首届“中德哲学暑期研讨班”．哲学分析，2010（2）.

舒尔茨．德国观念论的终结．韩隽，译．北京：中国人民大学出版社，2019.

舒炜．施米特：政治的剩余价值．上海：上海人民出版社，2002.

斯蒂德曼，等．价值问题的论战．陈东威，译．北京：商务印书馆，2016.

斯蒂格勒．意外地哲学思考——与埃利·杜灵访谈．许煜，译．上海：上海社会科学院出版社，2018.

斯拉沃热·齐泽克．《帝国》：21世纪的《共产党宣言》?．张兆一，译．国外理论动态，2004（8）.

斯拉沃热·齐泽克．为列宁主义的不宽容辩护．周嘉昕，译．马克思主义与现实，2010（2）.

斯泰宾．有效思维．吕叔湘，等译．北京：商务印书馆，2008.

宋严萍．19世纪法国资产阶级概论．淮阴师范学院学报（哲学社会科学版），2006（4）.

孙伯鍨．马克思主义哲学的体系与方法（笔谈）再论马克思主义哲学的体系与方法．江海学刊，2001（2）.

孙和平．“风险社会”的传媒哲学阐释．哲学研究，2009（4）.

孙麾，陈振明，等．马克思思想资源中的社会公正．北京：中国社会科学出版社，2014.

孙麾，吴晓明．唯物史观与历史评价：哲学与史学的对话．北京：中国社会科学出版社，2009.

孙立平．总体性资本与转型期精英形成．浙江学刊，2002（3）.

孙正聿．从“体系意识”到“问题意识”——九十年代中国的哲学主流．长白学刊，1994（1）.

孙正聿．构建当代中国马克思主义哲学学术体系．哲学研究，2019（4）.

孙周兴，等．德法之争．上海：同济大学出版社，2004.

汤普逊．中世纪经济社会史：下册．耿淡如，译．北京：商务印书馆，1963.

腾云起．现代西方哲学思潮评介．北京：解放军出版社，1985.

托马斯·曼．托马斯·曼散文．黄燎宇，等译．北京：人民文学出版社，2012.

汪民安．生产：第5辑：德勒兹机器．桂林：广西师范大学出版社，2008.

王叔和．脉经．香港：太平书局，1961.

王新生．马克思的市民社会理论及其意义．天津社会科学，2001（4）.

王亚平．试析中世纪早期西欧采邑制形成的社会基础．经济社会史评论，2015（1）.

望月清司．马克思历史理论的研究．韩立新，译．北京：北京师范大学出版社，2009.

威廉斯．马克思主义与文学．王尔勃，周莉，译．郑州：河南大学出版社，2008.

维特．韦伯与马克思以及黑格尔与哲学的扬弃．刘心舟，译．南京：南京大学出版社，2019.

维特根斯坦．维特根斯坦笔记．许志强，译．上海：复旦大学出版社，2008.

魏格豪斯．法兰克福学派：历史、理论及政治影响（下）．孟登迎，等译．上海：上海人民出版社，2010.

魏小萍．追寻马克思——时代境遇下马克思人类解放理论逻辑的分析和探讨．北京：人民出版社，2005.

吴国盛．技术哲学经典读本．上海：上海交通大学出版社，2008.

吴国盛．科学二十讲．天津：天津人民出版社，2008.

吴国盛．什么是科学．博览群书，2007（10）.

吴见非．文明的对话．北京：团结出版社，2008.

吴晓明．马克思的哲学革命与全部形而上学的终结．江苏社会科学，2000（6）.

吴晓明．作为历史科学方法论的历史唯物主义．中国社会科学，2008（1）.

伍德．民主反对资本主义——重建历史唯物主义．吕薇洲，等译．重庆：重庆出版社，2007.

夏瑞春．德国思想家论中国．陈爱政，译．南京：江苏人民出版社，1989.

夏甄陶，欧阳康．试论马克思主义哲学体系的构建原则——一个马克思主义哲学新体系的初步构想．天津社会科学，1988（3）.

肖前，等．历史唯物主义原理．北京：人民出版社，1991.

肖前，李秀林，汪永祥．辩证唯物主义原理．北京：人民出版社，1981.

肖前，李秀林，汪永祥．历史唯物主义原理．北京：人民出版社，1983.

肖前．马克思主义哲学原理．北京：中国人民大学出版社，1994.

谢林．对人类自由的本质及其相关对象的哲学研究．邓安庆，译．北京：商务印书馆，2009.

辛敬良．马克思主义哲学导论．上海：复旦大学出版社，1991.

许恒兵，王南湜．依托复杂性科学解决历史规律与人的能动性关系的困境——兼答白利鹏博士．学术月刊，2008（11）.

许中缘，屈茂辉．民法总则原理．北京：中国人民大学出版社，2012.

雅卡贝，普拉内斯．献给非哲学家的小哲学．周冉，译．桂林：广西师范大学出版社，2001.

杨伯峻．论语译注．北京：中华书局，1980.

杨耕．关于中国马克思主义哲学体系的历史沉思．马克思主义哲学，2016（1）.

伊安·汉普歇尔-蒙克．比较视野中的概念史．周保巍，译．上海：华东师范大学出版社，2010.

尹树广．语言哲学——国外马克思主义、现代西方哲学．北京：人民出版社，2016.

袁文彬．马克思主义和语言问题——詹明信的文学批判．广州：中山大学出版社，2015.

约翰·麦克里兰．西方政治思想史（上）．彭淮栋，译．海口：海南出版社，2003.

约翰·麦克里兰．西方政治思想史．彭淮栋，译．北京：人民出版社，2010.

张盾．黑格尔与马克思政治哲学六论．北京：学习出版社，2014.

张庆熊. 自我、主体际性与文化交流. 上海：上海人民出版社，1999.

张汝伦. 德国哲学十论. 上海：复旦大学出版社，2004.

张汝伦. 国学与当代世界. 文汇报，2008-06-23.

张汝伦. 政治世界的思想者. 上海：复旦大学出版社，2009.

张文喜. 历史唯物主义的政治哲学向度. 南京：江苏人民出版社，2008.

张祥龙. 朝向事情本身：现象学七讲. 北京：团结出版社，2003.

张祥龙. 海德格尔思想与中国天道——终极视域的开启与交融. 北京：三联书店，1996.

张一兵. 反鲍德里亚：一个后现代学术神话的祛序. 北京：商务印书馆，2009.

张一兵. 回到马克思——经济学语境中的哲学话语. 南京：江苏人民出版社，1999.

张一兵. 马克思历史唯物主义中的社会定在概念. 哲学研究，2019 (6).

张志伟. "白天看星星"——海德格尔对老庄的读解. 中国人民大学学报，2000 (4).

张志扬. 创伤记忆：中国现代哲学的门槛. 上海：上海三联书店，1999.

张志扬. 偶在论谱系——西方哲学史的"阴影之谷". 上海：复旦大学出版社，2010.

赵敦华. 马克思哲学要义. 南京：江苏人民出版社，2018.

赵剑英，陈晏清. 马克思主义政治哲学：阐释与创新. 北京：社会科学文献出版社，2007.

赵汀阳. 坏世界研究：作为第一哲学的政治哲学. 北京：中国人民大学出版社，2009.

赵汀阳. 学术年度2005——第一哲学. 北京：中国人民大学出版社，2005.

郑杭生，等. 转型中的中国社会和中国社会的转型. 北京：首都师范大学出版社，1996.

植村邦彦. 何谓"市民社会"——基本概念的变迁史. 赵平，等译. 南京：南京大学出版社，2014.

周凡. 历史漩涡中的正义能指——关于"塔克尔—伍德命题"的若干断想. 马克思主义与现实，2011 (3).

邹诗鹏. 唯物史观与经典社会理论. 学术研究，2010 (1).

AUDI R. The Cambridge Dictionary of Philosophy. New York：Cambridge University Press，1995.

HARDT M，NEGRI A. Empire. Cambridge，Mass.：Harvard University Press，2000.

HUME D. Of the Standard of Taste//TOWNSEND D. Aesthetics：Classic Readings from the Western Tradition. Beijing：Peking University Press，2002.

LECERCLE. A Marxist Philosophy of Language，Boston：Bill，2006.

后　记

本教材缘起于郭湛先生申报的中国人民大学“十三五”本科规划教材立项项目。后因郭老师事务繁忙而无暇顾及，便交由我负责承担教材的撰写。因为教材拖延出版合同多时，无法请教研室同人分担撰写任务，为了统稿方便，就请我所在教研室的同人陈广思博士帮助完成撰写任务。

本书大部分由我撰写。除了互相通读各自撰写的内容外，陈广思博士撰写的部分共5万字。它们分别是：(1) 第三章第二节中，关于历史唯物主义的四个基本命题的阐述。(2) 第四章中，在我撰写的“黑格尔所理解的社会和国家”和“马克思对黑格尔国家学说的批判”两部分内容基础上做了适当的扩展。(3) 第十一章关于马克思主义哲学与语言的内容原来比较单薄，他进行了扩展，增加了第三节“马克思主义认识论与语言”。(4) 第十四章第二节第一部分“自由的概念”里，他增加了关于资本主义的自由的阐述等一些内容。(5) 增加和完善了参考文献，规范了脚注的格式。

本教材的撰写得到了郭老师的热心指导。此外，在编制参考文献的过程中，我们尽可能尊重他人成果的署名权，但恐怕出于写作时间拖拉等原因还有诸多疏漏。我们在此致以诚挚的谢意和歉意。

张文喜

图书在版编目（CIP）数据

马克思主义哲学导论 / 张文喜，陈广思著. --北京：中国人民大学出版社，2021.12

新编 21 世纪哲学系列教材

ISBN 978-7-300-29764-4

Ⅰ.①马… Ⅱ.①张…②陈… Ⅲ.①马克思主义哲学-高等学校-教材 Ⅳ.①B0-0

中国版本图书馆 CIP 数据核字（2021）第 160896 号

中国人民大学“十三五”本科规划教材-哲学系列

新编 21 世纪哲学系列教材

马克思主义哲学导论

张文喜　陈广思　著

Makesi Zhuyi Zhexue Daolun

出版发行	中国人民大学出版社		
社　　址	北京中关村大街 31 号	**邮政编码**	100080
电　　话	010－62511242（总编室）		010－62511770（质管部）
	010－82501766（邮购部）		010－62514148（门市部）
	010－62515195（发行公司）		010－62515275（盗版举报）
网　　址	http://www.crup.com.cn		
经　　销	新华书店		
印　　刷	北京昌联印刷有限公司		
规　　格	185 mm×260 mm　16 开本	**版　　次**	2021 年 12 月第 1 版
印　　张	16.25 插页 1	**印　　次**	2021 年 12 月第 1 次印刷
字　　数	365 000	**定　　价**	48.00 元